建筑企业管理学

甘　钧　主　编
周庆荣　副主编

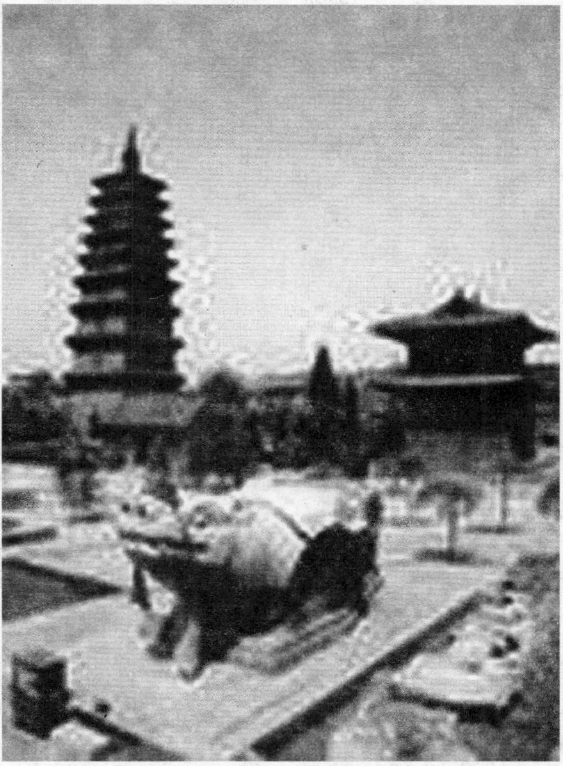

江西科学技术出版社

前 言

随着社会经济的快速发展和建筑技术的不断进步，现代化的工程建设向大规模、高科技的方向迈进。特别是进入21世纪以来，伴随着世界经济一体化，产业国际化，市场全球化知识经济时代的来临，对我国经济提出了新的机遇和挑战，同时也对我国建筑业提出了更高的要求。面对当前我国建筑业市场竞争更加激烈，产业结构逐步调整，建筑企业改革不断深化的状况，为了适应国际社会经济活动的新趋势，结合我国建筑领域的现状及建筑企业的现实情况，我们着手编写了这本书。

企业是我国国民经济的细胞，建筑企业是作为国民经济支柱产业发展的生力军。建筑企业管理学是研究建筑企业经营与管理活动的专著，是建筑类专业的一门必要的专业基础课，是建筑工程院校学生今后从业的专业知识的一部分。它的任务是总结我国建筑企业管理的实践、思想、理论和丰富的经验，研究和借鉴国外企业管理有效的理论和方法，建立具有中国特色的企业管理基本理论，指导建筑企业生产经营管理活动，促进建筑企业管理现代化和国际化。本书正好适应这一目的，从不同角度系统地介绍了建筑业的发展历史及建筑企业管理的基本理论；全面地对建筑企业的管理体制、建筑企业战略管理、计划管理、生产管理、经营管理、技术管理、质量管理、安全管理、投标及合同管理、成本管理、财务管理、风险管理、信息管理及建筑企业文化及可持续发展问题等方面进行了论述。为了满足大专院校教学及建筑企业实际工作的需要，我们专门组织了一些长期从事建筑行业管理且具有丰富经验的工作者作为编者，使这本书不仅具有较强的理论性，而且还具有相应的可操作性。本书由甘钧主持编写，其中包括内容确定、初稿修改及全书统稿工作。参加本书编写的有：甘钧（第一、第二、第五、第二十章）；周庆荣（第八、第十四、第十五章）；邓雷群（第三、第十九章）；黄建成（第四章）；万长峰（第六章）；赖小军（第七章）；邹波（第九章）；申绪兵（第十章）；胡小鹏（第十一章）；秦建昌（第十二章）；刘华（第十三章）；邓晓彬（第十六章）；黄小燕（第十七章）；顾志奇（第十八章）。本书由韩国平教授审稿，并提出了一些建设性意见，几经修订后定稿。

本书在编写过程中，参考了大量的有关教材和文献资料，汲取了许多颇有见地的观点，为此，谨向各位专家、学者表示诚挚的谢意！由于编者水平有限，书中难免有疏漏与不妥之处，诚望广大读者和同行批评指正。

编 者

2010年8月

目 录

第一章 绪 论

（一）

建筑是人类文明的象征，可以说有人的地方就有建筑。中国建筑的历史非常悠久，但建筑文化也曾经历过稚朴而灿烂的“孩提”时代。据考古发现，大约200万年前，中国大地的长江三峡一带，已出现古人类“巫山人”。1985年，中国科学院古脊椎动物和古人类研究所在今重庆市巫山县庙宇镇龙骨坡遗址的发掘中，发现了一个门齿和一段下颌骨等古人类化石。同时出土120种脊椎动物化石。从1988年到1996年这8年中，美国依阿华大学、北京大学考古系、中科院地质研究所等科研专家先后运用仪器测定，认为“巫山人”距今约为200万年。1997年11月，考古专家再次对龙骨坡进行挖掘考察，出土了大量带有人工打击痕迹的旧石器，经中国人类学专家鉴定，认为“巫山人”化石是目前为止中国境内所发现的最早的“人类化石”。它比以前所发现的云南“元谋人”在地质年代上还早30万年。

从一般逻辑推理，所谓食、色是人类生命、生存活动的两大基本内容，古人云：“食色，性也”，饮食维持人的生命个体；男女（色）是发展人的生命群体。而“居住”问题显然也是人类与生俱来的。而人之所以为人，大概免不了一开始就会与建筑有点关系。我们最古老的祖先，起初尽可赤身露体，把“衣”的问题放到多少万年之后去求得解决，但“住”的问题显然要急迫得多。除了所谓食色，居住也是人类生命、生存、生理上的基本需求。因为，即使是最早、最强健的原始狩猎者，也离不开一个休憩之处，其实就是原古建筑得以萌生的地方。对人而言，黑夜和睡眠是不可抗拒的。何况，人需要一个繁衍生育的环境；必须去处理自己的死亡与遗体问题；后来猎物多了，也需要一个存放或圈养之所。因此，出于人类基本的生命活动的需要，建筑活动是不可避免的。

据考古工作者发现，穴居和巢居是中华大地上最古老的两大居住方式。著名的半坡遗址是中国穴居文化遗址的一个代表。它位于陕西西安附近沣河中游一段河岸之上，绵

图 1-1　半坡村遗址平面及其复原想象图

延约20公里，如图1-1所示。据当代建筑学家研究认定：半坡遗址目前所发掘的集中聚落群有13处之多，出土了形制可辨的建筑遗址46座，聚落面积一般较大，在3万至5万

平方米之间，有的甚至可达 10 万平方米。半坡遗址的建筑平面分方形、圆形两类。方形者的建造年代可能更古老些，为半居穴式。其建造方法，先在黄土地上挖掘面积一般为 20 平方米(也有大到 40 平方米)的浅穴，穴之深度在 50～80 厘米之间。再以木桩密密地排列于四周，以韧性之植物枝叶、藤蔓在桩间编结为壁体，其上覆盖屋顶，屋项形制为侧面人字形。为了防寒保暖、挡风遮雨，又以草拌泥涂抹壁体、铺盖屋顶，确有“茅茨不翦”之象。圆形小屋直接建于地面之上，实际是原始穴居的一种发展型式。原始初民从穴口出入，炊烟从穴口发散，穴口还具有通风、接受或拒绝日照等功能。因此实际上，这原始之“屋顶”不仅是屋顶的雏形，也兼备着门、窗和囱的初步功能，可以说，它也是后世地面建筑的门、窗和囱的之雏形，如图 1-2 所示。同时，考虑到顶盖本身的重量、为了开启和关闭的方便，原始初民又用一根高出于穴口的木棍支撑顶盖。这木棍实际又是后代之地面建筑的立柱的雏形。

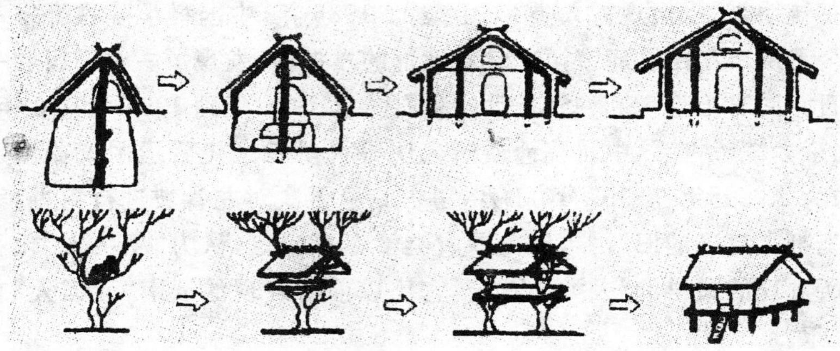

图 1-2　从原始的穴居和巢居发展过程示意图

中国传统建筑在数千年的历史发展过程中，虽历经多次的社会变革、朝代更替、民族融合以及不同程度的外来文化影响，但不同时代的建筑活动，无论是在建筑的用材上，还是建筑的结构技术上，都没有发生根本性的变革，有的只是建筑形式的丰富与完善。以土木和砖石为材、木梁柱框架结构、庭院式组合布局为主的建筑模式一直是中国传统建筑的主要方式，数千年来一脉相承，持续发展，日臻完善，独树一帜，逐步形成鲜明而稳定的高度程式化发展特征，成为世界上延续时间最漫长的建筑体系。

中国传统建筑发展的缓慢性是中国传统文化发展的一个缩影。从公元前 15 世纪左右的青铜器时代直到最近的一个世纪，在发展的过程中始终连续不断，完整和统一。

从考古学家的考证可以看出，在中国文化里，建筑并没有客观存在的价值；它的存在，完全是为了完成主人的使用。除了居住的功能外，建筑是一些符号，代表了生命的期望。由于建筑没有客观的存在，所以建筑的造型不必求其独特，也不必求其永恒，所以中国人没有发展出石材的建筑。建筑与人生一样是有其寿命，它随着主人的生命节拍而存生。因此使用可以腐朽的木材，要比使用不会腐朽的石材更有生命的意义。

建筑总是与经济分不开的。在古代，中国建筑以土木为材，自古皆然；以土木为材的建筑，随处可见。最原始的穴居与巢居，以土木为材；远古的居屋夯土为基，版筑为墙，“茅茨不翦”是土木的“两重奏”；大约 7000 年前，北方盛行木骨泥舍，南地建造“干阑”木屋，离不开土木的二材。中国人并不是不会使用石材建屋，而是有意地选择了木材。由于中国的木材是大型建材，所以需要山上的大树，故每有建造活动就要耗费国家大量的财力。秦代建阿房宫，蜀山为之伐空；后代开发过甚，华北主要地区均无可用之材，甚至要自长江流域以南的地区伐木北运。耗费之大，每每引起经济问题，故修宫室必为大臣所谏阻。慈禧太后修颐和园甚至挪用了海军的经费而亡国。这些事实说明了中国人选择木材不是为了省钱，不是因为技术上的落后，只是代表一种价值观。

过去从来没有人讨论这个问题，我们认为石材只是地面下或脚下建材，因此墓室是用石材砌成，它暗示着死亡。而木材是向上生长的树木，代表着生命，在汉代以后盛行的五行说中木象征生气，以青龙为标志，方位为东。古建筑技术中，即使砌墙也不用石或砖，而用夯土，所以古代称建筑为土木。在五行中，土也是吉象，居中央，主方正，它与木相配合，是相辅相成的。而石材，其质地近金，有肃杀之气。事实上，木材的建筑是亲切近人的，手触之有温暖的感觉，而室内的柱子也暗示了树林之象。

可以说，建筑随主人的生命节拍而存在，诚然，中国的大多数古建筑除建于山上的大庙可以历代相传外，对一般的民众，建筑的功用是蔽体，与衣服类似。它有兴建、完成、衰败、倾塌的生命现象，新建筑是因主人发迹而开始的，因主人事业飞黄腾达，而有富丽的景象，车水马龙的活动，因主人的衰退或失败而归于沉寂，终因岁月之磨蚀，无人照料而破败。所以，中国建筑的纪念性是子孙的繁衍与发迹，而不在建筑的永固上。如果后代争气，自然可以对建筑善加照顾，按时修缮。如有子孙在功名上超过先代，则必再建更大、更富豪的住宅，以“光大门楣”，而无须保存老宅。

(二)

建筑与人文、经济有着千丝万缕的联系。中国建筑作为中国古代文化的重要组成部分，具有独特的民族风格和审美特征，被视为东方建筑的典范，与古埃及建筑、古巴比伦建筑、古印度建筑、古爱琴海建筑、古美洲建筑并称为世界六支原生建筑体系，其影响具有世界性，如图 1-3 所示。在中国历史上，1840 年是一个非常重要的转折点。鸦片战争前，在中国虽也有西方古代建筑（主要是由传教士引入的教堂建筑）的式样出现，但数量和规模都很小，且处于严格的限制中。所以中国传统建筑与西方古代建筑在总体上是隔膜的，西方古代建筑也不足以对中国传统建筑产生实质性的影响。鸦片战争后，随着西方文化通过

①—树枝形②—法国布列塔尼半岛石柱③—苏格兰面席形④—苏格兰蜂巢形石屋⑤—爱尔兰蜂巢形石屋⑥—法国萨伏依石室⑦—石栏⑧—天然石洞⑨—爱尔兰石屋平面

图1-3 原始社会的建筑

宗教、经济、军事等途径的传入，西方建筑逐步打破了中国传统建筑一统天下的局面，西方风格的建筑式样也在中国本土上日益增多。中国人对待西方建筑的态度由鄙夷、猎奇到接受、欣赏、追崇，在建筑审美观念上发生了重大变化。传统建筑的“中和之美”、“中庸之美”受到西方建筑审美趣味和形式的强烈冲击。近代社会的变化，尤其是近代工业、商业、经济的发展，中国传统建筑的木构架形制、人屋顶及合院布局形制已无法满足社会、生产和生活对建筑类型的功能性、多样化和灵活性的新要求。同时，西方近代工业文明带来的新的建筑技术和材料以及先进的施工方法，也对中国传统建筑所依赖的天然材料和手工操作方式造成了强烈的冲击。虽然中国传统建筑文化也曾多次受到过外来建筑观念的濡染，如公元 1 世纪随印度佛教传入的寺塔建筑，而后又有西方天主教与伊斯兰教建筑，但它们都没有改变中国传统建筑的基本形式，相反却是在中国传统文化的同化与改造之下，这些原来外来的建筑样式具有了中国建筑的基本形式。而鸦片战争之后，传统的中国建筑在设计观念、建筑材料和施工技术等方面的现代转型也就成为历史的必然选择。

经济活动是人类活动的基本活动之一，是社会活动中的一个极为重要的部分。经济是一个历史的范畴，是人类社会发展到一定历史阶段的产物。在原始社会、奴隶社会根本不存在经济。到了封建社会，虽然在某些地区曾出现过频繁的商品交换，但那只是人们在自然经济条件下生活所需要的商品余缺的调剂，不会对整个的经济活动产生影响。经济是随着生产力向更深和更广的程度发展，以及相应的交易市场的建立和扩大而逐步形成的。由于我国封建社会自然经济的影响，千百年以来，我国建筑这一行业受到了较大的制约，其发展速度比较缓慢。在这样一个漫长的历史过程中，科学技术的发展对于整个经济的形成起到了极大的促进作用。科技革命为我国经济的形成与发展提供了必要的手段，如便利的交通工具、先进的通讯设备、先进的生产工艺以及廉价的劳动力等。

（三）

中国的建筑业作为我国国民经济的支柱产业，从产业形成到全面改革稳定发展，走过了不平凡的发展历程，取得了举世瞩目的辉煌成就。新中国成立后，陆续组建一批国营建筑公司及集体建筑合作社，1949 年全国有组织的建筑职工不到 20 万人，从事工程勘察设计的人数不足千人。中国人民解放军 8 个陆军师集体转业改组为国营建筑施工企业，中央各有关工业部门也分别建立了专业施工队伍，成立一批专业设计院。到 1957 年“一五”计划完成时，建筑业从业人员已发展到 264.6 万人；建筑业总产值达到 45 亿元，所占国民收入的比重由 1.1％提高到 5％。

建国之初，百废待兴。我国当时主要有 3 种经济成分，即社会主义国营经济、资本主义经济、农民和手业者的个体经济。经过几年的社会主义改造，到了 1956 年，国营工业的产值在工业总产值的比重中占 67.5％，公私合营工业占 32.5％，私有企业的产值几乎消失。随着我国建筑业设计建造能力和技术水平的不断提高，一大批举世瞩目的建设工程应运而生，在“一五”时期，建筑业集中优势力量大力推进工业化建设，先后建成了长春第一汽车制造厂、武汉长江大桥，淮河治理工程、成渝铁路，以及川藏、青藏公路等595个大中型建设项目，完成建安产值366.76亿元，新建、修复铁路约1万公里，公路通车里程逾25万公里。我国迅速地恢复了遭受战乱破坏的国民经济，完成了对农业、手工业和资本主义工商业的社会主义改造，顺利地执行了第一个五年计划。到1956年，全国工农业生产的经济规模和发展速度上，都达到了历史上的最好水平。古云："太平盛世，大兴土木"。面对当时基础设施和各类建筑的破败而不敷需求的窘境，也是为了展示新中国的新形象、新面貌，表达"中国人民站起来了"巍然屹立的气概和走社会主义道路的坚强意志，1958年在北戴河会议上，中央决定在首都兴建"十大建筑"以迎接国庆10周年庆典。这一时期我国第一次明确提出了"实用、经济、在可能条件注意美观"的建筑方针，在当时经济社会背景及国际环境下，为指导方兴未艾的建筑业健康发展，这一方针无疑是正确的，它明确地指引着建筑发展的方向，及时矫正了不适当地追求"民族形式"而造成的"不经济"的偏差，并在相当长的时期内，成为建筑事业发展遵循的基本方针。此外，上世纪50年代的中国，与西方基本是隔绝的，各项建设事业也处于计划经济体制下的封闭状态，在建筑设计方面，主要是学习、借鉴苏联的做法和经验。有些工业建筑是苏联援建的，如"一五"期间苏联帮助兴建了156个(后增至166个)工业项目，有些民用建筑则是苏联建筑师主持的合作设计，因此在建筑形式上有着明显的"苏式"印记，而且这种建筑形式也影响着中国建筑师创作的作品，如北京展览馆、中国人民革命历史博物馆、中国人民

表1-1 改革开放以来建筑业发展基本情况表

年 份	固定资产投资率（%）	建筑业增加值占GDP的比重（%）	建筑业从业人数（万人）
1981	19.76	4.26	1058
1982	23.24	4.17	1173
1983	24.10	4.56	1314
1984	25.56	4.42	1692
1985	28.37	4.66	2035
1986	30.59	5.15	2236
1987	31.70	5.57	2384
1988	31.84	5.43	2491
1989	26.08	4.70	2407
1990	24.35	4.63	2424
1991	25.88	4.70	2482
1992	30.33	5.31	2660
1993	37.74	6.60	3050
1994	36.15	6.41	3188
1995	34.23	6.53	3322
1996	33.84	6.67	3408
1997	33.49	6.46	3449
1998	35.78	6.63	3327
1999	24.58	6.67	3412
2000	37.59	6.58	3552
2001	39.82	6.55	3669
2002	40.61	6.68	3893
2003	47.6	7.0	4031
2004	43.83	7.0	3253

数据来源：依据同期《中国统计年鉴》、《中国建筑业年鉴》、《中国建筑业统计年报》整理。

革命军事博物馆、中央广播大厦、上海展览馆等，这一时期建筑创作初显繁荣迹象。新中国第一批新建筑的出现，初步改变了旧中国残陋的形象，展示了新中国的新面容。

1958 年开始的“大跃进”和 1966 年开始的“文化大革命”运动，使建筑业经历了一段曲折发展的阶段。

跨入 20 世纪 60 年代，我国进入艰辛探索、道路坎坷、曲折发展的历史时期，其间从 1966 年到 1976 年的十年“文化大革命”运动，给国民经济、社会发展和意识形态领域带来了严重灾难，国民经济的衰退与停滞，也使建筑业处于低潮时期，建筑创作的实践机会大为减少，建筑交流处于更加封闭的状态，这是新中国成立以来建筑业发展最不景气的时期。尽管如此，新中国建筑创作探索之路并未停止，仍然产生了像中国美术馆、扬州鉴真大和尚纪念堂、上海体育馆、广州白云宾馆等一批优秀建筑。当然，这个时期的一些建筑物难免带有鲜明的解读政治的色彩，如南京长江大桥桥头堡的“红旗”立意、长沙火车站的“火炬”装饰造型、郑州“二七”纪念塔的数字附会等，这也是一种历史的印记。

据统计，“六五”期间累计完成建筑业总产值 5631 亿元，“七五”期间累计完成建筑业总产值 13305 亿元，“八五”期间累计完成建筑业总产值 28271 元，“九五”期间累计完成建筑业总产值 65431 亿元，“十五”期间累计完成建筑业总产值 118244 亿元，如表 1-1。2008 年，我国建筑业总产值达到 61144 亿元；建筑业增加值达到 17071 亿元，占我国 GDP 的 5.68%；实现利润 1756 亿元；上缴税金 2058 亿元。截至 2008 年年底，建筑业企业从业人数已达 3253 万人，建筑业企业数量达到 64152 家。全国工程勘察设计企业为 14667 家，从业人数达 124 万人，全年营业收入为 5968 亿元，勘察设计企业人均营业收入已从 1980 年的 3 万元上升到 2008 年的 47.8 万元，增长了近 15 倍。创建于改革开放初期的工程监理行业，2008 从业人员已达到 54 万人。2009 年全国共完成产值建筑业总产值 75864 亿元，比上年增长 22.3%。2009 年全国共有监理企业 5475 家，从业人员 58 万余人。

新中国历史的重大转变是以 1978 年 12 月召开的党的十一届三中全会为标志的。这次具有历史意义的会议，在纠正“文化大革命”及“左”倾错误方针的基础上，确立了解放思想、实事求是的思想路线，并果断地作出了把工作中心转移到经济建设上来和实行改革开放的重大决策。从此，神州大地生机勃发，各项事业焕发生机而迅速发展。1984 年 9 月，国务院出台了文件，把改革建筑业作为城市改革的突破口，率先进行全行业改革，从上世纪 90 年代开始，建筑业步入全面改革和稳步发展的轨道，产业规模持续扩大，经济效益显著提高。在国民经济总量大幅度提升的前提下，2005～2007 年建筑业增加值占 GDP 的比重还分别达到了 5.5%、5.56%及 5.68%，是我国快速发展时期当之无愧的支柱产业。改革开放以来建筑业发展的基本情况见表 1-2。

1992 年 10 月，党的十四大确立了我国社会主义市场经济体制，使改革开放和现代化建设进入到一个具有体制创新和政策保障的发展阶段。作为先导性、基础性产业的建筑业和建筑创作重新又走上新的快速发展的轨道，为建筑师提供了更为广阔的创作舞台。这是新中国建筑创作蓬勃发展的新时期，在我国改革开放、解放思想的大环境和背景下，建筑设计市场也呈现出由封闭逐步走向开放，鼓励大胆创新、设计思路活跃、建筑风格多元并存的生动活跃的局面。

20 世纪 90 年代，中国建筑业完成了各类工业、农业、能源、交通、水利、通信、文教、科研、军事等基本建设和更新改造项目约 40 多万个，其中大中型基建项目上千个，包括淮河干流治理工程，齐鲁、扬子、茂名、吉化大型石油化工联合装置，大亚湾、秦山核电站、宝钢二期、京九铁路、南昆铁路、京津唐、沪宁、太旧、广深高速公路、上海南浦大桥、杨浦大桥、广州中天大厦、深圳地王大厦、上海金茂大厦等项目。新建城市和乡村居民住宅 47.87 亿平方米。长江三峡工程、黄河小浪底水利枢纽工程等世界上也屈指可数的特大型工程开工建设。

进入 21 世纪，我国开始了全国建设小康社会的新时期，2003 年在党的十六届三中全会上，中央提出“坚持以人为本，树立全面、协调、可持续的发展观”，科学发展观成为指导改革开放和现代化建设的行动指南，也是建筑业应遵循的基本方针。2000～2009 年的 10 年间，我国的经济规模快速提升，2004 年中国 GDP 总量超过意大利，由第 7 位上升到第 6 位；2005 年超过英国，居世界第 4 位；2007 年超过德国，居世界第 3 位。2001 年至 2007 年，中国建筑业总产值年平均增长为 22.5%，整体竞争力也接近国际领先水平，如表 1-2、表 1-3、表 1-4、表 1-5。

表 1-2　　建筑业在国民经济中的作用数据表

年份	1978	1980	1985	1990	1995	2000	2005	2007
建筑业增加值占 GDP 比重(%)	3.8	4.3	4.6	4.6	6.1	5.6	5.5	5.7
建筑业从业数占社会劳动者的比重(%)	2.1	2.3	4.0	3.7	4.8	4.9	3.5	4.7

注：资料来源：中国统计年鉴 2006；2007 年国家统计局统计公报。

表 1-3　　**2005～2008 年建筑业企业主要经济指标比较**

类别＼年份	2005	2006	2007	2008
建筑企业数量(个)	58750	60166	62074	64152
建筑业总产值(亿元)	34552	41557	51043	61144
建筑业增加值(亿元)	10134	11851	14264	17071
利润总额(亿元)	906.66	1193.07	1561	1756
税金总额(亿元)	1159.79	1401.49	1715	2058
劳动生产率(按总产值计算)(元/人)	117317	131800	148165	166538
产值利润率(%)	2.6	2.9	3.4	2.9
产值利税率(%)	6.0	6.2	6.4	6.2

注：建筑业增加值各年度数据、利润总额及税金额 2007 年、2008 年数据引自《国民经济和社会发展统计公报告》；其他经济指标 2005 年、2006 年度数据引自《中国统计年鉴》(2007)；2007 年、2008 年数据引自国家统计局《2008 年度建筑企业生产情况统计快报》。

表 1-4　　2005～2008 年固定资产投资、建筑业总产值、建筑业增加值等指标增速度

类别 年份	固定资产投资增速(%)	建筑业总产值增速(%)	建筑业增加值增速(%)	建筑业利润总额增速(%)	建筑业税金总额增速(%)	建筑业劳动生产率增速(%)
2005	26.0	19.1	12.6	26.1	23.9	8.7
2006	23.9	20.3	13.7	31.6	20.8	12.3
2007	24.8	22.8	12.8	30.8	22.4	12.4
2008	25.5	19.8	7.1	12.5	20	12.4

注：数据引自《2008 年国发经济和社会发展统计公报》、《中国统计年鉴》(2007)、《2008 年建筑企业生产情况统计快报》。建筑业增加值增长速度按不变价格计算。

表 1-5　　建筑业在国民经济的地位

（部分发达国家与我国比较，2004 年）

	人均国民收入(美元)	建筑业增加占 GDP 的比重	建筑业从业人数(万人)	建筑业从业人数占社会总从业人数的比例
日　本	34625	7.7%	665	10.2%
韩　国	9240	7.9%	160	7.3%
新加坡	21808	7.4%	14	5.8%
美　国	34162	4.1%	530	5.5%
中　国	1490	7.0%	3253	5.1%

资料来源：根据《世界统计年鉴(2004)》有关数据整理，表中数据为 2000～2004 年平均值，中国人均 GDP 按 2005 年经济普查数据。

经过改革开放 30 年来的发展，中国的经济社会发展在世界上的影响力越来越大，各项社会事业和民众生活也有了长足的进步。作为经济、社会、文化和民众生活载体的建筑，更是突飞猛进地发展，城乡面貌发生了巨大变化。

我国“十五”至“十一五”时期，国家重点工程的规模和难度都上了一个台阶。我国建筑业完成了一批前所未有的复杂结构和采用新型材料的工程项目。代表性的工程项目，如国家体育场，也被称为鸟巢。还有总投资 2000 多亿元，具有防洪、发电、航运等巨大的综合效益的三峡工程等一大批国家级重大重点工程。

可以说，我国建筑业的技术水平已经达到了相当的高度。在超高层、大跨度房屋建筑设计、施工技术，大跨度预应力、大跨径桥梁设计及施工技术，地下工程盾构施工技术，大体积混凝土浇筑技术，大型结构与设备整体吊装，大型复杂成套设备安装技术，综合爆破等方面，不仅具有中国特色，且普通达到或接近国际水平。目前，中国建筑业在超高层建筑、铁路工程、高速公路工程、大型公用设施方面，都能依靠自己的技术力量独立完成，中国建筑业已经具有国际一流的建造能力。

改革开放以前，我国对外工程建设主要以援建项目为主。改革开放以来，为提升工程建设企业的核心竞争力，加快与国际接轨的步伐，国务院及有关部门出台了一系列促

进建筑业改革，推动工程总承包和项目管理发展的政策文件。2003年、2004年和2005年，建设部相继出台了《关于培育发展工程总承包和工程项目管理企业的指导意见》、《关于加快建筑业改革与发展的若干意见》，2008年9月，我国颁发了《对外承包工程管理条例》，为我国建筑业改革与发展指明了方向。我国建筑业通过深化改革，学习借鉴国际先进做法，改革创新生产经营组织方式，积极拓展工程项目管理和工程总承包业务，实现了跨越式发展，企业的核心竞争力大大提高。2008年在全国工程勘察设计单位营业收入中，工程总承包和项目管理收入占到56.80%；我国有5家建筑业企业集团进入了世界500强；全国工程监理企业的营业收入达657.44亿元，其中项目管理与咨询服务收入达73.02亿元。

改革开放之后，建筑业企业努力提升核心竞争力，努力拓展国际市场，对外承包营业总额、市场地域范围、涉足专业领域不断扩大，对外承包工程进入快速良性发展的轨道。

截至2008年年底，我国建筑企业海外承包业务已发展到180多个国家和地区，完成合同金额从1979年的3000万美元增加到566亿美元；具有对外承包工程资格的企业超过2000多家，其中51家企业进入全球最大的225家国际承包商行列。中国企业不仅能够出色地完成总承包业务，而且逐渐介入项目的前期规划和设计领域，业务逐步升级。2008年，我国对外承包工程完成营业额同比增长39.4%；新签合同额1046亿美元，同比增长34.8%；对外承包工程新签5000万美元以上的项目达347个，比上年增加86个；合同额总和796.5亿美元，上亿美元的项目195个，比上年增加47个；10亿美元以上的特大项目10个，比上年增加4个。

（四）

人类懂得管理的作用，掌握管理的本领，享受管理的好处，可以说由来已久。管理是一种综合性与艺术性相结合的实用性很强的学问。对这门学问的掌握，具有很高的实用价值。

建筑企业管理是企业经营和管理的总称。建筑企业管理学是以企业为对象，系统地研究建筑企业生产经营管理活动的客观规律及其方法的一门综合性科学。它是由一系列的管理理论、原则、形式、程序、方法和制度等组成，是企业管理学的一个分支。它的研究内容主要涵盖以下3个方面：一是研究合理组织生产力的问题，即研究如何根据市场的需要和企业目标的要求合理配置和充分利用企业中的人、财、物及各种资源，以求得最佳的社会经济效益的问题；二是研究改善生产关系的问题，即研究如何正确处理企业中人与人的相互关系问题，研究如何建立和完善企业领导体制和组织结构等问题，研究如何教育、激励企业内员工，发挥各自的潜能，从而最大限度地调动各方面的积极性和主动性，为实现企业目标而服务；三是研究上层建筑方面的问题，即研究如何使企业内部环境与其外部环境相适应的问题，研究如何使企业的经营方针政策、规章制度、价值标准、道德规范等与社会的政治、经济、法律、道德等上层建筑保持一致的问题，使生产力与生产关系相适应，从而维护正常的生产关系，促进生产力的发展。

建筑企业管理学是一门综合性的边缘学科。其主要目的是要指导企业管理实践活动，而现代企业管理活动是十分复杂的，影响因素有生产力、生产关系等基本因素，还有政治、法律、社会、心理等社会因素，以及自然因素等。因此，要搞好企业管理工作，必须考虑企业内外错综复杂的因素，要利用管理学、经济学、数学、运筹学、系统工程、统计学、心理学、行为科学、工程技术学、电子计算机等的研究成果和最新成就，对企业管理进行定性和定量的分析，从中研究出行之有效的管理理论，并用以指导企业管理的实际工作。所以从建筑企业管理学与许多学科的相互关系来看，是一门交叉学科或边缘学科，但从它又要综合利用上述许多学科的成果才能发挥自己的作用来看，它又是一门综合性的学科。

建筑企业管理学既是一门应用科学又是一门艺术。它作为管理实践活动的理论总结，来源于实践，接受实践的检验，反过来指导管理实践。它指导企业管理者按客观规律从事生产经营管理活动，是理论和实践相结合的应用科学。但由于管理活动的复杂性和多因素性，客观上有许多是无法定量的，因而，它常常不像有的学科那样可以单纯通过数学计算去求最佳答案，也不能为管理者提供解决问题的标准模型和答案，只能阐述企业管理的一般规律，要求管理者必须从实际出发创造性地进行管理。从这个意义上讲，建筑企业管理学不仅是一门科学而且是一门艺术，是企业管理者应用企业管理理论，结合企业实际，坚持实事求是，因地制宜，发挥聪明智慧和领导才能的艺术。

建筑企业管理学又是一门软科学。软科学和硬科学是相互对应的两个层面，这是借用于计算机技术中的软件和硬件这两个术语讲的。第一，假如使用了计算机，能否充分运用硬件，发挥其全部功能，取决于软件的优劣。如从管理的情况看，它与计算机的情况相类似，如果把企业中的人、财、物看成硬件的话，管理就是软件，充分调动人的积极性和主动性，有效地利用财力和物力，用较少的消耗取得较大的效益，这正是企业管理的目标。第二，管理是通过别人来完成任务的艺术。因此，管理必须借助于被管理者和其他条件，并通过他们来体现管理的价值，其本身究竟创造多大的价值是模糊的。第三，若想通过管理提高效益只能经过较长的时间之后才能反映出来，且在选择评价管理措施时，总会有各种不同的看法，并往往取决于管理者的主观判断。通过这些思考，人们把建筑企业管理学看成软科学也是恰如其分的。

建筑企业管理学为一门综合性学科。房屋建筑学、工程结构、建筑施工等课程为学习该课程提供技术基础；应用统计学、运筹学等课程为学习该课程提供理论方法和手段；建筑管理学、工程经济学、工程造价等课程是建筑企业管理学的先行课。以上这些课程都与建筑企业管理学密切相关，也是学习该课程的重要基础。

学习和研究建筑企业管理学必须采用唯物辩证法、系统论方法和理论联系实际的方法。在学习和借鉴国外企业管理理论和经验时，要从我国的国情出发，要考虑社会制度、生产力发展水平、自然条件和民族习惯、传统文化的不同，并结合建筑企业管理改革与发展的实际，有选择地学习和吸收，通过企业管理的长期实践，在不断总结自己管理经验的基础上，逐步形成一套完整、系统的建筑企业管理理论。

第二章　建筑企业管理概述

第一节　建筑企业管理的基本概念

一、建筑企业概述

(一)建筑企业的定义

建筑企业是指从事建筑与土木工程、线路管道设备安装工程、装修工程等新建、扩建、改建活动或提供建筑劳务的企业。具体讲:建筑企业是从事铁路、公路、隧道、桥梁、堤坝、电站、码头、机场、运动场、房屋(如厂房、剧院、旅馆、医院、商店、学校和住宅等)等土木工程建筑活动,从事电力、通信线路、石油、燃气、给水、排水、供热等管道系统和各类机械设备、装置的安装活动,从事对建筑物内、外装修和装饰的设计、施工和安装活动的企业。建筑企业又称建筑施工企业。它通常包括建筑公司、建筑安装公司、机械化施工公司、工程公司及其他专业性建设公司等。

建筑企业是为社会提供建筑产品或建筑劳务的经济组织。建筑企业经营是企业为满足社会及用户的需要,根据其外部环境和内部条件,制定所应采取的目标、方针与策略等一系列带有全局性战略意义的活动。其目的在于不断提高企业的经济效益,保证企业的生存和发展。企业经营活动范围主要是社会市场,涉及建筑商品流通领域,其工作内容主要包括建筑市场调研、预测、决策、规划、工程招揽、投标承包、交工和售后服务等等。

(二)建筑企业的基本条件

建筑企业的基本条件有以下几方面:

(1)有独立组织生产的能力和独立经营的权力;

(2)有与承担施工任务相适应的经营管理人员、技术人员和生产技术工人;

(3)有与承担工程任务相适应的注册资本;

(4)有健全的会计制度和经济核算办法,能独立进行经济核算;

(5)有保证工程质量和工期的手段和设施。

二、建筑企业的分类

建筑企业可以按照以下标准进行分类:

(1)按企业资产组织形式和所承担的法律责任不同分:个人业主制企业、合伙制企业、公司制企业。

(2)按经济类型不同分:国有企业、集体企业、私营企业、联营企业、股份制企业、外资企业、港澳台投资企业和其他建筑企业。

(3)按经营范围不同分:综合性企业、专业性企业和劳务性企业。

(4)按企业规模不同分:大型、中型和小型建筑企业。

大、中、小型建筑企业的划分标准如表 2-1 所示。

表 2-1　　建筑企业大、中、小型划分标准

类别	指标(万元)	大型	中型	小型
土木工程建筑企业	建筑业总产值	5500 及以上	1900 及以上～5500 以下	1900 以下
	生产用固定资产原值	1900 及以上	1100 及以上～1900 以下	1100 以下
线路、管道和设备安装企业	建筑业总产值	4000 及以上	1500 及以上～4000 以下	1500 以下
	生产用固定资产原值	1500 及以上	800 及以上～1500 以下	800 以下

(5)按企业资质条件不同分:施工总承包、专业承包和劳务分包 3 个序列。

企业资质是指企业的建设业绩、人员素质、管理水平、资金数量和技术装备等。

建设部 2001 年制定施行的《建筑业企业资质管理规定》中指出,“建筑业企业应当按照其拥有的注册资本、净资产、专业技术人员、技术装备和已完成的建筑工程业绩等资质条件申请资质,经审查合格,取得相应等级的资质证书后,方可在资质等级许可的范围内从事建筑活动”。

获得施工总承包资质的企业,可以对工程实行施工总承包或者对主体工程实行总包。承担施工总承包的企业可以对所承接的工程全部自行施工,也可以将非主体工程或者劳务作业分包给具有相应专业承包资质或者劳务分包资质的其他建筑企业。

获得专业承包资质的企业,可以承接施工总承包企业分包的专业工程或者建设单位按照规定发包的专业工程。专业承包企业可以对所承接的工程全部自行施工,也可以将劳务作业分包给具有相应劳务分包资质的劳务分包企业。

获得劳务分包资质的企业,可以承接施工总承包企业或者专业承包企业分包的劳务作业。

施工总承包资质、专业承包资质、劳务分包资质序列按照工程性质和技术特点,分别划分为若干资质类别。各资质类别按照规定的条件划分为若干等级。参见建设部会同铁道部、交通部、水利部、信息产业部、民航总局等有关部门组织制定的《建筑业企业资质等级标准》,并规定了不同等级企业的承包工程范围,见表 2-2。

表 2-2 建筑企业资质序列、类别及等级分类

企业资质序列	资质类别	资质等级分类
施工总承包(12)	房屋建筑工程、公路工程、铁道工程、水利水电工程、电力工程、矿山工程、市政公用工程	特级、一、二、三级
	港口与航道工程、冶炼工程、化工石油工程	特级、一、二级
	通讯工程	一、二、三级
	机电安装工程	一、二级
专业承包(60)	专业承包(60)	一、二、三级
	电梯安装工程、附着升降脚手架工程、桥梁工程	一、二级
	隧道工程、铁路铺轨架梁工程、机场场道工程、机场空管工程及航站楼弱电系统工程、机场目视助航工程、港口装卸设备安装工程、通航设备安装工程、核工程、炉窑工程、冶炼机电设备安装工程、海洋石油工程	
	预制商品混凝土、混凝土预制构件、建筑防水工程、预应力工程	二、三级
	公路交通工程(分为交通安全设施、通信系统工程、监控系统工程、收费系统工程和通信、监控、收费综合系统工程5个分项)、水上交通管制工程、城市轨道交通工程、特种专业工程	不分级
劳务分包(13)	木工作业、砌筑作业、钢筋作业、脚手架搭设作业、模板作业、焊接作业	一、二级
	抹灰作业、石制作业、油漆作业、混凝土作业、水暖电安装作业、钣金工程作业、架线工程作业	不分级

三、我国建筑企业管理的发展

我国作为一个社会主义国家，过去采用计划经济管理模式，现在推行的是社会主义的市场经济管理模式。我国的国有企业又是中国经济的主导力量，中国与发达国家，由于社会制度不同，经济发展水平的不同以及传统文化的差异，其企业管理制度亦相距甚远。从中华人民共和国成立至今，我国企业管理大致经历了5个阶段。

第一个阶段："三年恢复"时期和"一五"时期(1953～1957年)，基本上采用的是党、政并行的管理机构，主要是采用权力集中型的指令经济模型。这一时期，不少管理制度颇似科学管理学派的西方经验，这主要是全面、系统地学习和引进原苏联的建筑企业管理制度和方法的结果。泰勒的工作定额及等级工资等一套做法，在中国的企业管理中得到一定程度的应用。建立计划指标体系；建立各种施工规范、规程，按施工组织设计组织生产活动；实行财务成本管理和经济核算制；进行质量、安全大检查等。这些管理为我国企业管理奠定了基础。

第二个阶段："二五"期间(1958～1962年)。由于"大跃进"和"破除陈规旧律"等"左"的做法，使建立的科学管理制度和方法遭到了批判和否定，处于无管理状态。这个过程是经济管理的"下降"过程。

第三阶段："三年调整时期"(1963～1965年)。在总结"一五"和"二五"期间经验教

训的基础上，把解放思想和尊重客观科学规律相结合，讲究政治、经济和技术的辩证统一，恢复了"一五"期间建立起来的有效的企业管理制度和方法，并有一定的发展。这是符合当时我国国情的，适应生产力发展的需要，又是一次上升过程。

第四阶段："文革"期间(1966～1976 年)。"十年动乱"期间，把企业管理看成是"管、卡、压"，鼓吹建立无领导、无管理、无规章制度的"三无企业"，生产无人负责，国家经济面临崩溃局面，建筑工业系统大批企业连年亏损。因此，从企业管理来看，这是一次大幅度下降的过程。

第五个阶段：党的十一届三中全会以来至今。也就是 1978 年以后，国家把"一个中心，两个基本点"作为国策，我国经济形势逐渐好转，企业管理中过去行之有效的制度和方法得到了恢复。对企业进行了改革和整顿，建立经济责任制，实行利改税、经营承包、转换经营机制、建立现代企业制度等新举措。同时，数理技术、网络计划技术、系统工程、全面质量管理(TQC)、预测与决策技术、价值工程(VE)等科学管理方法及计算机技术得到全面应用，取得了良好的效果。

1984 年以后，我国建筑业实行了多项改革措施，如公开招标、投标、承包经营责任制、项目法施工、劳动用工制度改革、健全法制等，从而加快了从计划经济向市场经济体制转变的步伐。实行开放政策以来，我国施工企业的体制又发生了根本的变化，国有企业实行企业改制，逐步退出国有范围，施工企业由原来的国有化实行民营化：①管理者从国企的"代理人"转为民企的所有人，预期的企业增值给新型企业带来了活力；②民营施工企业主动与私营业主沟通并认同，在民营化过程中，原有的无形资产(如品牌、资质、商誉、技术、客户群等)潜在因素在改革中置换；③一些施工企业将原单位部分资产作为新公司的风险金予以改制，公司只承担有限的责任。通过企业的资产置换，增加了企业的活力，改变了经营机制，取得了显著的成就。2001 年，建筑企业 6.6 万家，其中特级企业有 105 家，一级企业约 3000 家左右；2007 年，建筑企业 11.9 万家，其中特级企业 264 家，一级企业超过 6000 家，资质资格管理制度经过多次完善，目前已成为政府调控、规范建筑市场，提高企业和人员素质，引导行业发展的重要手段。

2008 年，为了应对全球金融危机对我国经济的影响，中央应对金融危机出台的一系列扩大内需的政策措施，尤其是通过分析 4 万亿元资金投向，可以反映出我国未来时期建筑市场需求变化的趋势。国家的投资重点是：廉租住房、棚户 区改造等保障性住房；农村水电路气房等民生工程和基础设施；铁路、公路、机场、水利等重大基础设施建设和城市电网改造；医疗卫生、教育文化等社会事业发展；节能减排和生态建设工程；自主创新和产业结构调整；汶川地震灾后恢复重建等情况见表 2-3。

四、建筑企业管理的特点和内容

(一)建筑产品的属性及特点

建筑企业的生产对象为建筑商品或建筑劳务，生产的组织和技术，生产经营管理，都具有与一般的工业不同的技术特点，所以，在研究建筑企业管理问题时，必须了解和掌握建筑产品和生产的特点及其对企业管理的影响。

1. 建筑产品本身的属性

(1)建筑产品地点的固定性。任何建筑产品,都是在选定的地点建造和使用的,不能移动,与当地的土地不能分割。许多建设工程,如地下建筑、道路、隧道等本身就是土地不可分割的一部分。

(2)建筑产品类型的多样性。社会对建筑产品的要求是多种多样的。首先是使用功能的多样性,使用功能不同,建筑产品的类型也就不同,这是由于社会对建筑产品的用途和功能要求是多样的。如生产性建筑的不同生产工艺的要求,生活性建筑的不同用途和功能的要求。其次,即使使用功能、建筑类型相同,但建在不同的气候区、不同地质条件下的建筑物在其规模、结构、型式和基础处理等方面也表现出差异。

(3)建筑产品体形庞大。无论是综合的建筑产品(许多单项工程所组成的一种综合生产能力)还是单项工程,其体形和工程量大,功能复杂,需求大量物质资源,占据广阔的空间。

表 2-3　**扩大内需 4 万亿元投资投向构成**

重点投向	资金测算(亿元)	所占比例(%)
廉租住房、棚户区改造等保障性住房	4000	10
农村水电路气房等民生工程和基础设施	3700	9.25
铁路、公路、机场、水利等重大基础设施建设和城市电网改造	15000	37.5
医疗卫生、教育文化等社会事业发展	1500	3.75
节能减排和生态建设工程	2100	5.25
自主创新和产业结构调整	3700	9.25
汶川地震灾后恢复重建	10000	25

数据来源:国家发展和改革委员会网站(2009-5-21)

2. 建筑产品生产的特点

建筑产品本身的上述三大特点,导致建筑生产组织、技术和经济活动产生如下的一些特点:

(1)建筑生产的流动性。这是由于建筑产品的地点固定所决定的。不像工业产品那样,完全在固定的工厂、车间内进行生产,建筑产品的生产是各工种工人在同一建筑物或构筑物的不同部位、同一工地现场的不同施工项目、不同工地、不同的建筑地区间流动。

(2)建筑生产的单件性。这是由于建筑产品的固定性和多样性决定的。建筑产品,不像一般工业产品那样在一定期间里进行批量生产,有着统一不变的工艺流程和规程,而是针对具体的建设工程,进行单独设计、单独施工。即使采用标准设计,由于建筑产品所在地点的气候、地质和资源条件不同,往往也需对设计图纸、施工组织和施工方法等作出适当的修改,从而也会为工程施工带来一系列单件性的特点。

(3)建筑生产周期较长。这是由于建筑产品体形庞大和产品固定所引起的。体形庞大,占用劳动力、材料和资金就多,而且,固定在一个地点,其工作面有限,再加上生产程序、顺序的约束,容纳的劳动力就有个最大的限度。因此,生产周期必然要长,必须要长期占用和消耗人力、物力和财力,直到产品的最终完成,才能为社会提供有用建筑产品。

(4)建筑生产多系露天作业。建筑产品体形庞大,一般多在露天进行生产,受季节、气候、地质、自然条件变化的影响，对此须采取相应的防寒、防暑、防雨、防风、防洪、防渗以及地下、水下、高空作业等特殊措施。

(5)建筑生产的均衡性差、机械化水平较低。这是由于建筑产品本身的 3 大特点所引起的。建筑生产需要多工种配合作业，工程量也不均衡，故难于实现均衡生产；与一般工业产品生产相比较，建筑生产机械化、自动化水平发展较慢，手工作业较多，劳动强度大，劳动条件艰苦。因此，必须加强劳动保护和安全作业，推进建筑工业化。

(6)建筑生产涉及面广，社会协作关系复杂。由于建筑生产涉及面广，建设各方主体关系需要协调，特别是在企业内部，要在不同时期、不同地点、不同产品上组织多工种综合作业；在企业外部，要同建设单位、勘察设计单位、房地产单位，各专业化施工企业，材料、运输、机具租赁企业，铁路、道路、水、电、环保、劳动、财政、银行、公安等部门和单位协作配合，从而具有广泛的社会综合性，建筑企业必须重视协作关系。

(二)建筑企业管理的特点和内容

1. 建筑企业管理的特点

建筑生产的上述特点，直接影响着建筑企业的生产经营管理，使其具有以下特点：

(1)生产经营业务不稳定。由于建筑产品的多样性，同一时期不同用户对建筑产品的种类需求是不同的，对一个建筑企业来说，其生产经营的对象和业务将是不固定和不稳定的。因此，就要求建筑企业善于预测社会经济发展趋势，固定资产投资规模、方向和产品种类构成比例，具有适应社会需求的应变能力。

(2)管理环境变化较大。这表现为自然环境（包括地点、地质、气候等）多变和社会环境（包括地区社会经济条件，如邻里居民、地方劳动力、地方材料、地方运输、地方服务等协作条件）多变。在大城市，上述各种有关建设的信息资料比较完善，组织分包、劳务、材料、运输等比较方便，而在新开辟地区和边远地区，就有许多不便。如果承包国外工程，则环境更为复杂，更为特殊。因而使建筑企业生产经营的预见性、可控性比较差，许多工程要因地因时，即因环境制宜。

(3)特定的投标承包方式。建筑产品多是预约生产，以合同形式承包的。建筑企业首先需要通过投标竞争获得承包工程任务，并通过工程承包合同与用户建立经济法律关系。在招标投标中，往往是一家用户多家竞争，甚至几十家企业参与竞争，而且愈来愈激烈。因此，必须讲究竞争策略。建筑企业要根据用户的委托，按合同要求完成预定的任务，并在工程进行过程中接受用户的监督。

(4)基层组织人员变动多。由于产品多样、生产流动、任务不稳定、环境多变等原因，引起直接领导生产经营活动的企业基层组织结构和人员，随工程对象的规模、性质、地理分布不同而适时变化和调整。在建设过程中，不同工程、不同季节，职工的需求量波动很大，工种的配合比例也会有较大的差异。因此，建筑企业内部的管理组织结构适宜项目管理制，在劳动用工方面，建筑企业不宜保持庞大的固定工队伍，只宜拥有精干的经营管理人员、工程技术人员和适量的技术工人骨干，工程需要时，再雇用合同工和临时工。

(5)其他方面。在计划管理方面，建筑企业的计划包括两类，一类是以企业为对象编制的生产经营计划；二类是以工程项目为对象编制的工程施工组织设计。这两类计划是相互依托、密切联系的，一般前一类计划由后一类计划去落实，而后一类计划受前一类计划的指导。

在建筑产品价值确定方面，有特殊的计价方法，即须因工程而异地个别编制其预算文件，作为投标报价的基础或结算的依据。

在资金占用方面，由于建筑产品生产周期长、占用资金多，所支付的贷款利息也多。

2. 建筑企业管理内容

(1)建筑企业管理内容的含义

建筑企业的生产经营活动是企业管理的核心。建筑企业的生产经营活动大致可分为企业外部的活动和企业内部的活动。企业外部的活动，包括销售活动和供应活动，也称为企业的经营活动。企业对经营活动的管理称为经营管理。企业内部的活动，包括围绕着建筑产品的形式而展开的施工过程的活动，辅助生产过程的活动，附属生产过程的活动以及生产服务过程的活动。对这些活动的管理，称为施工生产管理。建筑企业管理的内容要依据企业的目标，同时也要根据社会化大生产的要求和企业自身的技术经济特点，按照科学的管理分工来建立。

(2)建筑企业管理内容划分

1)按照专业划分。建筑企业管理的内容按照专业划分有：工程进度管理、质量管理、计划管理、技术和安全管理、施工管理、材料管理、机械设备管理、劳动工资管理、财务成本管理、多种经营管理、工程投标及合同管理、民主管理等。

2)按管理系统划分。在专业管理的基础上，全面考虑供、产、销和人、财、物、信息，建立和健全施工生产管理系统、经营管理系统、财务成本管理系统、企业管理信息系统。

施工生产管理系统是以企业内部的生产技术活动为对象，以提高劳动生产率和降低工程成本为中心来展开各种生产技术活动。它的管理内容包括：①施工技术财务计划的编制；②施工组织设计的编制；③施工管理；④技术和质量管理；⑤劳动组织和安全生产管理；⑥材料和物资管理；⑦机械设备使用及维修管理；⑧经济核算和工程成本管理等。

经营管理系统是以企业外部的经营活动为主要对象，以经营决策为中心来展开经营活动的。它的管理内容包括：①建筑市场的调查研究和预测；②经营方针和经营目标的制定；③各种经营方式的选择；④各种经营分析和经营决策；⑤开展工程投标活动，进行投标决策和承包决策；⑥签订工程承包合同和进行合同管理；⑦进行工程竣工验收和交工工作等。

财务管理系统是以企业资金为管理对象，以合理、节约使用资金来展开财务活动。它的内容包括：①对金融市场的调查研究及预测；②选择资金来源渠道；③进行投资决策；④进行资金管理、成本管理和利润管理；⑤进行成本预测和控制等。

管理信息系统，简称 MIS。它使企业生产经营的各个环节，从市场需求、产品开发、加工制造、管理、销售到服务的信息采集、传递和加工处理的过程，利用信息技术，通过生产、经营各个环节的信息集成，支付技术的集成，进而由技术的集成进入技术、经营管理和人、组织的集成，最后达到物流、信息流、资金流的集成并优化运行，从而提高企业的市场竞争能力和应变能力。

这 4 套管理系统，构成整个建筑企业的管理系统。

五、建筑企业管理的性质和任务

1. 建筑企业管理的性质

建筑企业管理具有建筑企业管理整个活动所具有的自然属性和社会属性。一是具有同生产力、社会化大生产相联系的自然属性;二是具有同生产关系、社会制度相联系的社会属性。

建筑企业为了其生存和发展,必须根据市场的需求,按现代化大生产的客观要求,按生产技术经济规律的要求组织劳动者、材料和机械等,有效地利用企业的一切资源,提高企业的经济效益。这种由合理组织和发展生产力引起管理的需要,就是建筑企业管理的自然属性。

建筑企业生产经营活动都是生产资料的所有者按照自己的利益和意志来进行的,企业管理就是要维护和完善一定生产关系,实现特定的目的。生产资料所有制不同,生产目的、人们的相互联系、分配制度也就不同,这就决定了企业管理的社会属性。

从建筑企业管理的自然属性及社会属性来看,建筑企业管理还具有重大的现实意义。

第一,在重视企业管理对维护和完善生产关系作用的同时,更要重视企业管理对发展生产力方面的作用。

第二,外国的建筑企业管理理论、技术和方法是人类长期从事生产经营管理实践的产物,是人类智慧的结晶,应加以吸取或借鉴。我国加入 WTO 后,建筑企业同样面临挑战,这就需要学习、引进国外先进管理经验,加快建筑企业改革。

第三,建筑企业管理是一门科学,要建立建筑企业管理的科学体系,必须认真总结、继承和发展我国企业管理的经验,吸取国外发达国家的先进经验,不断提高管理水平。

2. 建筑企业管理的任务

建筑企业管理的任务主要包括以下几个方面:

(1)树立正确的经营思想。经营思想是指建筑企业在整个生产经营活动中的指导思想。它反映了人们对生产经营全过程中发生的各种关系的认识和态度的总和。它决定着企业经营目标、方针和经营策略。在我国社会主义市场经济条件下,建筑企业管理的首要任务,就是要确立企业的正确的经营思想,其核心是为社会、用户、职工、出资者服务,提高整个社会经济效益。为此,建筑企业必须讲求社会主义经营道德,反对生产经营中的违法乱纪、唯利是图、偷工减料、损人利己、破坏国家经济、妨碍社会发展的各种不正当行为。

(2)制定企业的发展目标、经营方针和经营战略。企业的发展目标是企业在一定时期内,在生产、技术和经济等方面应达到的规模、水平和发展速度。它是按照建筑企业的经营思想,在分析经营环境和经营要素的基础上确定的。企业的经营方针是指导企业生产经营活动的行动纲领。它是按照建筑企业的经营思想,为达到企业的经营目标而确定的,它反映了企业在一定时期的经营方向。企业的经营战略,是为实现其经营目标,通过对外部环境和内部条件的全面估量和分析,从企业全局出发而作出的较长期的总体性的谋划和活动纲领。它涉及企业发展中带有全面性、长远性和根本性的问题,是建筑企业经营思想、经营方针的集中表现,是确定规划、计划的基础。

(3)合理组织生产力。合理组织生产力,就是使劳动力、劳动手段、劳动对象达到优化配置和充分利用，以取得企业的综合经济效益。只有把劳动力、劳动手段、劳动对象与严格的工艺规程和熟练的操作技术结合起来，才能形成既定的生产能力。此外，还必须做好一系列的生产组织工作，包括建筑生产计划工作、建筑生产准备工作、技术工作、物资供应、劳动力组织和经济核算等工作。

(4)不断调整生产关系，以适应生产力发展的需要。建筑企业中的生产关系包括3方面：①生产资料所有制形式；②生产过程中人与人的关系；③产品分配关系。生产关系必须适应生产力的发展，适应社会化大生产的要求，才能促进生产的发展。

(5)适时改变管理体制，以适应生产关系的改善和生产力的发展。要根据建筑企业的经营目标及提高企业经营效益的需要，不断优化建筑企业的外部环境和内部条件，调整和改革建筑企业管理体制和规章制度，改进领导方法等。

第二节　建筑企业的素质及职能

一、建筑企业素质

(一)建筑企业素质的概念

1. 企业素质的定义

所谓企业素质，就是组成企业的人力、物力、技术和组织等各种因素有机结合所形成的企业生存和发展能力。即组成企业的各个要素有机结合所表现的品质和质量。它包括领导班子素质、职工素质、技术素质和管理素质；表现为在社会主义市场经济激烈的竞争能力、应变能力、盈利能力、技术开发能力和扩大再生产能力。企业素质从其内在因素看，包括人员素质、技术素质和管理素质；从其外在表现看，具体表现为企业的生存与发展能力。内在因素和外在表现，是企业素质的两个方面，两者紧密联系，相互制约是不可分割的统一体。建筑企业素质是个整体的概念、质量的概念，它是动态和不断发展变化的。

2. 建筑企业素质的概念

建筑企业素质决定企业综合施工能力、管理水平和经济效益。建筑企业素质的高低，说明了建筑企业获取工程建设任务的可能性多少；说明了建筑企业施工生产能力的大小和施工管理水平的高低；说明了建筑企业降低成本增加盈利的水平；说明了建筑企业技术开发水平的强弱；说明了建筑企业扩大再生产能力的大小。

(二)建筑企业素质的内容

1. 内在因素

(1)领导班子素质。领导班子素质，包括领导者个人素质和领导班子整体素质两个方面。

1)领导者个人素质，是指领导者个人的政治思想觉悟、政策水平、文化程度、专业知识、业务能力、组织领导能力以及年龄、健康状况等。其中企业主要领导人的个人素质尤为重要。

2)领导班子整体素质，一是指班子结构，包括年龄结构、知识结构、专业结构和智能结构是否合理；二是指班子的集合力。能否形成集合力，关键在于班子能否团结合作、相互支持。

(2)职工队伍素质。职工队伍指除领导班子外的工人、技术人员和管理人员。职工队伍素质，包括职工队伍的比例结构，职工的思想觉悟，文化、技术业务水平，处理技术和业务工作的能力。职工队伍素质是企业素质的基础。

(3)技术素质。技术素质是指企业的技术装备程度和施工工艺水平等。技术素质是搞好企业生产经营的物质基础。

(4)管理素质。管理素质是指管理者在生产经营活动中协调配合、综合发挥作用的程度。它包括管理思想、组织、方法和手段的科学化及现代化程度和企业管理基础工作的质量。管理是一种生产力，在现代化生产过程中，管理不仅是保证生产顺利进行的必要条件，也是充分发挥生产力要素的作用，提高生产能力和经济效益的推动力和创造力。

2. 外在表现

外在表现为企业的生存与发展能力，具体表现为：

(1)竞争能力。即企业在质量、成本、工期、服务、信誉等方面的水平和竞争地位，以及在竞争中取胜，赢得市场的能力。

(2)应变能力。即企业在瞬息万变的经营环境中，根据条件变化迅速作出反应，采取恰当对策的能力。

(3)盈利能力。即企业有效利用人力、物力和财力，获得预期利润的能力。

(4)技术开发能力。即企业在开拓市场，开发新产品、新技术、新工艺、新材料、开发管理技术等方面的创新能力。

(5)扩大再生产能力。即企业依靠自身的力量进行技术改造、增添设备、改善管理、扩大生产规模的能力。

二、提高建筑企业素质的意义和途径

(一)提高企业素质的意义

提高建筑企业素质是适应国家大规模经济建设和社会发展的需要。改革开放以来，我国的建设任务十分巨大，同时，现代的建设项目具有规模大、工艺先进、技术复杂、配套建设项目多、施工难度大等特点，客观要求建筑企业应具有较高的素质。如果企业素质不提高，是难以完成国家的建设任务的。提高建筑企业素质，才能在激烈竞争的国内、国际建筑市场中生存发展。随着我国改革开放深入进行和市场经济体制的建立和完善，企业正面临着一场严峻的挑战。如果企业不从根本上提高素质，在竞争中就有被淘汰的危险。为了提高国民经济的宏观经济效益，也要求提高作为国民经济细胞的企业素质。

(二)提高企业素质的途径

企业是一个经济组织，企业的素质是一个整体。提高企业素质，从内部讲，要建立提高企业素质的战略，要持之以恒，常抓不懈，坚持到底。不仅要从质的方面提高各种因素的水平，而且要求各种因素能够形成最优化的结构，主要途径有：

1. 提高领导班子素质

提高领导班子素质是提高企业素质的关键，因此，必须做到：

(1)提高领导者个人的素质。作为现代企业的领导者，必须具备包括政治、知识、技能、身体、心理等5个方面的基本素质：①有强烈的事业心和责任感、勇于改革、勇挑重担、不怕个人担风险，能密切联系群众、有民主作风，大公无私、作风正派；②懂得基本经济理论、理解国家的各项方针、政策、掌握企业管理的基本原理方法和现代建筑科技知识，善于洞察形势，有远见、有战略头脑、能因势利导、驾驭企业的健康发展；③有决策、组织、指挥、控制和协调的能力，有善于处理人际关系的能力、用人能力和创新能力；④要身体健康、精力充沛；⑤要有敏捷的认识力、健康的情感、坚强的意志和良好的个性等。

(2)提高领导班子的整体素质。提高领导班子整体素质的中心问题是要有一个合理的结构。主要有年龄结构、知识结构、专业结构、智能结构等4个方面的结构。只有这样，不仅能使各个领导成员人尽其才，而且还能通过有效的结构组合，迸发出新的巨大的集体能量。

为了提高领导班子整体素质，必须全面考虑年龄、知识、专业和智能结构，同时必须注意，一个合理的结构必然是自我适应、自我控制、自我调整的，并不是一次成功、永恒不变的。必须在不断运动中，逐步求得平衡和合理。只有这样，才能使领导班子内的“摩擦”和相互抵消力量转化为动力，形成高效能的领导集体。

2. 提高职工队伍的素质

提高职工队伍素质是提高企业素质的基础，因此，必须做到：

(1)制定各类人员(管理人员、工程技术人员、普通工人)的素质标准。一般包括政治素质、文化素质、技术业务素质、身体素质等。并采取各种形式进行全员培训，以提高专业素质及整体素质。

(2)寻求企业职工结构合理比例。一般主要指：企业的生产、管理、服务3类人员的合理比例；生产人员中，基本生产、附属生产、辅助生产之间，各工种构成的合理比例；管理人员中如政工、经营管理、技术人员之间的合理比例；职工的技术职称和等级的构成的合理比例。

3. 提高企业的技术素质

提高建筑企业技术素质的途径有：积极采用建筑施工新工艺、新技术；进行技术改造、采用先进的施工机械设备；积极进行技术开发及应用；形成和完善企业的适用技术体系，并不断提高其水平。

4. 提高企业的管理素质

提高建筑企业的管理素质的途径是：按照市场经济的要求，建立现代企业制度，加强企业管理的基础工作，结合企业实际，实行现代科学管理。

要提高企业素质，从企业内部努力是最重要的方面。除此之外，也应在企业外部创造相应的客观条件，如建立和完善市场体系；政企完全分开，彻底转变政府职能；建立和健全有关经济法规等。

（三）现代企业决策者应具备条件

就目前中国的企业家来说，要想作为团队的领袖和决策者，良好地履行自己的职责，至少需要具备以下 9 个方面的素质和能力：

（1）技能技术：要具备全面的专业知识，掌握广泛的技能，不仅包括科学知识和专业技术，还需要包括各类辅助知识，应用技术，要具备广泛的知识面和系统的知识结构。

（2）体能运动：要具备良好的体能和健康基础。还要具备良好的运动能力，掌握足够的运动技能，也包括一些社交运动和高级运动。

（3）品德性情：要具备良好的品德、操守，还要拥有一个稳定、平和、坚韧、宽容的性情。

（4）工作能力：要具备优秀的工作能力，能够用高超的技巧和熟练的能力去处理好各类工作事务。

（5）艺术修养：要具备足够的艺术知识，也要具备良好的修养。要能够成为优秀的人才、脱颖而出的人才。

（6）文化理论：不仅包括语言、文学和现代文化，还包括传统文化、历史、哲学和数学。不仅要了解知识，还需要具备清晰良好的分析、思考、表达和逻辑思维能力。

（7）创新思维：要具备灵活的思路、开放的性格和创新的思路，缺乏创新的人是没有开拓精神的，是不可能高瞻远瞩的。

（8）实施能力：要有最快速的行动意识，要有最主动的努力精神。企业家是带领团队披荆斩棘的领袖，是永远要走在队伍前面的领航员。

（9）理想规划：要具备比他人更高的眼光，要有远大的抱负和目标。鼠目寸光、胸无大志的人是永远成为不了向导和领袖的。

第三节　建筑企业的任务和社会责任

一、建筑企业的任务与作用

（一）建筑企业的任务

从总的来说，企业首先为社会需要提供物质产品，才能实现盈利。建筑企业的任务就是在不断提高工程质量、缩短工期和增进效益的基础上，全面完成承担的建设任务，并为满足社会扩大再生产、改善人民生活条件作出贡献。具体来讲，其任务包括以下两个方面：

第一，从使用价值的生产而言，建筑企业应满足社会生产、生活对建筑产品的需要。一是社会需求者即用户的新建、扩建、改建或维修的需要；二是社会的建设和环境保护的需要。

第二，从价值的生产而言，建筑企业应不断提高经济效益，保证盈利。一是为国家提供积累；二是为企业发展创造更多的经济收益；三是为生产者即职工的物质文化生产水平的提高提供收益。

建筑企业生产经营活动的这两方面的任务都不能忽视，它们是不可分割的。提供满足社会需要的建筑产品是建筑企业的首要任务，是第一位的。与此同时，保证企业盈利，是第二位。但在一般情况下，两者都要兼顾。

（二）建筑企业的作用

建筑业是我国的支柱产业，建筑企业在国民经济中发挥着重要作用。

(1)肩负着国民经济各部门的新建、扩建工程和技术改造工程的施工任务，为不断完善我国的国民经济体系，改善人民物质文化生活条件作贡献。

(2)为社会创造比较永久性的文明和财富，提供相当的国民收入。

(3)为国家提供税利，是国民经济发展的一支重要力量。

(4)建筑企业大多属于劳动密集型企业，能容纳大量劳动力，是重要的劳动就业场所。

(5)它能消耗大量的物资，对建筑材料生产、机器制造、交通运输的发展，具有积极的促进作用。

(6)它能进入国际建筑市场，进行工程承包或提供劳务而赚取外汇。

二、建筑企业的社会责任

（一）社会责任的定义

在 20 世纪 60 年代前，企业的社会责任问题很少引起人们的注意。在现实生活中，社会责任问题已引起人们的普遍关注。管理者在管理实践中经常遇到与社会责任有关的决策，如是否为慈善事业出一份力、如何确定产品的价格、怎样处理好和员工的关系、如何保护自然环境、怎样保证产品的质量和安全等。那么什么是社会责任呢？我们说，如果企业在承担法律上和经济上的义务（法律上的义务是指企业要遵守有关法律，经济上的义务是企业要追求经济利益）的前提下，还承担追求对社会有利的长期目标的义务，那么，我们就说该企业是最有社会责任的。

如果一个企业仅仅履行经济上和法律上的义务，我们就说该企业履行了它的社会义务，或达到法律上的最低要求。只履行了社会义务的企业只追求那些对其经济目标有利的社会目标。与社会义务相比，社会责任和社会反应超出了基本的经济和法律标准。有社会责任的企业受道德力量的驱动，去做对社会有利的事而不去做对社会不利的事。

（二）建筑企业的社会责任

1. 企业对环境的责任

企业既受环境的影响又影响着环境。从自身的生存和发展角度看，企业有承担保护环境的责任。企业对环境的责任主要体现在：

(1)要采取切实有效的措施，积极防治施工生产所引起的公害和污染，要治理环境。

(2)要以“绿色产品”为研究和开发的主要对象。企业研究并生产“绿色产品”既体现了企业的社会责任，推动了“绿色市场”的发展，也推动着环保宣传教育，提高了整个社会的生态意识。

(3)要在环境保护方面发挥主导作用,特别要在推动环保技术的应用方面发挥示范作用。有社会责任的企业有着强烈的环境保护意识,它们积极采用生态生产技术。

2. 企业对员工的责任

员工是企业的主力军,也是企业最宝贵的财富。企业对员工的责任主要体现在:

(1)定期或不定期培训员工。有社会责任的企业不仅要根据员工的综合素质,把他安排在合适的工作岗位上,做到人尽其才,才尽其用,而且在工作过程中,要根据情况的需要,对他们进行培训,如送他到国外或国内的学校、科研机构和兄弟单位学习深造。这样做既满足了员工的自身需要,也满足了企业的需要,因为通常情况下,经过培训后的员工能胜任更具挑战性的工作。

(2)营造一个良好的工作环境。工作环境的好坏直接影响到员工的身心健康和工作效率。企业不仅要为员工营造一个安全、关系融洽、压力适中的工作环境,而且要根据本单位的实际情况为员工配备必要的设施。

(3)善待员工的其他举措。员工是企业的生力军,也是企业的主人,如果不能善待,就会挫伤员工的积极性和主动性,应该采取各种举措善待他们。例如,推行民主管理,提高员工的物质待遇,对工作表现好的员工予以奖励等等。

3. 企业对顾客的责任

诚信是立业之本,忠诚顾客的数量以及对顾客的忠诚程度往往决定着企业的成败得失。企业对顾客的责任主要体现在:

(1)提供安全的建筑产品。安全的权利是顾客的一项基本权利,企业不仅要让他们得到所需的产品,还要让他们得到安全的产品。产品的安全越来越受到企业的重视。

(2)提供正确的建筑产品的信息。企业要想赢得顾客的信赖,在提供产品信息方面不能弄虚作假,欺骗顾客。

(3)提供售后服务,搞好工程的回访和保修。企业要重视售后服务,要把售后服务看作对顾客的承诺和责任。在保修期限内,建筑企业要定期回访用户,对出现的质量问题,要及时组织施工力量进行维修及处理。

4. 企业对竞争对手的责任

在我国市场经济条件下,竞争是一种有序竞争。企业不能压制竞争,也不能搞恶意竞争。企业要处理好与竞争对手的关系,在竞争中合作,在合作中竞争。有社会责任的企业不会为了暂时之利,通过不正当手段挤垮对手。

5. 企业对投资者的责任

企业首先要为投资者带来有吸引力的投资报酬。另外,企业还要将其财务状况及时、准确地报告给投资者。企业错报和假报财务状况,是对投资者的一种欺骗行为。

6. 企业对所在社区的责任

企业不仅要为所在社区提供就业机会和创造财富,还要尽可能为所在社区作出贡献。有社会责任的企业意识到通过适当的方式把利润中的一部分回报给所在社区是其应尽的义务。它们积极寻找途径参与各种社会活动,通过此类活动,不仅回报了社区和社会,还为企业树立了良好的公众形象。

第三章 建筑企业管理体制

第一节 现代企业制度及形式

一、现代企业制度

1. 企业的发展概况

传统企业制度、近代企业制度和现代企业制度在历史上递次出现，在当代市场经济条件下又同时并存、互为补充。传统企业制度以所有权和经营权的高度统一为基本特征，近代企业制度以两权一定程度的分离为基本特征，而现代企业制度则以两权的彻底分离为基本特征。

目前世界各国的企业制度可分为 3 种类型。第一种是以自然人为基础的传统企业制度，如个体业主制、合伙制等。这是资本主义生产方式出现以前就已经存在的企业制度，直到现在仍然非常普遍。第二种是以法人制度为基础的近代企业制度，包括有限责任公司和股份有限公司。这是伴随资本主义生产方式出现而产生的企业制度，也是当今发达国家企业的主体形式。第三种是以两权分离为基础的现代企业制度，在大量的股份有限公司中只占极少部分。这种企业制度萌生于 19 世纪中叶，直到 20 世纪五六十年代，在发达国家才成为占“优势”的企业制度。

2. 现代企业制度的定义

现代企业制度是以企业法人制度为基础，企业产权制度为核心，以产权清晰、权责明确、政企分开、管理科学为条件而展开的，由各项具体制度所组成的用来处理企业基本经济关系的企业软件系统。简单地说，现代企业制度就是现代公司制度，其定义有两个要点：第一，它是一个法人组织；第二，它由一个公司（法人）治理结构来经营管理。换句话来说，现代企业制度是由现代企业的治理结构、运行机制和管理行为所构成的动态发展的系统。

3. 现代企业制度的特征

现代企业制度是适应社会化大生产的需要，反映社会主义市场经济的要求，以规范和完善的企业法人制度为基础，以有限责任为标志，以公司制为主要形态，以科学管理为保证的企业组织形态、产权安排和治理结构。其基本特征主要包括以下 4 个方面：

（1）产权清晰。产权清晰是指产权概念清晰、产权边界清晰。首先，要明确企业资产出资者的权利和责任。其次，要有所有权与经营权科学分离的体制，建立经营权对所有权负责的体制，建立所有权对经营权监督、约束体制。

（2）权责明确。权责明确是指出资者与企业法人之间的权利、责任关系明确，并用经营制度和法律来保障，一方面，要求企业法人依法自主经营，自负盈亏，以独立的法人财产对其经营活动负责，以其全部资产对企业的债务承担责任。同时，企业法人行使法人财产权，要受到出资人所有权的约束和限制，必须依法维护出资人权益，对所有者承担资产保值增值的责任。另一方面，又要保证出资人按照投入企业的资本额享有所有者的权益，即出资者所有权表现为以所有者的身份享有资产收益权。同时，还应明确企业内部所有者、经营者以及生产者的义务和责任，使这些利益主体之间关系分明，利益分配合理，既相互制衡，又协同一致。

(3)政企分开。政企分开是指政企职责分开，职能到位。政企职责分开是指政府的社会经济管理职能应与其国有资产所有者职能分开；将国有资产的管理职能和运营职能分开，建立国有资产的运营与管理体系。企业作为市场活动的主体，要按照价值规律、市场经济规律的要求自主组织生产和经营。职能到位则是指要改变政府为企业、企业办社会的管理方式，把企业目前承担的社会职能分离出去，改由政府和社会组织来承担；政府对国家经济具有宏观管理职能，但不能对企业生产经营活动进行直接干预，而只能通过经济手段、法律手段及发挥中介组织的作用，对企业的生产经营活动进行调节、引导、服务和监督，政府与企业之间也不存在上下级关系，企业不存在行政级别，企业管理人员也不享受公务员待遇。

(4)管理科学。管理科学是指在科学的管理思想和管理理念指导下，建立科学、完整的组织结构，并通过规范的组织制度，使企业权力机构、决策机构、执行机构和监督机构之间职责明确，并形成相互制约的关系。从社会化大生产的要求看，企业内部应具有科学的职能管理和岗位管理制度。职能管理的内容很多，涉及生产力方面的主要有计划管理、生产管理、质量管理、设备管理等；涉及生产关系方面的主要有用工制度、经济核算制度和利益分配制度等。岗位管理制度是为保证各个工作岗位有条不紊地进行工作，有利于提高职工的劳动生产率的各种规章制度。科学的企业内部管理制度能使出资者、经营者和生产者的积极性都得以调动，行为都受到约束，利益都得到保障，做到出资者放心、经营者精心、生产者用心。

4. 现代企业治理结构

所谓治理结构是指为实现资源配置的有效性通过激励和协调运行的经济制度框架。而典型的公司治理是由所有者（股东）、公司的法定代表——董事会和管理层之间形成的一定关系。这是决定公司发展方面及业绩的各参与方之间的关系。运行机制是企业运行过程中控制、激励、协调等的具体方式，通常以规章制度形式来体现，而管理行为则是治理结构、运行机制最终得以实现所需的具体的行为方式。治理结构、运行机制与管理行为经过动态结合形成了企业制度。

典型的公司治理参与方由股东大会、董事会和管理者组成。股东大会和董事会、管理者之间是信任托管关系，股东大会将公司财产托付给董事会管理，董事会作为公司内部的所有者主要保证股东利益和企业目标，并通过经理层的有效管理得以实现。要做到这一点，经理人员的能力是基础，薪酬机制是关键。

公司治理结构的要旨在于明确划分股东、董事会和经理人员各自的权力、责任和利益，从而形成三者之间的制衡关系。产权清晰主要体现于此，每一种具体的所有制形式，都需要借助适当的产权关系来实现自身的经济利益。不同的所有制形式在一定程度上决定不同的企业组织形式，而不同的企业组织形式则反映了不同所有者的追求目标，所有权的多元化也是产权清晰化的另一方面。

组成股份公司治理结构的各方的产权关系为：股东拥有终极所有权；董事会拥有占有和支配权也就是法人财产权，负责对经理人员的监督；管理层（经理人员）拥有使用权，负责企业的经营业绩。

如果说治理结构主要解决产权关系、激励目标这些事前控制问题的话，那么，解决实施过程中多种冲突和问题的、体现协调、激励的运行机制和科学、创新的管理行为则是现代企业制度这一系统中事后控制所必不可少的。

经济组织与管理本质基本关系如图 3-1 所示。公司治理结构，是一组联结并规范所有者（股东）、经营者（董事会、经理）、作用者（职工）相互权力和利益关系的制度安排，进而解决公司内部不同权利主体之间的监督、激励和分配等问题。公司治理结构又称公司体制结构、公司控管体制或管理体制。无论如何称谓，它在本质上并非一般的企业管理，而是指在公司法人资产的委托代理制下，规范不同权利主体之间权、责、利关系的制度安排。公司治理结构的提出，在于现代股份公司的法人财产制度是一种典型的资产委托代理制。

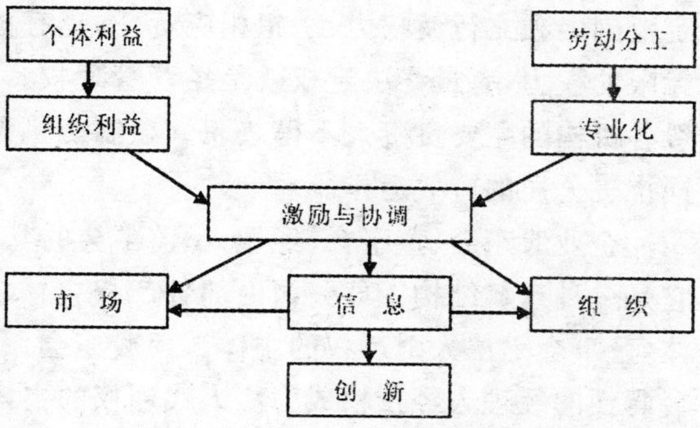

图 3-1 经济组织与管理本质基本关系图

公司治理结构是建立在出资者所有权与法人财产权相分离的基础上，企业股东会、董事会、监事会、经理人分权制衡的企业组织制度和企业运行机制。具体看来，公司治理结构的内涵具有多样性。

(1)公司治理结构是一种经济关系。在公司治理结构的出资者、经营者、管理者、监督者之间，均是一种经济关系。这种经济关系是财产权利的直接体现。基于一定的产权、治理结构的各方有各自的经济利益，关系是以公司法和公司章程加以保障的。出资者投入资本，承担有限风险并由此获取剩余收益；经营者委托经营，代表出资者经营企业，承担经营责任，行使法人财产权，并分享剩余收益；管理者接受有偿聘用，行使法人代理权，并获得相应报酬；监督者代表出资者行使对企业经营管理监督权，维护出资者的利益，监督者的利益与出资者相一致。出资者、经营者、管理者的责任明确、权利到位、利益协调。

(2)公司治理结构是一种契约关系。公司治理结构的各方实际都是通过契约纽带联结起来的。出资者——股东授权董事会经营企业，这是一种信任托管的契约关系。股东对董事会的信任，董事会对股东的忠诚，并以契约合同的形式订立双方的责权利，董事会对经理人是一种委托代理关系，通过委托代理合同明确双方的责权利，建立起契约关系。代理人在委托人授权的范围内行使法人代理权。监事会按照公司章程的规定行使监督权，董事会和经理人按相应的契约接受监督，各方均有明确的权力边界。这些契约的形式包括公司法、公司章程和有关的聘用合同、委托书、股东会决议、董事会决议。

(3)公司治理结构是一种制度安排。公司治理结构是适应现代企业产权制度的根本特点——所有权和控制权分离而造成的一种制度结构。公司法规定了治理结构框架的一般要求,而公司章程规定了本公司治理结构的特殊要求,如股权的确立、各权力机构的权限、议事程序、表决方式,以及信任托管、委托代理关系的产生和取消等。公司治理结构各方应遵循公司法和公司章程的制度规定行事。现代公司就是在这种科学的制度安排下运转的。

(4)公司治理结构是一种权力制衡机制。有权力,就会有制衡。公司治理结构的"三会四权"都应是相互独立,又相互制约的。股东会、董事会、经理人和监事会在各自的一定范围内独立行使权力,承担相应责任,享有相应利益;同时又是彼此制约的,谁都没有无限的权力,有最终决定权就是经营管理权。为保障制衡机制的形成,在公司实践中一般各机构的主要负责人不得兼职。在制衡机制的作用下各方独立运作,又相互制约,共同推进公司的有效运作。

企业股东会、董事会、经理人、监事会的"三会四权"可以从两个方面来理解:一方面,它是一种产权结构。即公司内部各产权主体之间的关系。股东会是出资者所有权的主体,董事会是法人财产权的主体。而股东会派出的监事会是出资者监督权的主体,董事会聘任的经理人经授权成为法人代理权的主体。另一方面,也就是通常所说的公司治理结构。按照这种治理结构的内在规定,股东会的最终控制权、董事会的经营决策权、经理人的经营指挥权、监事会的监督权相互独立,相互制约,有机结合,从而为公司经济目标发挥整体效能。

(5)公司治理结构是一种基于特定产权的经济民主形式。在这种分权的公司治理结构中,各方均有充分的表达权力意志的机会,谁都不允许滥用权力。股东会的重大决策是通过投票表决的,以股权的大小行使决策权,为了防止大股东操纵公司,规定了相应的限制大股东权力的条款,以保障股东都能参与公司重大事务的决策。民主投票产生的决议是有法律保障的,任何个人无权推翻。董事会的经营权也以民主形式集体讨论决定重大事务。在经营决策形成之后,再由经理人具体贯彻实施,而经理人在授权范围内行使职权却无须讨论。

二、现代企业制度的形式

公司制是现代企业制度的最主要的形式。它是为适应我国国有企业制度创新的需要而提出来的特定概念,是企业制度的现代形式。公司制是现代企业制度的典型形式。公司是企业法人,有独立的法人财产,享有法人财产权。公司以其全部财产对公司的债务承担责任。我国目前的公司制,通常被称为"有限责任公司"和"股份有限公司"。有限责任公司的股东以其认缴的出资额为限对公司承担责任;股份有限公司的股东以其认购的股份为限对公司承担责任。公司股东依法享有资产收益、参与重大决策和选择管理者等权利。公司从事经营活动,必须遵守法律、行政法规,遵守社会公德、商业道德,诚实守信,接受政府和社会公众的监督,承担社会责任。

(一)有限责任公司

1. 有限责任公司的设立

设立有限责任公司,应当具备下列条件:①股东符合法定人数;②股东出资达到法定资本最低限额;③股东共同制定公司章程;④有公司名称,建立符合有限责任公司要求的组织机构;⑤有公司住所。

有限责任公司由50个以下股东出资设立,有限责任公司章程应当载明下列事项:①公司名称和住所;②公司经营范围;③公司注册资本;④股东的姓名或者名称;⑤股东的出资方式、出资额和出资时间;⑥公司的机构及其产生办法、职权、议事规则;⑦公司法定代表人;⑧股东会会议认为需要规定的其他事项。

2. 有限责任公司的组织机构

(1)股东会:有限责任公司股东会由全体股东组成。股东会是公司的权力机构,股东会行使的职权包括:①决定公司的经营方针和投资计划;②选举和更换非由职工代表担任的董事、监事,决定有关董事、监事的报酬事项;③审议批准董事会的报告;④审议批准监事会或者监事的报告;⑤审议批准公司的年度财务预算方案、决算方案;⑥审议批准公司的利润分配方案和弥补亏损方案;⑦对公司增加或者减少注册资本作出决议;⑧对发行公司债券作出决议;⑨对公司合并、分立、解散、清算或者变更公司形式作出决议;⑩修改公司章程;⑪公司章程规定的其他职权。

(2)董事会:有限责任公司设董事会,其成员为3～13人;股东人数较少或者规模较小的有限责任公司,可以设一名执行董事,不设董事会。董事会对股东会负责,行使的职权包括:①召集股东会会议,并向股东报告工作;②执行股东会的决议;③决定公司的经营计划和投资方案;④制订公司的年度财务预算方案、决算方案;⑤制订公司的利润分配方案和弥补亏损方案;⑥制订公司增加或者减少注册资本以及发行公司债券的方案;⑦制订公司合并、分立、解散或者变更公司形式的方案;⑧决定公司内部管理机构的设置;⑨决定聘任或者解聘公司经理及其报酬事项,并根据经理的提名决定聘任或者解聘公司副经理、财务负责人及其报酬事项;⑩制定公司的基本管理制度;⑪公司章程规定的其他职权。

(3)经理:有限责任公司可以设经理,由董事会决定聘任或者解聘。经理对董事会负责,行使的职权包括:①主持公司的生产经营管理工作,组织实施董事会决议;②组织实施公司年度经营计划和投资方案;③拟订公司内部管理机构设置方案;④拟订公司的基本管理制度;⑤制定公司的具体规章;⑥提请聘任或者解聘公司副经理、财务负责人;⑦决定聘任或者解聘除应由董事会决定聘任或者解聘以外的负责管理人员;⑧董事会授予的其他职权。

(4)监事会:有限责任公司设监事会,其成员不得少于3人。股东人数较少或者规模较小的有限责任公司,可以设1～2名监事,不设监事会。监事会、不设监事会的公司的监事行使的职权包括:①检查公司财务;②对董事、高级管理人员执行公司职务的行为进行监督,对违反法律、行政法规、公司章程或者股东会决议的董事、高级管理人员提出罢免的建议;③当董事、高级管理人员的行为损害公司的利益时,要求董事、高级管理人员予以纠正；④提议召开临时股东会会议，在董事会不履行《公司法》规定的召集和主持股东会会议职责时召集和主持股东会会议；⑤向股东会会议提出提案；⑥依照《公司法》第一百五十二条的规定，对董事、高级管理人员提起诉讼；⑦公司章程规定的其他职权。

（二）股份有限公司

1. 股份有限公司的设立

设立股份有限公司，应当具备下列条件：①发起人符合法定人数；②发起人认购和募集的股本达到法定资本最低限额；③股份发行、筹办事项符合法律规定；④发起人制订公司章程，采用募集方式设立的经创立大会通过；⑤有公司名称，建立符合股份有限公司要求的组织机构；⑥有公司住所。

股份有限公司章程应当载明下列事项：①公司名称和住所；②公司经营范围；③公司设立方式；④公司股份总数、每股金额和注册资本；⑤发起人的姓名或者名称、认购的股份数、出资方式和出资时间；⑥董事会的组成、职权和议事规则；⑦公司法定代表人；⑧监事会的组成、职权和议事规则；⑨公司利润分配办法；⑩公司的解散事由与清算办法；⑪公司的通知和公告办法；⑫股东大会会议认为需要规定的其他事项。

2. 股份有限公司的组织机构

股份有限公司的组织机构包括股东大会、董事会、经理和监事会，股东大会由全体股东组成。股东大会是公司的权力机构，依照本法行使职权。股东大会应当每年召开一次年会。有特殊情形的，应当在两个月内召开临时股东大会。股份有限公司设董事会，其成员为5～19人。董事会成员中可以有公司职工代表。董事会中的职工代表由公司职工通过职工代表大会、职工大会或者其他形式民主选举产生。董事会设董事长1人，可以设副董事长。董事长和副董事长由董事会以全体董事的过半数选举产生。董事长召集和主持董事会会议，检查董事会决议的实施情况。副董事长协助董事长工作，董事长不能履行职务或者不履行职务的，由副董事长履行职务；副董事长不能履行职务或者不履行职务的，由半数以上董事共同推举一名董事履行职务。股份有限公司的经理，由董事会决定聘任或者解聘。公司董事会可以决定由董事会成员兼任经理。经理的职权与有限股份公司、股份有限公司的监事会基本相同。监事会应包括股东代表和适当比例的公司职工代表，其中职工代表的比例不得低于1/3，具体比例由公司章程规定。监事会中的职工代表由公司职工通过职工代表大会、职工大会或者其他形式民主选举产生。监事会设主席1人，可以设副主席。监事会主席和副主席由全体监事过半数选举产生。监事会主席召集和主持监事会会议；监事会主席不能履行职务或者不履行职务的，由监事会副主席召集和主持监事会会议；监事会副主席不能履行职务或者不履行职务的，由半数以上监事共同推举1名监事召集和主持监事会会议。董事、高级管理人员不得兼任监事。监事会每6个月至少召开一次会议。监事可以提议召开临时监事会会议。

第二节 建筑企业管理的职能机构

一、企业职能机构的类型

合理设置企业管理职能机构，是保证管理工作的有效性和高效率。建筑企业的职能机构可分为专业性职能机构和综合性职能机构。

1. 专业性管理职能机构

专业性职能机构又可为两类：一类是从事某项专业业务管理的职能科室，如计划科、工程科、财务科、劳资科、材料科、机械设备科等；另一类是按管理业务归口建立的职能部（或室），这实际上是由前一类职能科室合并而成，如经营部、工程部、供应部、开发部、财务室等。后一类较前一类更有利于减少职能机构的数目，并根据管理业务工作的内在联系实施系统管理。

2. 综合性管理职能机构

综合性职能机构是指跨部门的综合管理或协调机构，起总参谋部的作用，如企业的经营管理办公室等。

从当前建筑企业经营管理的现状和需要看，应注意和重视综合性职能机构的建立。以往企业较注意专业管理，横向联系和综合协调不足，以致经营管理工作形不成体系，影响企业的管理效率和作出正确的经营决策。

企业的经营管理办公室作为企业的总参谋部，主要职能是参与企业的经营活动，对所获得的内外信息进行系统分析，为综合协调企业的活动提供建议或方案，供企业领导决策。经营管理办公室的工作范围涉及企业各个专业管理部门，但它不能、也不应该代替其他部门的具体业务。企业经营管理办公室的主要工作任务有：

(1)做好企业的经营预测工作，提供经营决策方案；

(2)负责对外工程投标，招揽工程任务，对内提出项目经理部的组建方案，考察和选择协作单位，签订内部承包合同；

(3)修订和审订企业定额，抓好企业经济责任制体系的建设；

(4)分析和研究企业内部全局性的问题，如提高劳动生产率问题、降低成本问题等；

(5)收集和分析有关信息，对企业实施系统的监督。

二、企业职能机构设置步骤

根据前述企业管理组织系统设计的原则，企业职能机构的设置可按以下步骤进行：

(1)确定企业目标。这里指的目标是企业为实现其基本任务在经营业务方面选定的较长期的工作目标，实际上就是经营方向和目标。这种目标可以是一个或多个。如为多个目标，则应区分出主要目标与次要目标。

(2)分析为实现企业目标必须具备的功能，如承揽任务的经营功能，组织生产的功能，分配、财务、人事方面的功能等。

(3)划分和列出为完成各个功能必须进行的活动和工作内容。

(4)根据企业管理组织体系设计的方针和原则，对所进行的活动或工作进行分类和归并，确定管理层次及职能部门。每个层次和职能部门应有明确的职权范围和功能。

设置职能机构，应反复考虑以下 3 个问题：①能不能不设置这个机构？②能不能与另一个机构合并？③能不能有更精干的机构来代替？这些问题直接影响着企业的运行成本和工作效率。

(5)设置职能机构后，根据其功能和工作活动的内容进行定员。

(6)职能机构定员后，规定各岗位的职责。岗位职责包括以下具体内容：①岗位的工作内容；②工作程序或工作流程；③工作质量标准；④与外部的联系方式；⑤时限规定，即规定完成各项工作的起始、终止日期或工作期限。

(7)实施及修正。按已经确定的职能机构、人员和工作流程进行实施，并在实施过程中进行检验。检验的标准是职能机构内外的每个成员能否高效率地传递信息。换句话说，就是信息能否及时地反映到上一级，上一级的指令能否及时传达到下一级，并及时执行。根据这一原则，在实施过程中修正所设置的职能机构。

职能机构设置的数目、类型并没有固定的模式，关键在于它们要有完善的功能，能够满足企业生产经营活动的需要。此外，职能机构是按需要定员的。定员后，再计算管理人员和全体职工的构成比例，而不是按一个对全体职工的固定比例来确定管理人员数，并据此来配备管理人员。

随着新技术革命的不断发展，职能机构设置和定员将会有较大的变化。其总体趋势如下：①随着电子计算机在企业管理中的广泛应用，基础的各种信息会通过管理信息系统迅速、及时地报告给企业领导人，这将使企业的中级管理人员和中间管理层次大大减少，传统的金字塔式的企业组织机构，将会向扁平式组织机构的方向发展；②企业中的工程技术、经营管理和科研人员在职工总人数中所占比重将会有所增加，这是现代化管理和企业技术开发的客观需要。企业的组织机构应该是在一个决策中心的管理之下，有健全的执行系统、监督系统和反馈系统。

第三节　建筑企业资质管理

一、建筑企业资质申请

建筑企业应当向企业注册所在地县级以上地方人民政府建设行政主管部门申请资质。中央管理的企业，直接向国务院建设行政主管部门申请资质，其所属企业申请施工总承包特级、一级和专业承包一级资质的，由中央管理的企业向国务院建设行政主管部门申请，同时，向企业注册所在地省级建设行政主管部门备案。新设立的建筑企业，到工商行政管理部门办理资质申请手续；企业在申请资质时，应当向建设行政主管部门提供下列资料：①建筑业企业资质申请表；②企业法人营业执照；③企业章程；④企业法定代表人和企业技术、财务、经营负责人的任职文件、职称证书、身份证；⑤企业项目经理资格证书、身份证;⑥企业工程技术和经济管理人员的职称证书;⑦需要出具的其他有关证件、资料。

建筑企业申请资质升级时,除向建设行政主管部门提供上述资料外,还应当提供下列资料:①企业原资质证书正、副本;②企业的财务决算年报表;③企业完成的具有代表性工程的合同及质量验收、安全评估资料。

二、建筑企业资质审批

1. 审批权限

对于施工总承包序列特级和一级企业、专业承包序列一级企业的资质,除中央管理的企业由国务院建设行政管理部门直接审批外,非中央管理的企业须经省级建设行政主管部门审核同意后,由国务院建设行政主管部门审批;其中铁道、交通、水利、信息产业、民航等方面的建筑企业资质,由省级建设行政主管部门商同有关部门初审同意后,由国务院建设行政主管部门审批。建筑企业的资质条件和申请资质提供的资料由审核部门审查核实。

施工总承包序列和专业承包序列二级及二级以下企业资质,由企业注册所在地省、自治区、直辖市人民政府建设行政主管部门审批;其中交通、水利、通信等方面的建筑企业资质,由省、自治区、直辖市人民政府建设行政主管部门征得同级有关部门初审同意后审批。

劳务分包序列企业资质由企业所在地省、自治区、直辖市人民政府建设行政主管部门审批。

申请施工总承包资质的建筑企业应当在总承包序列内选择一类资质作为本企业的主项资质,并可以在总承包序列内再申请其他类不高于企业主项资质级别的资质。施工总承包企业承担总承包范围内的专业工程可以不再申请相应专业承包资质。

专业承包企业、劳务分包企业可以在本资质序列内申请类别相近的资质。

2. 审批时限

建设行政主管部门对建筑企业的资质审批,应当从受理建筑企业的申请之日起60日内完成。

由有关部门负责初审的,初审部门应当从收到建筑企业的申请之日起20日内完成初审;建设行政主管部门应当在收到初审材料之日起30日内完成审批,并将审批结果通知初审部门。

建设行政主管部门应当将审批结果在公众媒体上公告。

3. 新设立企业的资质等级

新设立的建筑企业,其资质等级按照最低等级审核,并设一年的暂定期。

由于企业改制,或者企业分立、合并后组建设立的建筑企业,其资质等级根据实际达到的资质条件按照规定的审批程序核定。

建筑企业资质条件符合资质等级标准的,建设行政主管部门颁发相应资质等级的《建筑企业资质证书》。

三、建筑企业资质晋升

建筑企业申请晋升资质等级或者主项资质以外的资质，在申请之日前一年内有下列行为之一的，建设行政主管部门不予批准：①与建设单位或者企业之间相互串通投标，或者以行贿等不正当手段谋取中标的；②未取得施工许可证擅自施工的；③将承包的工程转包或者违法分包的；④严重违反国家工程建设强制性标准的；⑤发生过三级以上工程建设重大质量安全事故或者发生过两起以上四级工程建设质量安全事故的；⑥隐瞒或者谎报、拖延报告工程质量安全事故或者破坏事故现场、阻碍对事故的调查的；⑦按照国家规定需要持证上岗的技术工种的作业人员未经培训、考核，未取得证书上岗，情节严重的；⑧未履行保修义务，造成严重后果的；⑨违反国家有关安全生产规定和安全生产技术规程，情节严重的；⑩其他违反法律、法规的行为。

建筑企业资质条件符合资质等级标准，且未发生上述行为的，建设行政主管部门颁发相应资质等级的《建筑业企业资质证书》。

《建筑业企业资质证书》分为正本和副本，由国务院建设行政主管部门统一印刷，正、副本具有同等法律效力。

四、建筑企业资质的年检制度

《建筑业企业资质管理规定》中指出，建设行政主管部门对建筑企业实行年检制度。

1. 年检权限

施工总承包特级企业资质和一级企业资质、专业承包一级企业资质，由国务院建设行政主管部门负责年检；其中铁道、交通、水利、信息产业、民航等方面的建筑企业资质，由国务院建设行政主管部门会同国务院有关部门联合年检。

施工总承包、专业承包二级及二级以下企业资质、劳务分包企业资质，由企业注册所在地省、自治区、直辖市人民政府建设行政主管部门负责年检；其中交通、水利、通信等方面的建筑企业资质，由建设行政主管部门会同同级有关部门联合年检。

2. 年检程序

建筑企业资质年检按照下列程序进行：

(1)企业在规定时间内向建设行政主管部门提交《建筑业企业资质年检表》、《建筑业企业资质证书》及其他有关资料，并交验《企业法人营业执照》；

(2)建设行政主管部门会同有关部门在收到企业年检资料后40日内对企业资质年检作出结论，并记录在《建筑业企业资质证书》副本的年检记录栏内。

3. 年检内容及结论

建筑企业资质年检的内容是检查企业资质条件是否符合资质等级标准，是否存在质量、安全、市场行为等方面的违法违规行为。

建筑企业年检结论分为合格、基本合格、不合格3种。

(1)合格。建筑企业资质条件符合资质等级标准，且在过去的一年内未发生下列行为的，年检结论为合格。①与建设单位或者企业之间相互串通投标，或者以行贿等不正当手段谋取中标的；②未取得施工许可证擅自施工的；③将承包的工程转包或者违法分包的；④严重违反国家工程建设强制性标准的；⑤发生过三级以上工程建设重大质量安全事故或者发生过两起以上四级工程建设质量安全事故的；⑥隐瞒或者谎报、拖延报告工程质量安全事故或者破坏事故现场、阻碍对事故调查的；⑦按照国家规定需要持证上岗的技术工种的作业人员未经培训、考核，未取得证书上岗，情节严重的；⑧未履行保修义务，造成严重后果的；⑨违反国家有关安全生产规定和安全生产技术规程，情节严重的；⑩其他违反法律、法规的行为。

(2)基本合格。建筑企业资质条件中，净资产、人员和经营规模未达到资质等级标准，但不低于资质等级标准的80%，其他各项均达到标准要求，且在过去的一年内未发生上述10项行为的，年检结论为基本合格。

(3)不合格。有下列情形之一的，建筑企业的资质年检结论为不合格：①资质条件中净资产、人员和经营规模任何一项未达到资质等级标准的80%，或者其他任何一项未达到资质等级标准的；②有上述10项行为之一的。

已经按照法律、法规的规定予以降低资质等级处罚的行为，年检中不再重复追究。

建筑企业年检不合格或者连续两年基本合格的，建设行政主管部门应当重新核定其资质等级。新核定的资质等级应当低于原资质等级，达不到最低资质等级标准的，取消资质。

4. 有关年检的其他规定

(1)建筑企业连续3年年检合格，方可申请晋升上一个资质等级。

(2)建筑企业资质升级，由企业在资质年检结束后两个月内提出申请，分批集中办理；建筑企业资质其他变更事项，应当随时办理。

(3)降级的建筑企业，经过一年以上时间的整改，经建设行政主管部门核查确认，达到规定的资质标准，且在此期间内未发生上述10项行为的，可以按照规定重新申请原资质等级。

(4)在规定时间内没有参加资质年检的建筑企业，其资质证书自行失效，且一年内不得重新申请资质。

五、建筑企业违法违规行为的处罚

(1)涂改、伪造或者采取不正当手段骗取《建筑业企业资质证书》的建筑企业，将被吊销资质证书并处以工程合同款2%以上4%以下的罚款；有违法所得的，将被没收。

(2)未取得《建筑业企业资质证书》承揽工程的建筑企业，将被取缔并处以工程合同款2%以上4%以下的罚款；有违法所得的，将被没收。

(3)超越本单位资质等级承揽工程的建筑企业，将被责令停止违法行为并处以工程合同款2%以上4%以下的罚款，有可能被责令停业整顿；降低资质等级；情节严重的，将被吊销资质证书；有违法所得的，将被没收。

(4)转让、出租《建筑业企业资质证书》的建筑企业，将被责令改正并处以工程合同款2%以上4%以下的罚款；有可能被责令停业整顿，降低资质等级；情节严重的，将被吊销资质证书。

(5)未在规定期限内办理资质变更手续的建筑企业，将被责令限期办理，处1万元以上3万元以下的罚款。

(6)将承包的工程转包或者违法分包的建筑企业，将被责令改正，没收违法所得，并处以工程合同价款0.5%以上1%以下的罚款；有可能被责令停业整顿，降低资质等级；情节严重的，将被吊销资质证书。

(7)有下列行为之一的建筑企业，依照有关法律、行政法规将被责令改正，被处以罚款；情节严重的，将被责令停业整顿，降低资质等级或者被吊销资质证书。①施工中偷工减料的，使用不合格的建筑材料、建筑构配件和设备的，或者有不按照工程设计图纸或者施工技术标准施工的其他行为的；②未对建筑材料、建筑构配件、设备和商品混凝土进行检验，或者未对涉及结构安全的试块、试件以及有关材料取样检测的；③其他违法违规行为。

第四节　建筑企业的经营管理体制

一、建筑企业领导体制

(一)建筑企业领导体制的概念

建筑企业领导体制是指企业领导层中各个方面的职责分工、权利划分、相互关系和工作机构设置的规定的总和，是企业所有者、经营者和劳动者之间组织协调系统的根本制度。它既是保证企业经营目标、经营方针和经营战略有效实施的内在机能，又是一定法人产权关系在企业内部的必要体现。

建筑企业领导体制，一方面它同生产力的发展和科技进步相联系，要与生产力水平和企业规模相适应；另一方面又与生产关系和社会制度相联系，要受社会政治制度，经济制度和企业形式的制约，所以一个建筑企业具体实行什么样的领导体制，应从上述两个方面并结合起来加以考虑和确定。

(二)国有建筑企业的经理负责制

经理负责制是指经理对企业的生产经营和行政管理工作全面负责、统一指挥的一种企业领导体制。它的显著特征是明确经理作为企业法人代表在企业中行使职权的中心地位和应负的责任，突出经理在生产经营和行政工作指挥中的中心作用，保证经理在企业生产经营重大问题上的决策权。

1. 经理的职责和权限

经理的主要职责是：贯彻执行党和国家的方针、政策，遵守国家的法律、法令；维护国家和人民的利益，正确处理好国家、企业和职工个人三者的关系；努力改善生产经营管理，严格履行合同，保证完成生产经营计划，提高质量，搞好用户服务，取得尽可能好的效益；通过积极的教育、培训及其他手段、措施，提高职工政治素质、技术素质和管理素质；对职工负责，搞好安全生产和保护工作，在发展生产提高经济效益的基础上，逐步增加职工收入，改善职工集体福利，提高职工生活水平；定期向企业党组织、职工代表大会报告工作情况，听取意见，接受党群监督，认真执行职工代表大会在法定职权范围内作出的决定。

经理的主要权限是：参加投标、承揽工程任务和签订承包合同的决定权；代表本企业处理对外经济关系和其他关系的决定权，其中包括建筑机械设备和材料采购订货的决策权；企业生产经营活动的统一指挥和决策权；副经理、总工程师、总会计师、总经济师等企业领导干部的提名权和企业中层干部的任免、聘用、管理权；对本企业职工的奖励和惩罚权，对有特殊贡献职工有权给予晋级，对违反纪律职工有权给予处分，直至开除；企业人、财、物资源的调度处置权；紧急情况时的临时处置权；对外部不合理摊派的拒绝权。

2. 决策机构和行政指挥系统的责任

实行经理负责制，对经理应具备的素质和能力提出了严格的要求。但为了既保证经理的决策权、指挥权，又能发挥集体的智慧，还必须建立健全科学的决策机构和生产经营行政指挥系统。通过决策机构，把经理和专家的智慧有机地结合起来，有民主、有集中，从而避免减少决策失误，提高决策的科学性和正确性。建立以经理为首的生产经营指挥系统，使从副经理及其以下一切工作人员，都要服从经理的领导，保证经理的命令、决策和指标畅通无阻、贯彻落实。

3. 在执行中必须注意的问题

(1)经理应由精通或熟悉企业生产经营管理的专家内行来担任，严格按国家规定的标准选拔任命，或者是由职工代表大会选举产生，这是搞好经理负责制的一个关键问题。

(2)经理要善于运用集体智慧和发挥集体力量来克服个人才能的局限性，防止主观武断和滥用权力。对于重大问题，应主动和企业党委、职代会研究讨论，或听取有关专家的意见，然后再作出决策，付诸行动。

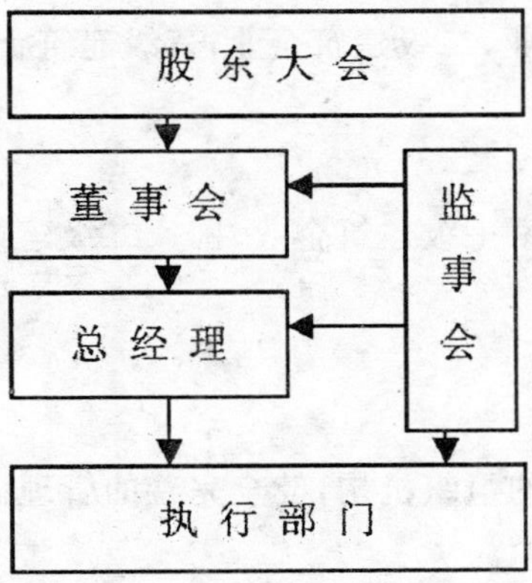

图 3-2 公司制度治理结构图

(3)经理应尊重党委，处理好党政关系，同时要切实保证职工参加企业的民主管理，支持职代会在审议企业重大决策、维护职工合法权益等方面发挥重要作用，充分体现职工群众的主人翁地位。

(4)要认真实行对经理任期考核和奖惩制度，以加强经理的事业心、责任心和上进心，调动他们改善经营管理、提高企业经济效益的积极性和主动性。

(三)建筑企业领导体制

公司制企业中，领导体制的内容包括股东大会、董事会、高层经理人员、监事会 4 个方面，它们组成公司制企业的领导体制。如图 3-2 所示。股东大会是最高权力机构，高层经理人员组成工作班子作为执行机构，监事会作为监督机构。

二、建筑企业的类型和组织形式

(一)建筑企业的类型

建筑企业通常按以下特征分类:

1. 按企业所有制分类

按企业所有制分为:全民所有制企业、集体所有制企业、民营企业、在中国境内设立的从事建筑生产经营活动的中外合资经营企业、中外合作经营企业和外资企业。

2. 按行政隶属关系分类

按行政隶属关系分为:国务院各部委所属建筑企业、地方所属建筑企业、大型厂矿所属建筑企业。

3. 按企业规模分类

按企业规模分为:大型建筑企业、中型建筑企业和小型建筑企业。

4. 按企业经营范围分类

按企业经营范围分为:综合性建筑企业和专业性建筑企业。综合性建筑企业指有能力从事建筑商品综合生产经营活动的企业,如大型建筑企业集团、综合建筑工程公司等。专业性建筑企业指专门从事某一类建筑商品或者某一单位工程(或分部工程)生产和经营的企业,如土石方工程、设备安装公司、机械化施工公司、装饰公司、构件加工厂等。

5. 按企业资质条件分类

按企业资质条件分为特级建筑企业、一级建筑企业、二级建筑企业、三级建筑企业。从事设备安装、机械化施工的企业分为3个等级。

6. 按企业经营管理水平分类

按企业经营管理水平分为国家特级建筑企业、国家一级建筑企业、国家二级建筑企业。

(二)建筑企业组织机构形式

建筑企业在组织生产经营活动中,必须建立相应的组织机构,健全完善的管理体制和制度,才能保证企业正常工作,实现预定目标。

建筑企业组织指企业为了对生产经营活动行使有效的管理而建立的管理机构。企业组织工作包括部门设置、责任划分、权力分配、规章制度的建立等。

我国建筑企业按内部管理机构,一般分为3个管理层次或两个管理层次。通常称为三级管理或两级管理。三级管理指公司——工程处(工区)或分公司——施工队3个层次;两级管理指公司——施工队两个层次。大中型建筑企业一般设3级管理层次,小型建筑企业以两级管理为宜。

1. 建筑企业两级管理机构形式

建筑企业两级管理机构形式见图3-3。

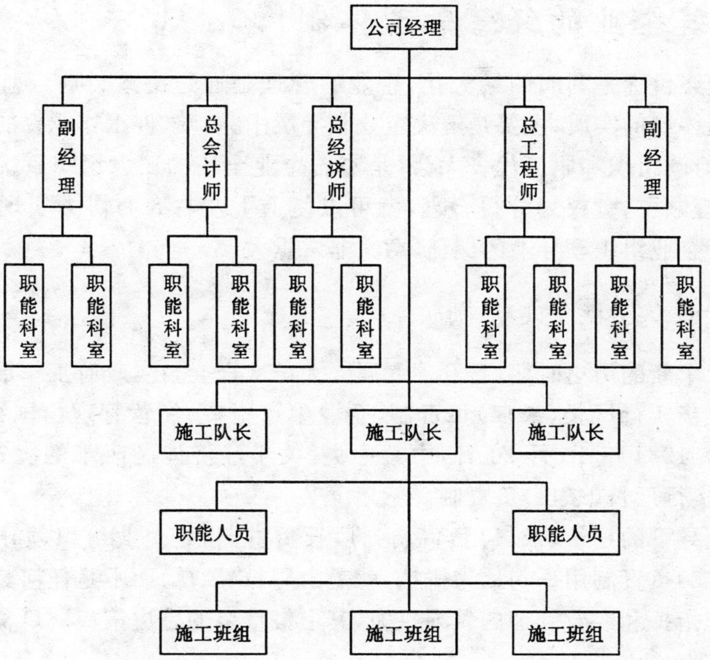

图 3-3 建筑企业两级管理机构示意图

2. **建筑企业三级管理机构形式**

建筑企业三级管理机构形式见图 3-4。

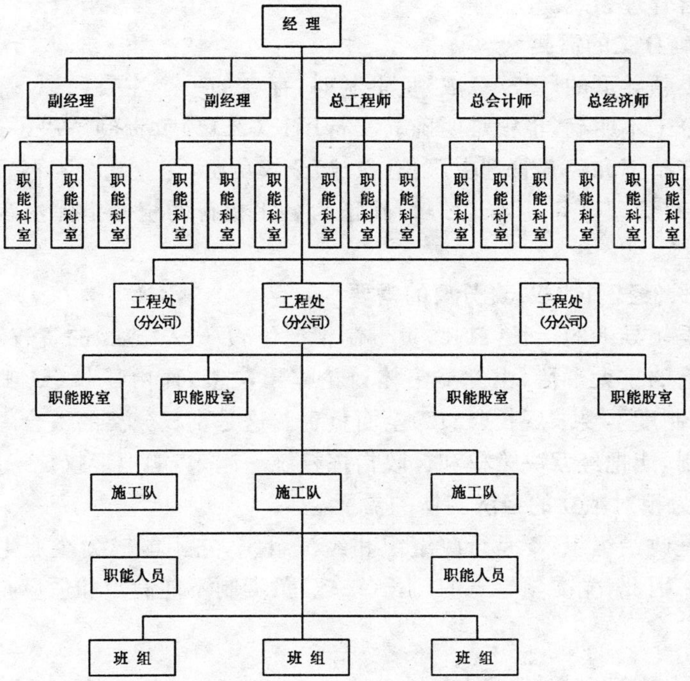

图 3-4 建筑企业三级管理机构示意图

三、建筑企业的经营管理体制

企业的最终目标是利润的最大化，企业的管理是通过决策、执行、监督体系来完成的。企业管理体制的实质，主要是解决企业领导层中党、政、群工作职权的划分问题。企业中党组织、行政组织和职工代表大会，是左右企业全局的三大组织系统。三者的地位摆正了，关系理顺了，责权划分得合理，就可以使上下左右齐心协力实现企业的各项目标。这是办好企业组织领导上的保证，意义非常重大。

（一）厂长（经理）负责制

我国进入了新的历史时期，召开了六届人大二次全会，在《政府工作报告》中提出，在国营企业中逐步实行厂长（经理）负责制，企业生产指挥、经营管理由国家委托厂长（经理）全权负责。1984 年 10 月 20 日，中共中央《关于经济体制改革的决定》中也明确指出，在企业中实行厂长（经理）负责制。

从党委领导下的厂长（经理）负责制到厂长负责制，是企业组织领导体制的重大改革。厂长（经理）负责制用一句话来概括，就是由厂长（经理）而不是任何其他人或组织来行使企业生产指挥和经营管理的领导权力，其中最重要的是决策权。厂长（经理）负责制的必要性有 4 点：

1. 现代化大生产的需要

因为现代企业的生产经营活动，分工细密，生产高度连续，技术要求严格，协作关系复杂。要求企业的指挥中心必须成为一个高度统一的、强有力的、决策及时的、高效率的生产指挥和经营管理系统。

2. 党政明确分工的需要

在实行党委领导下的厂长（经理）负责制时，存在的一个主要问题，就是企业党委和行政领导之间分工不明确，也很难明确。实行厂长（经理）负责制解决了这个问题，明确规定企业的生产指挥和经营管理由厂长（经理）全权负责，企业党委不再直接干予生产经营，不再包揽行政管理事务，厂长（经理）真正为名实相符的统一指挥生产经营生活的行政首脑。

3. 解决厂长（经理）的权、责分离的需要

在实行党委领导下的厂长（经理）负责制情况下，厂长（经理）的责权不一致，权小责任大。生产经营的重大事情，由党委集体讨论作出决策，而由厂长（经理）去组织实施。倘若出了错误，制度上要求厂长（经理）全面负责。这是责权分离的不合理状况。实行厂长（经理）负责制，能把经营决策权和行政指挥权统一起来，能把责权统一起来。

4. 企业作为相对独立的经济实体的需要

党委自身是政治组织，不是行政组织和经济组织，它不能成为企业生产经营发号施令的权力机构。因此，党委领导下的厂长（经理）负责制不能满足和适应企业独立经营所产生的客观要求。

（二）党对企业的领导

党对企业的领导，是由党的性质、任务、纲领、历史地位和党在人民群众中的影响所决定的。加强党对企业的领导，是企业坚持“四项基本原则”和贯彻执行党的路线、方针、政策的政治、组织保证。

实行厂长（经理）负责制，是党所制定的一项重要方针。因此，贯彻这项方针，正是坚持党的领导的表现，它不会削弱党的领导。恰恰相反，它为改善和加强企业党的领导创造了有利条件。按照党的十二届三中全会所作的决定，企业党组织的领导是：积极支持厂长（经理）行使统一生产经营管理活动的职权；保证和监督党和国家各项方针政策的贯彻执行；党的思想建设和组织建设；对工会、共青团组织的领导；做好职工思想政治工作。

（三）职工代表大会制

我国长期以来，在企业中坚持执行民主管理制度。在党的十二届三中全会的《决定》中指出：“在实行厂长负责制的同时，必须健全职工代表大会制，以体现工人阶级的主人翁地位。这是社会主义企业的性质所决定的，绝不容许有任何的忽视和削弱。”

企业职工代表大会制是企业党委领导下，职工参加企业决策和管理，监督企业行政并进行自我教育的制度。实行这一制度能把自上而下的行政领导和自下而上的群众监督更好地结合起来，是企业民主管理的基本形式。

办好企业的途径有很多，但关键要靠两个方面：一靠科学，二靠民主。两者结合，才能充分发挥社会主义经济制度的优越性。唯有民主管理才能调动企业全体职工的积极性和主动性。因此，民主管理是管好、办好企业的重要制度。同时，又是企业性质和职工的主人翁地位决定的，需要职工行使权力和尽到责任，因此有权有责参加企业管理。

第四章　建筑企业战略管理

第一节　企业战略管理概述

一、企业战略管理的概念

战略一词源于希腊语(Stratagia),原是军事学上的一个术语,其本意是基于对战争全局的分析、判断而作出的筹划和指导,后来演变成泛指重大的、全局性的、左右胜败的谋划。它是组织在确保实现其使命的前提下,为了获得组织竞争优势而作出的一种长远性发展谋划。

企业战略管理一词最初是由安索夫在其1976年出版的《从战略规划到战略管理》一书中提出的。他认为:企业的战略管理是指将企业的日常业务决策同长期的计划决策相结合而形成的一系列经营管理业务。而战略管理专家斯坦纳在其1982年出版的《企业政策与战略》一书中则认为,企业战略管理是确定企业使命,根据企业外部环境和内部经营要素确定企业目标,保证目标的正确落实并使企业使命最终得以实现的一个动态过程。

企业战略管理的关键是动态的管理,它是一种崭新的管理思想、理念和方式。指导企业全部活动的是企业战略,全部管理活动的重点是制定战略和实施战略。而制定战略和实施战略的关键是在于对企业外部环境的变化进行分析,对企业内部条件和素质进行审核,并以此为前提确定企业的战略目标,使企业的外部环境、内部条件和企业目标三者之间达到动态平衡。

企业战略管理的任务,就在于通过企业形势分析、战略的制定、战略实施和战略控制等管理工作,在保持这种动态平衡的条件下,最终实现企业的战略目标。

综上所述,企业战略管理是指对企业活动实行的总体性管理,是企业制定战略、实施战略、控制战略等一系列的管理活动,其核心问题是使企业的自身条件和环境相适应,以求得企业的生存和发展。

二、企业战略的性质

战略是指在确保实现组织使命的前提下,为了获得可持续的竞争优势,根据组织所处的外部环境变化和内部资源条件,而对组织未来发展目标和实现途径所作的一种长远性谋划。加拿大麦吉尔大学管理学教授明茨伯格(H. Mintzberg)对于企业战略有其独到的认识。他提出了企业战略是一种计划、一种计谋、一种模式、一种定位和一种观念的看法,并形成了企业战略其特有的性质。

1. 战略是一种计划

计划工作的任务,就是要根据对外部环境与企业内部资源状况的分析,高瞻远瞩地确定企业在一定时期内的奋斗目标,并据此有条不紊地利用资源,保证预期目标的实现。通常认为,企业战略是一种计划。它包含以下3层含义:①是在企业进行具体的经营活动以前，战略就已经先行制定完毕；②是战略制定是面向未来的，具有针对性；③是要让战略真正得到实施，必须在可能的范围内让管理者和下属明白行动方向。

2. **战略是一种计谋**

企业战略总是针对主要竞争者而言的，在特定的环境中，企业间必定存在着市场份额、盈利水平等方面的激烈竞争，所以，企业战略对竞争对手而言必定会有威慑力。例如，某商家为了获取更大的利润而举行某项促销活动，且竞争对手不只一家，战略竞争的最终结果是 A 商家胜还是 B 商家胜，恐怕难以定论。

3. **战略是一种模式**

战略作为一种计划和作为一种模式，是分别从两个角度来认识的。这是因为，战略作为一种计划，可能到最后并没有实施；而战略作为一种模式，则可能是事先没有具体计划，但最后却形成了。这样看来，战略可以分为设计的战略、已实现的战略、自然发生的战略、机会性战略、强加性战略、未实现战略等，如图 4-1 所示。

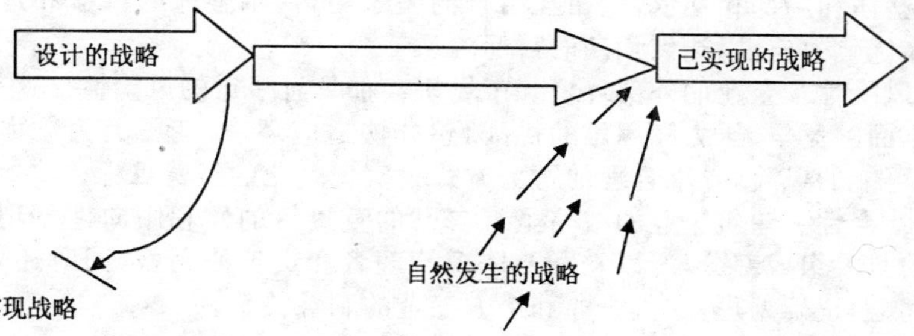

图 4-1　**战略模式示意图**

其中，由管理者立意设计的，并以计划形式明确表达出来的战略，称为设计的战略；通过实践活动，达到了预期目标的战略，称为已实现的战略；战略表明的是一个企业的发展方向，随着时间的推移而发展，战略本身具有自发的属性，这种属性的战略我们称为自然发生的战略；战略有时候也以机会型的方式出现，如某种技能或外部环境得到承认，企业可能会具有机会上的优势，这种优势还会促进战略的实现，这种战略称为机会性战略；还有一种战略是具有强制性的，如公司面临经济衰退和恶化了的外部环境时，不得不采取紧缩型战略，这种战略称为强制性战略；在设计的战略与已实现战略之间，存在着这样一种情况——曾经设计好的战略却由于种种原因并没有按部就班地付诸实施，我们称之为未实现战略。

4. **战略是一种定位**

战略是一种定位，是指企业应当在充分认识自身优势(strength)和自身劣势(weakness)的基础上，结合外部环境给企业带来的机会(opportunity)和威胁(threat)，准确地给自己在市场竞争中界定一个合理的位置。战略定位的实质就是选择与竞争对手不同的经营活动；只有定位准确的企业，才能制定科学的战略，取得长期的效益。只有定位相对稳定的企业，才能避免大起大落。这种战略定位，包括的内涵十分丰富，既包括自己对产品、市场、顾客的定位，也包括自己对社会应当承担的责任的长期定位。

5. **战略是一种观念**

战略是一种观念，强调它也是一种抽象的意识，存在于人们的头脑之中，是一种精神的产物，因为战略在某种程度上反映了企业高层管理者的价值观念、进取精神和顽强的意志，反映了企业高层管理者对外部环境及内部资源条件的主观判断。

战略作为一种观念，应当让其成为企业内部成员共同享有的成果。这里有两层含义:一是战略必须反映企业内部成员的共同意愿,能够成为人们共同追求的目标;二是企业成员,包括企业高级主管到一般员工必须能够愿意去努力实现该战略。作为企业家,不仅应当能够制定正确的战略,而且还应当能够动员全体员工共同去实现所制定的战略。

三、企业战略的特征

企业战略的主要特征是:

(1)全局性。以企业全局为对象,根据企业的总体发展的需要而规定企业的总体行动。从全局去实现对局部的指导,使局部得到满意的结果,最终使全局目标得以实现。

(2)长远性。企业在制定战略时要着眼于未来,对较长时期内(5 年以上)如何生存和发展进行通盘筹划,站在长远的高度来实现既定目标。

(3)整体性。按照事物各部分之间的有机联系,把整体作为研究的对象,立足于整体功能,从整体和局部相互依赖、相互结合的关系中,揭示整体的特征和运动规律,发挥战略的整体优化效应,以达到预期的目标。

(4)风险性。企业的外部环境和市场机会都具有一定的风险性。这就要求企业迎接来自各方面的竞争、压力和困难的挑战,想办法适应环境,变压力为动力,把握可能的机会,避开可能的风险,寻求合理的行为方式去实现企业的经营目标。

(5)社会性。建筑企业的战略虽有自己的直接目的性和倾向性,但其是社会整体发展战略的重要组成部分,所以它既要体现管理者和员工的利益,同时还要服从社会共同的长远利益,正确处理社会、企业和个人三者的利益关系。

四、企业战略管理的意义

在市场经济条件下,建筑企业面临的外部环境,可以概括为顾客导向、变化快速和竞争激烈的“3G”环境。随着经济的全球化,建筑企业发展的新趋势是企业的兼并、多元化、集团化、国际化经营。在这样复杂的环境和新趋势面前,建筑企业必须通过战略管理,做好战略环境分析,未雨绸缪、高瞻远瞩、运筹帷幄,才能掌握主动,利用机会,取得生存与发展。

在未来充满不确定性的市场竞争环境条件下,战略管理越来越成为企业应对市场的动态性、复杂性,进而获得有利的市场竞争地位和取得满意绩效的任务。因此,推行战略管理,对于进一步提高建筑企业管理水平,增强建筑企业的竞争能力,推动我国建筑企业管理现代化,具有十分重要的意义。

1. 有利于建立长远的发展方向和奋斗目标

战略管理的一个重要特点就是不断适应环境变化,调整企业战略或实施新的战略,从而把握企业未来的发展。它要求企业管理人员必须具有战略的思想和理念,通过一系列战略决策和行动,保证企业经营朝着有利的方向长期稳定的发展。

目前在日趋竞争激烈的建筑市场,我国大中型建筑企业普遍面临缺乏竞争优势、包袱沉重等困境,在这种情况下,建筑企业只有放眼未来,把战略管理工作作为企业管理的重点来抓,才有可能提高建筑企业对外界环境的应变能力,使企业既能在短期内获得收益,又能在未来中得到发展。

2. 有利于明确建筑企业在市场竞争中的地位

实行战略管理有利于企业明确自己在市场中所处的地位,制定并实施有效的战略,强化企业的竞争能力。搞活企业运营是国民经济发展的重要问题,也是经济体制改革的难点。为了能使建筑企业不断适应市场需求和日益激烈的竞争局面,建筑企业应对关系到企业全局和长远发展的生产经营活动进行通盘谋划,及时捕捉、利用外部环境的有利变化给企业所提供的良好时机，在竞争中求得生存和发展。

为此，企业要正确地实行战略管理，用战略的理念把企业的市场营销、生产、技术、财务等各项工作组织好、协调好，发挥企业的整体功能，使企业在激烈的市场竞争中做到进可攻，退可守，不断增强企业的竞争能力。

第二节　企业战略管理过程

一、企业战略管理过程的含义

战略是计划的一种形式，但战略管理却不仅是制定和实施战略的一系列管理与行动。

战略管理是一个过程，是一个计划实施和评估的过程，一般由几个相关联的阶段所组成，它们是缺一不可的。这些阶段存在一定的逻辑顺序，包括若干必要的环节，由此形成一个完整的体系，如图 4-2 所示。

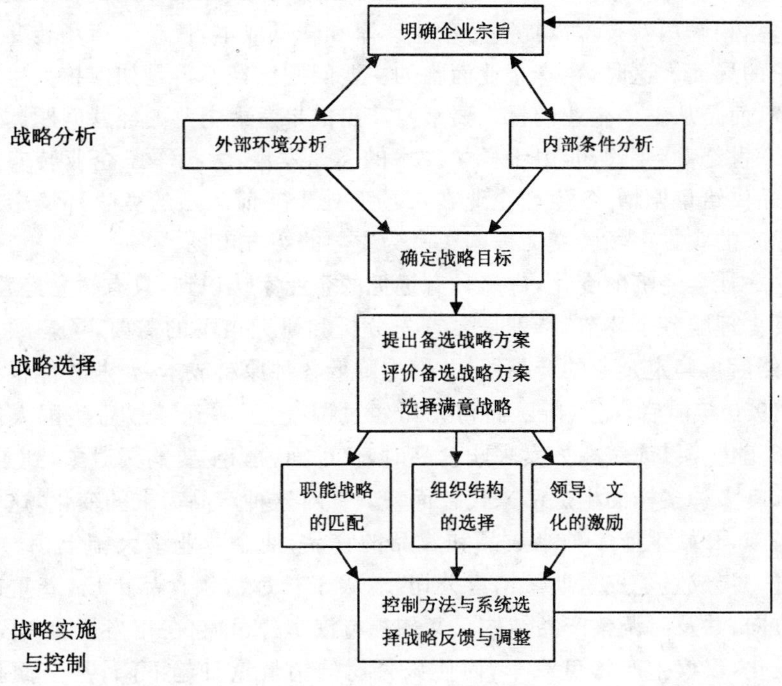

图 4-2　企业经营战略管理过程图

二、企业战略管理的演变过程

企业战略管理的演变也曾经历过一个漫长过程，许多理论家根据战略管理发展过程的特点，将其划分为这样 3 个阶段：生产管理阶段、经营管理阶段和战略管理阶段。

（一）生产管理阶段

这个阶段管理的突出特征是现场管理，即只考虑如何去高效率地生产。19 世纪末 20 世纪初，电力和内燃机的应用推动了科技的发展，以美国为代表的资本主义国家经济高速增长，这其中，制造业发展表现尤其突出，整个市场呈现供不应求的态势。在当时的情况下，企业管理解决的主要问题是分工协作，保证生产过程顺利进行；充分利用人力、物力和财力，减少资本耗费，以获得更多的利润。因此，生产管理、工资管理和成本管理就成为当时企业管理的主要内容。企业管理的核心问题必然是如何提高生产效率，提高产量，降低成本。生产企业一般都是生产品种比较单一的产品来满足市场的需要，整个市场的需求基本上是被动的，消费者没有多大的选择余地。以泰罗(F·Taylor)为代表的科学管理理论和方法就是在这种背景下产生的。

生产管理是企业生产经营实践活动中最古老、最常用的一种管理方式，也是指导企业行为时间最长的一种管理方式。

(二)经营管理阶段

从19世纪末开始，资本主义经济高速发展。随着资本主义生产发展的盲目性及基本矛盾的激化，终于于1929年爆发了震撼资本主义世界的经济危机，各个企业为了求生存、图发展，竞相采用新技术以提高劳动生产率和降低成本，使整个市场转变为生产过剩和供过于求的局面。这时，生产企业面临的主要问题已经不再是如何扩大生产规模和提高生产效率，而是从整个企业的投入要素与产出成果考虑企业的经营问题。第二次世界大战后到20世纪50年代初，由于科学技术的飞速发展，大量军工企业转向生产民用产品，社会产品供给量剧增，各生产企业在市场上处于空前激烈的竞争环境中。整个市场也迅速由原来的卖方市场转变为以购买者为主导的买方市场。

面对这一社会经济的变化，许多具有远见的企业家认识到，只有树立经营意识，从投入产出角度去理顺各个环节，特别是要首先分析和研究市场的需要，了解顾客现在与未来的需求，然后再确定企业的产品线，并努力降低各种原料成本，企业才能得到生存与发展。例如，1950年前后，皮尔斯堡面粉公司经过调查，了解到二战后美国人民的生活方式已发生了变化。以前家庭妇女采购食品时，仅以面粉为主要购买对象，到了二战后，人们日益要求有多种多样的半成品来代替面粉。针对这种产品需求的变化，这家公司主动采取各种措施，开始生产多种半成品和成品的食品，使企业业绩大幅上扬。1958年，这家公司又进一步成立了皮尔斯堡销售公司，着眼于长远占领食品市场，着重研究以后的市场变化方向，并及时调整产品结构。又如福特汽车公司，它在相当长的一段时间里，不考虑市场变化，仅仅生产黑色汽车，而使该公司的销售量日趋下降，甚至面临倒闭的危险。后来，该公司改变了这种做法，根据市场特点改进了产品，推出了各种不同牌号、档次、型号和颜色的汽车，结果扭转了局面，打开了销路。

(三)战略管理阶段

第二次世界大战后，经过30年的发展，日本这个原来相对落后、资源匮乏并饱受战争摧残的岛国创造了令世界震惊的经济奇迹。于是研究日本经济发展经验的各种论著不断涌现，它们将之归结为日本企业的长期计划实际上，日本汽车公司早就制定了在石油短缺情况下的发展战略，同时尽量开发小型节油小轿车。而在20世纪60年代末期，美国汽车工业的“三巨头”——通用汽车公司、福特汽车公司和克莱斯勒汽车公司几乎是不约而同地作出集中生产体积大、耗油多的小轿车的决策。然而在不久之后爆发的"石油危机"侵袭下，这三家企业正在实施的战略被冲得支离破碎，根本应付不了市场的突变。欧洲市场也是类似情况。此时，日本将早已研制好的轻型节油小轿车大量投放欧美市场，一举攻占了欧洲和美国市场，并取得了世界小轿车市场的霸主地位。随后，日本企业又相继在家电、摩托车等领域以优质低价的产品成功战胜了欧美企业。

三、企业战略管理的分析

（一）战略分析

战略分析的主要任务是对为保证组织在现在和未来始终处于良好状态的那些关键性影响因素形成一个概观，即对企业的战略形成有影响的关键因素进行分析，并根据企业目前的"位置"和发展机会来确定未来应该达到的目标。该阶段的主要工作如下：

1. 明确企业宗旨、目标和战略

首先要明确企业当前的宗旨、目标和战略，这些指导企业目前行动的纲领性文件是战略分析的起点。

2. 外部环境分析

外部环境分析的目的就是要了解企业所处的战略环境，掌握各环境因素的变化规律和发展趋势，发现环境的变化将给企业的发展带来哪些机会和威胁，为制定战略打下良好的基础。

3. 内部条件分析

内部条件分析还要了解企业自身所处的相对地位，分析企业的资源和能力，明确企业内部条件的优势和劣势；还需要了解不同的利益相关者对企业的期望，理解企业的文化，为制定战略打下良好的基础。

4. 重新评价企业的宗旨和目标

当掌握了环境的机会和市场竞争压力，并且识别了自身的优势和劣势之后，需要重新评价企业的宗旨，必要时要对它作出修正，以使它们更具有导向作用，进而确定下一步的战略目标。

（二）战略选择

企业战略管理人员在战略选择阶段的主要工作如下：

1. 产生战略方案

战略选择阶段的任务是决定达到战略目标的途径，为实现战略目标确定适当的战略方案。

根据外部环境、企业内部条件以及企业宗旨和目标，拟订要供选择的几种战略方案。

2. 评价战略方案

评价战略备选方案通常使用两个标准：一是考虑选择的战略是否发挥了企业的优势、克服了劣势，是否利用了机会将威胁削弱到最低程度；二是考虑该战略能否被利益相关者所接受。需要指出的是，实际上并不存在最佳的选择标准，经理们和利益相关者的价值观和期望在很大程度上影响着战略的选择。

3. 最终选出供执行的满意战略

对战略的评估最终要落实到战略收益、风险和可行性分析的财务指标上。在评价完各个战略方案后，对其进行比较分析，最终选出供执行的满意战略。

四、战略实施与控制

战略实施与控制的过程就是把战略方案付诸行动，确保经营活动朝着既定的战略目标与方向不断前进的过程。这个阶段的主要工作包括计划、组织、领导和控制 4 种管理职能：

战略实施的关键在于其有效性。要保证战略的有效实施，首先要通过计划活动，将企业的总体战略方案从空间上和时间上进行分解，形成企业各层次、各子系统的具体战略或策略、政策，在企业各部门之间分配资源，制定职能战略和计划。然后再制订年度计划，分阶段、分步骤来贯彻和执行战略。为了实施新的战略，要设计与战略相一致的组织结构。这个组织结构应能保证战略任务、责任和决策权限在企业中的合理分配。一个新战略的实施对组织而言是一次重大的变革，变革总会有阻力，所以对变革的领导工作是很重要的。这包括培育支持战略实施的企业文化和激励系统、克服变革阻力等。

战略实施的成功与否取决于管理者激励员工能力的大小和人际技能。战略实施活动会影响到企业中的所有员工和管理者，每个部门都必须回答以下问题：为了实施企业经营战略中属于我们责任的部分，我们必须做什么？我们如何才能将工作做得更好？战略实施是对企业的一种挑战，它要求激励整个企业的管理者和员工，以主人翁精神和热情为实现已明确的目标而努力工作。

战略控制是战略管理过程中一个不可忽视的重要环节，它伴随战略实施的整个过程。建立控制系统是为了将每一阶段、每一层次、每一方面的战略实施结果与预期目标进行比较，以便及时发现偏差，适时采取措施进行调整，以确保战略方案的顺利实施。如果在战略实施过程中，企业外部环境或内部条件发生了重大变化，则控制系统要对原战略目标或方案作出相应的调整。

第三节　企业经营战略体系

一、企业经营战略的类型

（一）企业总体经营战略

企业经营战略是由各种各样的战略构成的，而且是分层次的。第一层次是企业的总体经营战略；第二层次是企业的职能战略或分战略。这些处于不同层次而相互紧密联系的各种战略，就形成了企业的经营战略体系。

企业总体经营战略在企业经营战略体系中居于指导地位，它是企业各项分战略的指导纲领。通常可以分为以下几种：

1. 发展型战略

发展型战略是通过扩大生产经营规模，积极发展多品种经营和实现经营多样化，以促进企业长足发展的一种战略。扩大经营规模表现为对现有产品和市场从广度和深度进行全面渗透和扩大；经营多样化表现为企业利用其规模、技术和资金等优势，开拓新市场、新业务、新产品。发展型战略以其大规模、多品种和关联协作，可以谋求较大的发展，但由于其规模庞大和情况复杂带来的新问题，也容易使企业发展受到影响。

2. 稳定型战略

稳定型战略指企业基本维持现状或仅缓慢增长的战略。在企业已逐步取得优势地位，内部条件和外部环境又没有发生重大变化的情况下，企业往往采取这种致力于改善经营管理、巩固成果、维持现状的战略。这种战略的风险较小，但只能取得短期的成功。

3. 收缩型战略

收缩型战略指企业从原有的经营领域逐渐收缩，甚至完全退出，另谋出路的战略。企业在原有经营领域中处于不利地位，而又没有能力改变这种局面时，往往采取这种战略。

4. 市场领导者战略

大多数的行业存在着一家为大众所熟悉的市场领导者。该企业在相同的产品市场上拥有最大的市场占有率。它通常在价格调整、新产品导入、市场覆盖面及促销密度等方面，都领导着其他企业。国际市场上有一些较著名的市场领导者，如通用汽车（汽车业）、柯达（摄影器材业）、IBM（电脑业）、可口可乐（软性饮料业）、麦当劳（快餐业）、吉列（日用品刮胡刀片）等。市场领导者战略的核心是使企业保持领导地位。

5. 市场挑战者战略

市场挑战者战略是那些挑战者向市场领导者发动攻势的战略，所以被称做市场挑战者策略。这些挑战者大多是在本行业产品的销售额中处于前几名的大公司。实施市场挑战者战略要首先确定战略目标和竞争对手，在进攻中运用“密集原则”集中优势兵力在关键的时刻和地点，向市场领袖发动攻势。在进攻中可根据市场情况选择正面进攻、侧翼进攻、包围进攻、迂回进攻、游击进攻等策略中的一种或几种策略的组合。

企业可根据某一时期环境的变化，采取某一种战略，或者采用两种甚至多种战略的组合，做到有进有退，能进则进，需退则退，不能抱残守缺，陷入被动。

（二）企业经营分战略

企业有了总体经营战略，还必须进一步制定各项经营分战略。企业分战略是指企业内部各部门、各单位在企业总体经营战略的指导下所制定的具体战略。企业经营分战略一般包括产品战略、市场战略、投资战略、资源战略、科技发展战略、联合与兼并战略、国际化经营战略和企业形象战略等。

1. 产品战略

产品战略指企业根据市场、技术、资源、资金等不同因素的变化，决定发展哪些产品、淘汰哪些产品、继续生产哪些产品，并促使产品结构优化和产品更新、升级的一种经营战略。

2. 市场战略

市场战略指企业依据对市场环境变化及发展趋势的分析，对有关市场长期开发方向、开发重点和发展途径所作出的总体谋划。它包括目标市场的选择，市场的开辟、拓展、巩固、渗透等方式，市场的进攻与防守等。

3. 投资战略

投资战略指对有关投资活动所作的全局性的谋划。它分为扩大现有生产能力的投资战略、寻求规模经济的投资战略、联合型投资战略、垂直扩张型投资战略。

4. 资源战略

资源战略指对资源的开发、筹措和利用的总体谋划。它是为实施企业总体经营战略而确定的企业所需战略资源的战略，主要围绕着人力、物力、财力等资源展开，以利于形成科学的资源配置。

5. 科技发展战略

科技发展战略包括确定对产品发展具有举足轻重作用的科技进步目标，决定科学研究的深度，决定由传统技术向现代技术过渡的方式等。

6. 联合或联盟战略

联合或联盟战略指有密切联系的企业通过联合或联盟方式，形成能够创造竞争优势的伙伴关系。它采取的形式多种多样，既可以是联合性的产品开发，即两家或多家公司共同分担研发和营销新产品的费用；也可以是纵向联盟，即一家公司向另一家公司提供产品或部件，再由后者分销或以它的品牌出售。

7. 国际化经营战略

国际化经营战略指在国外直接投资，发展壮大企业实力，或积极参与国际分工与国际竞争，以出口为导向的战略。

我国企业国际化经营的战略目标，应当是实现大规模的海外进出，逐步建立能够覆盖全球的国际化经营管理系统，培育具有国际化经营素质的企业和企业家。

8. 企业形象战略

企业形象战略指通过企业形象的设计和优化使公众（包括职工、社会大众、政府机关、社会团体和个人）及消费者产生信赖感和认同感，从而使产品畅销、企业知名度提高，将企业导向高层次、国际化、全方位的发展轨道，达到推动企业发展的目的。

二、企业市场发展战略

企业市场发展战略是企业在选择目标市场的同时，根据市场发展趋势和技术革新方向两个方面的情况，在综合研究的基础上制定占领目标市场的基本战略，以使企业产品能满足目标市场的需求，保证企业的生存和发展。通常，适合企业发展的战略类型主要有 4 种。

1. 密集增长战略

如果企业尚未完全开发其现有产品和市场的潜在机会，就可采取密集增长战略。这种战略包括以下 3 种具体形式：

(1)市场渗透战略。市场渗透战略是指企业设法在现有市场上增加现有产品的市场份额。它主要有3种方法：

1)尽力鼓励现有顾客多买产品来扩大销售额。

2)设法把竞争对手的顾客吸引来购买本企业产品，以扩大市场占有率。

3)发展新顾客，开辟新的销售渠道来扩大现有产品的销售额。

(2)市场开发战略。市场开发战略是指企业设法用现有产品满足新市场的需要，它主要有3种方法：

1)寻找潜在顾客，激发其潜在兴趣为现实需求。

2)利用新的销售渠道将产品分销给其他用户。

3)在外地或国外增加销售渠道。

(3)产品开发战略。产品开发战略是指发展和改进现有产品来开拓市场。即企业通过增加产品品种，向现有市场提供新产品或改进产品，使客户的需求得到更大的满足。

2. 一体化增长战略

如果企业的主导产品很有发展前途，而且企业在供、产、销方面实行一体化能提高效率，加强控制，扩大销售，则可实行一体化增长战略。

(1)后向一体化。后向一体化是指企业通过收购或兼并若干原材料、产品供应商，拥有或控制其供应系统，实行供应一体化。

(2)前向一体化。前向一体化是指企业通过收购或兼并若干销售企业，或者拥有和控制其分销系统，实行产销一体化。

(3)水平一体化。水平一体化是指企业通过收购、兼并竞争者的同种类型企业，或者在国内外与其他同类企业合资经营等。

3. 多元化增长战略

多元化增长是指企业跨行业生产和经营多种产品和业务，扩大企业的生产范围和市场范围，使企业特长充分发挥，使企业的人力、财力、物力、信息等资源得到充分使用，从而提高经营效益；现代企业在生产和经营中，单一产品生产经营的风险性促使企业寻求利用不同产品或劳务高低潮的时间差，以丰补歉，抗御经营风险。

4. 竞争战略

哈佛大学商学院米歇尔·波特教授于20世纪90年代提出了一个新的战略模型，即米歇尔·波特四战略，也称竞争战略。它包括以下4种类型：

(1)成本领先。制造业中福特的T型车、服务业中的麦当劳和沃玛特，都是运用成本领先战略的典型例子。运用成本领先战略有时能给一个产业带来革命性的变化。福特生产方式使得普通人都能拥有一辆车，使汽车制造业发展起来，成为一个国家的支柱产业，也改变了人们的生活方式。成本领先战略一般用于大量生产、大量消费的产品和服务。

(2)独具一格。独具一格战略的实质是要创造一种使人们感到是独一无二的产品或服务的态势。这种战略可以有多种形式，如唯一的品牌、唯一的技术、唯一的特点、唯一的服务等。

(3)集中一点。集中一点战略是为特定的狭窄目标市场顾客的特殊需求提供良好的产品和服务。

(4)跟随战略。跟随战略是指企业不采用上面提到的3种战略,而是跟随市场上其他企业行动的战略,实施这种战略的企业没有具有吸引力的业务,由于其飘忽不定,消费者对其也不满意,因而不能像“独具一格”和“集中一点”一样运用高价格。

三、企业经营战略的实施

研究经营战略的目的在于谋求科学有效地制定和实施经营战略。为此,应当认真研究,把握制定、实施经营战略的步骤。

(一)研究战略规划

研究战略规划,是一项非常复杂和牵扯面很广的工作,需要搞好相关条件的分析,其内容主要包括:

1. 企业外部环境分析

企业外部环境分析是指对制约企业经营活动的外部环境因素及其变化趋势进行调查研究,寻求外部环境对企业发展可能提供的机会,发现潜在的危险和威胁。构成企业外部环境的因素有:

(1)经济因素。经济因素是指国民经济的发展情况,包括利率、通胀率、可支配收入、证券市场指数以及一般的经济周期等。这些因素的变动,会通过改变企业的供给环境和市场环境来影响企业的经营与决策。由于未来的经济环境难以准确预料,企业在制定发展战略时,往往准备几套替代方案,以减少风险,把握成功的机遇。

(2)政治法律因素。政治法律因素是指总的国际形势、国家政治的稳定性以及立法和司法现状,包括政局稳定性、社会制度、党派关系、相关法律法规以及产业政策等。20世纪70年代、80年代和90年代发生的多次石油危机,都与国际形势有关。20世纪70年代阿拉伯国家的石油禁运,1991年伊拉克入侵科威特,影响了跨国公司的战略制定。政治稳定是企业发展的前提条件,而法律则是企业公平竞争的基本保证。如由国家权力阶层的政治分歧或矛盾所引发的罢工、游行和政局动荡,无疑会给当地企业的经营活动造成冲击。

(3)社会文化因素。社会文化因素包括社会价值观的变化,以及由此引起的社会成员行为态度的变化和人口数量及结构的变化等。它会对产业结构和规模产生影响。如由于第二世界大战后西方国家中人们生育和婚姻态度的变化,出现人口老龄化现象,从而使得原来以青少年为主要服务对象的企业不得不对其产品结构进行调整,同时也出现了一批以老年人为服务对象的企业。

(4)技术因素。技术因素是指目前社会技术总水平及其变化趋势。技术因素具有变化快、变化大和影响面广的特点,有时某些新技术的产生能够引起一场社会性技术革命,创造一批新产业,同时迫使一批现有产业被淘汰。如电脑打字取代电子和机械打字机,从而造就了一批新企业,淘汰了一批老企业。一些企业正是通过技术上的优势来保证其竞争优势的。

(5)自然资源因素。自然资源因素包括地理位置、气候、资源、自然灾害、环境污染等因素。一个国家的自然资源和生态环境的变化了会给企业带来发展的机会或某种威胁和限制。如第二次世界大战后的世界性能源危机，给美国许多高能耗的豪华轿车生产企业造成了严重的威胁，但却给日本的节能型小汽车提供了打进美国汽车市场的机会。

(6)市场因素。市场因素包括顾客和潜在顾客的需求和期望，原材料供应，协作厂家，销售渠道，当前的竞争对手和潜在竞争对手的数量、优势和不足，他们的战略，进入市场的障碍，产品的价格结构，市场对价格的敏感性，产品生命周期的潜在销售量和盈利性等。

2. 企业内部条件分析

企业要具有能够提供满足市场所需的产品和服务的能力。当发现机会，特别是发现威胁之后，企业需要尽早对内部条件进行评审，以便及时弥补本身的不足，要与竞争对手比较企业的优势和不足。需要评价的企业内部条件包括以下几方面：①对市场的了解和适当的营销能力；②现有的产品和服务，现有的顾客及与顾客的关系；③现有的分配和交付系统；④现有的供应商网络及与供应商的关系；⑤人力资源情况；⑥管理层的能力、当前工人的技术和积极性、工人必要技能的获取；⑦对自然资源拥有的情况及获取能力；⑧当前的设施、设备、工艺及其位置；⑨对特殊技能的掌握；⑩产品和工艺的专利保护；⑪可获得的资金和财务优势。

对企业内部条件分析，一般要通过定量和定性分析方法。定量分析方法主要用于分析企业的技术状况、人员素质情况、资金情况、产品寿命周期情况等等。定性分析侧重于企业形象、产品声誉、组织、机构、管理水平、资金、产品质量、劳动力等方面的内容分析。

(二)确定分阶段经营目标

通过分析企业外部环境和内部条件，把握企业在各经营领域的优势和不足，将企业选择的经营领域与自身差别优势结合，才能确定企业的总任务和经营战略目标。据此才能确定实现企业总任务、总目标的分阶段目标和行动计划。企业分阶段目标要求把总体战略目标分解成一个个阶段性的短期目标，明确规定什么目标，到什么时候完成到什么程度，便于实施，利于检查。分阶段目标必须是具体的、定量的、有时间限制的。在制定时要注意前后阶段目标之间的衔接，以及同一阶段不同的目标之间的平衡，使分阶段目标之间不至于产生矛盾。

(三)制定具体行动计划

具体行动计划是一个企业为追求其总目标，实施其战略而进行的一系列耗费资源的活动。它包括增加投资、消减投资以及为执行企业战略的一系列具体计划，常常表现为一些具体决策。在空间上，往往指全局中的某个部分的活动。在时间上，往往限定一个时期。同时，行动计划是多变的，可以根据实际情况，在战略指导下，随时加以调整和修正。行动计划通常由各职能部门来贯彻和落实，因而需要与各职能部门的职能战略相协调。

(四)科学实行资源配置

企业要实现战略目标必须要有资源保证。对任何企业的任何时期而言，资源都是有限的，也是存在最佳结合的，如果配置不合理，就会造成资源浪费，也会影响经营战略的有利实施。因此，在资源配置中，应当通过分析人力资源、物力资源、财力资源和时间、信息等各种资源的特点，把握其规律，寻找科学合理的配置方案，并且必须特别地指出对各种不同行动计划的资源配置的优先程度。

（五）合理制定应变计划

所谓应变计划是指企业通过对战略实施时可能发生有利或不利事件的预测，以及一些可能采取的对策措施等来制定的具体计划。它必须保证环境出现突然变化时，企业能够立即作出反应，利用环境带来的机会，避免因事先估计不足，而对企业造成损害。应变计划的内容包括：倘若某些假设或预测是错误的，则会给企业带来多大的损失？企业该如何处置这种情况？要对原先的总目标、分阶段目标、战略和策略进行怎样的修改？实施哪些应变计划，需要采取哪些行动？变动后的行动计划将使企业达到什么样的分阶段目标和总目标？企业在什么时候放弃一项战略而根据实际情况选用另一项战略？如何判断需要实施应变计划的特殊“转折点”等。

（六）切实进行战略控制

战略控制的作用在于检查工作是否按既定的谋略、计划、标准和方法进行，准确地把握和分析偏差，并及时、有效地进行纠偏，以确保经营战略顺利实施。企业战略控制的步骤如下：

1. 设定绩效控制标准

根据企业战略目标，结合企业的各种资源条件，对企业应该达到的绩效设定控制标准，作为控制与评价的参照系。

2. 绩效监控与偏差评估

通过一定的检测方式、方法和手段，了解企业各方面工作绩效，并将实际绩效与控制标准对比，进行偏差的分析评估。包括对战略方案的测评、对战略执行情况的测评及对战略成效的测评。

3. 确定并采取纠偏措施

使战略的实施符合客观环境或其他条件的变化，保证企业战略的实施能达到原定的战略目标。

第四节　建筑企业战略实施与控制

一、建筑企业战略的实施

（一）建筑企业战略实施的步骤

建筑企业战略实施是贯彻落实企业战略方案，实现企业长远战略目标的过程，战略实施过程一般包括以下几个步骤：

1. 企业战略的评价与选择

基于建筑企业内外部环境和竞争优势的分析，对企业的总体战略、竞争战略和职能战略进行评价与选择，并为战略的有效实施奠定合理和坚实的基础。

2. 对企业战略目标的说明

战略目标是企业战略的核心，表明企业的行动纲领和长期努力方向，可以定量加以描述，同样也可以定性地表述。然而，这种战略目标与具体的、有数量概念的分阶段目标有着本质的区别，它们应该是概括性的和非限制性的阐明。

3. 确定企业分阶段目标

分阶段目标是建筑企业向其总体战略目标前进时欲达到的、有时间限制的里程碑，如年度目标等。一般需要对分目标加以尽可能具体与定量的阐述，重点是保障实现总体目标。企业的分阶段目标常常与行动计划和规程联系在一起，而这些行动计划与规程是为达成企业总体目标的具体工具和措施。

4. 编制企业的行动计划和规程

行动计划就是关于完成一项任务必须执行的行动或步骤的描述。在建筑企业战略实施阶段，这些行动计划常常包括经营布局、产业调整、人力资源、技术研发、市场开拓、投融资、现金流及资产负债计划等。

规程，这里指的是标准的操作规程，它详细描述完成一项具体项目的工作的一系列连续步骤和技巧。这些活动是实现企业战略目标所必需的，因而规程必须在进度、质量、成本等方面满足战略目标的要求。为制定最佳的工作规程，可以借助于计算机和先进的管理理论方法。

5. 战略实施的资源配置

企业战略资源是指企业用于战略实施的有形资源、无形资源和人力资源的总和。资源配置是指按照分阶段目标所确定的优先顺序对资源进行重新配置，以保证行动计划的顺利实施。

有形资源包括实物资源、财务资源和组织资源。无形资源包括技术资源、文化资源、信息资源和社会资源等。人力资源是介于有形资源和无形资源之间的一种特殊资源，包括企业所拥有人才的智慧、经验、知识和能力，反映了企业的知识结构、技能和决策能力。

6. 制定战略实施的应变计划

而企业战略基本上是由各种对环境的预测与假设而推论得出的，它们在某种程度上正确反映了客观现实，具有诸多可取之处，但它毕竟包含了相当程度的主观性。各种环境因素在一定时间内都可能发生突如其来的变化，与其唐突应战还不如早备上策。假如将制定应变计划作为整个战略实施过程的一个正式部分的话，建筑企业就可以应付各种瞬息万变的环境，在错综复杂的竞争中独领风骚。

（二）建筑企业战略实施过程中的资源配置

1. 战略实施与资源配置的关系

（1）资源对战略的保证作用。资源配置与战略实施的最基本关系是资源对战略的保证作用，即建筑企业在战略实施过程中，应当有必要的资源保证。

但在实施工作中，建筑企业战略实施没有资源保证，又没有充分意识到其危害性的情况却又很多。究其原因，大致可归纳为以下几点：

1)战略制定者在思考程序上存在缺陷，他们没有意识到确保资源的必要性，从而制定了“空洞”的战略；

2)必要的资源难以预测而导致偏差，由于预测不准，造成战略缺乏资源保证的后果；

3)没有把握本企业资源，尤其是因为看不见的资源而出现差错，造成未能预料的损失。

(2)战略促进资源的有效利用。企业采用正确的战略之后，就应该使资源得到有效的利用，发挥其最大效用。同时，正确的战略还应促使企业充分挖掘并发挥各种资源的潜力，特别是附着于人、才、物上的无形资源。

(3)战略促使资源的有效储备。由于资源是变化的，因此在企业实施战略过程中，通过现有资源的良好组合，可以在变化中创造出资源。所谓有效储备，是使必要的资源以低成本、快速度、在适宜时机所进行的储备。战略通过两种类型来实现这一目的：①战略推行的结果可附带产生新资源；②这种新资源可以成为其他战略必要的资源而能被经常地、及时地加以使用。

2. 资源配置的主要内容

(1)组织结构调整。组织结构是战略实施的重要资源，是战略实施的组织保证。企业组织结构是为战略实施服务的，必须要服从战略，并随着战略目标的变化而作出及时调整，否则一个好的企业战略也可能变成一纸空文。因此，必须对建筑企业战略实施中的组织结构调整予以充分重视。

(2)人才战略支撑。企业战略实施的成败，在很大程度上依赖于具有较好品德和一定才智并能对企业作出贡献的人才，因此，建筑企业战略的实施需要人才战略的支撑。人才战略是指根据企业的发展阶段和组织结构特点，调整人力资源管理的重点，采取合适的人才战略，包括人才选拔、人才培训、人才使用与激励等。

(3)企业文化改善。企业文化是企业员工普遍认同的价值观念和行为准则的总和，既可以成为战略成功的动力，也可能成为战略实施的阻力。例如，一个以强调节俭为共同价值观的企业文化可能非常有利于低成本战略的实施，而一个以诚信作为文化特征的企业，如果要制定和实施以技术革新创建技术领先地位的战略，就不得不考虑其中的难度。因此，追求企业文化与战略的匹配是保证战略成功实施的关键因素之一。

当企业战略与文化不相适应时，企业不可能为了迎合现有的企业文化而重新制定战略。因此，必须改善企业文化，使之与企业战略相互适应和协调。严格地讲，当企业战略制定后，企业文化应随着新战略的制定而有变化。但是企业文化具有一定的持续性，一旦形成，很难进行变革，而急剧改变企业文化将会冲击企业的正常生产经营秩序，引发混乱，同样对企业战略的实施是不利的。因此，在战略管理中，企业内新旧文化更替和协调也是战略实施获得成功的保证。为此企业可以考虑从以下几个方面着手：①为了形成新的文化，招聘或从企业内部提拔一批高素质人员，特别是企业的高级管理人员，及时淘汰一批试图保留旧文化的人；②改变奖励结构，将奖励的重点放在具有新文化意识的事和人身上，促使文化教育的转变；③设法让管理人员和员工明确新文化所需要的行为，形成一定的规范，保证新战略的实施。

二、建筑企业战略的控制

（一）建筑企业战略控制的原则

建筑企业战略控制的原则有以下几方面：

1. 确保目标原则

战略控制必须通过战略计划的执行，以确保战略目标的实现。因此，既要控制短期性经营活动，也要控制长期性战略活动。

2. 适度控制原则

战略控制要求严格而不乏弹性，有时严格认真，有时又要有弹性。战略控制切忌过度频繁，只要能保持与战略目标的一致性，保持战略实施的重要方向，就应尽可能地少干预实施过程中发生的问题，否则，干预过多可能会引起混乱和目标移位。

3. 时机控制原则

战略控制要掌握适当时机，选择适当的时候进行战略修正，要尽可能避免在不该修正时采取了行动或者在需要修正时却没有及时采取行动。

4. 优先控制原则

战略控制应集中在对例外事件发生的控制上，主要针对超出预先确定的允许范围的那些活动或成果，采取有效的控制行动。

5. 适应性原则

战略控制应能反映不同经营业务的性质与需要。由于经营业务有大有小，对战略成功的影响力有轻有重，因此，应视各部门的业务范围、工作性质、对企业未来成长的贡献来制定不同的控制标准和方式，才能更好地适应不同业务的需要。

6. 激励性原则

战略控制要与激励相结合，要将控制的标准与员工的行为考核标准相结合，使员工的行为期望与战略目标相互衔接，从而使员工能够在发现偏差的时候及时地进行自我控制。

7. 信息反馈原则

战略控制应充分发挥战略管理中的信息反馈作用，不仅要反馈对实施战略有重要作用的信息，而且要反馈对最初战略的形成有重要作用的信息。

（二）建筑企业战略控制的程序

企业战略控制作为一个调节过程，一般有以下几个步骤：

1. 确定衡量执行效果的标准

企业的长期与短期目标是战略控制的依据和前提，建筑企业应根据企业的长期与短期目标，明确衡量战略执行效果好坏的指标体系，包括定性标准和定量标准两大类。

（1）定性标准。在定性标准方面，一般包括：①战略内部各部分内容具有统一性；②

战略与环境保持平衡性；③战略执行中注重其风险性；④战略在时间上保持相对稳定性；⑤战略与资源保持匹配性；⑥战略在客观上具有可行性和可操作性。

(2)定量标准。定量标准有下列3种类型：

1)以历史数据为基础拟定的标准，如把上年的实际数作为标准，把历史上最好的水平作为标准，或者把前几年平均数作为标准等，这是反映动态变化的标准；

2)以同行的平均水平、先进水平，或竞争对手所达到的水平作为标准；

3)按照一定的准则，以大家所公认的标准作为评价标准，具体指标包括销售增长额、市场占有率、利润额、利润率、投资收益率、股票价格、股息支付、每股平均收益等。

2. 判断与衡量实施效果

企业管理人员需要收集和处理数据，检测外部环境和内部条件变化时所产生的信号，判断和衡量实现企业效益的实际条件。此外，为了更好地衡量实际效果，企业还要制定出具体的衡量方法及衡量范围，保证衡量的有效性。

3. 实际效果与战略目标比较

企业用实际的效果与战略目标相比较，确定两者之间的差距，并尽量分析出形成差距的原因。一般来说，形成差距的原因主要有：

(1)环境变化。建筑行业竞争激烈，企业外部环境和内部条件都不断发生变化，这是一个非常直接且影响力极大的原因。

(2)短期化行为。短期化行为是指企业高层管理者仅以利润或投资收益率考虑该企业及基层单位，造成企业单纯追求短期效益，忽视长期使命，短期增加了利润，但却丧失了长期发展的潜力，使企业长远战略目标难以实现。

(3)目标移位。目标移位是指将帮助战略目标实现的经营活动本身变化为目的，或经营活动为能实现自己所要达到的目的，从而混淆了企业战略的目的和手段，导致整个企业业绩下降。

(4)纠正措施。在生产经营活动中，一旦企业判断出外部环境的机会或威胁可能造成的结果，就必须采取相应的纠正或补救措施。为了纠正战略实施过程中出现的偏差，使实际效果与预期目标相吻合，对企业战略进行适时纠正或变革十分必要。大量的实践表明，建筑企业的成功或失败常常取决于管理者是否具备战略控制与调整的能力。一般而言，常见的纠正有如下几种方法：

1)常规战略变化。常规战略变化是指建筑企业为了吸引业主而在战略上采取的正常变化。企业可以在正常的生产经营活动中改变自己的广告、宣传形式，使用不同的投标策略等方式来进行常规的战略变化。

2)有限的战略变化。有限的战略变化是指建筑企业在原有的产品系列基础上向新的市场推出新的产品时，只需要作出局部的变化。由于建筑产品更新的方式较多，这种变化的形式也较多。一般来讲，如果只是改进建筑产品的形式，则不需要在生产和市场营销上作出很大改变，但如果建筑产品中附有高新技术，则会对战略实施带来新的复杂问题。

3)彻底的战略变化。彻底的战略变化是指企业的组织结构和战略发生重新组合等重大变化。这种变化有两种主要形式：一种是在建筑企业之间形成联合或兼并时会出现这种变化，作为一个新的联合体不仅要求获得新的产品和市场，而且会遇到如何制定新的组织结构、形成统一的企业文化等问题，这些都使战略变化复杂化；另一种形式是企业自身发生重大的变化，特别是在多种经营企业中，企业管理高层如果对下属的经营单位采取大出大进的方式推进联合或出售时，这种变化便格外明显。

4)企业转向。企业转向是指企业改变自己的经营方式，这种变化主要也有两种方式：一种是建筑企业与处于同行业的联合和兼并时所发生的变化，这种变化的程度完全取决于行业之间彼此不同的程度，以及新企业实行集中管理的程度；另一种形式就是建筑企业转到一个新的行业中，这种转向会使企业战略的实施变得更为复杂，因为它往往要求企业的使命发生变化，而且要开发新的管理职能和产品性能。

5)进行反馈。在企业战略控制过程中，反馈是一个重要的环节。反馈对加强绩效责任制十分必要，即使反馈不能用于调整输入量，也表明整个过程的结果受到监控。在环境变化重复发生时，反馈可以根据评价结果，提出调整与创新的需要。

如果要进一步保证反馈的效果，则需要有一个学习的过程。建筑企业管理人员认真分析不同的输入所产生的结果，把握输入与结果的关系的不完整性。应当指出的是，管理人员要有效地实施反馈需具备一定的条件，即环境变化要有重复性和至少有部分的重复性。此外，从成本角度来考虑，设计、实施、维护一个反馈系统，代价一般比较昂贵，在设计控制系统过程中，应有反馈的意识但采取什么反馈手段、反馈系统的复杂程度如何，则应根据企业的实际情况来决定。

第五章 建筑企业计划管理

第一节 企业计划管理概述

一、企业计划管理的概念

计划是经营决策作为基础，把决策所确定的目标，进行数量化的表现，并把他们调整、汇成一个体系，借以有效地把握未来，达到有效地使用各种资源，成为取得最佳经营成果的行动纲领。

计划管理就是通过计划的编制，确定企业的计划，组织计划的实施，并以计划为标准进行控制，根据实施及控制中的信息反馈，对计划进行调整的周期性的生产经营管理活动。

企业计划管理就是通过计划编制，确定企业的计划，组织计划的实施，并以计划为标准进行控制，根据实施及控制中的信息反馈，对计划进行调整的周期性的生产经营管理活动。具体说来，就是遵循市场经济发展的客观规律，通过对市场环境的调查预测，按照社会需要，结合企业自身条件来合理确定企业生产经营目标，并对未来生产经营活动进行部署、组织实施的综合性管理工作。

企业管理是管理者为一定的目的对经济活动所进行的决策、计划、组织、控制以及对职工的领导和激励等一系列活动。计划是企业管理活动的首要一环，是管理的“龙头”。没有计划，就根本谈不上管理，也无从管理好企业。可以说，计划是管理的第一职能。

在市场经济条件下，由于外部环境变化的复杂性和企业内部分工和协作的复杂关系，要求企业必须进行全面的计划管理，所谓全面的计划管理，就是通过计划管理周期循环过程，把企业全体成员的活动和一切工作，都纳入计划的轨道。这里所提到的一切工作，从横向看是指企业的所有部门、基层单位和岗位；从纵向看是指生产全过程，即从工程任务的获得、施工准备、施工过程、竣工验收直至交工后服务等环节。所以全面计划管理可以概括为全企业、全过程、全员性的计划管理。

当一个企业的管理理念、经营方针、经营目标确定以后，它的实施要靠编制经营计划来体现。编制计划有两层含义：其一，确定企业在未来时期的经营目标，并将它具体化、数量化；其二，确定实现这些具体化和数量化目标的期限和应该采取的具体步骤。企业计划管理是综合性管理工作，它应以国家对企业要求为指导，遵循社会主义市场经济发展的客观规律，通过对市场环境的调查预测，应按照社会需要，结合企业自身条件来实现。

企业必须进行全面的计划管理，这是由市场经济条件下，外部环境变化和企业内部分工协作的复杂性决定的。所谓全面的计划管理，就是通过计划管理周期循环过程，把企业全体成员的活动和一切工作都纳入计划的轨道。这里提到的一切工作，横向看指企业的所有部门、基层单位和岗位；纵向看指生产过程，即从工程任务的获得、施工准备、施工过程、竣工验收直至交工后服务等环节。

通过计划管理，企业才能合理配置并有效地运用所掌握的人力、物力和财力，保证企业生产经营活动的有序性和高效率，完成企业的生产经营任务，实现企业生产经营目标，以不断提高企业经济效益和社会效益。

二、计划管理工作的内容

1. 计划的编制

通过计划的编制，把社会及用户需要和企业的条件、企业利益统一起来；把企业的长期目标与短期目标衔接起来；把企业的整体目标与企业内部各级的目标以及每个员工的个人目标联系起来。

在计划编制中要做好综合平衡，使企业与外部的环境保持协调；使企业内部生产经营活动的各个环节和各个要素间保持正常的比例关系。

在计划编制中还要通过计划的优化，选择最优的计划方案，保证最有效的利用人力、物力和财力，取得理想的经济效果。

2. 计划的实施

计划的实施是企业各部门、各级机构，根据计划的内容和要求组织落实，认真执行，使企业的各项生产经营活动在计划指导下协调进行。实质上，这也就是计划的“组织”职能。

3. 计划的控制

在计划的实施过程中，通过检查与调节，消除实施计划过程中的薄弱环节和不协调因素。

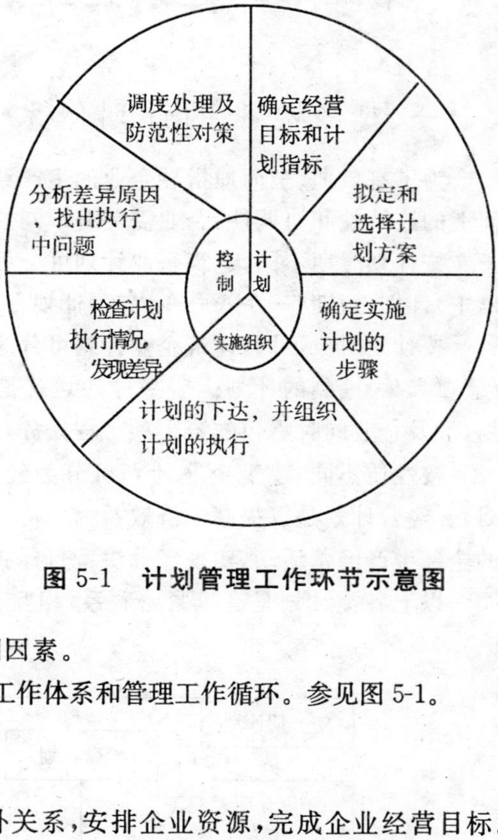

图 5-1　计划管理工作环节示意图

上述计划管理工作的内容可构成一个管理工作体系和管理工作循环。参见图 5-1。

三、企业计划管理的任务

计划管理的基本目的，在于协调企业内外关系，安排企业资源，完成企业经营目标。为此，计划管理的基本任务主要有：

1. 制订经营目标

依据市场需求及企业经营战略目标，制订企业在计划期内应达到的经营目标；确定这些目标的重要层次；逐项、逐级分解目标，并用它来落实岗位责任；动员与协调企业全体职工的行动。

2. 资源配置优化

按照已落实的目标任务，通过综合平衡，协调企业生产经营活动各环节、各部门间关系；合理配置企业的人、财、物等资源条件，以确保经营目标的实现。

3. **协调生产经营活动**

从事生产经营活动的企业是一个复杂的开放系统，在整个经营活动过程中，既要协调系统内各部门的关系，又要协调企业与外部环境的关系。而在协调过程中，计划的安排与分析则是一种有力的工具。通过计划安排，使企业的产、供、销实现平衡，使企业内部的人、财、物实现平衡，即协调企业生产经营活动的所有方面和一切环节。

4. **提高经济效益**

提高经济效益是企业生产经营活动的核心，计划也离不开这个核心。计划对目标制定、资源配置、协调生产经营的作用，归根结底，就在于追求更好的经济效益。

第二节　建筑企业的计划体系和指标体系

一、建筑企业的计划体系

为了有效地、全面地指导企业的生产经营活动，保证企业生产经营活动的时间上、空间上的连续性和协调性，企业需要有不同性质和不同要求的多种形式的计划。

按计划时期不同，建筑企业计划可分为长期（五年以上）计划、中期（二年以上，五年以下）计划、短期（一年及一年以下）计划。

按计划对象不同，建筑企业计划可分为按企业（管理主体）编制的计划和按工程对象（管理客体）编制的计划。后一种计划就是工程施工组织设计，是一元计划。前一种计划，涉及企业同时承包的若干项工程任务，所以是多元计划。

按性质不同，建筑企业计划可分为经营计划（决策性计划）和作业计划（执行性计划）。经营计划是以提高经济效益为中心，在经营环境制约下，制定经营目标，规划企业的全部生产经营活动，实现经营决策目标。作业计划是经营计划的具体化。

以上各类计划是有机紧密联系、相互补充的，构成了建筑企业的计划体系。参见图5-2。

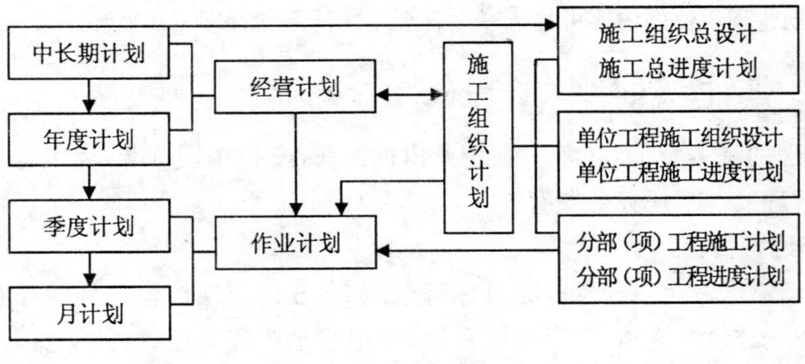

图 5-2　经济组织与管理本质基本关系图

二、建筑企业的计划指标体系

(一)计划指标的概念

企业的计划指标,是用以表示在一定计划期内,企业生产经营活动所应达到的预期目标和水平。它是企业生产经营目的的具体化和数量化。每个指标都反映企业生产经营活动的某一侧面,它们都有特定的内涵。

建筑企业的计划体系,应以经济效益为中心,坚持长期发展的战略目标和满足商品市场的需求,建立以经营合同计划为核心的生产经营计划体系。

(二)计划指标的分类

计划指标按指标的性质,可分为数量指标和质量指标。前者反映企业生产经营活动的各方面所应达到的数量目标,通常以绝对值表示,如产量、产值、利润、工程量、物资需用量、职工人数、工资等。后者反映企业在利用人力、物力、财力以及发展技术等方面所要达到的水平,即反映企业生产经营活动的质量,通常以相对数值表示,如劳动生产率、总资产报酬率、工程合格率、技术装备率等。数量指标和质量指标两者是相互联系、相互制约的。达不到质量指标,数量指标也就失去了意义;而没有数量指标,质量指标也无从谈起。

按指标的表现形式,计划指标可分为价值(货币)指标和实物指标,价值指标是以货币为计量单位的指标,价值指标反映生产中的社会劳动消耗量和劳动成果,同时,由于采用货币统一计量,可对不同实物进行综合计算,综合性强。实物指标是以实物为计量单位的指标,实物指标反映不同的使用价值,能具体表现产品(工程)的数量和生产过程中的物质消耗,但因计量单位不同,指标间不可比,综合性差。

(三)计划指标的作用

按指标的作用,计划指标可分为国家考核指标和企业内部考核(或控制)指标。前者用以考核企业的生产经营效果。后者主要用以反映企业生产经营活动的全面情况,包括企业对项目经理部和各职能部门、项目经理部对生产班组,生产班组对工人的考核指标。

计划指标是企业生产经营管理的重要工具,是计划管理不可缺少的手段。编制计划时,用它表示企业在计划期应达到的目标和水平、工作数量、质量标准和要求;计划实施时,把实际和计划指标对照,是进行控制的依据。在计划期结束时,是评价计划完成的依据;同时,又是企业之间、企业内部各单位考核和评价其生产经营成果的尺度。

通过计划指标可以认识企业的生产活动现象,用量来描述企业的计划活动,通过它来认识企业,从而达到改造企业的目的。

(四)企业计划指标体系

建筑企业计划指标很多,它们具体反映着计划的各个组成部分的预期目标和水平,任何单一的指标只能反映企业生产经营活动的某个侧面,为了全面指导和控制企业的生产经营活动，就必须设置一个计划指标体系。所谓计划指标体系就是指由一系列相互联系、相互制约且能全面反映企业生产经营全貌的若干指标所组成的整体。

建筑企业计划指标体系在企业生产经营管理中具有很重要的作用，它可以更科学、准确、全面地评价建筑企业基本情况和生产经营活动运行态势，更全面了解和掌握企业生产经营全貌，随着市场经济不断发展和完善，企业旧有的计划指标体系也要不断更新，为适应经济发展和经营机制改善的需要，建筑企业如何建立和完善新的计划指标体系是有待于进一步深入研究和探讨的课题。

三、计划指标的设置原则

企业计划指标的设置要考虑以下原则：

(1)要正确、简明地反映企业的生产目的。一是要有反映企业提供给社会及用户需求的建筑产品的指标，如交竣工面积(项数)、总产值、增加值等；二是要有反映企业创造经济效益的指标，如劳动生产率、增加值率、总资产报酬率、人均利税率、工程优良品率、人均技术装备率等。

(2)既要突出考核企业的经济效益，又要体现社会效益。体现社会效益的指标，如工程质量、安全生产、公害防治、环境保护等。

(3)要从企业的投入到产出过程的各个方面(如人、财、物、产、供、销和产量、产值、质量、利润等)，全面反映企业生产经营活动的要求和状况，反映企业各种经济活动之间的联系。

(4)计划指标要体现它的作用，以促进企业全面改善和提高生产经营管理水平。

(5)计划指标要明确具体、科学严谨，有统一的计算方法，并与统计核算指标计算上互相一致，便于比较和分析。

四、建筑企业主要计划指标及其计算方法

1. 建筑产品产量指标

建筑产品产量指标表示企业在计划期内要完成的建筑产品实物量的指标，一般有以下几项：

(1)竣工房屋建筑面积，简称竣工面积。是指计划期内房屋建筑按设计要求全部完工达到使用条件，经检查验收鉴定合格的房屋建筑面积的总和。

(2)房屋建筑面积竣工率。是综合反映企业的施工进度和竣工程度的指标。其计算公式为：

$$房屋建筑面积竣工率=\frac{计划期内房屋建筑竣工面积}{计划期内房屋建筑施工面积}\times 100\%$$

(3)实物工程量。是指企业在计划期内要完成的、以物理或自然计量单位表示的各种工程数量。如土方工程(立方米)、道路工程(平方米)、安装工程(吨/台)等。它是编制和检查施工作业计划、确定劳动力、材料、机械设备需要量的重要依据，又是计算建筑业施工产值、实物劳动生产率等指标的基础。

(4)工程形象进度。一般用文字结合实物量或百分比，简明扼要地反映计划期内施工的单位工程所要达到的形象部位或进度情况。一般按单位工程中的分部分项部位表

示。如土建工程可分为基础工程、结构工程、屋面工程、装饰工程等,还可细分为各工种工程即分项工程,如土建工程中的砌筑工程等。

2. 建筑产品产值指标

建筑产品产值指标是指以货币表现的企业在计划期内要完成的建筑安装生产活动的成果指标。一般有以下几项:

(1)建筑业总产值,即自行完成的施工产值,包括建筑工程产值和设备安装工程产值。一般按"单位法"计算,即按计划期内要完成的实物工程量乘以单价,再加上一定比例的费用计算。它是反映建筑企业生产规模、发展速度、经营成果的一项重要指标,是计算劳动生产率、产值利润率等指标的依据。

(2)建筑业增加值,是企业在计划期内以货币表现的建筑生产经营活动的最终成果,计算方法有两种:①生产法,即建筑业总产值减去中间投入;②分配法(收入法),其具体有固定资产折旧、劳动者报酬、生产税净额、营业盈余等。

(3)增加值率,计算公式为:

$$增加值率=\frac{计划期增加值}{计划期总产值}\times 100\%$$

(4)竣工产值,指企业在计划期内以货币表现的最终建筑产品的总和。它是反映企业的施工速度和经济效益的依据之一。

(5)销售率,它反映企业产值衔接和市场状况,其计算公式为:

$$销售率=\frac{交工工程产值}{建筑业总产值}\times 100\%$$

3. 全员劳动生产率指标

它是反映企业劳动效率,经济效益的指标之一。其计算方法有两种:

(1)用产值表示的全员劳动生产率(元/人)

$$全员劳动生产率=\frac{计划期内自行完成的施工产值}{计划期内全部职工平均人数}\times 100\%$$

(2)用竣工面积表示的全员劳动生产率(平方米/人)

$$全员平均竣工面积=\frac{计划期内竣工面积}{计划期内全部职工平均人数}\times 100\%$$

4. 工程质量指标

它反映企业在计划期内完成最终建筑产品的质量情况,是综合反映企业的施工技术管理水平和经济效益的一项重要指标。一般用工程质量优良品率表示,其计算公式为:

$$工程质量优良品率=\frac{计划竣工的单位工程优良品个数(或面积)}{计划竣工的全部单位工程个数(或面积)}\times 100\%$$

5. 利润指标

它是反映企业在计划期内生产经营管理效果的综合性指标,是反映企业经济效益的指标之一。一般用以下几个指标表示:

(1)利润总额=工程利润+产品销售利润+劳务作业利润+材料销售利润+多种经济利润+其他业务利润

(2)产值利润率 $=\dfrac{\text{计划期利润总额}}{\text{计划期自行完成施工总额}}\times 100\%$

(3)销售利润率 $=\dfrac{\text{计划期利润总额}}{\text{计划期建筑产品销售收入}}\times 100\%$

(4)人均利润率 $=\dfrac{\text{计划期利润总额}}{\text{计划期全部职工平均人数}}\times 100\%$

(5)总资产报酬率 $=\dfrac{\text{计划期利润总额}+\text{利息支出}}{\text{计划期平均资产总数}}\times 100\%$

总资产报酬率指标反映企业全部资产的获利能力，是企业管理水平和经营业绩的集中表现，是评价和考核企业盈利能力的核心指标。

6. 工程成本降低率指标

它是反映建筑企业生产经营活动质量，企业管理水平和施工技术水平的综合性指标，其计算公式为：

$$\text{工程成本计划降低率}=\frac{\text{工程成本计划降低额}}{\text{工程预算成本}}\times 100\%$$

7. 流动资产周转率指标

它反映企业流动资产的周转速度和营运状况，是企业在生产经营过程中资产利用和发挥水平的体现。其计算公式为：

$$\text{流动资产周转率}=\frac{\text{计划期建筑产品销售收入}}{\text{计划期流动资产平均余额}}\times 100\%$$

8. 安全生产指标

它是企业在计划期内工伤事故的内部控制指标，一般用工伤事故频率表示，其计算公式为：

$$\text{工伤事故频率}=\frac{\text{工伤事故人数}}{\text{全部职工平均人数}}\times 100\%$$

9. 机械设备完好率、利用率

机械设备完好率、利用率是反映企业机械设备管理水平的指标。除对某种机械设备进行计算外，还应按 20 种主要施工机械进行综合计算。

$$\text{机械设备完好率}=\frac{\text{计划期内机械设备完好台班数}}{\text{计划期内机械设备制度台班数}}\times 100\%$$

$$\text{机械设备利用率}=\frac{\text{计划期内机械设备工作台班数}}{\text{计划期内机械设备制度台班数}}\times 100\%$$

10. 材料节约率指标

它反映施工技术水平和材料管理水平，通常计算主要材料(钢材、水泥、木材)的节约率，其计算公式为：

$$\text{某种材料计划节约率}=\frac{\text{某种材料计划节约量}}{\text{某种材料的预算用量}}\times 100\%$$

第三节　建筑企业的经营计划

一、经营计划概念与特征

1. 经营计划的概念

经营计划是以企业的经营活动为对象的计划安排，又称生产经营计划。它是企业在计划期内进行生产经营活动的奋斗目标和行动纲领，是由以经营目标为中心，市场为导向的企业多种计划组成的综合计划体系。

企业是由隶属于不同部门的许多职工组成的一个整体，经营计划的最主要职能，就是为企业的发展确定一个目标，并将企业中个人行为和部门行为统一于经营计划目标。

企业要生存与发展，必须对所处的市场环境和社会环境作出科学的预测和准确的判断，并采取相应的措施和对策，以立于不败之地。为此，企业需要制定统一的计划，加以系统化，并进行组织、协调和控制。所以，经营计划的另一个重要作用是分析和预测未来环境的变化，并使企业不断适应未来环境的变化，为企业描绘出未来的发展方向并指出可靠的发展道路。

综上所述，企业经营计划的实质在于，对内为企业确定未来的发展目标，来统一每一个人和每一个部门的行为；对外则使企业不断地适应未来的环境变化，使得企业不断地成长壮大。

2. 经营计划的特征

建筑企业经营计划是由多种计划组成的有机整体，它具有区别于其他计划的特征。

(1)经营计划的综合性。经营计划不是一个单项计划，也不是特指企业编制的某几种或某一类计划，它是企业的全部计划活动、计划结果和相关工作的总称。企业的全部生产经营活动都是经营计划的对象，企业的全部业务都应处于计划控制之下。从施工任务的招揽、施工生产、产品开发、多种经营，到财务、人事、工资、福利等，都为经营计划所涵盖。特别是关系到企业未来发展的一系列重要经营管理活动，必须由经营计划作出统筹安排。经营计划的综合性还表现在它是一个复杂的计划体系，从时间上看有长短之分；从内容来看，有综合与部门之分等。

(2)经营计划的选择性。在计划制订过程中，决策和选择是一个关键步骤，直接关系计划的成败。因为企业经营管理者从若干个计划选择一个更科学的方案意味着对市场、顾客和机会的选择，意味着对企业未来前途的选择。一念之差，往往会出现截然不同的结果。经营计划的这一特点，也要求经营管理者和计划人员有宽广的思路，敏捷的思维，渊博的知识和高度的决策能力。

(3)经营计划的应变性。企业经营计划一旦制订，不要轻易改动。但随着内外部环境条件的变化，在某种程度上，经营计划又显得有些呆板。所以，必须强调计划的弹性，强调人的主观能动性和局部适应性。计划必须留有一定的余地。当企业的内外部环境发生变化时，有迹象表明机会和风险即将产生，必须重新调整计划，移动经营重心，以应付未来的突发事件，抓住机会，躲过风险。

(4)经营计划的战略性。企业的生存和发展，并不完全取决于计划期的长短，计划内容是否详尽。有时，计划期越长，不确定因素越多，可能招致的危害越大。企业的命运取决于能否抓住市场中稍纵即逝的机会。经营计划的职能在于通过有组织的努力，建立起识别机会的机制，同时指明机会存在的依据、特征，有意识地为企业寻找走出困境、打开新局面的方向或规划新的可能的经营领域和经营机会。经营计划必须抓住重点，从战略的角度出发，在战略层次上展开，将经营者的经营方针、经营理念和经营策略贯穿于计划之中。

(5)经营计划的权威性。经营计划是企业的纲领，是经营者智慧和韬略的结晶。计划的数字化取代了计划的人格化，否定计划，也即否定经营管理者自身，经营管理者的权威也无从谈起。当然，计划的权威性与应变性并不矛盾，修订后的计划更需要权威，计划的权威性是就对计划制订到评价全过程而言的。

二、经营计划的内容与要求

建筑经营计划按计划期限的长短划分为：长期经营计划(3 年以上)，中期经营计划(1～3 年)，短期经营计划(年度计划和季度计划)以及作业计划(如月、旬计划)不同计划期的各类计划本身，是由一系列横向计划构成，即由综合计划和专业职能管理单项计划(或称项目计划)组成。

1. 中长期经营计划

建筑企业的中长期计划又称长远发展计划，如 3 年、5 年、10 年计划等。它是企业未来发展的蓝图，是企业编制短期计划的依据和指导企业生产活动的纲领性文件，也是计划管理的主体与中心任务。它涉及企业较长期内生产、技术、经济等经营管理各方面的重大问题，如企业经营方向、经营方针、策略、目标、市场开拓、技术进步规划和企业规模等主要技术经济指标的发展目标、实现步骤与途径、企业素质与职工教育、培训规划、职工工资和集体福利事业发展规划以及科研、基建、环保等总体规划和大中型项目任务安排等。随着社会主义市场经济体制的逐步完善，企业自主权进一步扩大，客观上迫使企业独立考虑和确定自己的长远经营方针及经营目标，认真制订好中、长期计划，而不是流于形式，从而有效地保证企业战略决策的实施，避免短期行为，更好地发挥中长期经营计划的指导作用。

2. 年度经营计划

它在内容上包括企业全部生产经营活动，是企业在计划年度内生产经营计划的纲领。它以中长期计划为指导，又是中长期的目标在该年度的具体化。

3. 季度经营计划

它是年度计划过渡到目标计划的桥梁，既起到落实年度计划的作用，又对月度计划起控制作用。所以，季度计划是较年度计划更具有实施性的控制计划。

4. 月、旬作业计划

作业计划是生产(施工)性计划，是落实年、季计划和施工组织设计进度计划综合性实施计划。月度计划是建筑企业基层施工单位直接组织生产的依据，是计划管理的中心环节。月度计划组织实施的业绩，也是检查和评价包括公司在内的各级管理实效的基本依据。旬作业计划是月作业计划的具体化，是更切合实际和挖掘内部潜力的实施性计划，也是施工队(车间)、班组和栋号施工生产活动的作业实施计划。

以上各类计划，计划期越长，越侧重于规划性，计划的实施性越差，计划内容越概括；计划期越短，计划的规划性减弱，计划的实施性则越强，计划内容越详尽，指标也越详细、具体。

三、建筑企业经营计划体系

建筑企业以“一个目标，两个子系统”，构成一个生产经营计划体系，如图 5-3 所示。

“一个目标”，包括建筑企业的中长期目标和短期目标，它是两个计划子系统的计划依据和共同的目标。“两大子系统”，是指企业经营计划子系统与工程施工组织计划子系统。建筑企业的经营计划子系统，又可分为以经营合同计划为核心的经营(销售)计划，它和以建筑安装计划(或称施工计划)为核心的施工生产计划两个子系统，经营计划子系统包括经营与生产两大环节。而工程项目施工组织计划子系统，则是在企业经营合同计划指导下，以施工计划中的每个施工项目相协调，以具体的“单项合同”工程为对象编制的施工组织设计的“集合体”。

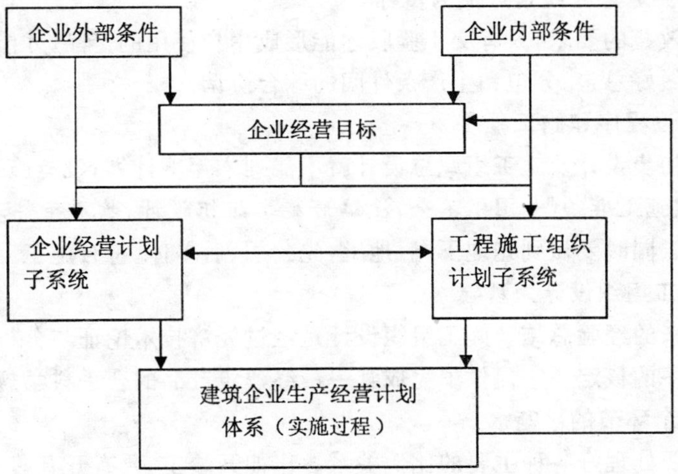

图 5-3 建筑企业生产经营计划体系

经营计划的控制目标，是企业中长期目标和年度综合目标，着重于企业全局性经济活动规律的组织和控制，用于指导全企业的生产经营管理。而工程组织计划，则是在经营计划的制约下，着重于施工现场为中心的局部性经济活动规律的组织和控制，用于指导每个单项工程的施工管理。它的中心目标是以每个具体工程综合效益为保证，实现经营目标的优化，多快好省的完成企业经营计划所规定的任务。

建筑企业计划管理的最终目的，就是使整个企业的纵向与横向组织系统，在企业经营目标和生产经营计划指导下，形成一个有机的目标网络管理系统，通过各级组织对计划的实施和控制，达到企业经营目标的最优化。

第四节 建筑企业的计划管理

一、编制计划的指导原则

（一）长远发展规划的原则

（1）认真贯彻国家发展国民经济的方针、政策、坚持社会主义市场经济制度，符合国家长远发展规划对企业提出的要求。

（2）贯彻建筑业长远发展规划，并适应本地区长远发展规划的要求。

（3）充分发挥企业生产经营特色，使企业具有一定的竞争能力。

（4）在优先考虑国家利益的前提下，做到兼顾国家、集体、职工三者利益。

（5）坚持企业的发展速度和提高经济效益相统一的原则。

（二）短期计划编制的原则

1. 以按期完成最终建筑产品为目标

这是社会效益的要求，只有交工验收才能形成用户使用的产品，才能发挥投资效果。这就需要我们做好总包、分包和生产条件间的综合协调。

2. 坚持建设程序和施工程序

没有扩大初步设计及施工组织总设计就不能列入年度计划；没有施工图就不能列入季度计划；没做施工准备（如图纸不全，没编好施工组织设计，物质条件不具备等），就不能列入月计划。同时要做到先地下、后地上，先公用、后单体，符合施工工艺顺序的要求。

3. 要以施工组织设计为基础

这是多年来的经验总结。施工组织设计是经过经济技术论证与分析而制定的，并经过企业法定程序的核定。它提供了完成某一最终建筑产品的合乎科学规律的安排。

4. 保持各个环节的平衡

平衡就是要处理好各种主要的比例关系。比如开竣工，要有开有竣、比例适当；分部位的比例，每年开竣工比例，在国外当年竣工的面积与当年开工的面积，两个数值大体相等；竣工率我国南方应为55％～65％，北方应为50％～60％，大了第二年不能均衡，小了会拖长工期；工程任务要与企业生产能力相平衡，如工种间人力的平衡；材料的需供平衡；机械、运输的需供平衡；各季、月产值的比例关系适当。理想的是每季完成全年的25％，但由于季节影响，一般应如表5-1所列。此外，也要在质量、成本、工期和效率之间保持协调。

表5-1 季节影响的分季完成率（％）

季度	Ⅰ	Ⅱ	Ⅲ	Ⅳ
北方	10～15	25～30	30～35	25～30
南方	15～20	20～25	25～30	30～25

5. **注重施工的连续性、紧凑性、均衡性和灵活性**

(1)连续性是指时间的有效利用,要求各施工作业队伍连续作业,每项工程的上下工序连续,施工区段连续利用,尽量克服各种间歇以提高连续性。

(2)紧凑性是指空间的有效利用,也要求上下工序紧凑。

(3)均衡性是指在一定期间里,人力、物力的均衡使用,不是忽多忽少。要求不均衡系数(高峰与平均的比值)愈小愈好。

(4)灵活性是指关键线路中时差的利用要灵活,求得资源均衡。这4点不是孤立的,是相互联系、相互依存、相互影响和相互制约的,处理得好,可以提高生产效率及经济效益。

二、计划的编制

(一)企业经营计划的编制

企业的经营计划应由企业经理、总工程师、总经济师负责,以计划部门为主,有关部门参加制定。

编制依据应是对计划期任务的数量和来源的预测;企业的经济技术发展方向及要达到的目标,制定的技术和管理方面的措施纲要,定出的主要技术经济指标(这些指标包括人员、机械设备、附属企业的增长及素质的提高,生产效率的增长,资金和利润的增长),进行的战略决策结果,对任务和企业的生产能力作出的综合平衡。形成计划草案后要报送决策层审核,经反复调整后,报党委和职工代表大会审议,并报给上级主管部门审查或备案,其编制程序如图5-4所示。

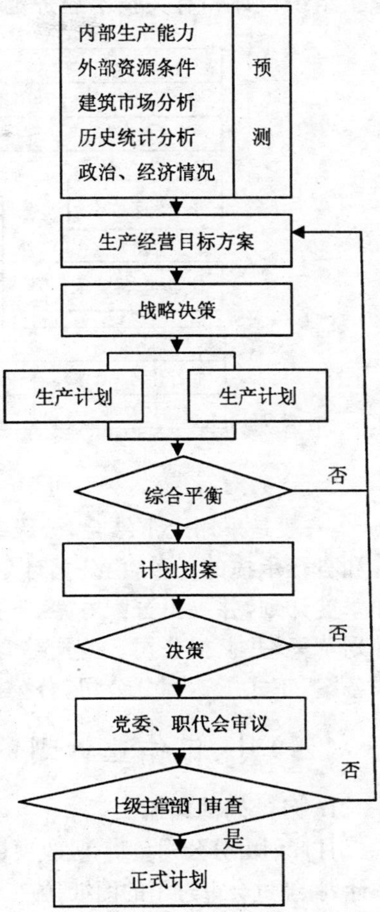

图5-4　企业经营计划编制程序

(二)滚动计划的编制方法

长远规划综合性较强,随机性因素多,受到内外环境的制约。所以,对当前的、近期的计划要详细编,远期计划可以适当粗些,采用远粗近细、远近结合、逐年修订、体现出计划的滚动性和连续性的办法。如编制五年计划,每完成一年,就补充一年,每年都制定一个新的五年计划,如图5-5所示。这就是滚动计划原理。滚动计划具有预测性、连续性、应变性,适用于编制经营计划。当然,滚动计划也可应用于季、月计划的编制。

(三)年(季)度计划的编制

年(季)度计划的编制由企业主管经理负责,计划部门为主,有关部门的领导和专业人员参加。编制的依据是:长远规划所规定的年度经营目标,已签工程合同协议,主要资源供应计划落实情况，任务摸底，上一年度计划执行情况的差异分析，施工组织总设计、施工组织设计和有关技术经济定额等。

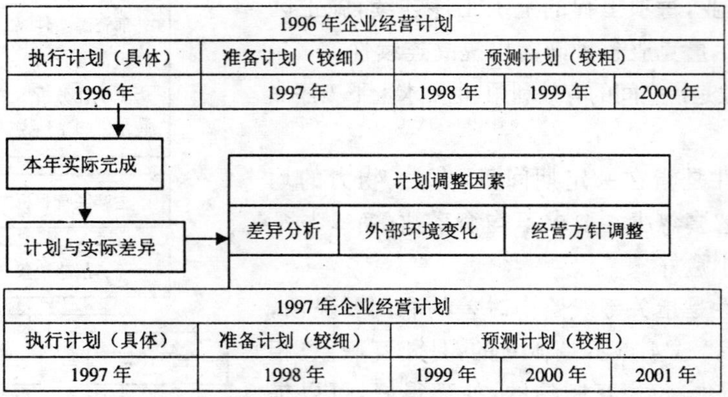

图 5-5　企业经营计划滚动示意图

一般是采用上下结合，分级编制。公司按上级主管部门要求、经营计划的分阶段内容和自行承揽的任务，由公司计划部门组织各有关职能部门参加，编制整个公司的年度和季度计划，并提出分配方案，下达给所属各分公司与职能部门。各分公司编制自己的计划草案，并上报公司。公司综合汇总平衡后，提出企业的正式计划。报主管上级审查或备案，正式下达到分公司，分公司修改原计划草案，下达给项目部。

（四）月、旬作业计划的编制

1. 月计划的编制

月计划由分公司负责，吸收项目经理部的有关人员参加共同编制，经公司审定。依据：年季计划；经过会审过了的图纸；施工组织设计；各项资源落实情况；上月完成计划情况。

2. 旬（周）计划的编制

旬（周）计划由项目经理部负责编制，经分公司审定。依据：月计划；各项资源落实情况；上一旬（周）计划完成情况。

（五）计划的编制分工

目前，建筑企业一般都采用公司、分公司和项目经理部三级管理体制。按不同时间阶段分工编制，一般如表 5-2 所列。

表 5-2　建筑企业各阶段计划的编制分工

	长期规划	年计划	季计划	月计划	旬(周)计划
公司	编制	编制	编制		
分公司		编制	编制	编制	平衡、审批
项目经理				编制	编制

至于各专业计划，则由各级的相应专业部门编制，并由计划部门汇总。

三、计划的实施和控制

(一)计划的实施

编制计划仅仅是计划管理的开始,更为重要的是组织计划的实施和对计划实施的有效控制。

(1)把各项计划指标逐级分解,下达给作业队或班组,由各职能部门归口管理。

(2)采取层层定“包”,全面交底,讨论落实的办法进行贯彻。

(3)建立经济责任制,让成果与利益挂钩,保证计划得以实施。

(4)做好动态的平衡调度工作,协调生产活动,使计划顺利实施。

(5)发动群众,依靠群众的积极性,超额完成计划任务。

(二)计划的控制

(1)控制的内容。包括工程项目的及企业综合进度、产量、质量、消耗、利润、成本和安全。

(2)控制的标准。计划指标、合同、规范、定额、制度等。

(3)控制的手段。利用反馈原理;各级领导深入实际检查;统计报表(日、旬、月、季、年报)检查;生产会议检查;利用计算机进行网络计划控制;利用合同。

(4)对比分析(找出对计划的偏离及其原因,采取措施进行调整);旬保月、月保季、季保年,年保合同,形成计划保证与控制体系,如图 5-6 所示。

保证关系		→	→	→	→
计划种类	每日计划	月计划	季计划	年计划	合同或经营计划
控制关系		←	←	←	←

图 5-6　各种计划间保证与控制体系

四、建筑企业的统计

(一)统计的一般常识

1. 统计的含义

统计一词有 3 个含义:统计工作、统计资料、统计学。建筑企业管理中的统计主要指前两者,即统计工作实践和发生于具体时间、空间、具有数量的统计资料。就统计一词作解释,“它是从大量数据中寻找规律”。

2. 统计的特点

统计有以下几个特点:①数量性,即统计是事物总体特征的数量表现,该数量反映其质的内涵;②综合性,即统计反映客观现象综合的数量特征和客观的变化规律;③差异性,即虽然总体上有规律性,但个体数量上却存在着差异,统计数字随时间和条件的变化而变化。

3. 统计的目的

统计工作的目的在于得出实现了的工作的数量,求出其规律,并与同期计划进行对比,判断计划的完成水平,并可与其他可比标准相比较求出差异,作为继续工作的管理依据。

4. 基本特征

总体统计数据有 3 个基本特征：①同质性，即只有同一本质的事物才能集合在一起进行统计，否则不可以进行统计；②变异性，即统计数据个体之间表现出差异，且与总体平均数有差异；③大量性，只有大量的数据才能找出规律。

5. 统计的程序

为了取得可靠的数据，建筑统计工作应按以下程序：①在组织上采取自下而上的程序，逐级汇总；②在时间上应先短后长，按时间累计。

(二)建筑企业各层次的统计

1. 作业队和班组的统计

这是最基层的统计，主要统计对象是各种直接消耗、完成的实物工程量等，故应设置的指标是：①已完工程量；②人工消耗材料量；③机械台班使用量；④工程质量；⑤安全生产等。

2. 项目经理部的统计

项目经理部以承担的工程项目为统计对象，从总体上或分部分项上进行统计，可设置以下指标：①各部分项工程完成量；②形象进度；③质量与安全；④消耗人工；⑤材料；⑥机械台班数量；⑦已完工程造价；⑧履约情况；⑨现场管理费；⑩成本节约等。

3. 总公司与分公司的统计

它是以所承担的工程项目和经营的业务项目为对象进行统计，可设置的工程施工统计指标如下：

(1)产值：总产值、建筑业增加值；

(2)建筑面积：施工面积、开(复)工面积、竣工面积、交工面积；

(3)从业人数：主要施工现场人数；

(4)劳动生产率：全员劳动生产率，生产工人劳动生产率，人均竣工面积；

(5)质量：工程质量优良率，工程合格率；

(6)安全：工伤事故次数，工伤事故频率(%)；

(7)工期：实际工期，工期节约天数；

(8)成本：降低成本额，降低成本率；

(9)机械设备：机械设备利用率，机械设备完好率，装备产值率等；

(10)财务指标：按财政部颁发的 10 项企业评价指标进行统计。

总之，建筑公司的统计，应按计划指标及企业评价指标全面进行统计和计算，以便对计划完成情况进行分析，对企业进行考核和评价。

第五节　建筑企业施工生产计划

一、施工生产计划的作用和内容

1. 施工生产计划的作用

施工生产计划的作用和内容随计划期长短不同而不同。年度施工生产计划，是企业年度经营计划的组成部分，用以规划和部署企业一年内的施工生产活动，组织跨年度工程施工。季度施工生产计划是季度经营计划的组成部分，是年度施工生产计划到月的施工生产计划的过渡性计划。月、旬的施工生产计划，属于作业计划性质，是直接组织企业施工生产活动的依据。

2. 施工生产计划的内容

由于各企业内部的承包内容和工程对象的类型、规模不同，施工生产计划的内容也难以统一确定，表 5-3 所示内容仅供参考。

表 5-3　　**不同计划期的施工生产计划的内容**

年度施工生产计划	季度施工生产计划	月、旬作业计划
1. 主要工程项目施工进度计划 2. 分季工作量及主要实物工程量计划 3. 分季物资供应计划 4. 主要施工机械设备保证计划	1. 主要工程项目形象进度计划 2. 分月工作量及实物工程量计划 3. 附属、辅助生产计划 4. 分月物资供应计划 5. 施工机械设备保证及平衡计划 6. 主要工种保证及平衡计划	1. 工程项目形象进度计划 2. 实物工程量计划 3. 分日综合施工进度 4. 材料、半成品保证计划 5. 机械、运输、保证计划 6. 劳动力保证计划

计划期长的计划，因计划条件不易落实，一般起规划和指导作用。计划期短的计划，因计划条件容易落实，计划指标也较具体，所以计划的实施性较强。

二、施工生产计划的编制

1. 施工生产计划编制的原则

建筑企业在编制施工生产计划时，一般应遵循以下原则：

(1)以按期完成最终建筑产品，竣工投产为目标。因为只有工程交工验收，形成具有使用价值的固定资产，才能投产使用，发挥投资效益。所以，以竣工投产为目标是编制施工生产计划的重要原则。这就需要保证工程项目的配套建设，安排好总包、分包和生产条件间的综合协调。计划指标要做到工作量、工程量、形象进度三统一，并要以形象进度为主，以形象进度来推算和控制工作量和工程量指标。

(2)搞好工程排队，确保重点工程施工。按照重点优先，兼顾一般和保证合同工期的原则，并根据施工条件落实情况，把有限的人力、物力、财力进行合理安排，保重点顾一般，全面完成施工任务。

(3)坚持按建设程序和施工程序办事。编制施工生产计划时，工程项目必须具备一定的条件和做好施工准备工作。初步设计和施工组织总设计没审批、土地未征用、设备材料订货未落实、工程合同没签订的项目就不能列入季度计划。同时要按先地下、后地上、先共用、后单用的原则和符合施工工艺和技术规范的要求来确定计划项目的先后。

(4)要以施工组织设计为基础。工程施工组织计划子系统，包括施工组织总设计、单位工程施工组织设计和分部分项作业设计。施工组织总设计，是以建设项目为对象，根据中长期计划和已批准的初步设计的要求进行编制。单项工程施工组织设计是以年度经营计划中的单位工程为对象，根据施工组织总设计、年度计划任务的要求和经过会审的施工图纸为依据进行编制的。分部(分项)工程作业设计,是以单位工程施工组织设计和季度经营计划为依据编制的施工方案作业设计。

施工组织设计是企业又好又快地完成施工任务的有效手段,是指导施工的技术经济条件。它十分注重具体建筑活动规律的控制,是工程项目的"战斗计划"。它从工程实际、社会和企业以及施工现场条件出发,经多方平衡,确定施工方案,编制进度计划、资源供应计划和施工准备工作计划、施工总平面布置等具体的组织工程建设的实施方案。施工组织设计既受企业中长期经营计划、年、季度经营合同计划的制约,又有编制年、季度施工计划以及月(旬)作业计划的依据。同时,它便于在施工生产中推广新技术、新工艺、新材料、新结构,促进企业的技术革新和改造,以利于企业不断挖掘潜力,扩大经营生产能力,超额完成经营计划任务。

因为施工组织设计是企业完成生产任务的先决条件,所以,在编制施工生产计划时,一定要以施工组织设计为基础。

(5)搞好综合平衡。综合平衡是计划工作的重要方法,施工生产计划的综合平衡,就是要解决企业所承担的施工任务与企业劳动力、机械设备、物资等资源供应的平衡。企业内部各单位、各生产环节的平衡,各项计划指标的平衡以及其他一些比例关系。要按企业的人力、物力、财力和技术的可能性确定施工生产计划,不留缺口,做到确实可靠、留有余地、以防万一。

(6)讲求经济效益。注重施工的连续性、紧凑性、均衡性和灵活性,有效地利用时间和空间,均衡、节约地使用人力、物力,最大限度地发挥生产能力,提高生产效率和经济效益。这里所说的连续性,是指时间的有效利用,使各施工队和班组连续工作;紧凑性,是指空间的有效利用,使上下工序紧凑,合理安排立体叉作业;均衡性,是指在一定期间里人力、物力的均衡使用,避免忽高忽低;灵活性,是指利用关键线路中的时差,工序灵活错动,以求资源均衡配置。

2. 施工生产计划的编制依据

计划期不同的施工生产计划,由于作用和内容不同,其编制的依据也有区别,见表5-4。

表 5-4 **各类施工生产计划的编制依据**

	年计划	季计划	月计划	旬计划
编制依据	1. 年经营目标计划 2. 工程协议和承包商 3. 工程初步设计及概算 4. 施工组织设计或设计大纲 5. 主要材料、设备供应合同 6. 企业中长期计划 7. 上年度计划完成情况及预测资料 8. 定额资料 9. 企业内部经济承包合同	1. 年度计划 2. 工程承包合同 3. 工程项目的施工图及施工图预算 4. 施工组织设计 5. 施工准备、施工条件落实情况 6. 上季度计划完成情况及预测资料 7. 企业内部经济承包商	1. 季度计划 2. 已会审的设计图纸 3. 工程施工设计 4. 机械、材料、半成品劳动力落实情况 5. 上月计划完成情况 6. 定额资料	1. 月计划 2. 机械、材料、半成品、劳动力落实及进场情况 3. 上旬计划完成情况 4. 定额资料

由表5-3可知,计划期越短的计划,其实施性越强,编制所依据的资料越详细、具体,同时更应注意计划条件的落实。

3. 施工生产计划编制的综合平衡

施工生产计划综合平衡的主要任务是协调各项工程能够连续均衡地施工。为此，除企业生产能力应满足要求外，还应注意以下问题：

(1)正确处理好各种比例关系问题

1)正确处理好各种比例关系。交竣工面积是企业生产经营成果的一个重要指标，也是施工生产计划的一项重要指标。年交竣工面积与施工面积之比等于年交竣工率，即：

$$\text{年交竣工率}=\frac{\text{年交竣工面积}}{\text{年施工面积}}\times 100\%$$

年交竣工率，由于建筑生产的条件不同，各地区建筑企业有所区别。其大小的确定主要考虑是否利于连续均衡施工和提高经济效益。如我国南方地区宜控制在55%～65%，北方地区约在50%～60%。

建筑企业施工面积应该合理。如果施工面积过大，就会拉长战线，分散施工力量，工期拖长，影响交工面积；施工面积过小，劳动力施展不同，不能充分发挥工效，造成浪费。所以，年施工面积应根据企业的生产能力和能否充分发挥工效来合理确定。一般年度任务确定后，年施工面积也就是确定了的。年施工面积，又包括续建面积和新开工面积。为保证各个时期都有合理的施工面积，对新开工面积应有适当控制，一般情况下，一个时期的开工面积应相当于交竣工面积。

为了提高交竣工面积，可以通过以下分析找出影响年交竣工面积的因素。

$$\text{年交竣工面积}=\text{年交竣工年率}\times\text{年施工面积}$$

$$\text{年施工面积}=\text{年建安工人平均施工面积}\times\text{建安工人平均人数}$$

$$\text{年建安工人平均施工面积}=\frac{\text{年施工天数(天)}}{\text{工程平均工期(天)}}\times 100\%$$

人均在建面积，应从如何发挥效率的角度来确定。在建面积过大了，工作面则太大，不能提高工效；在建面积过小了，工作面则太小，会出现拥挤而窝工，也不能充分发挥工效。对于一般结构形式和构造的民用建筑，人均在建面积可在20～35 ㎡/人。

又因为：

$$\text{人均在建面积}=\frac{\text{工程平均施工面积}}{\text{建安工人平均人数}}\times 100\%$$

$$=\frac{\text{工程平均总工日数}}{\text{工程平均单方用工}\times\text{建安工人平均人数}}=\frac{\text{工程平均工期}}{\text{工程平均单方用工}}$$

所以：

$$\text{年交竣工面积}=\text{交竣工率}\times\frac{\text{年施工天数}}{\text{工程平均工期}}\times\text{人均在建面积}\times\text{建安工人平均人数交竣工率}$$

$$=\text{交竣工率}\times\frac{\text{年施工天数}}{\text{工程平均单方用工}}\times\text{建安工人平均人数}$$

由上式可以看出，要提高竣工面积，可以增加年施工天数(减少作业天数损失或增加班次等)，或降低工程单方用工，或增加建安工人人数等方面做工作。其中以降低工程单方用工为主要途径。

2)基础工程、主体结构工程和装修及水电安装工程施工面积的比例关系。如果它们之间没有合理的比例关系，就会造成主要工种之间的不平衡。例如一般民用建筑的基础、主体结构、装修施工面的比例为 3∶4∶3。

3)各季度交竣工面积的比例关系。由于施工生产受自然条件影响较大，每个季度的交竣工面积也不同。根据地区气候条件，合理安排各季度交竣工面积是建筑企业均衡生产的要求。

(2)质量、成本、工期、工效各指标之间的平衡问题

在编制施工计划时，应注意对质量、成本、工期、工效进行反复分析，使他们之间保持协调和平衡。要在保证质量的前提下提高工效，缩短工期，降低成本。那些不顾质量盲目追求缩短工期，或不顾成本片面追求高质量的做法都是不可取的。

质量、工期、成本三者之间是相互联系，相互制约，且辩证统一的。他们的关系如图 5-7 所示。通常，工程进度与成本的关系为 x 曲线，为完成规定指标的工程产品，进度过快或过慢都会使直接费用和间接费用受到影响，引起成本增加，由最低总费用确定的工期是合理工期。成本与质量的关系为 y 曲线，只有符合设计要求和国家质量标准要求的工程质量，才是经济质量。质量达不到要求，工程不合格；或超过要求，会引起成本的增加。进度与质量的关系为 z 曲线，在正常生产条件下，为达到规定的质量标准，应有合理的工期。工期过短，突出赶工，则质量下降。如果造成返工或片面追求高质量，则工期拖长。

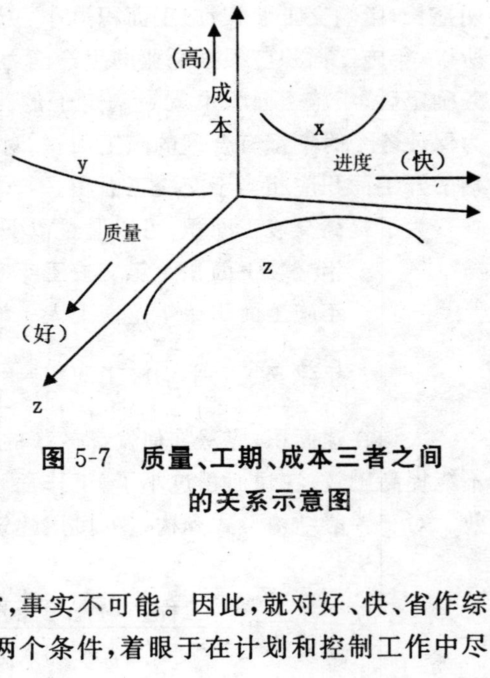

图 5-7 质量、工期、成本三者之间的关系示意图

一个建筑产品同时要做到最快、最好、最省，事实不可能。因此，就对好、快、省作综合分析。一般情况下，应满足工程质量和工期两个条件，着眼于在计划和控制工作中尽可能达到经济。

(3)土建施工和安装施工及其他协作单位的合理配合问题

在安排各工程项目的综合进度时，要统筹兼顾，保证施工项目的配套施工，以提高综合效益。

第六节 计划实施与控制

一、计划的贯彻执行

计划编制只是计划管理工作的开始，便有大量的工作要做，概括起来主要有以下几方面：

(1)做好宣传和教育工作。这是计划执行的首要工作环节,它可以为全面落实计划打好思想基础。

(2)全面地、均衡地完成计划。企业经营计划的贯彻应该是全面地完成经营计划所规定的各项技术经济指标;计划编制中的综合平衡是静态的,而计划执行中的平衡则是动态的,要重视计划实施过程中的协调、平衡与稳定,使企业生产经营活动的运行始终不偏离计划的轨道,这也是企业经济活动的基本要求之一。要想达到这点,就必须采取必要措施,对计划实施进行有效的控制。

(3)建立健全企业经济责任制,实行目标管理。企业从上到下建立起层层分解的目标责任体系,把企业经营计划目标最终落实到个人目标,把企业对国家和社会的责任最终变为职工个人的责任。这样,企业责任的层层分解、目标层层落实,并通过经济手段,最终确保企业经营计划的实现。

(4)狠抓基层生产单位和施工现场上的计划的贯彻执行。企业基层生产单位和施工现场是计划管理的关键点,也是投入产出、保障经济效益和产品质量的焦点。计划贯彻执行的有效方法是企业内部层层采用施工任务书或定包合同。施工任务书的下达和定包合同的签订过程,也正是计划全面交底的过程,通过交底,把计划要求的目标贯彻到班组中去,成为班组组织生产活动的重要依据。

二、计划实施中的控制

在计划实施过程中,必定会出现技术经济指标的偏差和管理工作上的失误。只有通过对计划实施活动的控制,才能消除或减少偏差,调整生产经营管理的不良状况。

1. 控制类型与要求

计划控制一般分为 3 种类型:反馈控制、过程控制和预先控制,如图 5-8 所示。

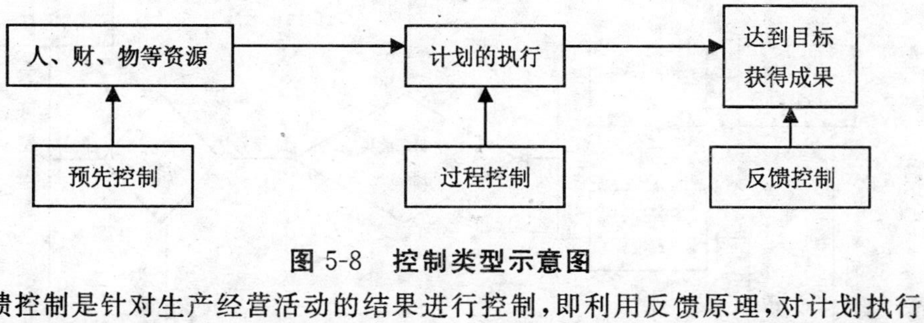

图 5-8 控制类型示意图

反馈控制是针对生产经营活动的结果进行控制,即利用反馈原理,对计划执行情况进行检查、分析和核算,并与计划指标对比,及时发现和解决问题,保证计划按预定目标顺利完成。其关键在于保证信息通畅,做到上下情况及时沟通。过程计划按预定目标顺利完成。其关键在于保证信息通畅,做到上下情况及时沟通。过程控制是针对企业的生产经营活动本身进行控制。而预先控制是针对企业的生产经营活动的前提条件进行控制,如对施工班组实行限额领料。从控制效果来看,预先控制最佳,它是将问题消灭在设计和施工计划之中。过程控制次之。反馈控制是问题出现之后的控制,或多或少已经给企业带来了损失。

在现代管理中,特别强调人的“自我控制(或称人的主动控制)”,它是在一定条件下的更有效的控制方法。“自我控制”的方法，是上述 3 类控制方法的综合应用，如图 5-9 所示。

控制应具有系统性。计划实施的控制是对计划系统的综合控制，不只是某个环节，某个方面的控制，而是对企业各级的经营、生产、工程施工和返修服务等全过程的综合控制。工程进度、质量、消耗、安全、成本、材料、库存、资金运用等形成系统控制网络。各种控制应从实际出发，具有现实性、适应性、灵活性和经济性。

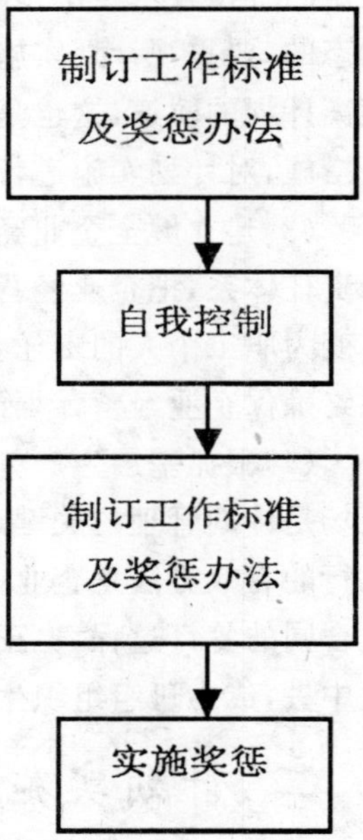

图 5-9　自我控制的程序

2. 计划控制的方法

计划控制的方法主要有计划文件、工程进度图表、工程控制图表及有关计划执行情况的信息。根据计划控制的内容不同，可采用日常检查、定期检查和专题检查 3 种形式。日常检查是经常性的检查。它主要是对施工进度的检查，通过日报表、旬报表、调度会、管理人员深入现场等形式和手段，获取计划实施情况的信息，并以工程形象进度表形式公布，促进工程施工进度；定期检查是按周、旬、月进行的检查。它检查的内容比较全面，并应进行较细致的分析，找出问题，提出解决问题的办法；专题检查是有针对性的检查。它是根据管理的实际需要对特殊或薄弱环节以及某些重大的问题进行的检查，通常以现场会的形式进行。

控制过程一般包括 3 个步骤：确定控制标准，根据这些标准衡量执行情况，纠正实际执行情况与计划标准的偏差，如图 5-10 所示。

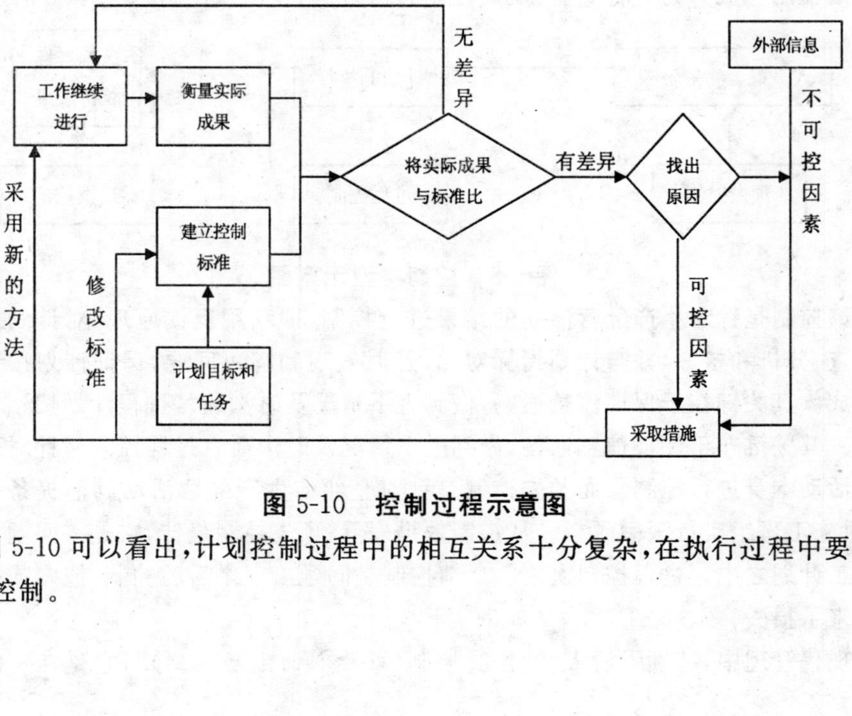

图 5-10　控制过程示意图

从图 5-10 可以看出，计划控制过程中的相互关系十分复杂，在执行过程中要把握标准，严格控制。

第六章　建筑企业生产管理

第一节　建筑企业生产管理概述

一、生产的含义

生产的概念是一个不断扩展的过程，过去我们只把原材料转化为有形产品的过程称为生产(Production)。而现在生产的概念已扩展到非制造领域，把提供服务的过程也称为生产(Operation)。为便于理解，可将生产划分为狭义生产和广义生产两个概念。狭义是指生产产品，即产品的制造过程；广义生产是指社会组织将它的输入转化为输出的过程，即与生产产品或提供优质服务直接关联的一组活动，它包括产品制造和服务。

产品生产与服务运作既有相同之处，也有不同之处。两者的最终目的是相同的，即就做什么而言通常是相似的。

二、施工管理的概念

施工管理是指企业为了完成建筑产品的施工任务，从接受施工任务开始到工程交工验收为止的全过程中，围绕施工对象和施工现场而进行的生产事务的组织管理。

建筑企业的主管业务就是建筑安装工程的施工生产活动，而在施工生产中，工程进度的快慢、工程质量的好坏、工程造价和资源的合理利用等都取决于施工管理的水平。所以，施工管理在很大程度上影响着建筑企业的生产经营实际效果，施工管理是建筑企业管理的重要组成部分。

三、施工管理的任务

施工企业所从事的建筑安装工程由于具有单件性和多样性，因此要按工程类型、工程规模、工程地点和施工条件的不同，分别采用不同的施工方案、施工准备、劳动组织和技术措施。因此建筑安装工程必须按各工程对象的施工过程进行管理。

施工管理的主要任务是：根据不同的工程对象，不同的工程特点，不同的施工条件，结合企业的具体情况，进行详细周密的分析研究，制定切实可行的计划；在施工全过程中，合理的利用人力、物力、财力，采用先进的施工方法，进行组织协调，使建筑安装工程达到质量好、速度快、材料省的要求，使得取得最大经济效益。

四、施工管理的主要内容

施工管理贯穿于建筑产品生产的全过程，不同阶段的工作内容各不相同。施工管理全过程按阶段可划分为施工准备、建筑安装施工、交工验收3个阶段。

(一)施工准备工作

施工准备工作是工程施工全过程的重要阶段,也是确保工程施工的先决条件,它贯穿于施工的全过程。从工程开工之前到每个分部、分项工程施工,都有一系列的施工准备工作。根据施工准备工作内容的性质不同,可分为:办理开工手续、技术准备、资源准备、施工现场准备等4个方面。

1. 办理开工手续

工程项目开工前必须办理《施工许可证》和《开工报告》。《施工许可证》由建设单位申请,经行政主管部门批准后,连同施工图纸发送给施工单位。《开工报告》由项目经理部申请,由公司工程管理部上报总公司批复后实施。未领取《施工许可证》和《开工报告》的项目不允许开工。

2. 技术准备

技术准备是指通过调查研究,搜集或索取关于工程项目和施工区域的必要资料,编制先进合理的施工组织设计,为工程施工建立必要的技术条件,具体内容包括:

(1)向发包单位和设计单位索取有关技术资料。

1)设计图纸和技术资料以及国家有关机关批准的计划任务书的副本。

2)建设地区的规划资料。

3)推广新技术项目的特殊技术要求及措施等。

(2)进行自然条件和技术经济条件的调查。

(3)编制施工组织设计。施工组织设计是全面安排施工的技术经济文件,是指导施工的重要依据之一。它应遵循工程合同条件与多快好省的建设方针,对某一建筑产品的全部施工生产过程,作出合理的规划和部署,制定先进合理的施工方案,节约人力物力,加强各方面的协作配合。

3. 资源准备

(1)物资准备。物资是施工的基础,必须在施工前做好准备,以保证施工顺利进行。施工所需要的物资包括建筑材料、构件、施工机械和机具设备、工具等,种类繁多、规格型号复杂。因此,做好物资准备是一项较为复杂而又细致的工作,一般包括建筑材料和生产设备的准备、施工机械和机具设备的准备。

(2)施工队伍的准备。根据编制的劳动力需用计划,由承建单位的承包项目部具体安排,建立现场施工指挥机构,集结施工力量。在大批队伍进入现场之前对职工要进行技术交底和安全教育,对特殊工种要进行技术培训,同时必须做好后勤工作,保证施工有良好的生活条件,生产上无后顾之忧。

(3)施工现场的准备。施工现场准备主要是根据设计文件及已编制的施工组织设计中的有关各项要求进行,一般有下列几项工作:

1)做好"三通一平"。工程现场清除施工障碍和平整场地,修通道路,接通施工用水、用电,是建筑施工必须具备的基本条件。施工区域地形图、建筑总平面图、土建竖向设计图和施工组织设计是搞好"三通一平"工作的依据。

2)场地测量控制图和水准点的测设。为了使建筑物的平面位置和高度严格符合设计要求,施工前按总平面图的要求,测出占地范围,并按一定的距离布点,组成测量控制网,便于施工时按总平面图准确地定出建筑物的位置。工程开工前要进行厂区控制网的测设,设置永久性的水准基桩,根据经纬坐标和水准基点导引主要建筑物的控制桩。

3)大型临时设施的准备。大型临时设施是施工所必需的,包括各种附属生产加工场(如预制构件、混凝土搅拌、钢筋加工、木材加工等),施工用各种仓库及公用设施,生活设施等。大型临时设施按施工组织设计中的规划修建,要因地制宜,尽可能利用永久性建筑和现有房屋,节约投资,降低成本,也可采用标准化、拆卸式的临时房屋,便于拆迁和重复利用。

(二)现场施工管理

现场施工管理,就是对施工生产过程的组织和管理。组织施工在整个建筑生产过程中,占有极为重要的地位,因为只有通过合理的组织施工,才能最后形成最终建筑产品,要把一个施工现场的许多专业队伍组织起来,有节奏地、均衡地施工,使其达到工期短、质量好、成本低和安全的目的,这是一个很复杂的问题。组织施工的主要内容应包括两个问题:一是如何按计划组织施工;二是如何对施工过程进行指挥、控制和协调。

(三)工程的交工验收

工程的交工验收是建筑生产组织管理的最后阶段,也是工程施工的最后一个环节。验收是一个法定手续,通过交工验收,双方办理竣工结算。对建筑企业来说,交工验收意味着完成了一件最终产品,销售了一件建筑产品。因此做好交工验收工作,对全面完成设计文件规定的施工内容,促进工程项目的及时投产或交付使用起着重要作用。

1. 交工验收的依据

(1)上级主管部门批准的计划任务书以及有关文件。

(2)建设单位和施工单位签订的施工合同。

(3)施工图纸和设备技术说明书。

(4)国家现行的施工技术验收规范。

(5)从国外引进新技术或成套设备项目,还应按照签订的合同和国外提供的设计文件等资料进行验收。

2. 交工验收的标准

(1)工程项目按照工程合同规定和设计图纸要求,已全部施工完毕,达到国家规定的质量标准,能满足使用要求。

(2)交工验收达到地净、水通、灯亮,采暖通风设备能正常运转。

(3)生产设备调试,试运转达到设计要求。

(4)建筑物四周两边以内及由施工引起的其他场地已清理完毕。

(5)技术档案资料齐全。

3. 交工验收的技术档案资料

单项工程,交工验收之前,各有关单位应将所有技术资料和文件进行系统整理。竣工资料一般包括:①竣工工程项目一览表;②设备清单;③工程竣工图;④材料、构件及半成品合格证;⑤隐蔽工程自检记录;⑥工程定位测量记录;⑦质量事故处理报告等。

4. 交工验收的工作程序

建筑安装企业在单项工程交工前,应进行预验收,整理好各项交工验收资料,做好交工验收的各项准备工作。单项工程竣工后,施工单位应及时向建设单位交工,大中型及国家重点建设项目,由建设单位负责,施工单位协助向国家交工验收。

交工验收工作一般分3个阶段:

(1)交工预验收。由施工单位组织建设单位的工程监督人员进行,目的是使正式交工验收工作的顺利进行,避免拖延,发现不符合交工验收要求的应及时处理或返修。预验收不是正式交工验收,也不能办理交工验收手续。

(2)单项工程验收。因各单项工程的开竣工日期不同,凡是施工完毕,质量符合标准,具备使用或生产条件,可逐项由建设单位组织验收。验收合格后,双方签工程交工验收证书。

(3)全部验收。整个建设项目已符合交工验收标准时,由建设单位组织初验,合格后,向主管部门提出报告,申请对整个项目进行验收。此时对已验收的单项工程可不再验收。

在交工验收机构的主持下,施工、生产双方签交验收证书。对未完成的遗留项目及需要返工、修补的工程,由交工验收机构确定完工期限,在交工验收证书的附件中加以说明,施工单位要按期完成。各项交工验收手续办完后,工程即可全部移交建设单位使用。

第二节 建筑企业施工项目管理

一、施工项目管理的概念

1. 项目的定义及特征

项目是指按限定时间、限定费用和限定质量标准完成的一次性任务和管理对象。根据这一定义,可以归纳出项目所具有的3项主要特征。

(1)项目的一次性。一次性也可称单件性,这是项目的最主要特征。指的是就任务本身和最终成果而言,没有与这项任务完全相同的另一项任务,因此也只能对它进行单件处置(或生产),不可能成批。只有认识项目的一次性,也才能有针对性地根据项目的特殊情况和要求进行管理。

(2)项目目标的明确性。项目的目标有成果性目标和约束性目标。成果性目标指项目的功能性要求,如兴建一所学校可容纳的学生人数等;约束目标是指限制条件,包括期限、费用及质量等。

(3)项目的整体性。一个项目是一个完整的管理系统,不能割裂这个系统进行管理,必须按整个需要配置生产要素,以整体效益的提高为标准进行数量、质量和结构的总体优化。

只有同时具备上述3个特征的任务才称得上是项目。与此相对应，大批量的、重复进行的、目标不明确的、局部性的任务，不能称作项目。

2. 施工项目的特征

施工项目是建筑施工企业对一个完整建筑产品的施工过程及最终成果。它具有下述特征：

(1)施工项目是建设项目或其中的单项工程或单位工程的施工任务；

(2)施工项目是以建筑施工企业为管理主体的；

(3)施工项目的范围是由工程承包合同界定的。

从项目的特征来看，只有单位工程、单项工程和建设项目的施工任务，才称得上是施工项目。由于分部分项目工程不是建筑施工企业的终产品，不能称作施工项目，而是施工项目的组成部分。

3. 项目管理与工程项目管理

项目管理是为使项目取得成功（实现所要求的质量、所规定的时限、所批准的费用预算）所进行的全过程、全方位的规划、组织、控制与协调。因此，项目管理的对象是项目。项目管理的职能同所有管理的职能均是相同的。需要特别指出的是，项目的一次性，要求项目管理的程序性、全面性和科学性，主要是用系统工程的观念、理论和方法进行管理。项目管理是知识、智力、技术密集型的管理。

工程项目管理是项目管理的一大类，其管理对象是工程项目，既可能是建设项目管理，又可能是设计项目管理或施工项目管理。

工程项目管理的本质是工程建设者运用系统工程的特点、理论和方法，对工程的建设进行全过程和全方位的管理，实现生产要素在工程项目上的优化配置，为用户提供优质产品。它是一门综合学科，应用性极强，很有发展潜力的新兴学科。

4. 施工项目管理

施工项目管理是指施工阶段建筑企业对工程项目的管理。施工项目管理有以下特征：

(1)施工项目的管理主体是施工企业。建设单位和设计单位都不进行施工项目管理。一般的，施工企业也不委托咨询公司进行项目管理。由业主或监理单位进行的工程项目管理中涉及到的施工阶段管理仍属建设项目管理，不能算作施工项目管理。

(2)施工项目管理的对象是施工项目。施工项目管理的周期也就是施工项目的生命周期，包括工程投标、签订工程承包合同、施工准备、施工、交工验收及用后服务等，施工项目的特点给施工项目管理带来了特殊性。施工项目管理的主要特殊性是生产活动与市场交易活动同时进行；先有交易活动，后有“产成品”（竣工项目）；买卖双方都投入生产管理，而会使得生产活动和交易活动很难分开。所以施工项目管理是对特殊的商品、特殊的生产活动，在特殊的市场上，进行的特殊的交易活动的管理，其复杂性和艰难性都是其他生产管理难以比拟的。

(3)施工项目管理要求强化组织协调工作。由于施工项目的生产活动的单件性，对产生的问题难以补救或虽可补救但后果仍很严重；参与项目施工人员不断在流动，需要采取特殊的流水方式，因此组织工作量很大；施工在露天进行，工期长，需要的资金多；施工活动涉及到复杂的经济关系、技术关系、行政关系和人际关系等，故施工项目管理中的组织协调工作最为艰难、复杂、多变，必须通过强化组织协调的办法才能保证施工顺利进行。主要强化方法是优选项目经理，建立调度机构，配备称职的调度人员，努力使调度工作科学化、信息化，建立动态的控制体系。

二、工程项目管理的产生与发展

20 世纪 60 年代，随着科学技术的发展，工业和国防建设以及人民生活水平不断提高的需要，出现了许多大型、特大型项目：军事项目（尤其是北极星导弹研制项目）和航天项目（如阿波罗登月火箭等），国际承包事业大发展，竞争非常激烈，使人们认识到，由于项目的一次性和约束条件的确定性，要取得成功，必须加强管理，引进科学的管理方法，于是项目管理科学作为一种客观需要被提出来了。这时适逢现代管理理论走向成熟，系统论、控制论、信息论、组织论、行为科学、价值工程、预测技术、网络计划技术、数理统计等科学管理方法被广泛应用于生产和管理实践，取得了成功，产生了巨大的经济效益。于是生产实践的需要，理论上的不断突破，管理技术方法的开发和运用，使项目管理从概念上的提出到理论的形成并迅速发展成为一门完整的科学。

实行改革开放后，项目管理理论开始陆续进入我国。位于云南省罗平县红水河上游的国家重点工程——鲁布革水电站引水系统工程是我国第一个利用世界银行货款，并按世行规定进行国际竞争性招投标和项目管理的工程。1984 年 11 月正式开工，1988 年 7 月竣工，在 4 年的时间里，创造了著名的“鲁布革项目管理经验”。1987 年建设部开始在全国推广这一经验，得到了施工企业的积极响应，开展了广泛的实践活动，力求实现企业经营方式和生产管理方式的变革，建立以工程项目管理为核心的企业经营管理体制。

工程项目管理的产生有 3 个必要的条件：①社会生产实践的需要；②管理理论的不断发展及项目管理理论的研究和突破；③现代管理技术的开发与运用。3 个条件缺一不可。也正是因为具备了这 3 个条件，工程项目管理科学才得以诞生和发展。

随着我国社会主义市场经济体制的建立，工程项目管理作为与招标承包制相适应的管理模式被普遍采用。很多建设单位在选择施工单位时，不仅要求施工企业具有相应的资质，而且越来越注意施工企业派出承担具体项目管理人员的素质、能力。为适应这一形势，加强对项目管理工作的宏观调控，尽快培养一支懂技术、会管理、善经营的项目经理队伍。建设部 1992 年印发了《施工企业项目经理资质管理试行办法》，对所有项目经理开展培训，实行持证上岗制度。项目经理的理论水平和管理能力都有较大程度提高。从 1994 年第 4 季度起，各地区、各部门已按照建设部颁发的《建筑施工企业项目经理资质管理办法》开展项目经理资质认证工作。建设部于 1996 年以“建工〔1996〕27 号”文件发布了推行项目经理管理的指导意见，其目的在于进一步加强建筑企业管理，不断丰富和完善施工项目管理的理论，指导施工项目管理实践的进一步深化和发展、全面提高建设质量和企业的市场竞争能力。

三、施工项目管理的过程

施工项目管理的对象，是施工项目寿命周期各阶段的工作。施工项目寿命周期可分为五个阶段，构成了施工项目管理有序的全过程。

1. 投标签约阶段

这是施工寿命周期的第一阶段，可称为立项阶段。本阶段的最终管理目标是签订工程承包合同。这一阶段主要进行以下工作：

(1)建筑施工企业从经营战略的高度作出是否投标，争取承包该项目的决策；

(2)决定投标以后，从多方面(企业自身、相关单位、市场、现场等)掌握大量信息；

(3)编制既能使企业盈利，又有竞争力，可望中标的投标书；

(4)如果中标，则与招标人进行谈判，依法签订工程承包合同，使合同符合国家法律、法规和国家计划，符合平等互利、等价有偿的原则。

2. 施工准备阶段

施工单位与招标单位签订了工程承包合同，交易关系正式确立。此后，便应组建项目经理部，然后以项目经理部为主，与企业经营层和管理层、业主进行配合，进行施工准备，使工程具备开工和连续施工的基本条件。这一阶段主要进行以下工作：

(1)成立项目经理部，根据工程管理的需要建立机构，配备管理人员；

(2)编制施工组织设计，主要是施工方案、施工进度计划和施工平面图，用以指导施工准备和施工；

(3)制订施工项目管理规划，以指导施工项目管理活动；

(4)进行施工现场准备，使现场具备施工条件，利于进行文明施工；

(5)编写开工申请报告，待批开工。

3. 施工实施阶段

这是一个自开工至竣工的实施过程。在这一过程中，项目经理部既是决策机构，又是责任机构。经营管理层、业主、监理单位的作用是支持、监督与协调。这一阶段的目标是完成合同规定的全部施工任务，达到验收、交工的条件。这一阶段主要进行以下工作：

(1)按施工组织设计的安排进行施工；

(2)在施工中努力作好动态控制工作，保证质量目标、进度目标、造价目标、安全目标、节约目标的实现；

(3)管好施工现场，实行文明施工；

(4)严格履行工程承包合同，处理好合同变更及索赔；

(5)做好原始记录、协调、检查、分析等工作。

4. 验收、交工与竣工结算阶段

这一阶段可称作“结束阶段”。与建设项目的竣工验收阶段协调同步进行。其目标是对项目成果进行总结、评价，对外结清债权债务，结束交易关系。本阶段主要进行以下工作：①工程收尾；②进行试运转；③在预验收的基础上进行正式验收；④整理、移交竣工文件，进行财务结算，总结工作，编制竣工总结报告；⑤办理工程交付手续；⑥项目经理部解体。

5. 用后服务阶段

这是施工项目管理的最后阶段，即在交工验收后，按合同规定的责任期进行用后服务、回访与保修，其目的是保证使用单位正常使用，发挥效益。在该阶段中主要进行以下工作：①为保证工程正常使用而作必要的技术咨询和服务；②进行工程回访，听取使用单位意见，总结经验教训，观察使用中的问题，进行必要的维护、维修和保修；③进行沉陷、抗震性能等观察，以服务于宏观事业。

四、施工项目管理的内容

在施工项目管理的全过程中，为了取得各阶段目标和最终目标的实现。必须强调施工项目管理的主体是以施工项目经理为首的项目经理部，管理的客体是具体的施工对象、施工活动及相关生产要素。

1. 建立施工项目管理组织

(1)由企业采用适当的方式选聘称职的施工项目经理。

(2)根据施工项目组织原则，选用适当的组织形式，组建施工项目管理机构，明确责任、权限和义务。

(3)在遵守企业规章制度的前提下，根据施工项目管理的需要，制订施工项目管理制度。

2. 进行施工项目管理规划

施工项目管理规划是对施工项目管理目标、组织、内容、方法、步骤、重点进行预测和决策，作出具体安排的纲领性文件。施工项目管理规划的内容主要有：

(1)进行工程项目分解，形成施工对象分解体系，以便确定阶段控制目标，从局部到整体地进行施工活动和进行施工项目管理。

(2)建立施工项目管理体系，绘制施工项目管理体系图和施工项目管理工作信息流程图。

(3)编制施工管理规划，确定管理点，形成文件，以利执行。现阶段这个文件便以施工组织设计代替。

3. 进行施工项目的目标控制

施工项目的目标有阶段性目标和最终目标。实现各项目标是施工项目管理的目的所在。因此应当坚持以控制论原理和理论为指导，进行全过程的科学控制。施工项目的控制目标分为：进度控制目标；质量控制目标；成本控制目标；安全控制目标；施工现场控制目标。

由于在施工项目目标的控制过程中，会不断受到各种客观因素的干扰，各种风险因素有随时发生的可能性，故应通过组织协调和风险管理，对施工项目目标进行动态控制。

4. 对施工项目的生产要素优化配置和动态管理

施工项目的生产要素是施工项目目标得以实现的保证，主要包括：劳动力、材料、设备、资金和技术。生产要素管理的3项内容包括：①分析各项生产要素的特点；②按照一定的原则、方法对施工项目生产要素进行优化配置，并对配置状况进行评价；③对施工项目的各项生产要素进行动态管理。

5. 实行施工项目的合同管理

由于施工项目管理是在市场经济条件下进行的特殊交易活动的管理，这种交易活动从投标开始，并持续于项目管理的全过程，因此必须依法签订合同，进行履约经营。合同管理的好坏直接涉及项目管理及工程施工的技术经济效果和目标实现。因此要从招投标开始，加强工程承包合同的签订、履行管理。合同管理是一项执法、守法活动，市场有国内市场和国际市场，因此合同管理势必涉及国内和国际上有关法规和合同文本、合同条件，在合同管理中应予高度重视。为取得经济效益，还必须搞好索赔，讲究方法和技巧，提供充分的证据。

6. 施工项目的信息管理

现代化管理要依靠信息。施工项目管理是一项复杂的现代化的管理活动，更要依靠大量信息及对大量信息的管理。而信息管理又要依靠计算机进行辅助。所以，进行施工项目管理和施工项目目标控制、动态管理，必须依靠信息管理，并应用计算机进行辅助。需要特别注意信息的收集与储存，使本项目的经验和教训得到记录和保留，为以后的项目管理服务，故认真记录总结，建立档案及保管制度是非常重要的。

第三节　施工项目的管理组织

一、施工项目管理组织的要求

组织的目的是为了实现系统的目标。工程项目施工往往任务量大、涉及面广、影响因素多，要保证总目标的顺利实现，必须重视项目管理的组织工作，建立严格的项目组织结构，明确任务分工和管理职能分工，明确项目施工中各项工作的工作流程，建立组织工作条例。

根据工程项目的特点，施工项目管理组织系统由一个中心两个层次结合而成，即以项目经理为组织指挥系统中心，项目经理部作为管理层与作业层（施工队、班、组）的结合。

二、施工项目管理的组织形式

组织形式亦称组织结构的类型，是指一个组织以什么样的结构方式去处理层次、跨度、部门设置和上下级关系。施工项目的组织形式有以下几种：

（一）工作队式项目组织

1. 项目组织及特征

从图 6-1 可以看出，它是工作队式项目组织构成示意图，虚线内表示项目组织，其人员与原部门脱离。

该组织结构类型有以下特征：

(1)项目经理在企业内招聘或抽调职能人员组成管理机构（工作队），由项目经理指挥，独立性大。

(2)项目管理班子成员在工程建设期间与原所在部门断绝领导与被领导关系。原单位负责人员负责业务指导及考察，但不能随意干预其工作或调回人员。

(3)项目管理组织与项目同寿命。项目结束后机构撤销，所有人员仍回原部门和岗位。

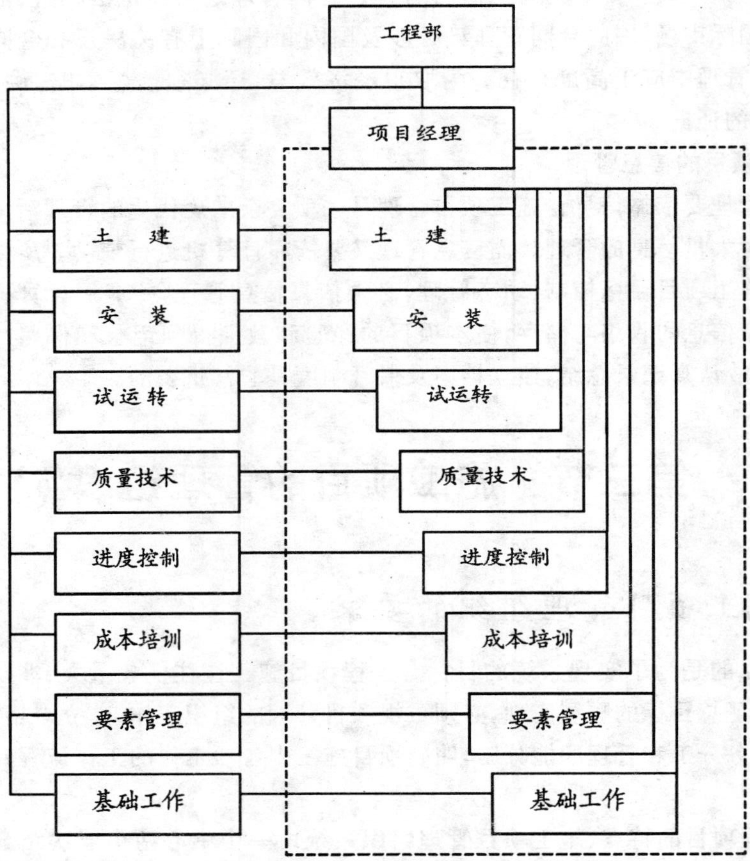

图 6-1 工作队式项目组织示意图

2. 项目组织的适用范围

企业职能部门处于服从地位，只提供一些服务。这种项目组织类型适用于大型项目、工期要求紧迫的项目、要求多工种部门密切配合的项目。因此它要求项目经理素质要高，指挥能力要强，有快速组织队伍及善于指挥来自各方人员的能力。

3. 项目组织的优点

项目组织的优点为：①项目经理从职能部门抽调或招聘一些专家，他们在项目管理中配合，协同工作，可以取长补短，有利于培养一专多能的人才并充分发挥其作用；②各专业人才集中在现场办公，减少了扯皮和等待时间，办事效率高，解决问题快；③项目经理权利集中，干扰少，故决策及时，指挥灵便；④由于减少了项目与职能部门的结合部，项目与企业的结合部关系弱化，故易于协调关系，减少了行政干预，使项目经理的工作易于开展；⑤不打乱企业的原建制，传统的直线职能制组织仍可保留。

4. 项目组织的缺点

项目组织的缺点为：①各类人员来自不同部门，具有不同的专业背景，互相不熟悉，难免配合不力；②各类人员在同一时期内所担负的管理工作任务可能有很大差别，因此很容易产生忙闲不均，可能导致人员浪费。特别是对稀缺专业人才，难以在企业内调剂使用;③职工长期离开原单位,即离开了自己熟悉的环境和工作配合对象,容易影响期积极性的发挥。而且由于环境变化,容易产生不满情绪;④职能部门的优势无法发挥作用。由于同一部门人员分散,交流困难,也难以进行有效的培养、指导,削弱了职能部门的工作。当人才紧缺而同时又有多个项目需要按这一形式组织时,或者对管理效率有很高要求时,不宜采用这种项目组织类型。

(二)部门控制式项目组织

1. 项目组织及特征

从图 6-2 可以看出,这是按职能原则建立的项目组织。它并不打乱企业现行的建制,把项目委托给企业某一专业部门或委托给某一施工队,由被委托的部门(施工队)领导,在本单位选人组合负责施工项目组织,项目终止后恢复原职。

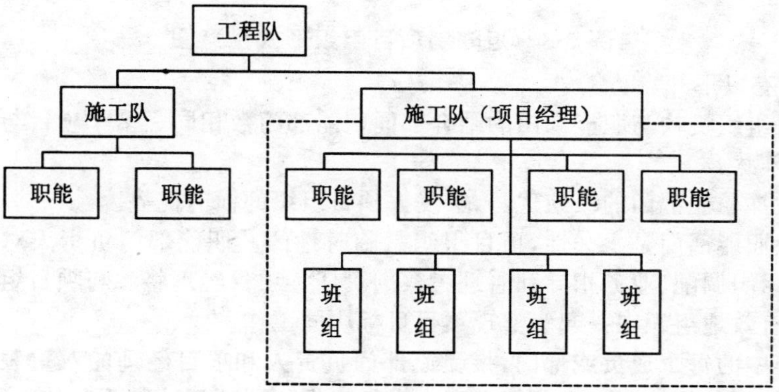

图 6-2 部门控制式项目组织机构示意图

2. 适用范围

这种形式的项目组织一般适用于小型、专业性较强、不需涉及众多部门的施工项目。

3. 主要优点

其优点有如下几点:

(1)人才作用发挥较充分。这是因为由熟人组合办熟悉的事,人事关系容易协调。

(2)从接受任务到组织运转启动时间短。

(3)职责明确,职能专一,关系简单。

(4)项目经理无需专门训练便容易进入状态。

4. 主要缺点

其缺点有如下几点:

(1)不能适应大型项目管理需要,而真正需要进行施工项目管理的工程正是大型项目。

(2)不利于对计划体系下的组织体制(固定建制)进行调整。

(3)不利于精简机构。

(三)矩阵制项目组织

1. 矩阵制项目组织特征

图 6-3 是矩阵制项目组织示意图。

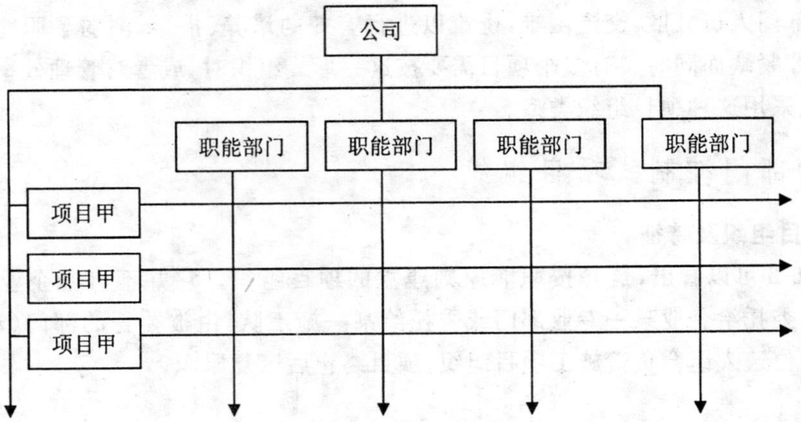

图 6-3　矩阵制项目组织形式示意图

其特征有以下几点：

(1)项目组织机构与职能部门的结合部同职能部门数相同。多个项目与职能部门的结合部呈矩阵状。

(2)既发挥职能部门的纵向优势，又发挥项目组织的横向优势。

(3)专业职能部门是永久性，项目组织是临时性的。职能部门负责人对参与项目组织的人员有组织调配、业务指导和管理考察的责任。项目经理将参与项目组织的职能人员在横向上有效地组织在一起为实现项目目标协同工作。

(4)矩阵中的每个成员或部门，接受原部门负责人和项目经理的双重领导。但部门的控制力大于项目的控制力。部门负责人有权根据不同项目的需要和忙闲程度，在项目之间调配本部门人员。一个专业人员可能同时为几个项目服务，特殊人才可充分发挥作用，免得人才在一个项目中闲置又在另一个项目中短缺，大大提高人才利用率。

(5)项目经理对“借”到本项目经理部来的成员，有权控制和使用。当感到人力不足或某些成员不得力时，他可以向职能部门求援或要求调换，辞退回原部门。

(6)项目经理部的工作有多个职能部门支持，项目经理没有人员包袱。但要求在水平方向和垂直方向有良好的信息沟通及良好的协调配合，对整个企业组织和项目组织的管理水平和组织渠道畅通提出了较高的要求。

2. 适用范围

(1)适用于同时承担多个需要进行项目管理工程的企业。在这种情况下，各项目对专业技术人才和管理人员都有需求，加在一起数量较大。采用矩阵制组织可以充分利用有限的人才对多个项目进行管理，特别有利于发挥稀有人才的作用。

(2)适用于大型、复杂的施工项目。因大型复杂的施工项目要求多部门、多技术、多工种配合实施，在不同阶段，对不同人员，有不同数量和搭配各异的需求。显然，部门控制式机构难以满足这种项目要求；混合工作队组织又因人员固定而难以调配。人员使用固定化，不能满足多个项目管理的人才需求。

3. 主要优点

其优点有以下几点：

(1)它兼有部门控制式和工作队式两种组织的优点,既解决了传统模式中企业组织和项目组织相互矛盾的状况,又取得了企业长期例行性管理和项目一次性管理的一致性。

(2)尽可能少人力,实现多个项目管理的高效率。通过职能部门的协调,一些项目上的闲置人才可以及时转移到需要这些人才的项目上去,防止人才短缺,项目组织因此具有弹性和应变力。

(3)有利于人才的全面培养。可以使不同知识层次的人在合作中相互取长补短,在实践中拓宽知识面;发挥了纵向的专业优势,可以使人才成长有深厚的专业训练基础。

4. 主要缺点

其缺点有以下几点:

(1)由于人员来自职能部门,且仍受职能部门控制,故凝聚在项目上的力量减弱,往往使项目组织的作用发挥受到影响。

(2)管理人员如果身兼多职地管理多个项目,便往往难以确定管理项目的优先顺序,有时难免顾此失彼。

(3)双重领导。项目组织中的成员既要接受项目经理的领导,又要接受企业中原职能部门的领导。在这种情况下,如果领导双方意见和目标不一致、乃至有矛盾时,当事人便无所适从。要防止这一问题产生,必须加强项目经理和部门负责人之间的沟通,还要有严格的规章制度和详细的计划,使工作人员尽可能明确在不同时间内应当干什么工作。

(4)矩阵制组织对企业管理水平、项目管理水平、领导者的素质、组织机构的办事效率、信息沟通渠道的畅通,均有较高要求,因此要精干组织,分层授权,疏通渠道,理顺关系。由于矩阵制组织的复杂性和结合部多,造成信息沟通量膨胀和沟通渠道复杂化,致使信息梗阻和失真。于是,要求协调组织内部的关系时必须有强有力的组织措施和协调办法以排除难题。为此,层次、职责、权限要明确划分。有意见分歧难以统一时,企业领导要出面及时协调。

(四)事业部制项目组织

1. 事业部制项目组织的特征

从图 6-4 事业部制项目组织结构示意图中可以看出:

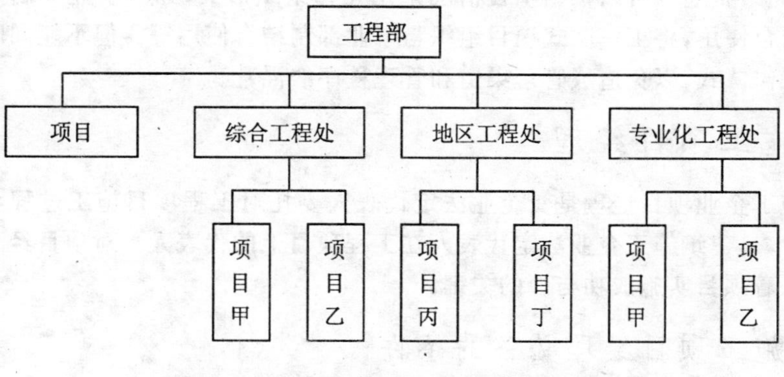

图 6-4 事业部制项目组织结构示意图

(1)其特征是企业成立事业部,事业部对企业内来说是职能部门,对企业外来说享有相对独立的经营权,可以是一个独立单位。事业部可以按地区设置,也可以按工程类型或经营内容设置。事业部能较迅速适应环境变化,提高企业的应变能力,调动部门积极性。当企业向大型化、智能化发展,并实行作业层和经营管理层分离时,事业部制是一种很受欢迎的选择,既可以加强经营战略管理,又可以加强项目管理。

(2)在事业部(一般为其中的工程部或开发部,对外工程公司是海外部)下边设置项目经理部。项目经理由事业部选派,一般对事业部负责,有的可以直接对业主负责,是根据其授权程序决定的。

2. 适用范围

事业部制项目组织适用于大型经营性企业的工程承包,特别是适用于远离公司本部的工程承包。应该注意一个地区只有一个项目,没有后续工程时,不宜设立地区事业部,也就是它适用于在一个地区内有长期市场或一个企业有多种专业化施工力量时采有。在此情况下,事业部与地区市场同寿命。地区没有项目时,该事业部应予撤销。

3. 主要优点

事业部制项目组织有利于延伸企业的经营职能,扩大企业的经营业务,便于开拓企业的业务领域。还有利于迅速适应环境变化以加强项目管理。

4. 主要缺点

按事业部制建立项目组织,企业项目经理部的约束力减弱,协调指导的机会减少,有时会造成企业结构松散,必须加强制度约束,加大企业的综合协调能力。

三、施工项目管理组织形式的选择

选择什么样的项目组织形式,应由企业作出决策。要将企业的素质、任务、条件、基础,同施工项目的规模、性质、内容、要求的管理方式结合起来分析,选择最适宜的项目组织形式,不能生搬硬套某一种形式,更不能不加分析地盲目作出决策。一般说来,可按下列思路选择项目组织形式:

(1)大型综合企业,人员素质好,管理基础强,业务综合性强,可以承担大型任务,宜采用矩阵制、工作队制、事业部制的项目组织形式。

(2)简单项目、小型项目、承包内容专一的项目,应采用部门控制式项目组织。

(3)在同一企业内可以根据项目情况采用几种组织形式,如将事业部制与矩阵制的项目组织结合使用,将工作队式项目组织与事业部制结合使用等。但不能同时采用矩阵制及混合工作队式,以免造成管理渠道和管理秩序的混乱。

四、施工项目经理

建筑施工企业项目经理是受企业法定代表人委托对工程项目施工过程全面负责的项目管理者,是建筑施工企业法定代表人在工程项目上的代表人。对项目经理的选任与管理是关系着项目实施成功与否的关键。

(一)施工项目经理必备的条件

1. 政治素质

项目经理作为社会主义的建设者应贯彻执党的方针、政策,全心全意为人民服务,具有高尚的道德品质；具备高度的责任心和事业心，坚忍不拔，勇于进取。

2. 能力素质

能力素质主要包括领导能力和基本能力两个方面。领导能力主要指筹划决策能力、组织协调能力、人际交往能力、灵活应变能力与改革创新能力。基本能力主要指观察能力、记忆能力、整体能力与思维能力。

3. 知识素质

施工项目经理应当是一个行家，具有大、中专以上相应学历和文化，懂得建筑施工技术、经营管理、法律有关的理论知识，具有一定的施工实践经验和技能。

4. 身体素质

身体健康，精力充沛，能坚持在施工现场工作。

（二）施工项目经理的选配

施工项目经理的任职条件首先是看他有没有掌握项目施工的管理知识，其次是看他有没有担任过项目施工经验。选配时应坚持3个基本点：①选配的方式必须有利于选聘适合项目管理的人担任项目经理；②产生的程序必须具有一定的资质审查和监督机制；③最后决定人选必须按照“党委把关、经理聘任、合同约定”的原则由企业经理任命。

目前我国选配施工项目经理一般有以下3种方式：

1. 竞争招聘制

招聘的范围可面向社会，但要本着先内后外的原则。其程序是：个人自荐——组织审查——答辩讲演——择优选聘。这种方式既可选优，又可增强项目经理的竞争意识和责任心。

2. 经理委任制

委任的范围一般限于企业内部在聘干部，其程序是：经理提名——组织人事部门考察——党政联席办公会议决定。这种方式要求组织人事部门严格考核，公司经理知人善任。

3. 基层推荐、内部协调制

这种方式一般是企业各基层施工队或劳务作业队向公司推荐若干人选，然后由人事组织部门集中各方面意见，进行严格考核后，提出拟聘用人选，报企业党政联席会议研究决定。

项目经理一经任命产生后，其身份是公司经理在工程项目上的全权委托代理人，直接对企业经理负责，他与公司经理存在双重关系：既是上下级关系，又是工程承包中利益平等的经济合同关系。双方经过协商，签订《工程项目经营承包合同》。如无特殊原因，在项目未完前不能更换。项目经理每年按项目年度分解指标分别向公司交纳一定比例的风险责任抵押金。

（三）施工项目经理的责、权、利

1. 施工项目经理的职责

《建筑施工企业项目经理资质管理办法》（以下简称“办法”）中规定，项目经理对项目施工负有全面管理的责任，在承担工程项目管理过程中，履行下列职责：

（1）贯彻执行国家和工程所在地政府的有关法律、法规和政策，执行企业的各项管理制度。

(2)严格财经制度,加强财经管理,正确处理国家、企业与个人的利益关系。

(3)执行项目承包合同中由项目经理负责履行的各项条款。

(4)对工程项目施工进行有效控制,执行有关技术规范和标准,积极推广应用新技术,确保工程质量和工期,实现安全、文明生产,努力提高经济效益。

上述职责概括起来就是:执行法规、处理利益关系、履行合同、目标控制。各施工承包企业都应制定本企业的项目经理管理办法,规定项目经理的职责,对上述的四大职责制定实施细则。

2. 施工项目经理的权限

赋予施工项目经理一定的权力是确保项目经理承担相应责任的先决条件。为了履行项目经理的职责,施工项目经理必须具有一定的权限,这些权限应由企业法人代表授予,并用制度具体确定下来。施工项目经理应具有以下权限:

(1)用人决策权。项目经理应有权决定项目管理班子的设置、选择;聘任有关人员,对班子内的成员的任职情况进行考核监督,决定奖惩,乃至辞退。当然,项目经理的用人权应当以不违背企业的人事制度为前提。

(2)财务决策权。在财务制度允许的范围内,项目经理应有权根据工程需要和计划的安排,作出投资动用、流动资金周转、固定资产购置、使用、大修和计提折旧的决策,对项目管理班子内的计酬方式、分配办法、分配方案等作出决策。

(3)进度计划控制权。项目经理应有权根据项目进度总目标和阶段性目标的要求,对项目建设的进度进行检查、调整,并在资源上进行调配,从而对进度计划进行有效的控制。

(4)技术质量决策权。项目经理应有权批准重大技术方案和重大技术措施,必要时召开技术方案论证会,把好技术决策关和质量关,防止技术上决策失误,主持处理重大质量事故。

(5)设备、物资采购决策权。项目经理应有权对采购方案、目标、到货要求、对供货单位的选择、项目库存等进行决策,对由此引起的重大支付问题作出决策。

3. 施工项目经理的利益

项目经理的利益应体现合理激励原则。应该考虑两种利益:物质利益和精神奖励。

关于物质利益,项目经理部应根据预算合理计取劳动成本,项目经理应视同企业管理人员正常取费,项目利润应全部上缴企业,对项目人员的奖励可通过企业以奖励性质返还一部分盈利的方式实现。项目亏损时,按企业规定扣发工资。

关于精神奖励,可采用表扬、奖励、记功、晋级、提职等方式实现。

(四)施工项目经理承包责任制

施工项目经理承包责任制,是指在工程项目建设过程中,用以确立项目承包者与企业、职工三者之间责、权、利关系的一种管理手段和方法。它是以工程项目为对象,以项目经理负责为前提,以施工图预算为依据,以创优质工程为目标,以承包合同为纽带,以求得最佳经济效益为目的,实行从工程项目开工到竣工验收交付使用的一次性全过程的施工承包经营管理。项目经理承担项目承包的全部责任,承包主体是项目经理部。

（五）施工项目经理部

项目经理部对外是代表企业履行工程承包合同的主体，对项目完成的最终产品和业主全面、全过程负责。在企业内部项目经理部是施工项目管理的实体。为了充分发挥项目经理部的作用，必须对项目经理部的机构设置加以特别重视，设计好，运转好，从而发挥其应有功能。

1. 施工项目经理的规模设计

目前国家对项目经理部的设置规模尚无具体规定。结合有关企业推行施工项目管理的实际情况，一般按项目的使用性质和规模分类。只有当施工项目的规模达到以下要求时才实行施工项目管理：1 万㎡以上的公共建筑，工业建筑，住宅建设小区及其他工程项目投资在 500 万元以上的均实行项目管理。

建设总面积在 2 万㎡以下的群体工程，面积在 1 万㎡以下的单体工程，按照项目经理责任制有关规定，实行栋号承包。承包栋号的队伍，以栋号为承包人，直接与公司（或工程部）经理签订承包合同。

2. 项目经理部的部门设置和人员配备

施工项目经理部的部门设置和人员配备，其指导思想是把项目建成企业管理的重心，成本核算的中心，代表企业履行合同的主体。

(1)小型施工项目，在项目经理的领导下，可设立管理人员，包括工程师、经济员、技术员、料具员、总务员，即"一长、一师、四大员"不设专业部门。大中型施工项目经理部，可设立专业部门，一般是以下 5 类部门：

1)经营核算部门，主要负责预算、合同、索赔、资金收支、成本核算、劳动配置及劳动分配等工作；

2)工程技术部门，主要负责生产调度、文明施工、技术管理、施工组织设计、计划统计等工作；

3)物资设备部门，主要负责材料的询价、采购、计划供应、管理、运输、工具管理、机械设备的租赁配套使用等工作；

4)监控管理部门，主要负责工作质量、安全管理、消防保卫、环境保护等工作；

5)测试计量部门，主要负责计量、测量、试验等工作。

(2)人员规模可按下述岗位及比例配备。根据实践经验及具体情况，按照动态管理优化配置的原则对项目经理部设岗定员，一般由项目经理、总工程师、总经济师、总会计师、政工师和技术、预算、劳资、定额、计划、质量、保卫、测试、计量以及辅助生产人员 15～45 人组成。一级项目经理部 30～45 人，二级项目经理部 20～30 人，三级项目经理部 15～20 人，其中专业职称设岗为：高级 3%～8%，中级 30%～40%，初级 37%～42%，其他 10%，实行一职多岗，全部岗位职责覆盖项目施工全过程的全面管理，不留死角，也避免职责重叠交叉。

(3)党、工、团组织在项目管理中的地位：为了使党、团、工会建设适应项目管理，并围绕项目做好服务，项目经理部组建时还要加强党团工会组织建设，项目经理部人员的党、团、工会关系原则上在原单位业务系统不动，但因工程项目施工周期长，应在项目经理部设党支部、工会、团小组。党支部书记一般由政工系统派出的专职政工人员兼任，全面负责项目经理部人员的日常思想政治工作、工会工作和团的工作，并实行党、团员、工会手册跟踪考核制度。

(4)管理委员会在项目中的地位:为了充分发挥全体职工的主人翁责任感,项目经理部可设立项目管理委员会,由 7～11 人组成,由参与任务承包的劳务作业队全体职工选举产生。但项目经理、各劳务输入单位领导或各作业承包队长应为法定委员。项目管理委员会的主要职责是听取项目经理的工作汇报,参与有关生产分配会议,及时反映职工的建议和要求,帮助项目经理解决施工中出现的问题,定期(每季度一次)评议项目经理的工作等。

3. 施工项目经理部的解体

施工项目经理部是一次性具有弹性的施工现场生产组织机构,工程临近结尾时,业务管理人员乃至项目经理要陆续撤走,因此,必须重视项目经理部的解体和善后工作。

项目经理部与企业有关职能部门发生矛盾时,由企业经理办公会裁决。项目经理部与劳务、专业分公司及栋号作业队发生矛盾时,按业务分工由企业劳动人事管理部、经营部和工程管理部裁决。所有仲裁的依据是双方签订的合同和有关签证。

六、施工项目作业层

加强对施工项目作业层的管理是项目管理的主要内容之一,工人的操作质量是项目质量形成的基础。

施工项目作业层的劳动力来源于企业的劳务市场,由两部分构成,一部分是企业内部组建的施工劳务队;一部分是企业外部施工队伍。按照“计划管理,定向输入,市场调解,双向选择,统一调配,合理流动”的方针,项目经理部根据所承担的工程项目任务,编制年度劳动力需用计划,交公司劳动管理部门。公司劳动管理部门以内部施工队伍为主、外部施工队伍为辅进行平衡,然后由项目经理部根据公司平衡的结果,进行供需见面,双向选择,与施工劳务队伍签订劳务合同,明确需要的工种、人员数量,进出场时间和有关奖罚条款等,正式将劳动力组织引入施工项目,形成施工项目作业层。

企业内部的施工劳务队进入施工项目后,以项目经理为主、施工劳务队配合,双方协商共同组建栋号(作业)承包队。栋号(作业)承包队的组建要注意打破工种界限,实行混合编班,提倡一专多能、一岗多职,形成既有固定工种专业,又有协作配套,并能独立施工的栋号(作业)承包队。项目经理也可对现场组建的栋号(作业)承包队分别实行项目经理栋号助理负责制。栋号助理是项目经理在栋号(单位工程)上的委托代理人,直接对项目经理负责,实行从栋号(单位工程)开工到竣工交付使用的全过程管理。主要负责解决所管辖栋号现场施工出现问题,签证各类经济洽商,保证料具供应以及沟通协调作业承包队与项目经理部各业务部之间的关系。

对于企业外部的施工劳务队伍组建的现场施工作业承包队,除配备栋号助理外,还要实行“三员”管理岗位责任制,即由项目经理派出专职质量、安全的材料员,实行一线职工操作全过程的监控、检查、考核和严格管理。

第四节 施工项目的控制

一、施工项目控制概述

1. 控制的含义

控制是指在实现行为对象目标的过程中，行为主体按预定的计划实施，在实施的过程中存在许多干扰，行为主体通过检查，收集到实施状态的信息，将它与原计划比较，发现偏差，采取措施纠正这些偏差，从而保证计划正常实施，达到预定目标的全部活动过程。

2. 控制的基本理论

控制的需要产生于社会化的生产活动。最早把控制作为管理职能之一的是古典管理学家法约尔。“控制”的原意是能否一切都按制定的规章和下达的命令进行。1948年，美国诺伯特·维纳创立了控制论，将它定义为关于机器、生物和社会的科学，并应用于蓬勃发展的自动化技术、信息论和电子计算机，使控制论发展成为一门应用广泛、效果显著的现代科学理论。

施工项目控制的基本理论要点如下：

(1)控制是为确保目标的实现而采用的。一个系统若没有目标，就不需要控制，也无法控制。在进行施工项目管理时应首先强调项目目标的严肃性，其次是目标的确定应有科学的依据，脱离实际的目标没有实现的可能，控制也是徒劳的。

(2)影响工程项目目标实现有许多因素，如人的因素的干扰，材料、设备因素的干扰，机具因素的干扰，资金因素的干扰，环境因素的干扰等等。施工项目控制的目的是排除干扰，实现合同目标。施工项目控制的意义在于它对排除干扰的能动作用和保证目标实现的促进作用。如果没有施工项目的控制，就谈不上施工项目管理，更不会有目标的实现。

(3)施工项目的控制应理解为一个管理过程，它由 4 个管理环节组成一个控制链，即规划——决策——执行——检查。

(4)施工项目的控制是针对被控制系统而言的，即要对被控制系统进行全过程动态控制，以要对其所有要素进行全面控制。全过程控制包括事前控制、事中控制和事后控制。

(5)施工项目提倡主动控制，即在偏离发生之前预先分析发生偏离的可能性，采取预防措施，防止偏离现象出现。

(6)施工项目控制是一个大的控制系统，包括组织、程序、手段、措施、目标和信息 6 个分系统，其中信息分系统贯穿于施工项目实施的全过程。

二、施工项目控制的任务

施工项目控制的任务是进行进度控制、质量控制、成本控制、安全控制和现场控制，这就是五大目标控制。这 5 项目标是施工项目的约束条件，也是施工效益的象征。尤其是安全项目，它不同于前 3 项目标，前 3 项目标是指项目成果，安全目标是指施工过程中人和物的状态。没有危险，不出事故，不造成人身伤亡和财产损失，就是安全，即指人身安全，又指财产安全。所以安全控制即要克服人的不安全行为，又要克服物的不安全状态。安全对人、对物均有极为重大的意义。以上目标控制的任务可具体化为表 6-1。

表 6-1　　**施工项目目标控制的任务**

控制目标	主要控制任务
进度控制	使施工顺序合理，衔接关系适当，均衡、有节奏施工，实现计划工期，提前完成合同工期
质量控制	使分部分项工程达到质量检验评定标准的要求，实现施工组织中保证施工质量的技术组织措施和质量等级，保证合同质量目标等级的实现
成本控制	实现施工组织设计的降低成本措施，降低每个分项工程的直接成本，实现项目经理部成本目标，实现公司利润目标及合同造价
安全控制	实现施工组织设计的安全设计措施，控制劳动者、劳动手段和劳动对象，控制环境，实现安全目标，使人的行为安全，物的状态安全，断绝环境危险源
施工现场控制	科学组织施工，使场容场貌、料具堆放与管理、消防保卫、环境保护及职工生活均符合规定要求

三、施工项目目标控制的手段和措施

1. 施工项目目标控制的手段

施工项目目标控制的手段主要是指控制方法和工具。每种目标控制都有其专业适用控制方法，见表 6-2。

表 6-2　　**适用的目标控制方法**

目标控制	主要适用方法
进度控制	横道计划法，网络计划法，“S”(或“香蕉”形)曲线法
质量控制	检查对比法，数理统计法，方针目标管理法，图表方法
成本控制	量本利法，价值工程法，偏差控制法，估算法
安全控制	树枝图法，瑟利模式法，多米诺模型法
施工现场控制	PASS 方法，看板管理法，责任承担法

2. 施工项目目标控制的措施

施工项目的控制措施有合同措施、组织措施、经济措施和技术措施。

(1)合同措施。施工项目的控制目标根据工程承包合同产生，又用责任承包合同落实到项目经理部。项目经理部通过签订劳务承包合同落实到作业班组。因此，合同措施在施工项目事前控制中发挥着重要作用。在事中控制时，施工项目目标的控制全部按合同办事，当发现某种行为偏离合同这个“标准”时，便立即会受到约束，使之恢复正常。在市场经济条件下，合同是交易行为及目标控制所必需的。

(2)组织措施。组织是项目管理的载体，是目标控制的依托，是控制力的源泉。组织措施在制定目标、协调目标的实现、目标检查等环节都可发挥十分活跃的能动作用。

(3)经济措施。经济是施工项目管理的保证，是目标控制的基础。目标控制中的资源配置和动态管理，劳动分配和物质激励，都对目标控制产生作用。说到底，经济措施就是节约措施。

(4)技术措施。施工项目目标控制中所用的技术措施有两类：一类是硬技术，即工艺

(作业)技术;一类是软技术,即管理技术。

四、施工项目实施的干扰因素

施工项目的干扰因素,影响项目的实施,因此要进行动态控制,以不断排除干扰,实现目标,施工项目的干扰因素来自施工过程中的方方面面。

1. 人为的因素

人为的因素包括:决策失误、计划不周、指挥不当、控制协调不力、责任不清、行为有误等。总之,人是管理的主体,人为的因素是最主要的因素。

2. 材料的因素

材料的因素主要包括:供应不及时,供应品种、规格、数量、质量不合乎要求,价格不合理,材料试验中发现问题,材料使用不当等。构件等预制品也可能发生类似材料的问题。

3. 机械设备的因素

机械设备主要因素包括;选用决策不当,供应不及时,操作中出现问题,机械故障,维修不当,利用率低,效率发挥不好,更新不及时,取费不合理等。周转材料和工具产生的与机械设备类似。

4. 技术的因素

技术方面的主要指:施工方案设计不周、没有优选,或对施工方案实施不力,工艺方法选用不当,使用不当,在操作中出现问题,执行技术标准、工艺规程不力,检查不及时,管理结点没有设计好、执行好。

5. 资金的因素

资金因素一般是资金不到位,其中包括时间不及时和数量不足,也有在结算、索赔中发生矛盾导致影响施工的。

6. 环境的因素

环境因素的极为复杂而多变。①技术环境,如地质、水文、气象等;②工程管理环境,如质量体系、管理制度不合要求等;③劳动环境,如劳动组合不优,劳动工具不足或使用不便,工作面狭窄;④社会环境,如环保、环卫、交通、治安、绿化、文物保护等;另外还有行政环境、政治环境等方面的干扰等。

对各种因素的排除,只能通过认真分析、研究,采取有针对性的措施,并加以实施使之成功,才能见效,这就是控制的作用。

五、施工项目的协调

1. 施工项目协调的概念

施工项目实施中会涉及到许多方面的关系,包括内部关系及外部的关系,为了保证目标控制的顺利进行,必须处理好这些关系,这就是协调。协调保控制,控制为目标。协调也是管理的重要职能。法约尔说:“协调就是联结、联合及调和所有的活动及力量。”协调的目的就是取得协助,使协作各方协同一致,齐心协力,实现目标。协调与控制的目标的相同。

2. 施工项目的协调管理的范围

图 6-5 可以形象地表示协调管理的范围。

在图 6-5 后面把施工项目作为系统，则协调的范围可分为系统内部的协调和系统外部的协调。项目外部协调管理又为近外层协调与远外层协调。项目与近外层单位一般建有合同关系，和远外层关联单位一般没有合同关系。与本公司、设计、监理、建设供应、分包单位均为近外层关系；与其余单位（括弧内）均为远外层关系。

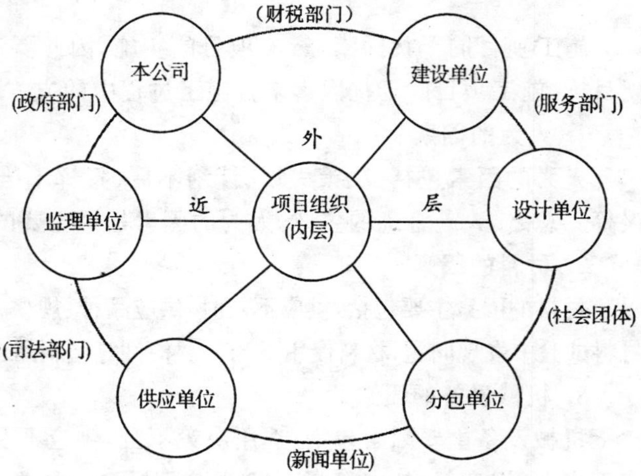

图 6-5　项目协调管理的范围

3. **施工项目协调管理的内容**

大致可以分为以下几类：

（1）人际关系的协调。主要包括：项目组织内部的人际关系，项目组织与关联单位的人际关系。人际关系的协调主要解决人员之间在工作中的联系和矛盾。

（2）组织关系的协调。主要是解决项目组织内部的分工配合问题。

（3）供应关系的协调。主要包括施工项目实施中所需人力、资金、设备、材料、技术、信息的供应，通过协调解决供求平衡问题。

（4）配合关系的协调。主要包括寻求本公司、建设单位、设计单位、分包单位、供应单位、监理单位在配合关系上的协助和配合步调一致以达同心协力目的。

（5）约束关系的协调。主要是了解和遵守国家及地方在政策、法规、制度等方面的制约。求得执法部门的指导和许可。

在施工项目运行的不同阶段，协调的内容不尽相同。

4. **施工项目协调管理的意义**

施工项目实施周期长，只有处理好项目内外的大量复杂关系，才能保证项目目标的实现。因此，施工项目协调管理对项目目标的实现具有以下重要意义：一是调动工作人员的积极性；二是提高项目组织的运转效率；三是打开项目实施道路上的绿灯。

5. **施工项目内部关系的协调**

（1）施工项目内部人际关系的协调。施工项目内部人际关系，指项目经理与其下属的关系，职能人员之间的关系，职能人员与作业人员的关系，作业人员之间的关系等。协调这些关系主要靠执行制度，坚持民主集中制，做好思想政治工作，充分调动每个人的积极性。要用人所长，责任分明、实事求是地对每个人的业绩进行评价和激励。在调解人与人之间矛盾时要注意方法，重在疏导。

（2）施工项目内部组织关系的协调。施工项目中的组织形成了系统，系统内部各组织部分构成一定的分工协作和信息沟通关系。组织关系协调，可以使组织运转正常，发挥组织力的作用。组织关系的协调应主要从以下几个方面进行：①要设置组织机构要以职能划分为基础；②要明确每个机构的职责；③要通过制度明确各机构在工作中的相互关系；④要建立信息沟通制度，制定工作流程图；⑤要根据矛盾冲突的具体情况及时灵活地加以解决，不使矛盾冲突扩大化。

(3)施工项目内部需求关系的协调。施工中需要资源，因此劳动力、材料、机械设备等需求，实际上是求得施工项目的资源保证。需求关系协调的环节如下：①满足人、财、物的需求要抓住计划环节。计划的编制过程，就是生产要求与供应之间的平衡过程，用计划规定供应中的时间、规格、数量和质量。执行计划的过程，就是按计划供应的过程；②抓住瓶颈环节，对需求进行平衡。瓶颈环节即关键环节及主要矛盾，对全局影响较大，因此协调抓瓶颈，就是解决主要矛盾，抓重点和关键；③加强调度工作，排除障碍。调度工作做的就是协调工作。调度人员是协调工作的责任者，应健全调度体系，充分发挥调度人员的作用。

6. 施工项目与近外层关系的协调

施工项目的近外层关系，包括与业主的关系，与设计单位的关系，与供应单位的关系，与公用单位的关系，与金融单位的关系等。这些关系都是合同关系或买卖关系，应在平等的基础上进行协调。

(1)施工项目与业主的关系。从招投标开始，中间经过施工准备，施工中的检查与验收、进度款支付、工程变更、进度协调、交工验收等，两者关系非常密切。处理两者之间的关系主要是洽谈、签订和履行合同。如果发生纠纷，应以合同为依据进行解决。

(2)施工项目与设计单位的关系。施工项目经理与设计单位同是承包单位，他们两者均与业主订有合同，但两者之间没有合同关系。共同为业主服务决定了施工方与设计方的密切关系，这种关系是图纸供应关系，设计与施工技术关系等。这些关系发生在设计交底、图纸会审、设计变更与修改、地基处理、隐蔽工程验收和竣工验收等环节中。为了协调好两者的关系，应通过密切接触、相互信任、相互尊重、友好协商的办法，并通过业主或监理单位起中介作用。

(3)施工项目与供应单位的关系协调。施工项目需要的资源供应，一是直接与供方签订合同，按合同供应；二是从市场上取得。施工项目组织者要利用市场调节供应，必须了解市场，利用市场的竞争机制、价格调节机制和约束机制。

(4)施工项目与公用部门的关系。主要包括道路、市政管理部门，自来水、煤气、热力、供电、电讯等单位的关系。由于项目建设中与这些单位的关系非常密切，他们往往与业主有合同关系，故应加强计划协调，主要是进行质量保证、施工协作、进度衔接方面的协调。

(5)施工项目组织与分包单位关系的协调。在协调与各分包单位关系方面，应注意选好具备相应资质等级施工能力的分包单位；落实好总、分包之间的责任；处理好总、分包之间的经济利益；解决好总、分包之间的纠纷；按合同办事。

7. 施工项目与远外层的协调

施工项目与远外层的关系包括与政府部门、与财税部门、与现场环境单位的关系。这些关系的处理没有定式，协调更加困难，应按有关法规，公共关系准则，经济联系规定处理。例如，与政府有关部门的关系是请示、报告、汇报的关系，与财税部门的关系是按法律法规办事，与现场环境单位的关系则是遵守规定，取得支持的关系等。

第七章 建筑企业经营管理

第一节 企业经营管理概述

一、经营的概念

1. 经营概念的表述

经营是一种市场行为，要对现代企业的经营进行管理，首先就得掌握现代企业经营管理的基本知识，以武装经营管理者的头脑，指导经营管理者的活动。

经营是企业一项最基本的活动。经营也是在市场经济条件下行为主体的一种活动。企业的经济活动必须以市场为导向，无论是生产资料的购进、资源的配置，还是产品（或商品、服务）的销售都将以市场的可能和需要为前提，与市场保持相对的平衡。为此，需要做大量的工作，包括经营思想和经营哲学的确立，经营战略、经营目标、经营计划的制定，目标市场策略、营销组合策略、营销资源优化策略的研究与实施，经济资源买卖的组织等最基本的内容。

经营概念是指企业以市场为对象，以商品生产和交换为手段，为了实现既定目标，使技术经济活动与企业外部环境达成动态均衡的一系列有组织有计划的活动。

企业经营是企业为了实现商品价值并取得经济效益的全部经济活动，是市场营销和经济资源交换等各个方面的总和。

经营这个词在我国文献中可以追溯到很早的时代，像《诗经》、《书经》里就出现过这两个字，其涵义既是建筑和营造，也可以是筹划创业。经营的概念有广义与狭义之分。

广义的经营，是指筹划和管理活动。从广义把握经营的概念，有利于开阔思路，把经营活动同整个经济活动联系起来。但这个概念很抽象，不利于把握经营的内涵和外延，不利于对具体问题进行研究。因此本章阐述的是狭义经营的概念，主要是从企业的角度把经营看作一种有别于生产的交换活动，确切地说是一种市场商品的买卖活动。

狭义的经营即企业经营。经营是指企业的商品购销活动。它是流通企业的基本职能，是其他各项经济活动的中心环节。这里的企业既包括社会上所有从事商品流通业务的企业；这里的商品既包括消费资料、生产资料，也包括资金、技术、信息、房地产和劳务。由于资金、技术、房地产和劳务属特殊商品，它的使用能够创造新的价值，并能够使其价值得到增值，故有商品经营和资本经营之分。商品经营，通常指的是对企业商品的买卖，通过对商品的买卖获得收益；资本经营，即对企业可以支配的资源和生产要素进行运筹、谋划和优化配置，以实现最大限度资本增值目标。尽管生产企业和流通企业给经营下的定义认识角度不一样，但都把经营跟市场买卖活动联系在一起，把经营看作一种流通活动。

经营既包含又有别于市场营销、商品推销。经营、市场营销、商品推销三者虽然均离不开市场，以营利为目的，以消费者需求为转移，但企业经营与市场营销和商品推销相比较，有明显的区别。首先，从活动范围来看，经营介于营销和推销之间，营销指的是企业的纵向经济活动，包括市场研究、产品开发、定价、广告宣传、人员推销、销售促进、售后服务；经营是指商品和要素的买卖，而市场研究和产品开发不列为主要的活动内容；推销只是企业的市场营销和经营活动的一小部分，但不是企业市场营销人员最主要的职能。其次，从活动客体来看，营销活动的对象是市场、产品、商品；经营活动的对象是商品和要素；推销活动的对象仅是商品。再次，从行为方式来看，营销活动多采用间接引导性；经营活动多采用追随性和先导性；推销活动多带有直接强制性。

2. 经营概念的理解

对经营这一概念，应从以下几个方面进行理解：经营是企业组织体的经济活动；经营是企业组织体的市场行为；经营必须有经营要素；经营必须以商品生产和交换为中心；经营是一种动态的过程。

社会主义市场经济是商品经济的最高形式。商品经济是商品生产与商品交换的统一，社会生产过程是直接生产过程与流通过程的统一。企业是市场的主体，它不仅是通过生产过程把物质产品生产出来形成商品的使用价值和价值，而且还要进入市场，通过流通过程把产品销售出去，转移到消费者手里，商品的使用价值和价值才能实现，在满足市场需要的同时获得尽可能多的利润。为此，企业必须在生产之前进行市场调查和市场预测，了解市场的需求、企业环境的变化及竞争情况；在销售过程中还要做好广告宣传，实行良好的销售服务；为了最经济有效地把商品生产出来，又要根据市场条件、销售对象和价格等因素选择原材料、设备、工具和加工方法等。所有这些，包括对市场、产品、价格、材料、设备的选择，对市场需求、竞争者、商品推销策略的研究，都属于经营活动。经营贯穿企业活动的全过程，如图 7-1 所示。

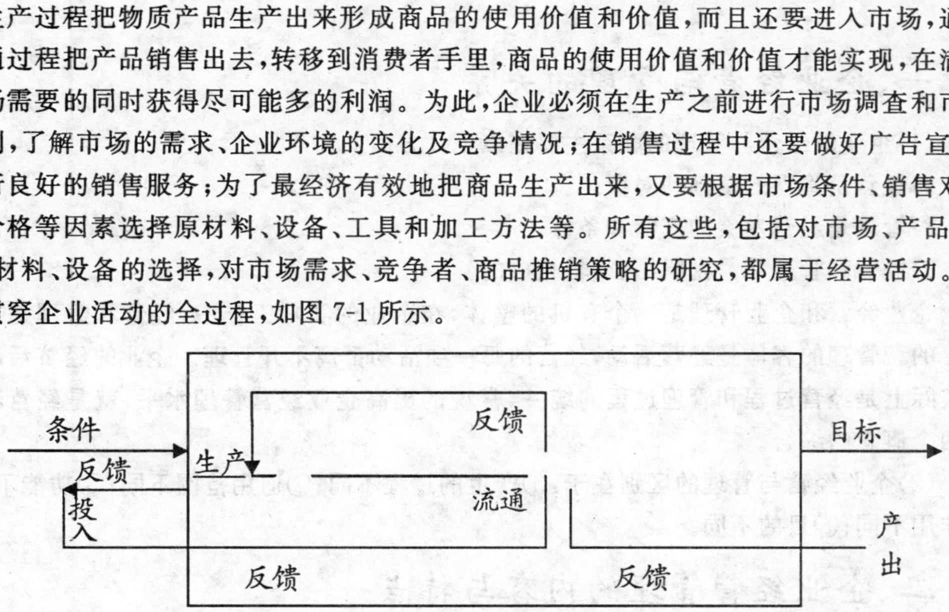

图 7-1 企业生产经营活动示意图

建筑企业的经营，主要是通过物化劳动，建造出确保建筑工程质量与安全，符合国家的建筑工程安全标准的建筑产品及提供服务的全过程。

二、企业经营的地位与作用

(一)企业经营的地位

经营是企业一切经济活动的中心，处于主导的地位，企业的其他活动是围绕经营这个中心来进行，并为它服务。

经营所处重要地位的理由有3个方面：

(1)生产和流通是创造并实现使用价值和价值的根本；

(2)企业的其他经济活动是企业社会生产过程所派生出来的；

(3)经营是连接生产与市场的桥梁和纽带。

(二)企业经营的作用

企业坚持以商品生产和商品交换为中心，搞好商品和要素经营，提高经营质量和经济效益具有十分重要的作用。具体表现在：

(1)搞好经营，是实现企业经济目标和完成生产任务的主要手段；

(2)搞好经营，是保证企业生存和发展的决定条件；

(3)搞好经营，是保持稳定、协调、快速发展的重要基础。

第二节　企业经营与管理

一、企业经营与管理的关系

(1)企业的经营与管理的联系主要在以下3方面：

1)经营是管理的基础和对象。

2)管理是经营发展的产物和条件。

3)经营和管理是紧密联结、相辅相成的。

企业经营和企业管理是一个有机的整体，在企业的实际工作中，经营和管理是密不可分的。管理的客体是经营活动，经营的每一项活动都离不开管理。企业的经济活动过程实际上是经营过程和管理过程的统一，常说的提高企业经营管理水平，就是经营和管理两个概念的综合。

(2)企业经营与管理的区别在于：①产生的过程不同；②适用范围不同；③功能不同；④作用不同；⑤目的不同。

二、企业经营管理的内容与特点

(一)经营管理的内容及程序

企业的经营管理是以经营活动为对象的管理，其主要内容包括6个方面：①决策经营战略；②制定经营方针；③选择经营策略；④制定经营计划；⑤组织经营业务；⑥经营效果评价。

企业经营的6项内容在经营活动中是密不可分的，并且是一个连续循环以实现整体目标的运动过程，也是不断制定和调整经营决策的过程，如图7-2和图7-3所示。

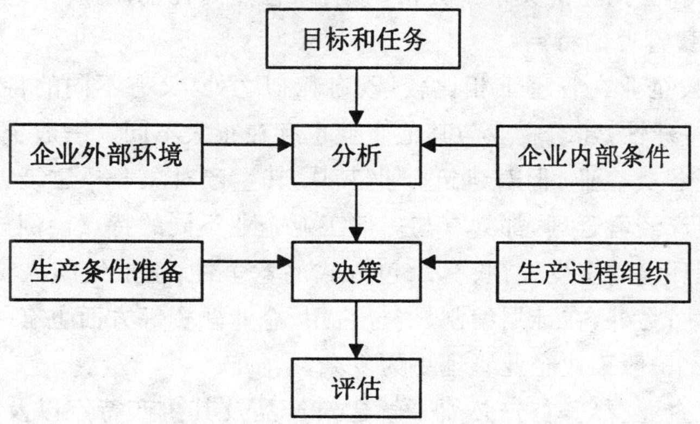

图 7-2　生产企业经营管理程序图

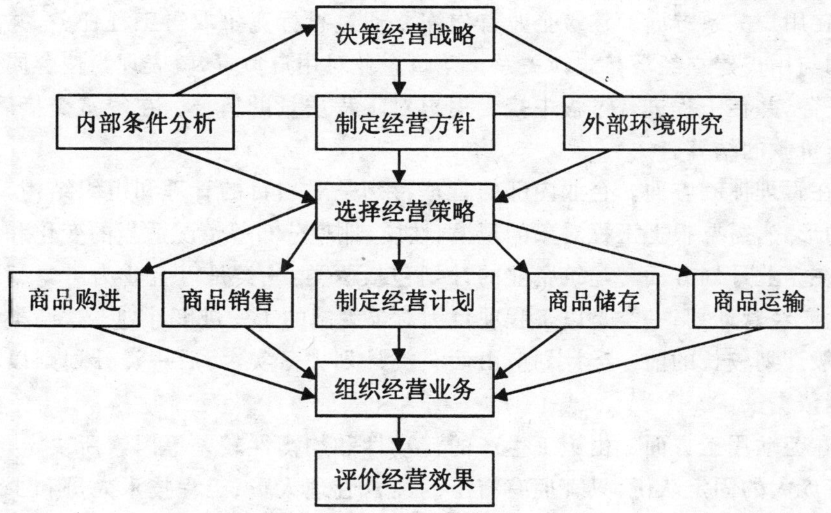

图 7-3　流通企业经营管理程序图

(二)经营管理的特点及存在的问题

1. 企业经营管理的特点

从经营管理的内容中,企业经营管理大致上有明显几个特点:①目标综合性。建筑企业经营活动与社会生产活动、国民经济的发展变化以及同国家、人民群众有着十分密切且复杂的经济关系,经营管理目标要集中反映各种经营活动内在规律的要求;②机会的指向性。目标为建筑企业未来行为过程明确了方向,其未来的机会也是衡量目标实现程度的时间标准;③内容的层次性。经营总目标必须通过各个部门和各个环节的工作才能得以实现。因此,就管理层次和系统而言,除总目标外,还有执行层的具体目标。具体目标既有分部门的部门目标和按业务划分的业务目标。各个部门的活动要互相协调、先后衔接,工作紧凑有序地进行;④业务的社会性。即经营目标必须综合考虑社会总体利益和宏观经济的要求,制定的目标应符合社会需要。这个特点是建筑企业的社会责任所决定的,它与铁路、电力、煤气、自来水公司等公用企事业一样,与全社会的各行各业都要打交道，与全民生活和国民经济关系十分密切，有着强烈的社会性。

2. 建筑企业经营管理的特点

建筑企业与一般企业在管理上相比较，既有相似之处，又有不同的特点。由于建筑产品和施工生产的特殊性，建筑企业与其他企业也存在很大不同。一般企业管理的基本原理和方法，适用于各类企业，但对建筑企业来说，其生产对象——建筑工程（产品），生产的组织和技术、生产经营管理，都具有与一般工业企业不同的特点。例如：生产经营业务的不稳定性；管理环境的多变性；投标承包方式的竞争性；基层组织人员的变动性；产品计价方式的复杂性；另外，在计划编制、资金占用、企业融资等方面也有一些特殊性，这说明建筑企业管理比一般工业企业管理更为复杂。

因此，研究建筑企业管理，首先必须了解建筑产品及其生产特点以及对企业管理的影响。

建筑企业经营管理有如下特点：

(1)在用户关系方面。建筑企业首先需要通过投标竞争取得工程任务，并通过施工承包合同与用户建立经济与法律关系。建筑企业对用户负责，就表现为按合同要求完成预定的任务，并在工程进行过程中接受用户对工程质量的监督。在竣工交接后，双方再进行工程价款的结算。

(2)在管理体制方面。企业内部的管理特别是对项目的管理和组织结构，不一定保持固定的形式，需要根据工程对象的规模、性质、地理分布等情况适当的变化和调整。

(3)在企业计划方面。建筑企业的计划包括两类：一类是以企业为对象编制的经营计划或生产经营计划；一类是以工程项目为对象编制的工程进度计划。这两类计划关系密切，一般计划较长的前一类计划应由后一类计划去落实，而后一类计划则以前一类计划为编制依据。

(4)在劳动用工方面。由施工生产的流动性和均衡性较差等因素所决定，建筑企业不宜保持庞大的固定队伍，只宜拥有精干的经营管理人员、工程技术人员和少量的技术工人为骨干，工程需要时再雇用合同工和临时工。

(5)在预算体制方面。施工产品的价格有其特殊的确定方法，需要按每个工程的特点和组成个别编制其预算文件，作为投标报价的基础或结算的依据。

(6)在资金占用方面。施工生产周期长，占用资金较多。在计量支付方面有其特定的要求。

3. 建筑企业经营管理中存在的问题

目前，建筑企业的经营管理存在下列问题：

(1)经营模式。目前，多数建筑企业仍属于劳务密集、粗放式和外延式发展模式。即产出的提高基本上依靠增加各种资源的投入来提高，建筑业总产值与从业人员数量的变化趋势呈正比关系，在某种程度上说明，总产值的增加是靠从业人员数量的增加来实现的。另一方面，说明技术因素在建筑生产中的作用未能实现。这种发展受有限资源的限制，并且与国外先进企业在不增加或少增加资源投入的前提下主要依靠科技进步获得更高的产出的内涵式发展相比，存在很大的差距。建筑企业重视生产经营、重视投入、忽视产出，重产值、轻效益的状况还相当普遍。

(2)组织结构。由于长期以来受地方保护主义、行业垄断的影响,市场尚未形成真正公开、公平、公正的竞争环境。国有建筑企业大而全、中而全,规模相当、业务雷同。我国建筑企业自成体系、各自封闭的发展模式,普遍存在的机构臃肿、职责不清、人力资源浪费等问题,不仅造成相应的基础技术工作、技术装备、人才培训等方面的重复建设,还造成我国建筑企业“大而不强、小而不专”的局面。大企业难以与国外大承包商相抗衡,小企业少有专业的特色。

(3)管理水平。我国大部分建筑企业工程管理水平较低,其中,质量管理、成本管理仍属于粗放型管理。企业在施工生产中随意性强,未形成制度化、程序化、标准化的管理模式;在管理上缺乏先进、实用的手段,基于网络的信息管理技术还比较薄弱。

(4)技术能力。我国的建筑企业具有不同专业特点与优势,所承接工程门类齐全,涉及各个领域。在传统技术方面已具有国际先进水平,但在技术开发和创新上还比较落后。

(5)人员力量。我国建筑从业人员素质参差不齐。在生产一线的人员主要是来自农村的剩余劳动力。受自身文化水平限制,加上企业对人员的岗位培训缺乏系统性和普遍性,造成人员素质普遍偏低。企业的竞争归根到到底是人才的竞争,人才的竞争归根到底是职业化的较量。建立起职业化的经营管理队伍、专业化的技术人才队伍、技能化的操作工人队伍,已成为建筑企业的必然选择。

(6)分配制度。我国建筑企业目前大多实行以岗位技能工资制为主的基本分配制度,岗位工资、技能工资、国家规定的各项津贴、补贴作为基础工资,加上月度奖、年终奖、安全奖,构成公司的工资分配结构。职工增资以技能工资正常晋级、岗位工资实行套改及加大奖金分配力度实现,岗位工资实行动态管理、易岗易薪,初步打破了以等级工资为核心的基本工资制度。岗位技能工资制的实施是建筑企业在历史条件下的正确选择,对企业发展起到一定的推动作用。但计划经济时期分配手段的渗透性和惯性导致的不合理因素越发突出,导致人工成本居高不下,职工积极性不能充分发挥,严重削弱了企业的市场竞争力。分配制度进一步改革势在必行。

在建筑企业的分配制度中,农民工管理及权益保护,清理拖欠工程款和农民工工资,是我国建筑业一个特有的问题。各地建设行政主管部门,努力强化对农民工的管理与服务,出台一系列相关的政策:如加快推进农民工工伤保险制度;规范劳务分包;推行建筑业农民工实名制;多种方式开展农民工培训;探索农民工逐步纳入社会保障体系等等。

以上问题说明,尽管我国建筑业的规模居世界之首,但改进和加强建筑企业的经营管理仍然任重而道远,有大量的工作要做。

第三节 建筑企业的经营方式

一、企业经营方式的含义

企业经营机制是某种具体经营形式的内在机制,经营方式则是一定经营机制的具体体现。企业经营方式,是指企业组织和实现其经济活动所采取的一定形式。企业经营方式是生产关系的具体表现形式，主要是研究采用什么样的方式经营企业如何正确处理所有者与经营者之间的经济关系。

在现实经济生活中，企业生产资料的所有者与企业的经营者不一定是一个主体，同一性质的所有制企业，可以因所有、占有、支配、使用关系的分离而形成不同的存在形态。这就是说，生产资料的所有权和经营权可以分离。

所有权和经营权分离，是生产力发展的客观要求，是一种社会进步。人们往往认为企业的财产归谁所有，就应当由谁经营。其实不然，在人类历史上，就曾出现过两次社会性的所有权和经营权的分离，即一次是封建地主把土地出租给农民耕种，土地所有权归地主，而经营权归承租人，包括怎样耕作及转让。另一次是资本主义社会的资本所有权与经营权的分离。

建筑企业的经营方式，是指建筑企业向用户、业主（即建设单位）或服务对象提供产品或服务的方式，是使企业的生产劳动变为社会的生产劳动的方式，也是组织建筑生产活动所采取的管理方式。

经营方式作为经济活动的方式，必然伴随着生产的发展、科学技术的进步而不断演变、不断丰富起来。社会主义建设的实践告诉我们，国有企业不可能由全体人民共同经营，一般也不适宜由国家直接经营，如果把国家所有同国家机构直接经营混为一谈，必然窒息企业的生机和活力、束缚生产力的发展。因此，必须按照所有权和经营权分离的原则，依据产业性质、企业规模和技术特点，采取不同的经营方式，完善企业经营机制，使企业具有独立经营的经济权力、自负盈亏的经济责任和独立核算的经济利益。

二、企业经营方式的内容

在过去传统的经济体制下，只有国有（国营）一种经营形式，而在社会主义市场经济体制下，企业经营形式可以多种多样。实行所有权和经营权分离的具体形式，可以依据企业性质、企业规模、技术特点的不同而有所不同。现阶段我国国有企业的经营方式主要有：国家所有，国家经营；国家所有，企业自主经营；国家所有，承包经营；国家所有，租赁经营；国家控股，股份经营等等。

1. 承包经营责任制

(1)承包经营责任制的一般概念。承包经营责任制，是指在企业生产经营和收入分配方面，通过签订承包经营合同，明确规定国家与企业各自的经营责任、经济权力和经济利益，实现所有权与经营权的相对分离，使企业真正成为自主经营、自负盈亏的经济实体。承包经营责任制是一种以承包为特征的经营方式。

(2)承包经营责任制的基本特征，主要体现在以下几个方面：

1)国家与企业的关系，按照两权分离的原则，建立平等的经济契约关系。国家作为社会经济管理者，承担宏观经济调节的职能，运用经济手段、法律手段和必要的行政手段，调节市场供求关系，创造适宜的经济和社会环境。同时，国家作为企业资产所有者代表，承担所有者职能，表现为要按合同向企业提取利润，以及对企业的合并、分离等进行最后决策。企业通过与国家签订承包经营合同，获得国家授予其经营管理企业的财产的经营权，包括占有、使用和依法处分的权利。

2)以企业向国家上交利润、承担技术改造任务等为内容,同时实行工资总额与经济效益挂钩,界定企业与国家的责、权、利关系。在责、权、利三者中,经济责任是核心,经营管理自主权是确保企业应尽责任的必要条件,经济利益是企业尽责的保证和动力。

企业承包上缴国家利润的形式主要是:上缴利润递增包干;上缴利润基数包干,超收分成;微利企业上缴利润定额包干;亏损企业减亏包干。

3)按照包死基数、确保上缴、超收多留、欠收自补的原则,确定国家和企业的责、权、利关系。

4)实行承包经营责任制,一般采取公开招标的办法,通过竞争确定企业经营者或经营集团,即由发包方(政府指定的相关部门)组织有承包企业职工代表参加的招标委员会,对投标者进行全面评审,公开答辩,择优选定。投标者可以是个人、集团或企业法人;个人中标者,即为企业经营者;集团或企业法人中标者,必须确定企业经营者。企业经营者是企业的法定代表人,对企业全面负责,并且由企业经营者代表承包方与发包方订立承包经营合同。

承包经营责任制的优点在于:形式多样,方法灵活,适应性强,简便易行,易于操作。作为企业改革的过渡形式承包制是一种比较成功的尝试,不仅促进了生产发展和效益的提高,还为今后的改革积累了经验,创造了条件。但承包经营责任制也面临着一些难以解决的矛盾,如企业行为短期化、政企职责不分、“包死基数”与价格变动的矛盾以及承包与税制改革的矛盾等。这些都要做进一步的研究,以利于经济体制改革的深入发展。

2. 租赁经营制

(1)租赁经营制的一般概念。租赁经营制是我国企业改革中出现的又一种重要的经营形式。

所谓租赁,是指资产所有者把自己的资产使用权在一定时期内交给承租人使用,期满收回并取得一定费用的经济活动。原始意义的租赁有 3 个要素,即租赁主体、租赁客体和租金。租赁主体就是出租方和承租方,租赁客体就是出租的物品,租金则既有货币形态,也有实物形态和劳役形态。

租赁经营制则是明显区别于原始意义的租赁的新形式。所谓租赁经营制,是指在不改变企业所有制的前提下,根据所有权和经营权分开的原则,由企业所有者按照租赁合同的规定将经营权转交给承租方,承租方按时缴纳租金的经营形式。根据承租方的不同,租赁经营制一般采取国家所有,企业集体租赁经营;国家所有,个人或合伙租赁经营等形式。实行租赁经营,所有者出租的不是物品或资产的使用权,而是企业的经营权;企业是社会经济运行的基本单位,是人、财、物、产、供、销等多种要素和过程组成的有机结合体。承租方从出租方那里得到的,是企业这个有机体的组织、领导、经营、管理综合权力。在原始意义的租赁中,出租方只要求承租方不损坏出租物并按时缴纳租金,而租赁经营除了要求保护出租企业资产的完整和按时缴纳租金外,对出租方还附有其他的要求和约束。

(2)租赁经营制的特点,主要表现在以下几个方面:

1)在国家和企业的关系上,通过契约建立一种租赁双方地位平等、利益上等价有偿的商品交换关系。

2)在利润负亏形式上,租赁制需要财产抵押。经营亏损,必须用抵押财产来补偿,尽管目前个人抵押一般数额还很有限,远远抵不上全部资产。

3)在与国家的分配关系上,承租方只需缴纳租金和个人所得税即可,而承包经营中还有资金税、工资调节税,而且上缴国家的收入以直接利润形式体现在承包任务中;在"两权"分离程度上,租赁经营制是诸经营形式中分离得比较彻底的一种,承租者除了向国家缴纳租金和保证财产不受损失外,经营活动完全由承租者决定。

租赁经营制对国有小型、微利、亏损企业是一种比较适合的经营方式。该方式有利于规范国家与企业的关系,弱化行政干预,强化预算约束,强化自负盈亏,增强经营者积极性等。但同时也存在一定难点,如租金合理化、承租人行为短期化以及承租人和职工的关系协调等方面的问题,仍需进一步探索解决。

3. **股份制**

(1)股份制的一般概念。股份制是以入股方式把分散的、属于不同所有者的生产要素(资金)集中起来,统一使用,自负盈亏,按股分红的一种企业经营方式。该方式表明企业财产的所有权主体不是单一的,而是至少有两个以上。正是从这个意义上,马克思把股份制称作私人资本的社会化形式;或者说私人资本取得了社会化的所有制形式。作为一个历史范畴,股份制是与商品经济相联系的,随着商品经济的生产而出现,并随着商品经济的发展而发展。

(2)股份制的基本功能。股份制所具有的基本经济功能主要表现在以下几个方面:

1)融资功能。现代企业的起始规模和扩大再生产规模的资金需要日益增大,以致个人资本无法达到,股份制企业可以通过发行股票吸收股东,迅速地、广泛地筹集资金,以解决社会化大生产发展的资金需求和资金归属不同所有者之间的矛盾。

2)分散风险功能。现代企业的投入,必然带来高风险,随着股权的分散化,企业经营失败导致的资产风险也随着分散化。

3)以少量资本控制和推动大量资金的功能。我国的企业改革,从时序上来看,大致在两个不同的层次展开:一是主要通过两权分离和放权让利,强化利益约束和利益激励机制,促使企业行为的合理化和经营机制的进一步完善,如承包制和租赁制等可以基本归纳为这一类;二是从产权序列入手,沿着产权关系清晰化和财产约束硬化的方向推进,在新的产权和财产关系的基础上,重新塑造企业经营机制,其表现形式就是股份制。

(3)股份制在企业经营中的作用。股份制的推行在重塑企业经营机制中的作用。产生于私有制基础上的股份制,在社会主义国有企业中的应用,除了具有与社会化大生产和发达商品经济相适应的一面之外,对于解决国有企业中的深层次矛盾,重新塑造企业的经营机制,也有着巨大而深远的意义。具体表现在以下几个方面:

1)利用股权形式及利益多元化,强化企业财产约束关系。在股份制企业中,企业财产是各个股东的投资总和,这里,无论是国家所有还是私人所有的财产一律转化为股权,国家拥有的股权同其他股东拥有的股权处于平等地位,而股权的财产约束关系较为规范和强化。企业股权的明确划分,能够解决长期困扰国有企业的企业产权模糊、主体缺位及结构单一的问题。与此同时,产权划分必须以资产评估为基础,因此能推进国有资产的清产核资工作。而且由于利益主体的多元化,使各方在行使自己权力时,尤其是在董事会进行有关企业发展的重大决策时，互相制约，互相施加影响，从而强化企业财产的制约关系。

2)通过经营者集团，实现企业自主经营。股份制企业的日常经营活动是由董事会聘请的总经理或经营者集团全权负责的，总经理或经营者集团的存在及其作用的发挥，割断了企业经营与最终所有者之间的联系，从而形成了总经理或经营者集团控制企业的格局，这种现象被西方称为"经理革命"。当这种现象发生在国有企业中的时候，便意味着国有企业的经营控制权将从政府转移到企业的厂长(经理)手中，这对于实现企业的自主经营，淡化主管部门的直接干预，是非常必要的。

3)能够优化企业的动力机制及平衡机制。股份制改善了企业内的利益结构。在股份公司中，股东要求资产增值，经营者必须对股东和董事会负责，职工的收益则直接与企业经营绩效挂钩。这就促使所有者认真履行股东职责，慎重选择企业经营者，并进行有效监督。因此，在此利益结构下，股份制既能引发动力，同时又可以避免短期行为，形成三方利益相互制约和平衡的机制。

4)在产权主体界定的基础上，能够强化企业的风险机制。在产权主体界定的基础上，企业风险有明确的承担者。即股东最终承担财产损失，经理承担职业信誉风险和物质收益损失，职工也承担一部分收益损失。正是由于这些风险的存在，使企业投资者、经营者和职工各方能够共同关心企业收益，避免企业的经营亏损和破产的危险。

三、建筑企业经营方式

在早期，建设单位(业主)一般是采取自营方式经营，随着工程规模的提高和工程技术的发展，自营方式已不能适应时代的要求。为了满足现代工程的需要，目前我国建筑企业的主要经营方式有以下几种。

1. 总包一分包经营方式

总包一分包经营方式是由建设单位(业主)将建设工程的全部施工任务委托给一家建筑企业承包，然后，由该企业将部分施工任务分包给其他的施工企业。在经营关系中，业主属于甲方，总包和其以下的施工企业属于乙方，两者通过经济合同形成承、发包关系。如图 7-4 和图 7-5 所示。

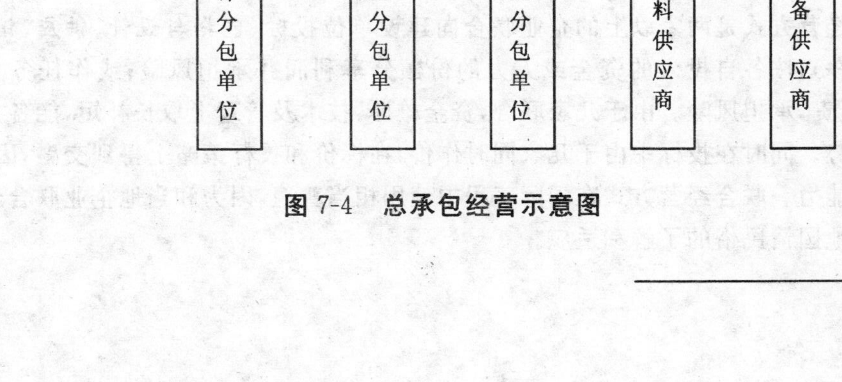

图 7-4 总承包经营示意图

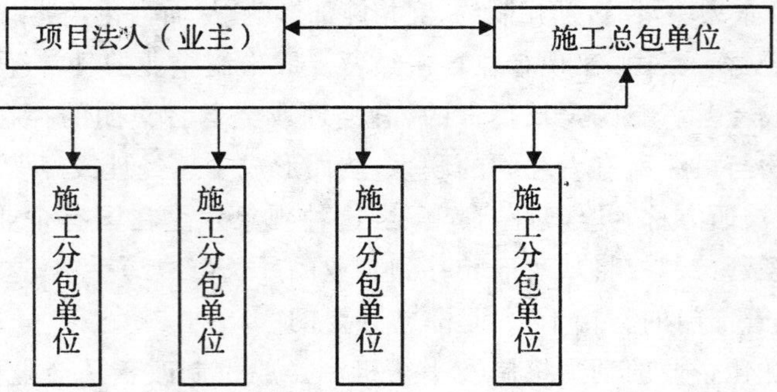

图 7-5　施工总分包经营示意图

经济合同的形式有：

(1)按招标、投标价格包定，一次包干，节约归己，超支不补；

(2)施工图预算加系数包干，一次包干，节约归己，超支不补；

(3)按建筑每平方米造价包干。

总包—分包经营方式最突出的优点是：

1)由于专业化分工的发展，促进了施工专业技术的发展和施工组织管理技术的发展。

2)责任分担体系比较合理，建筑企业由于受到合同的严格控制，在确保工程施工期限、降低造价和提高质量上形成一种外部压力，同时又由于当事人双方利益得到合同的保证，使承包人的主动性和积极性得到充分发挥。

但是，采用总包—分包经营方式，由于分工愈来愈细，环节愈来愈多，每个环节都有未知因素，因而导致总包单位控制上的难度增加。

2. 设计—施工承包经营方式

设计—施工承包经营方式取消了传统经营中的施工总包环节，即由设计、施工一体化经营企业承担总包角色。企业不必等到设计文件成套齐备就可以分项施工。这种方式可以减少中间的合同变更，提前开工，加快工程进度，并简化了用户的管理工作。

3. 交钥匙经营方式

交钥匙经营方式又称为开发式经营、一揽子承包等。名称各不相同，方式上也各有差别。但大体上都是指建设单位授权或发包给一个建设企业（如开发公司），由该企业进行计划、设计直到施工、竣工。建设单位只需等待“交钥匙”之后开启使用。这种方式在民用建筑上得到广泛应用。其优点是承建单位可以腾出时间，最大限度地考虑建设后的运营及其利益，同时减少计划、设计、施工之间矛盾。

4. 联合经营方式

联合经营方式是两家以上的企业联合向建设单位投标（包括与设计、供应、销售、房地产的联合），按各自投入的资金或人力的份额分享利润并承担风险；或作任务上的划分，各自负责，承担风险。由于几家联合，资金雄厚，技术及管理上取长补短，能各自发挥自己的优势。同时在投标中由于几家同时作价，在标价和投标策略上得到交融，因此，提高了竞争能力。联合经营方式在国际工程中使用相当普遍，因为和当地企业联合经营有利于对当地国情民俗的了解和适应。

5. 建后出售经营方式

建后出售经营方式是商品建筑的市场方式，是不依靠发包人而独立经营的方式。通过征地、筹资、开发、营销等方式进行市场经营活动。

四、建筑企业承包模式

1. 传统的 DBB 承发包模式

(1)DBB 模式及其合同结构。DBB 模式(Desing－Bid－Build)，即设计—招标—建造模式，也称施工总承包模式。该模式是 19 世纪初期形成的，在国际上通用的一种传统模式，世界银行、亚洲开发银行贷款项目以及采用国际咨询工程师联合会(FIDIC)合同条件的项目均采用这种模式。这种模式最突出的特点是强调工程项目的实施必须按照设计—招标—建造的顺序方式进行，只有一个阶段结束后另一个阶段才能开始。采用这种方法时，业主与设计机构(建筑师/工程师)签订专业服务合同，建筑师/工程师负责提供项目的设计和施工文件。在设计的协助下，通过竞争性招标将工程施工任务交给报价和质量都满足要求或最具资质的投标人(总承包商)来完成。如图 7-6 所示。

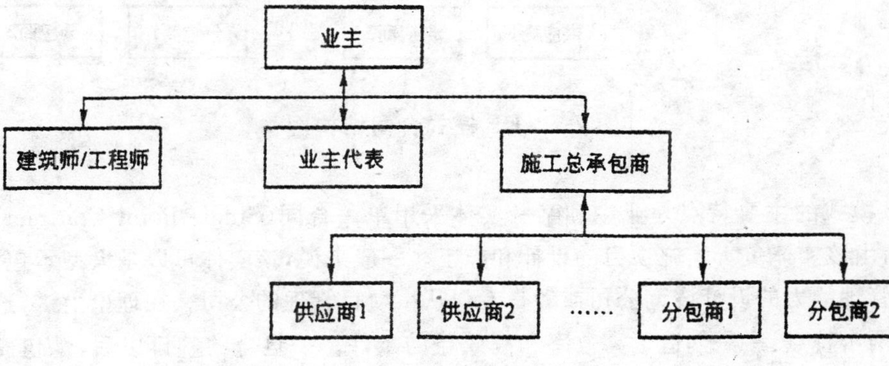

图 7-6 DBB 模式合同结构

(2)DBB 模式的特点。DBB 模式的优点主要表现为：参与项目的业主、设计机构(建筑师/工程师)、承包商三方在合同的约定下行使各自的权利，履行各自的义务，这种模式的设计宗旨是期望通过明确划分项目参与三方的权、责、利来提高项目效益；由于受利益目标和市场竞争的驱动，业主更愿意寻找信得过、技术过硬的咨询设计机构，这种需求推动了设计咨询公司的产生和发展；由于长期而广泛地在世界各地采用 DBB 模式，经过大量工程实践的检验和修正，该模式的管理思想、组织模式、方法和技术都比较成熟，项目参与各方对该模式的运行程序都比较熟悉；在该模式中，业主可以自由选择咨询设计人员，对项目的设计程序和质量要求进行控制，可以自由选择监理人员对项目实施过程进行监督。

DBB 模式的缺点主要表现为：该模式在项目管理方面的技术基础是按照线性顺序进行设计、招标、施工的管理，因建设周期长而导致投资成本容易失控；由于建造商无法参与设计工作，设计的“可施工性”差，设计变更频繁，导致建筑师/工程师与承包商之间协调关系比较复杂，可能因为设计与施工协调引发的争端使业主利益受损；业主的前期投人较高,项目周期长以及频繁变更引起的索赔导致发生较高的管理成本。

2. **工程总承包模式**

(1)DB 总承包模式。DB 模式(Design－Build),即设计—建造模式,是国际工程建设中常用的现代项目管理模式之一,其涉及范围不仅包括私人投资的项目,而且也包括政府投资的基础设施项目。DB 模式中,业主在项目初始阶段邀请一位或者几位有资格的承包商或具备资格的管理咨询公司,提出要求或者提供设计大纲,由承包商或会同自己委托的设计咨询公司提出初步设计和成本概算。业主和 DB 承包商密切合作,完成项目的规划、设计、成本控制、进度安排等工作。如图 7-7 所示。

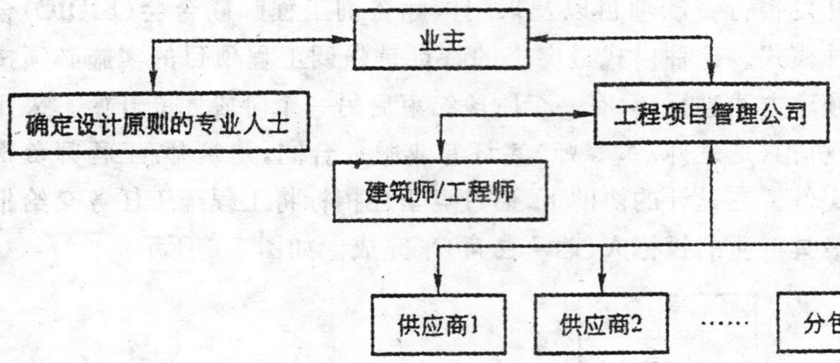

图 7-7　DB 模式合同结构图

DB 模式的主要特点是业主和某一实体采用单一合同(Single Point Contract)的管理方法,由该实体负责实施项目的设计和施工。一般来说,该实体可以是大型承包商、具备项目管理能力的设计咨询公司或者是专门从事项目管理的公司。在理论上讲,这种模式具备两个特点:一是创造了高效率和高效益的条件。一旦合约签订以后,承包商就据此进行施工图设计。如果承包商本身拥有设计能力,就通过合理组织和精心协调提高设计质量,创造经济效益;如果承包商不具备设计能力和资质,就把设计委托给一家或几家专业公司,承包商作为甲方身份管理和协调设计工作,使得设计既能体现业主的意图又有利于施工。通过提高设计的可建造性,避免设计和施工之间的矛盾,实现节约成本的目标。二是合同单一性清晰了业主和承包商之间的责任关系。总体来说,建设项目的合同关系是业主和承包商之间的关系,业主的责任是按合约规定的方式付款,总承包商的责任是按时提供业主所需要的产品。承包商对于项目建设的全过程负有全部的责任,这种责任的单一性能避免工程建设中各方相互扯皮,也能促使承包商不断提高自己的管理水平,通过科学的管理创造效益。相对于传统的管理方式来说,承包商拥有了更大的权利,它不仅可以选择分包商和材料供应商,而且还有权选择设计咨询公司,但最终需要得到业主的认可。这种模式解决了机构臃肿、层次重叠、管理人员比例失调的问题。

(2)EPC 总承包模式。EPC(Engineering－Procurement－Construction)模式,即“设计、采购和建造”模式。在 EPC 模式中,Engineering 不但包括具体的设计工作,而且可能包括整个建设工程内容的总体策划以及实施组织管理策划和具体工作;Procurement 也不是一般意义上的建筑设备材料采购,而更多的是指专业设备的选型和材料的采购;Construction 包括施工、安装、试车、技术培训等。在 EPC 模式中,业主与工程总承包商签定工程总承包合同,把建设项目的设计、采购、施工和开车服务工作全部委托给工程总承包商负责组织实施,业主只负责整体的、原则的、目标的管理和控制。设计、采购和施工的组织实施是统一策划、统一组织、统一指挥、统一协调和全过程控制的。如图 7-8 所示。

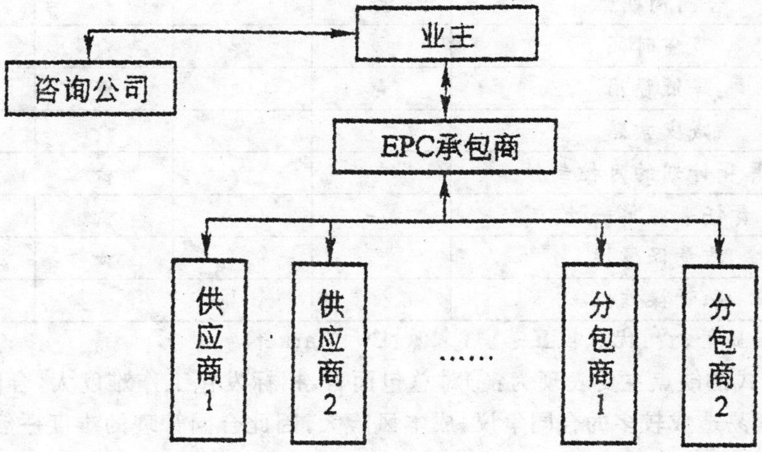

图 7-8 EPC 模式合同结构图

EPC 模式最大的特点之一是业主和承包商的风险责任划分有了明显的不同。国际工程投资项目中一般都将工程在风险划分为业主的风险、承包商的风险、不可抗拒风险(亦称为“特殊风险”)。在传统模式下,业主的风险大致包括政治风险(如战争、军事政变等)、社会风险(如罢工、内乱等)、经济风险(如物价上涨、汇率波动等)、法律风险(如立法的变更)、外界风险(包括自然)等,其余风险由承包商承担。另外,出现不可抗拒风险时,业主一般负担承包商的直接损失。但在 EPC 模式下,上述传统模式中的外界风险(包括自然)、经济风险一般都要求承包商来承担,这样,项目的风险大部分转嫁给了承包商,工程总承包商在经济和工期方面要承担更多的责任和风险。因此,承包商在 EPC 模式下的报价要比在传统模式下的报价高。

由于总价固定,基本上不用再支付索赔及追加项目费用。但是,尽管理论上所有工程的缺陷都是承包商的责任,但实际上质量的保障仅仅靠承包商的自觉性还远远不够,仍需要设计对承包商的监控机制。对工程总承包商而言,EPC 模式在提供了相当大的弹性空间的同时也带来了更大的风险。总承包商可以通过调整设计方案包括工艺等来降低成本,但是,承包商获得业主变更令以及追加费用的弹性也很小。

EPC 模式的优点主要表现为以下 3 点:①对业主而言,合同关系简单,组织协调工作量小。业主只与总承包单位签订一个合同,合同关系大大简化。监理工程师主要与项目总承包单位进行协调,这就使建设工程监理的协调量大大减少;②缩短建设周期。由于设计与施工由一个单位统筹安排,使两个阶段能够有机融合,一般都能做到设计阶段与施工阶段相互搭接,因此对进度目标控制有利;③利于投资控制。通过设计与施工的统筹考虑,可以提高项目的经济性,从价值工程或全寿命费用的角度可以取得明显的经济效果,但这并不意味着项目总承包的价格低。

EPC模式的优点可参见表7-1。

表7-1　　四种承包模式的优点比较

	传统承包	施工管理	设计/键盘	EPC
合同简明性	★			
节省时间		☆	☆	★
降低费用	★		★	
减少索赔		☆	☆	★
预算和计划的可控制性		☆	☆	★
责任来源单一性			☆	★
质量保障性			★	
融资操作性				★

★:优点显著;☆:优点较显著。(来源:BV Market)

EPC模式的缺点主要表现为:①对总包而言,招标发包工作难度大,合同条款不易准确确定,容易造成较多的合同争议,成本风险大,因此合同管理的难度一般都较大;②业主择优选择承包方范围小,由于承包范围大,介入项目时间早,工程信息未知较多,因此承包方要承担较大的风险,而有此能力的承包单位数量较少,这往往导致价格较高;③质量控制难度大。其原因一是质量标准和功能要求不易做到全面、具体、准确,质量控制标准制约性受到影响,二是他人控制机制薄弱。

3. 项目管理总承包模式

(1)CM模式。CM(Construction Management)模式,是1968年由美国的Charles B Thomsen开创的,1981年Charles B Thomsen在代表作《CM: Developing, Marketing and Developing Construction Management Services》中指出CM的全称为"Fast—Track—Construc—tion Management"。他认为,在这一模式中"项目的设计过程被看作一个由业主和设计人员共同连续地进行项目决策的过程。这些决策从粗到细,涉及项目的各个方面,而某个方面的主要决策一经确定,即可进行这部分工程的施工"。在CM模式中,具有施工经验的CM单位在项目决策阶段就参与到建设工程实施过程中为设计专业人员提供施工方面的建议并负责随后的施工过程管理,改变了设计完成后才进行招标的传统模式。这种模式采取分阶段发包,由业主、CM单位和设计单位组成一个联合小组,共同负责组织和管理工程的规划、设计和施工,CM单位负责工程的监督、协调及管理工作,在施工阶段定期与承包商会晤,对成本、质量和进度进行监督,并预测和监控成本和进度变化。

从国际建设项目实践看,CM模式在实际应用中的模式多种多样,业主委托工程项目管理公司(CM公司)承担的职责范围广泛而灵活。根据合同规定的CM经理的工作范围和角色,一般可将CM模式分为代理型建设管理("Agency"CM)和风险型建设管理("At—Risk"CM)两种方式(见图7-9)。

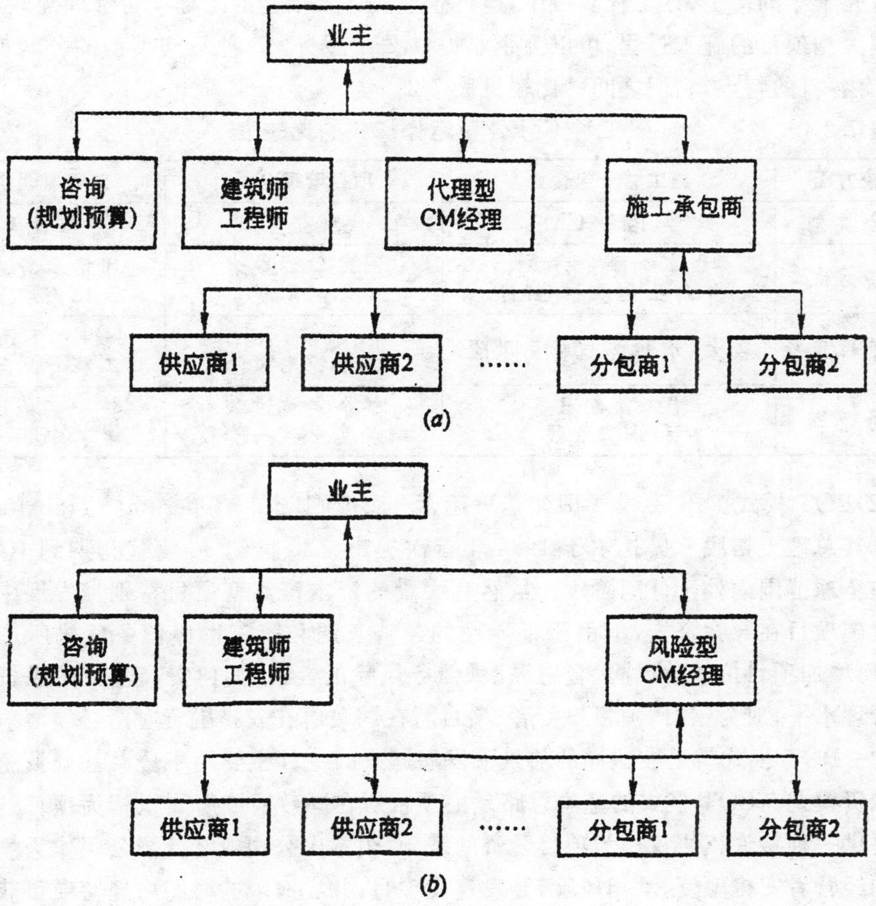

图 7-9 两种 CM 模式合同结构

(a)代理型建设管理模式 (b)风险型建设管理模式

在建设项目管理 CM 模式的条件下，我国建筑企业应该根据自身的类型特征提供不同服务方式。一是施工总承包企业提供 CM 服务时更适合承担风险型 CM。由于施工总承包企业有丰富的工程经验和较强的管理能力，承担 CM 服务时可以做到施工与设计的协调，系统安排组织施工过程，提高项目管理水平。对于承担 CM 服务的施工总承包单位，是否参与工程的施工，这取决于业主的要求和双方的约定。在国际惯例中，CM 公司可以参与部分施工任务，也可以不参与而只从事专门的项目管理工作。二是项目管理公司提供 CM 服务更适合代理型 CM。项目管理公司从事项目管理总体上属于管理型承包，能够实现组织与管理、技术与经济的结合。项目管理公司作为业主的代理，主要为业主提供设计咨询、招标、施工组织和管理服务。服务范围可以是整个项目实施阶段，也可以是其中的某一个或几个阶段。这种模式下的 CM 公司类似于国外企业主方的项目管理 PM(Project Management)，但两者并不相同，PM 介入项目的时间要早于 CM。往往在项目初期——投资决策阶段就介入，另外，PM 与 CM 在工作的广度和深度上也有所区别。三是工程建设监理企业提供 CM 服务适合承担代理型 CM，我国实施建设监理制已有几十年的历史，在工程实践中，监理企业具备了丰富的工程项目管理经验，能够组织管理大型项目的施工过程，可以为企业提供 CM 服务。3 种不同类型的公司提供 CM 服务，有各自的特点，它们之间的比较见表 7-2。

表 7-2　　三种 CM 公司运作模式的比较表

比较方面	施工总承包企业	项目管理公司	工程监理企业
适合类型	风险型 CM	代理型 CM	代理型 CM
取费方式	成本加酬金方式，并向业主承担 GMP	固定取费或者比例取费	固定取费或者比例取费
CM 单位风险	较大，承担工程费用风险	较小，不承担工程费用风险	较小，不承担工程费用风险
服务范围	施工前期准备和施工阶段	整个实施过程或者其中某一阶段	整个实施过程或者其中某一阶段

(2)BOT 模式。BOT 模式即建造—运营—移交(Build－Operate－Transfer)模式，由土耳其总理土格脱·奥扎尔于 1984 年首次提出。20 世纪 80 年代初期到中期，项目融资在全球范围内处于低潮阶段。虽然有大量的资本密集型项目特别是发展中国家的基础设施项目在寻找资金，但由于世界性的经济衰退和第三世界债务危机所造成的影响，如何增加项目抗政治风险、金融风险、债务风险的能力，如何提高项目的投资收益和经营管理水平，成为银行、项目投资者、项目所在国政府在安排融资时所必须面对和解决的问题。BOT 模式就是在这样的前景下发展起来的一种主要用于公共基础设施建设的项目融资模式。BOT 模式的基本思路是由项目所在国政府或所属机构为项目的建设和经营提供一种特许权协议作为项目融资的基础，由本国公司或者外国公司作为项目的投资者和经营者安排融资，承担风险，开发建设项目，并在有限的时间内经营项目获取商业利润，最后根据协议该项目转让给相应的政府机构。

BOT 模式一出现就引起了国际金融界的广泛重视，被认为是代表国际项目融资发展趋势的一种新型结构。BOT 广泛应用于一些国家的交通运输、自来水处理、发电、垃圾处理等服务性或生产性基础设施的建设中，显示了旺盛的生命力。BOT 模式不仅得到了发展中国家政府的广泛重视和采纳，一些工业国家政府也考虑或计划采用 BOT 模式来完成政府企业的私有化过程。

BOT 模式主要用于基础设施项目包括发电厂、机场、港口、收费公路、隧道、电信、供水的污水处理设施等，这些项目都是一些投资较大、建设周期长而且可以通过运营获得的项目。一般认为，BOT 模式的优点表现为：①降低政府财政负担。通过筹措各种民间资金参与道路、码头、机场、铁路、桥梁等基础设施项目建设，项目融资的所有责任都转移给私人企业，减少了政府主权借债和还本付息的责任，以便政府集中资金用于其他公共物品的投资。②避免政府大量的项目风险。BOT 模式使政府的投资风险由投资者、贷款者及相关当事人等共同分担，其中投资者承担了绝大部分风险。③项目回报率明确。严格按照中标价实施，政府和私人企业之间利益纠纷少，组织结构简单，协调容易。④提高了项目运作效率。由于项目资金投入大、周期长，贷款机构审查和监督民间资本参与的项目比政府直接投资方式更加严格。同时，民间资本对降低风险和获取更高收益目标的追求在客观上为项目建设和运营提供了有利于加强管理和控制造价的约束机制。⑤由外国的公司承包的BOT项目给项目所在国输入先进的技术和管理经验，有效促进了承包商的国际化经营水平的提升。

(3)Partnering模式。Partnering模式是1980年代中期首先在美国出现一种新的建设项目管理模式。从理论上讲，Partnering模式在充分考虑建设各方利益的基础上，要求业主与参建各方在相互信任、资源共享的基础上达成一种短期或长期的协定，这种协定突破了传统的组织界限，通过建立工作小组相互合作，及时沟通以避免争议和诉讼的产生，共同解决建设工程实施过程中出现的问题，共同分担工程风险和有关费用，以保证参与各方目标和利益的实现。

由于Partnering模式具有双方的自愿性、高层管理的参与以及信息的开放性等特征，因此它总是与其他管理模式结合使用的。Partnering模式改善了项目的环境和参与工程建设各方的关系，明显减少了索赔和诉讼的发生。相对于传统的管理模式，Partnering模式对于业主在投资、进度、质量控制方面有着非常显著的优越性。同时，相对于承包商而言，Partnering模式也能够提高承包商的利润。

Partnering模式特别造用于：①业主长期有投资活动的建设工程；②不宜采用分开招标或邀请招标的建设工程；③复杂的不确定因素较多的建设工程；④国际金融组织贷款的建设工程。目前，在我国建筑市场管理体系尚不够完善、各种承发包模式运营缺乏有效竞争环境的情况下，有针对性地引进Partnering模式具有一定的建设意义。

(4)PM模式。PM(Project Management)模式是指项目业主聘请一家工程公司或咨询公司代表业主进行整个项目过程的管理，该公司在项目中被称做“项目管理承包商”PMC(Project Management Contractor)。PM模式中PMC受业主委托从项目的策划、定义、设计到竣工投产全过程为业主提供项目管理承包服务。选用该种模式管理项目时，业主方面仅需保留很小部分的基建管理力量对一些关键问题进行决策，而绝大部分的项目管理工作都由项目管理承包商来承担。PMC是由一批对项目建设各个环节具有丰富经验的专门人才组成的，它具有对项目从立项到竣工投产进行统筹安排和综合管理的能力，能有效地弥补业主项目管理知识与经验的不足。PMC作为业主的代表或业主的延伸，帮助业主在前期策划、可行性研究、项目定义、计划、融资方案以及设计、采购、施工、试运行等整个实施过程中有效的控制工程质量、进度和费用，保证项目的成功实施，达到项目寿命期技术和经济指标最优化。PM模式的主要任务是自始至终对一个项目负责，这可能包括项目任务书的编制、预算控制、法律与行政障碍的排除、土地资金的筹集等，同时使设计者、工料预测师和承包商的工作正确地分阶段进行，在适当的时候引入指定分包商的合同和任务专业建造商的单独合同，以使业主委托的活动得以顺利进行。PM模式的各方关系如图7-10所示。

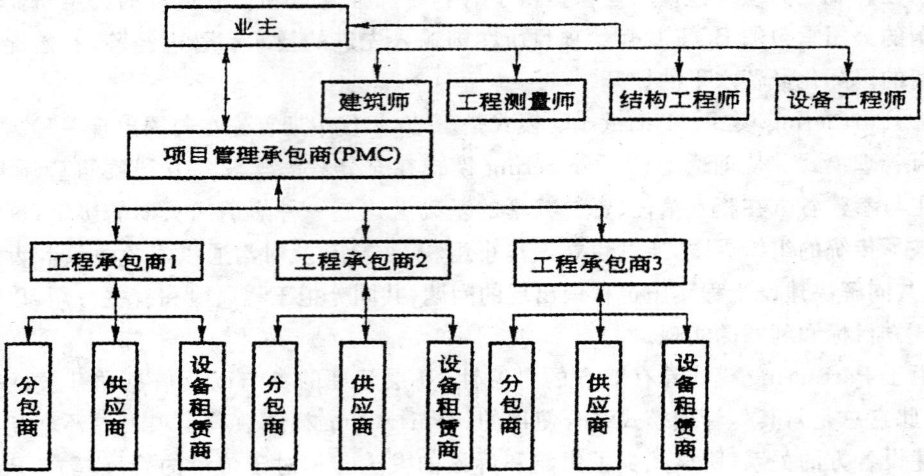

图 7-10 PM 模式合同结构

PM 模式通常用于国际性大型项目，适宜选用 PMC 进行项目管理具有如下特点的项目：项目投资额大（一般超过 10 亿元）且包括相当复杂的工艺技术；业主是由多个大公司组成的联合体，并且有些情况下有政府的参与；业主自身的资产负债能力无法为项目提供融资担保；项目投资通常需要从商业银行和出口信贷机构取得国际贷款，需要通过 PMC 取得国际贷款机构的信用，获取国际贷款；由于某种原因，业主感到凭借自身的资源和能力难以完成的项目，需要寻找有管理经验的 PMC 来代业主完成项目管理，这些项目的投资额一般在 5000 万美元以上。总之，一个项目的投资额越高，项目越复杂且难度大，业主提供的资产担保能力越低，就越有必要选择 PMC 进行项目管理。

采用 PM 模式的项目，通过 PMC 对工程建设各环节的科学管理，可大规模节约项目投资：①通过项目设计优化以实现项目寿命期成本最低化。PMC 会根据项目所在地的实际条件，运用自身的技术优势，对整个项目进行全方位的技术经济分析与比较，本着功能完善、技术先进、经济合理的原则对整个设计进行优化。②在完成基础设计之后通过一定的合同策略，选用适合的合同方式进行招标。PMC 会根据不同工作，包括设计深度、技术复杂程度、工期长短、工程量大小等因素综合考虑采取哪种合同形式，从而从整体上给业主节约投资。③通过 PMC 的多项目采购协议及统一的项目采购策略，降低投资。多项目采购协议是业主就一种商品（设备/材料）与制造商签订的供货协议。与业主签订该协议的制造商是该项目这种商品（设备/材料）的唯一供应商。业主通过此协议获得价格、日常运行维护等方面的优惠，多项目采购协议是 PMC 项目采购策略中的一个重要部分。PMC 还应负责促进承包商之间的合作，以符合业主降低项目总投资的目标，包括最优化的项目中的内容以及获得合理 ECA（出口信贷）数量和全面符合计划的要求。④PMC 的现金管理及现金流量优化。PMC 可通过其丰富的项目融资和财务管理经验，并结合工程实际情况，对整个项目的现金流进行优化。

(5)PC 模式。PC 模式于 1990 年代中期在德国首次出现并形成相应的理论。Peter Greiner 博士首次提出了 Project Controlling 模式（简称 PC 模式）并将其成功应用于德国统一后的铁路改造和慕尼黑新国际机场等大型建设工程。PC 模式是在项目管理

(Project Manage—ment)基础上结合企业控制论(Controlling)发展起来的一种运用现代信息技术为大型建设工程业主方的最高决策者提供战略性、宏观性和总体性咨询服务的新型组织模式，PC方实质上是建设工程业主的决策支持机构。PC模式不能作为一种独立的模式取代常规的建设项目管理，而是与其他管理模式同时并存。

PC模式以现代信息技术为手段对大型建设工程信息进行收集、加工和传输，通过对项目实施全过程所有环节调查分析，为项目的管理层决策提出切实可行的实施方案，围绕项目目标投资、进度、质量进行综合系统规划，以使项目的实施形成一种可靠安全的目标控制机制。PC模式是工程咨询和信息技术相结合的产物，以强化项目目标控制和项目增值为目的，核心是以工程信息流处理的结果指导和控制工程的物质流。大型建设工程的实施过程中，一方面形成工程的物质流，另一方面在建设工程参入各方之间形成信息传递关系，即工程的信息流。通过信息流可以反映工程物质流的状况。建设工程业主方的管理人员对工程目标的控制实际上就是通过及时掌握信息流来了解工程物质流的状况，从而进行从方面策划和控制决策，使工程的物质流按照预定的计划进展，最终实现建设工程的总体目标。基于这种流程分析，大型和特大型工程项目管理在组织上可分为两层：项目管理信息处理及目标控制层和具体项目管理执行层，PC模式的总控机构处于项目管理信息处理及目标控制层，其工作核心就是进行工程信息处理并以处理结果指导和控制项目管理的具体执行。PC模式的特点主要体现以下几方面：①为业主提供决策支持。PC单位主要负责全面收集和分析项目建设过程中的有关信息，不对外发任何指令，对设计、监理、施工和供货单位的指令仍由业主下达。项目总控工作的成果是采用定量分析的方法为业主提供多种有价值的报告(包括月报、季报、半年报、年报和各类专用报告等)，这将是业主决策层非常有力的支持。②总体性管理与控制。项目总控注重项目的战略性、长远性、总体性和宏观性。所谓战略性就是指对项目长远目标和项目系统之外的环境因素进行策划的控制。所谓长远性就是从项目全寿命周期集成化管理出发，充分考虑项目运营期间的要求和可能存在的问题，为业主在项目实施期的各项重大问题提供全面的决策信息和依据，并充分考虑环境给项目带来的各种风险，进行风险管理。所谓总体性就是注重项目的总体目标、全寿命周期、项目组成总体性和项目建设参与单位的总体性。所谓宏观性就是不局限于某个枝节问题，而是高瞻远瞩，预测项目未来将要面临的困难，及早提出应对方案，为业主最高管理者提供决策依据和信息。③关键点及界面控制。PC模式的过程控制方法体现了抓重点，项目总控的界面控制方法体现了重综合、重整体。过程控制和界面控制既抓住了过程中的关键问题，也能够掌握各个过程之间的相互影响和关系。这两方面的有机结合有利于加强各个过程进度、投资和质量的重要因素策划与控制，有利于管理工作的前后一致和各方面因素的综合，以作出正常决策。

第四节 建筑企业项目经理责任制

一、项目经理责任制

项目的经营活动主要靠项目经理来组织完成，项目经理责任制自1941年于美国产生以来，在一些工业发达国家得到普遍应用。我国于1983年提出建立项目经理责任制，这是建筑企业根据经营战略和内外条件，按照项目内在规律，通过生产诸要素优化配置和动态管理，改进组织结构形式，加强项目管理，实现项目合同目标，提高工程投资效益和企业综合经济效益的一种科学管理模式。

(一)项目经理责任制的特征

1.项目经理责任制的特点

建筑企业为适应现代化连续生产经营活动的需要，一般应具有相对稳定的企业管理制度，企业的寿命周期不能随具体施工项目的寿命期而变化，企业的基本组织制度也不能随施工任务的变化而波动。但是，由于施工项目具有相对多变性的特点，它对施工生产要素的需要是随着施工项目的有无和周期性的变化而呈现出阶段性和灵活性。因此，建筑企业的组织制度和施工生产要素的组织配置方式必须适应项目的多变性要求，必须改变建筑企业以下属单位为管理对象的模式，建立以项目为管理对象的组织机构，对配置在企业和部门的生产要素，实行集中统一管理，按项目的要求优化配置，根据项目的变化进行调整，实行动态管理。

2.服务目标的责任性明确

建筑企业的管理对象从下属单位转变为施工项目以后，要求企业重新构筑责、权、利的关系，建立为项目服务的责任系统。这个责任系统首先是对实现项目合同目标全面负责，保证工程项目按合同要求完成。只有在这个基础上，才能满足企业战略的需要，谋求企业综合的经济效益。

项目经理责任制使得施工中责、权、利关系重新构筑，首先体现在项目经理负责制上，然后涉及全企业责、权、利关系的重新构筑。

3.封闭式的经济核算办法

建筑企业的经济核算，时间是以会计年度的时间划分为依据，计算内容由同一时期企业收入、支出和该期间企业所有项目收入、支出两部分组成。固定建制下的核算体制是企业下属各建制单位一定期限中的收入和支出，很难区分具体项目的盈亏情况。建筑企业在推行项目经理负责制以后，必须实行项目经济核算制。

项目经济核算制与原体制下实行的核算制有很大的不同。它是一种封闭型的核算制，是根据企业内部的定额、标准、核算等基础工作，确定施工项目应负责实现的责任成本，项目经理部以责任成本为最高控制限额而进行的项目收支核算。责任成本是建筑企业考核、评价、控制施工项目的基本指标，也是施工项目经理规划、组织和控制项目活动的出发点。

(二)项目经理责任制的组织形式

从建筑企业组织形式选择的基本标准看，与项目经理责任制的企业管理模式相适应，矩阵制组织形式是一种比较理想的组织形式。在矩阵制组织形式下，企业的纵向管理职能划分为3个层次：经营决策层、一般专业职能与要素管理层和项目管理层。其中前两个层次是相对稳定的，一般不随施工项目的波动而变动，而项目管理层则是随着项目任务性质和项目寿命周期的变化而变化。企业每增加一个项目，都要根据项目的实际需要组成一个相应的项目作业班子。项目一结束，作业班子也随之撤销，企业没有项目时也就不存在项目层。项目经理责任制下的组织形式如图 7-11 所示。

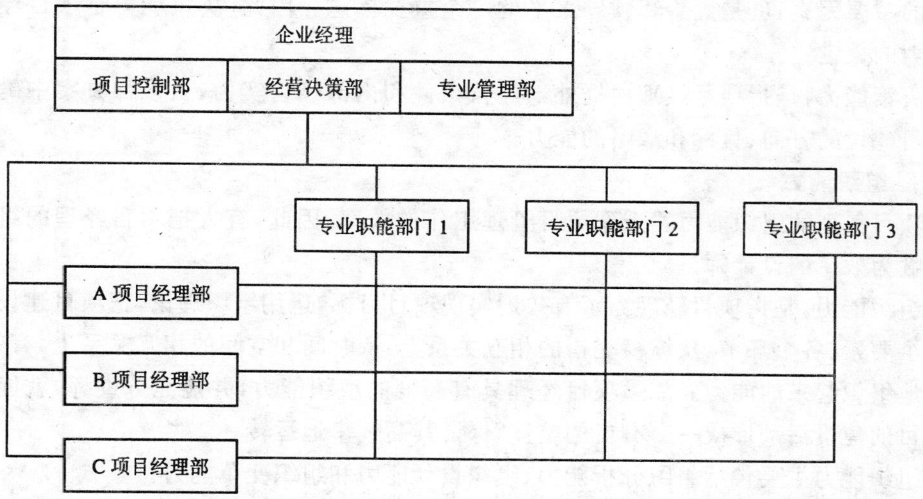

图 7-11 矩阵制项目经理组织结构示意图

项目经理组织由工程项目施工总负责人及其助理、施工现场负责人、项目施工成本控制者、项目施工进度控制者、项目施工技术和质量控制者、项目合同管理者等人员组成。项目经理组织，应视工程项目规模、建设性质、技术复杂程度、人员素质等各项条件而定，不可能有统一、标准的组织形式。

二、项目经理的业务素质

建筑企业项目经理是指受企业法定代表人委托，对工程项目施工过程全面负责的项目管理者，是建筑施工企业法定代表人在工程项目上的全权负责人。

项目经理的业务素质，是各种能力的综合。这些能力包括核心能力、必要能力和增效能力 3 个层次。其中，核心能力是创新能力；必要能力是决策能力、组织能力和指挥能力；增效能力是控制能力和协调能力。这些能力是项目经理有效地行使职责，充分发挥领导作用所应具备的主观条件。

1. **创新能力**

由于科学技术的迅速发展，新工艺、新材料等的不断涌现，建筑产品的用户不断提出新的要求。同时，建筑市场改革的深入发展，大量新的问题需要探讨和解决。总之，要求项目经理只有解放思想，以创新的精神、创新的思维方法和工作方法来开展工作，才能实现施工项目的总目标。因此，创新能力是项目经理业务能力的核心，关系到承发包经营的成败和项目投资效益的好坏。

创新能力是项目经理在项目管理活动中，善于敏锐地察觉旧事物的缺陷，准确地发现新事物的萌芽，提出大胆而新颖的推测和设想，继而进行科学周密的论证，提出可行的解决方案的能力。

2. 决策能力

项目经理是项目管理组织的当家人，统一指挥、全权负责项目的管理工作，所以，要求他必须具备较强的决策能力。同时，项目经理的决策能力是保证其所在单位生命机制旺盛的重要因素，也是检验其领导水平的一个重要标志。因此，决策能力是项目经理必要能力的关键。

决策能力，是指项目经理根据外部经营条件和内部经营实力，从多种方案中确定工程项目建设的方向、目标和战略的能力。

3. 组织能力

项目经理的组织能力关系到项目管理工作的效率，因此，有人把项目经理的组织能力比喻为效率的设计师。

组织能力，是指项目经理为了有效地实现项目目标，运用组织理论，把项目建设活动的各个要素、各个环节，从纵横交错的相互关系上，从时间和空间的相互关系上，有效地、合理地组织起来的能力。如果项目经理具有高度的组织能力，并能充分发挥，就能使整个项目的建设活动形成一个有机的整体，保证其高效率地运转。

组织能力主要包括组织分析能力、组织设计能力和组织变革能力。

4. 指挥能力

项目经理是工程项目建设活动的最高指挥者，担负着有效地指挥项目建设经营活动的职责。因此，项目经理必须具有高度的指挥能力。

项目经理的指挥能力，表现在正确下达命令的能力和正确指导下级的能力两个方面。项目经理正确下达命令的能力，是强调其指挥能力中的单一性作用；而正确指导下级的能力，则是强调其指挥能力中的多样性作用。因为项目经理面对的是不同类型的下级，他们年龄不同，学历不同，修养不同，性格、习惯也不同，有各自的特点，所以，必须采取因人而异的方式和方法，从而使每一个下级对同一命令有统一的认识和行动。

5. 控制能力

就工程项目的建设而言，如果缺乏有效的控制，其管理效果一定不佳。而对工程项目的建设实行全面而有效的控制，则取决于项目经理的控制能力及其有效地发挥。

控制能力，是指项目经理运用各种手段（包括经济的、行政的、法律的、教育的等），保证工程项目的正常实施，保证项目总目标如期实现的能力。

项目经理的控制能力，体现在自我控制能力、差异发现能力和目标设定能力等方面。自我控制能力，是指本人通过检查自己的工作，进行自我调整的能力；差异发现能力，是对执行结果与预期目标之间产生的差异能及时测定和评议的能力，如果没有这种能力，就无法控制局面。目标设定能力，是指项目经理应善于规定以数量表示出来的接近客观实际的明确的工作目标，这样才便于与实际结果进行比较，找出差异，以利于采取措施进行控制。

6. 协调能力

项目经理对协调能力掌握和运用得当，就可以充分调动职工的积极性、主动性和创造性，收到良好的工作效果，以至超过设定的工作目标。

协调能力，是指项目经理解决各方面的矛盾，使各单位、各部门乃至全体职工，为实现项目目标密切配合、统一行动的能力。

现代大型工程项目，牵涉到很多单位、部门和众多的劳动者。要使各单位、各部门、各环节、各类人员的活动，能在时间上、数量上、质量上达到和谐统一，除了依靠科学的管理方法、严密的管理制度之外，很大程度上要靠项目经理的协调能力。协调主要是协调人与人之间的关系。

当然，项目经理业务能力的高低，在很大程度上取决于其知识水平的高低。因此，他应具有广博的知识。这些知识包括社会科学、自然科学和哲学方面的知识（如价值规律、按劳分配规律、心理学、人才学等）和业务知识（包括项目管理学、企业管理学、领导科学及电子计算机及其应用等）。此外，项目经理除了要具备上述理论知识外，还必须具有相应的实践经验。

第八章　建筑企业技术管理

第一节　建筑企业技术管理概述

一、建筑企业技术管理的概念

建筑企业技术管理是对建筑企业中的各项活动过程和技术工作的各种要素进行科学管理的总称。建筑施工过程是建筑产品的生产过程，也是一系列技术活动进行的过程。因此，技术管理是建筑企业管理的重要组成部分。企业的技术管理活动不仅研究某项技术问题如何解决，而且还研究如何对各项技术活动和技术工作进行管理，即运用管理的职能促进各项技术工作的开展，保证施工生产的顺利进行。技术管理的基本概念所涵盖的范围，如图 8-1 所示。

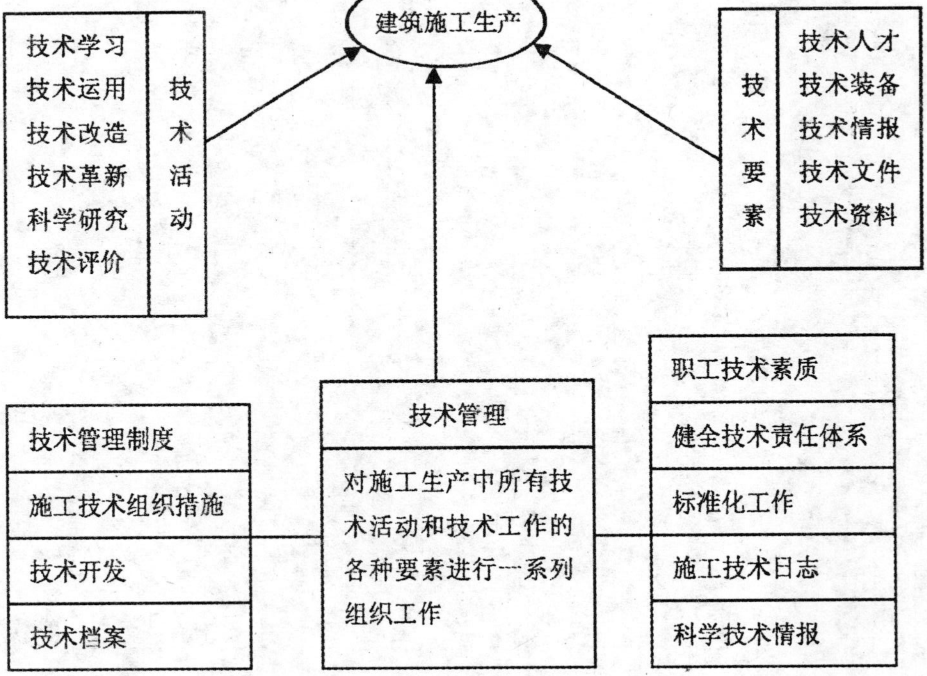

图 8-1　技术管理的基本概念示意图

在科学技术飞速发展的时代，如果技术水平跟不上时代的步伐，将会在激烈的市场竞争中被淘汰。因此，必须加强建筑企业技术管理工作，建筑企业技术水平的高低，除受建筑企业所拥有的技术本身决定以外，还受建筑企业技术管理水平决定，并且技术管理水平更为重要。因为，建筑企业所拥有的技术人才和技术装备，只有通过技术管理工作，才能真正发挥作用，做到人尽其才，物尽其用。建筑业也是技术含量较高的行业，所以，建筑企业必须加强技术管理工作，提高技术水平，增强生存与发展的能力。

二、建筑企业技术管理的内容

建筑企业技术管理的内容是由技术管理的任务所决定的，又是与建筑施工技术工作的特点相适应的。建筑企业技术管理工作的内容如图 8-2 所示。从图中可以看出，建筑企业技术管理的工作内容主要包括基础工作和基本工作两个部分。技术管理的基本工作是紧紧围绕技术管理的基本任务而展开的，它与技术管理的基本工作之间是相辅相成相互依赖的关系。技术管理的基础工作是为有效地开展技术管理的基本工作开道。所以，建筑企业只有全面地做好上述管理工作，才能保证企业生产技术活动得以正常进行，生产技术准备水平、工程质量、劳动生产率和经济效益得以不断提高，从而增强企业的技术经济活动，使自身得以不断发展壮大。

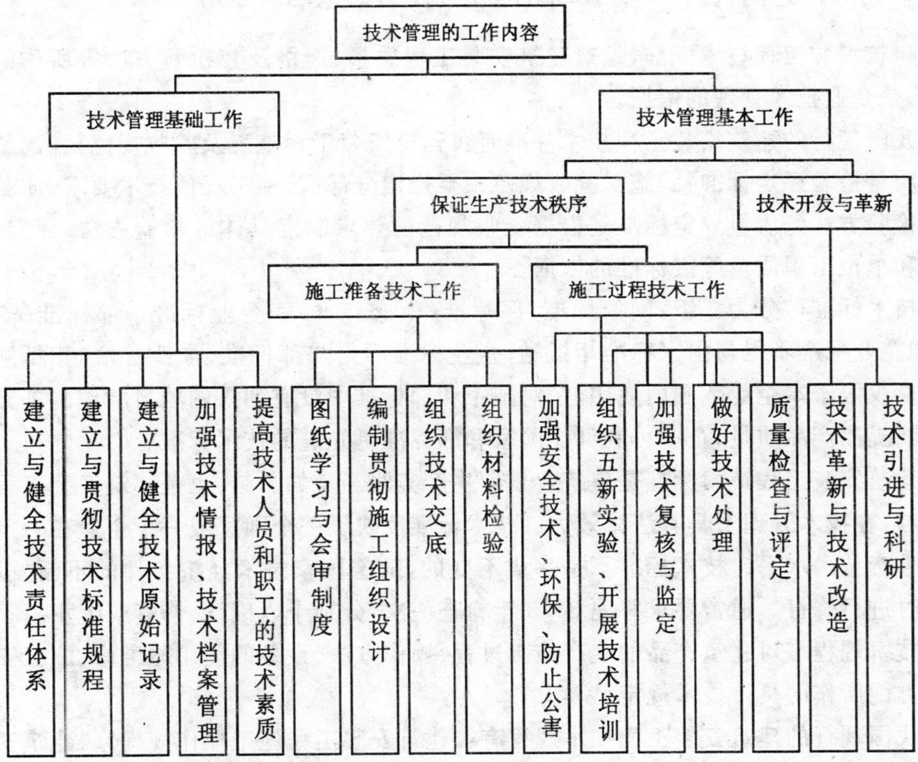

图 8-2 技术管理工作的内容示意图

三、建筑企业技术管理的任务

建筑企业技术管理的基本任务有 5 个方面：

(1)全面贯彻国家的技术政策和上级建设行政主管部门对技术工作的有关规定与决

定。

(2)按照“现场第一、强化服务”的原则,建立和健全组织机构,形成技术保障体系,按照技术规律,科学地组织各项技术工作,充分发挥先进技术应有的作用。

(3)建立健全技术责任制,严格遵守基本建设程序、施工程序和正常的生产技术秩序,组织现场文明施工,保证工程质量,安全施工,降低消耗,提高建设投资和生产施工设备投资效益。

(4)促进企业的科学研究、技术开发、技术教育、技术改造、技术更新和技术进步,不断提高建筑企业的科学技术水平。

(5)努力提高技术工作的经济效益,做到技术与经济的有机结合。

第二节　建筑企业技术管理的基础工作

一、制定与贯彻技术标准和技术规程

建筑安装工程技术标准,是对建筑安装工程质量、规格及其检验方法等所作的技术规定,是企业技术管理的依据。

我国现行的建筑安装工程技术标准有:《建筑安装工程施工及验收规范》、《建筑安装工程质量检验评定标准》。施工验收规范主要规定分部、分项工程的技术要求、质量标准及其检验方法。质量评定标准是根据验收规范的要求制定具体的检验方法,评定分部、分项和单位工程质量等级标准的依据。

技术标准可分为3级:国家标准、部标准(专业标准)和企业标准。部标准(专业标准)和企业标准不得与国家标准相抵触;企业标准不得与部标准(专业标准)相抵触。企业标准仅限于本企业范围内使用,是对国家和部标准中没有列入的项目所作的补充。为了不断提高产品质量,企业可制订比国家和部标准更先进的技术标准。

建筑安装工程技术标准是建筑业长期生产实践经验的总结,也是建筑安装工程施工的标准,在技术管理上具有法律效力。技术标准反映了一个国家或一个企业在一定时期内的生产技术水平。技术标准不是一成不变的,随着国家技术经济条件的不断发展,必须及时进行修订。通常要求每隔3～5年检查一次,分别予以确认、修订或废止。

技术规程是对建筑产品的生产施工过程、操作方法、设备的使用与维修、施工安全技术等方面所作的具体技术规定。

我国现行的建筑安装工程技术规程有:《建筑安装工程施工操作规程》、《建筑安装工程安全操作规程》。

技术规程因地区操作方法和操作习惯不同,在保证达到技术标准的前提下,一般由地区或企业自行制订执行。技术规程制订时,必须严格按照技术标准的要求,总结广大群众的生产实践经验,在合理利用企业现有生产条件的同时,尽可能地采用国内外比较成熟的先进经验,以促进企业生产技术的发展。

除了上述的标准和规程外,国家还制定了一系列技术政策和法规,企业必须正确贯

彻执行。贯彻国家的技术政策，要注意因时因地制宜，从企业实际情况出发，制订规划逐步实现。

二、完善技术责任制

技术责任制是指将企业的全部技术管理工作分别落实到具体岗位（或个人）和具体的职能部门，使其职责明确，并制度化。

企业内部的技术管理，实行公司和项目经理部两级管理。公司工程管理部下设技术管理室、科研室、计量室，在总工程师领导下进行技术、科研、试验、计量和测量管理工作。项目经理部设工程技术股，在项目经理和主任工程师领导下进行施工技术工作。总工程师、主任工程师是技术行政职务，系同级行政领导成员，分别在总经理、项目部经理的领导下，全面负责技术工作，对本单位的技术问题，如施工方案、各项技术措施、质量事故处理、科技开发和改造等重大问题有决定权。

建立技术责任制，不只是使各级技术人员具有一定的职权，更重要的是要充分发挥他们的作用。各级技术人员在做好职权范围内工作的同时，要不断地更新知识，树立开拓精神，使企业具有先进的施工技术和科学的管理水平。

三、建立技术原始记录

技术原始记录，是整个企业管理基础工作的重要组成部分。它包括：①材料、构配件及建安工程质量检验记录；②质量、安全事故分析和处理记录；③设计变更记录以及施工日记等。技术原始记录是评定产品质量、技术活动质量及产品交付使用后制订维修、加固或改建方案的重要依据。建筑企业必须建立和加强各项技术原始记录工作并使之形成制度。

四、做好完整的施工日记

施工日记是在建筑工程整个施工阶段有关施工技术方面的原始记录。因此，从工程开始施工时，就应由单位工程技术负责人进行记录，直至工程竣工。施工日记应逐日记录，并保持其完整，在工程竣工验收时，作为质量评定的一项重要依据。在工程竣工若干年后，其耐久性、可靠性、安全性发生问题，影响其功能使用，须进行维修、加固时，施工日记也是制订方案的依据之一。

施工日记的内容一般有：

(1)工程的开竣工日期以及主要分部分项工程的施工起止日期，技术资料供应情况；

(2)因设计与实际情况不符，由设计单位在现场解决设计问题和对施工图修改的记录；

(3)重要工程的特殊质量要求和施工办法；

(4)在紧急情况下采取的特殊措施和施工方法；

(5)质量、安全、机械事故的情况，发生原因及处理方法的记录；

(6)有关领导或部门对工程所作的生产、技术方面的决定或建议；

(7)气候、气温、地质以及其他特殊情况（如停电、停水、停工待料）的记录等。

五、实行技术档案的管理

建筑企业的技术档案的管理，就是使它有计划地、系统地积累具有一定价值的建筑技术经济资料。它来源于企业的生产和科研活动，反过来又为生产和科研服务。

建筑企业技术档案的内容可分两大类，一类是为工程交工验收而准备的技术资料，作为评定工程质量和使用、维护、改造、扩建的技术依据之一；另一类是企业自身要求保留的技术资料，如施工组织设计、施工经验总结、“五新”实验资料重大安全事故的分析与处理措施、有关技术管理工作经验总结等，作为继续进行生产、科研以及对外进行技术交流的重要依据。

六、搞好技术情报的管理

建筑企业的技术情报是指国内外建筑生产、技术发展动态的资料和信息。它包括有关的科技图书、科技刊物、科技报告、专门文献、学术论文和实物样本等。

技术情报是企业改进技术、发展技术的“耳目”，它可使企业及时获得先进的技术，并直接用于实践。这样，企业可以赢得时间，不必自己再去闯路子从头做起。同时，通过情报工作，总结和交流本企业的先进生产技术成果，促进企业内部各单位及各兄弟企业得到共同提高。

技术情报的管理，就是有计划、有目的、有组织地对建筑生产技术情报收集、加工、存储、检索的管理。技术情报应当做到：要走在科研和生产的前面；有目的地进行情报跟踪；及时交流和普及技术情报；技术情报应及时可靠；要建立和完善技术情报工作机构等。

第三节　建筑企业技术管理的主要工作

一、图纸会审

1. 图纸会审的含义

图纸会审是指开工前，由设计单位交底、施工单位参加、对全套施工图纸共同进行的检索与核对。

施工图纸是进行施工的依据，图纸学习与会审的目的是领会设计意图，熟悉图纸的内容，明确技术要求，及早发现并消除图纸中的技术错误和不当之处，保证施工顺利进行。因此，图纸会审是一项严肃、重要的技术工作。

2. 图纸学习与自审

施工单位在收到施工图及有关技术文件后，应立即组织有关人员学习研究施工图纸。在学习、熟悉图纸的基础上，施工单位进行自审。自审的要点是：

(1)了解、研究图纸与说明有无矛盾，图纸是否齐全，规定是否明确。

(2)主要尺寸、标高、位置有无错误，平面图、立面图、剖面图之间是否有矛盾，标注是否遗漏。

(3)土建与水、电、设备等图纸之间如何交叉衔接。

(4)所采用的标准图编号、型号与设计图纸有无矛盾。

(5)结构图中是否有钢筋明细表，若无钢筋明细表，关于钢筋构造方面的要求在图中是否说明清楚。

3. 施工图纸会审

在自审基础上，再邀请建设单位、设计单位共同会审，也可以由建设单位组织，邀请设计单位、施工单位共同进行会审。会审的主要内容有：

(1)设计图纸必须是设计单位正式签署的图纸，凡是无证设计或越级设计，以及非设计单位正式签署的图纸不得施工。

(2)设计是否符合国家的有关技术政策、经济政策和规定。

(3)设计计算的假设条件和采用的处理方法是否符合实际情况，施工时有无足够的稳定性，对安全施工有无影响。

(4)地质勘探资料是否齐全，设计的地震烈度是否符合当地要求。

(5)建筑、结构、水、暖、电、卫与设备安装之间有无重大矛盾。

(6)图纸及说明是否齐全、清楚、明确，有无矛盾。

(7)图纸上的尺寸，标高、轴线，坐标及各种管线、道路、立体交叉、连接有无矛盾等。

(8)实现新技术项目、特殊项目、复杂设备的技术可能性和必要性如何，是否有必要的措施。

4. 图纸会审纪要

图纸会审的纪录要会签。会后由组织会审的单位，将审查中提出的问题以及解决办法，根据纪录，写成正式文件或会议纪要，作为施工或修改设计的依据。图纸会审纪要一般包括以下内容：

(1)会议地点、时间、参加会议人员名单。

(2)建设单位与施工单位对设计提出的要求，以及要求修改的内容。

(3)施工单位为便于施工、施工安全或建筑材料问题而要求设计单位修改部分设计图纸，会议商讨结果与解决办法。

(4)会议中尚未解决或需进一步商讨的问题与要求等。

按图纸施工是建筑施工人员必须严格遵守的纪律，施工人员无权对设计图纸进行修改。在施工过程中，如发现图纸仍有差错或与实际情况不符或因施工条件、材料规格、品种、质量不能符合设计要求，以及施工现场施工人员提出了合理化建议等原因，需要进行施工图修改时，必须严格执行技术核定和设计变更签证制度。如设计变更的内容对建设规格、投资等方面影响较大时，必须报请原批准单位同意。

所有技术核定和设计变更资料，包括设计变更通知、修改图纸等，都须有文字记录，归入技术档案，并作为施工和竣工结算的依据。

二、编制施工组织设计

(一)编制施工组织设计的重要性

施工组织设计是指导拟建工程施工全过程各项活动的技术、经济和组织的综合性文件，也是对施工活动实施科学管理的有力手段。它的重要性主要是以下 3 个方面：

(1)由于建筑产品及其生产的特点，决定了在建筑施工中没有完全相同的施工组织方法。对于一个拟建工程，要结合工程要点、地区环境和施工条件，合理地进行施工过程的时间空间安排，科学地组织劳动力和物资供应，协调各个单位、各个部门、各个施工段时间的关系，以便在开工前对整个施工过程进行统一部署，而这些都要通过施工组织设计科学地表达出来。

(2)在整个基本建设程序中，施工阶段是将计划变成客观现实的重要阶段，而这个阶段的资金投入远远高于计划和设计阶段的投资总和，编制好施工组织设计对保证施工阶段顺利进行，实现预期效果具有非常重要的意义。

(3)施工组织设计是施工企业施工计划和统筹企业投入产出过程的关键，同时也体现施工企业的经营管理素质和经营管理水平。

(二)施工组织设计的任务和作用

1. 施工组织设计的任务

编制施工组织设计就是要在满足国家的有关政策和技术法规、建设单位要求、设计图纸和组织施工基本原则的前提下，从施工全局出发，结合工程特点和企业自身条件，合理组织施工，科学管理，不断革新施工技术，有效使用人力、物力、在时间和空间上统筹安排，以期达到消耗低、工期短、质量高的最优效果。

2. 施工组织设计的作用

(1)施工组织设计是对拟建工程全过程合理安排，实行科学管理的重要手段和措施。通过施工组织设计的编制，可以从工程实际出发制订出合理的施工方案、技术经济和组织措施；制订最优计划；提供最优临时设施；以及材料和机具在施工场地上的布置方案，保证施工顺利进行。

(2)施工组织设计能统筹安排和协调施工中的各种关系。它把拟建工程的设计与施工、技术与经济、施工企业的全部施工安排与具体工程之间的施工组织更紧密地结合起来；同时也把各分包单位、各专业之间的关系，各施工阶段和施工过程之间的关系更好地协调起来。

(3)通过编制施工组织设计，可以事先预计到施工过程中可能产生的各种情况，从而做好准备工作和拟订采取的相应防范措施，减少施工的盲目性，使管理者和生产者做到心中有数，为实现建设目标提供技术保证。

实践证明，拟建工程的施工组织设计编制合理，并且在施工过程中认真贯彻执行，就可以保证其施工有条不紊地进行，从而做到人尽其力，物尽其用，取得最好的经济效益和社会效益。

(三)施工组织设计的分类和内容

1. 施工组织设计分类

施工组织设计根据设计阶段和编制对象的不同大致可分为 3 类，即施工组织总设计、单位工程施工组织设计和分部分项工程施工设计。

(1)施工组织总设计。它是以一个建设项目或建筑群为编制对象，规划其施工全过程各项活动的技术经济的全局性、控制性的文件。它是整个建筑项目施工的战略部署，设计范围较广，内容比较概括，一般是在初步设计或扩大初步设计批准后，由总承包单位会同建设、设计和各分包单位共同编制的，也是施工单位编制年度施工计划和单位工程施工组织设计的依据。

(2)单位工程施工组织设计。是以单位工程为编制对象，用来指导其施工全过程各项活动的技术经济的局限性、指导性文件。它是拟建工程施工的战术安排，是施工单位年度施工计划和施工组织总设计的具体化，可作为编制季度、月度和分部分项工程施工设计的依据。

单位工程施工组织设计，依据工程规模、技术复杂程度不同，在编制内容的广度和深度上有以下两种类型：单位工程施工组织设计，一般用于重点的、规模大的、技术复杂的或采用新技术的项目；简单的单位工程施工组织设计（或施工方案），通常只编制施工方案并附以施工进度表和施工平面图。

(3)分部分项工程施工设计。对于工程规模大、技术复杂或施工难度大的大型工业厂房或公共建筑物，在编制单位工程施工组织设计之后，常需编制某些主要分部分项工程施工设计。如土建中复杂的基础工程、大型吊装工程、高级装修工程等。它是直接指导现场施工和编制月、旬作业计划的依据。

2. 施工组织设计的内容

(1)在工程概况中简要说明建筑工程性质、规模、建筑地点、建筑面积、施工期限；本地区气象、水文、地质情况；施工条件、劳动力、构件、机具、材料等供应情况。

(2)施工方案选择是依据工程概况，结合人力、材料、机械设备等条件，全面布置施工任务；安排总的施工顺序，确定主要工种工程的施工方法；对拟订的根据工程各种条件可能采用的几种方案，进行定性、定量的分析，通过技术经济评价，选择最佳方案。

(3)施工进度计划，反映了施工方案在时间上的安排；采用计划的方法，使工期、成本、资源等方面通过计算和调整达到既定目标；在此基础上即可安排人力和各项资源需要计划。

(4)施工平面图是施工方案及进度在空间上的全面安排。它是把投入的各项资源（如材料、构件、机械等）和生产、生活活动场地合理地布置在施工现场，使整个现场能进行有组织、有计划的文明施工。

(5)主要技术经济指标是对确定的施工方案及施工部署的技术经济效益进行全面的评价，用以衡量组织施工的水平。一般包括工期指标、质量指标、安全指标，降低成本和节约材料指标等。

三、技术交底

在工程正式施工以前，为了使参加施工的技术人员和工人熟悉和了解所承担工程的特点、设计意图、技术要求、施工工艺和应注意的问题，必须认真做好技术交底工作。

1. 技术交底的内容

(1)合理组织按图施工。在工程正式施工以前，为了使施工人员了解施工工程的设计特点、做法要求、抗震处理、施工设备等合理组织按图施工。

(2)施工组织设计交底。将施工组织设计的全部内容向参与施工的有关人员交代，以便掌握工程特点、施工部署、任务划分、施工方法、施工进度、各项管理措施、平面布置等,用先进的技术手段和科学的组织手段完成施工任务。

(3)设计变更和洽商交底。将设计变更的结果向参与施工的人员做统一说明,便于统一口径,避免差错。

(4)分项工程技术交底。分项工程技术交底主要包括施工工艺、技术安全措施、规范要求、操作规程和质量标准要求等。

对于重点工程,工程重要部位,特殊工程和推广与应用新技术、新工艺、新材料、新结构的工程,在技术交底时更需要作全面、明确、具体、详细的技术交底。

2. 技术交底的组织

(1)施工单位总工程师或主任工程师向施工队或项目负责人进行施工方案实施技术交底。

(2)施工队技术队长(或专职工程师)向单位工程负责人、质量检查员、安全员、有关职能人员、班组长进行施工方案、施工方法、质量要求及施工注意事项等内容交底。

(3)单位工程负责人再向参与的班组和操作工人进行交底。这是技术交底的关键,其内容包括:①有关工程的各项要求;②必须注意的尺寸、轴线、高程以及预留孔洞、预埋件的位置、规格、数量等;③使用材料的品种、规格、等级、质量要求以及混凝土、砂浆、防水和耐火材料的配合比;④施工方法、施工顺序、工程配合、工序搭接、安全操作要求;⑤各项技术指标的要求和实施措施;⑥设计变更情况;⑦施工机械性能及使用注意事项等。

班组长在接受各项技术交底后,应组织班组的工人进行认真的讨论,制订保证全面完成任务的班组措施。班组长对新工人还应组织应知、应会的技术学习和技术练兵。

技术交底是一项重要的技术管理。书面交底仅仅是一种形式,技术管理的大量工作是检查、督促。在施工过程中,反复检查技术交底的落实情况,加强施工监督,对中间验收要严格,从而保证施工质量。

四、技术检验

建筑材料、构件、零配件和设备质量的优劣,直接影响建筑工程质量。因此,必须加强技术检验工作,并健全试验检验机构,把好质量检验关。技术检验是指对施工所需材料及构件在施工前进行的试验和检验,它是合理使用资源,确保工程质量的重要措施。

为了做好这项工作,建筑企业要根据实际需要建立健全试验、检验机构和制度,配备相应的人员和仪器设备,在企业总工程师和技术部门的领导下开展工作。

1. 对技术检验部门和施工技术人员的要求

(1)遵守国家有关技术标准、规范和设计要求,按照试验、检验规程进行操作,提出准确可靠的数据。

(2)试验、检验机构按规定对材料进行抽样检查,提供数据存入工程档案。

(3)施工技术人员在施工中应经常检查各种材料、半成品、成品的质量和使用情况,对不符合质量要求的,确定解决办法。

2. 对原材料、构件、设备检验的要求

(1)用于施工的原材料、成品、半成品和设备等,必须由供应部门提出合格证明文件,对没有证明文件或虽有证明文件，但技术部门认为必要时，在使用前必须进行抽查、复验，证明合格后才能使用。

(2)钢材、水泥、砖、焊件等结构用材料，除应有出厂证明或检验单外，还要根据规范和设计要求进行检验。

(3)高低压电缆和高压绝缘材料要进行耐压试验。

(4)混凝土、砂浆、防水材料的配合比，应进行试配，经试验合格后才能使用。

(5)钢筋混凝土构件及预应力钢筋混凝土构件，均应按规定方法进行抽样检验。

(6)必须对成品、半成品进行严格检查，签发出厂合格证，不合格的不能出厂。

(7)新材料、新产品、新构件，应有权威的技术检验部门关于其技术性能的鉴定书，制定出质量标准及操作规程后，才能在工程上使用。

(8)对工业设备和建筑设备，安装前必须进行检查验收，做好记录。重要的设备、仪器、仪表还应开箱检验。

五、技术复核

1. 技术复核的含义

技术复核是指在施工过程中，对重要的和涉及工程全局的技术工作，依据设计文件和有关技术标准进行的复查和核验。其目的是避免发生重大差错，影响工程的质量和使用。复核的内容视工程的情况而定，一般包括建筑物位置坐标、标高和轴线、模板、钢筋、混凝土、大样图、主要管道、电气等及其配合。

2. 技术复核的内容

特别在混凝土结构工程施工的全过程中，每一分部、分项工程均必须对模板、钢筋、混凝土进行复核，主要复核的内容是：

(1)模板组装施工全过程中主要复核的内容是：模板成型的模型几何尺寸、轴线、标高、挠度(起拱高度)，承受竖向荷载的强度，支撑连接的牢固性；卡具的规格和数量，预埋件和预留孔的位置，模板及其支架是否达到设计的强度、刚度和稳定性。

(2)钢筋制作和组装过程的主要复核内容有：钢筋的材质、品种、制作与组装外形的几何尺寸，配筋的数量、间距、排距，接头的搭接长度、焊缝的质量、弯起钢筋的弯起点、预埋件的几何尺寸、数量、位置，垫块的强度和厚度，钢筋除锈情况等。

(3)混凝土拌和、浇筑过程的主要复核内容是：混凝土组成的材料材质、配合比，计量衡具的准确性，混凝土拌和物的坍落度。

(4)构件安装前的主要复核内容是：构件种类、型号、几何尺寸，预制构件起吊预测强度、安装的位置、高程、支座处锚固长度、接头及接缝情况。

3. 技术复核的要求

技术复核的要求是：①建筑安装工程的技术复核应按系统回路、区段进行复核部位的划分。它的内容包括设计、材料、施工3个方面。每一个分部、分项工程进行一道工序时应及时进行复核，未经技术复核的项目不得进行下道工序施工；②复核内容如建筑物内管道的高程、坡度是否根据设计和规范施工、空调的管道高程是否与设备协调等，对于设备基础应根据设备基础的位置高程进行复核；③在建筑基础工程阶段的技术复核一般为埋地的各种管道、预留件及各种管道的预留洞口等。

六、技术核定

1. 技术核定的含义

技术核定是在施工过程中，如发现图纸仍有差错，或因施工条件发生变化，材料和半成品等不符合原设计要求，采用新材料、新工艺、新技术及合理化建议等各种情况或事先未能预料的各种原因，对原设计文件所进行的一种局部修改。技术核定是施工过程中进行的一项技术管理工作。

2. 技术核定的条件及依据

设计图纸虽然经过图纸会审，但是，在施工过程中，仍有可能发现设计图纸上的差错或与实际情况不符的地方；或者由于施工条件、材料的规格、品种、质量不能完全满足设计要求，需要进行修改设计或代换材料；或者在使用功能上有某些变动，设计标准上有所提高或降低以及职工提供合理化建议，需要补充或修改设计图纸时，就必须进行工程变更。

要进行工程变更，就会带来一系列的问题，如返工损失、停工窝工、材料准备、设备供应、施工机械、工期拖延以及预算变更、工程决算等。但有的单位工程负责人发现设计图纸不全或尺寸不符，既不向上请示，又不和有关人员研究，就凭想当然，拍脑袋擅自决定。这样就不仅会造成工程费用扯皮，而且，也容易造成工程质量事故或难以弥补的缺陷，给工程带来不应有的损失。因此，对工程变更工作，绝不能等闲视之。

这就要求在进行工程变更时，严格地执行技术核定制度，在需要进行设计变更时，必须经过有关部门的充分协商，在技术上、经济上、质量上、使用功能上、结构强度上进行全面考虑和技术复核，然后再写成技术核定单，经设计单位、建设单位和施工单位3方面有关人员签署认可后，与设计图纸具有同等效力，是指导施工的依据。未经设计单位签署的核定单无效。

3. 技术核定的权限及程序

技术核定必须遵循以下权限和程序，不得擅自修改设计。

(1)属于一般的技术核定，如钢筋代用(除预应力和特殊要求钢筋外)，由经办技术人员核算，经技术负责人核定。

(2)凡涉及工程量变更，影响原设计标准、功能等，应由施工单位的主任工程师和总工程师核算，并经设计单位和建筑单位签署认可后，方能生效。

(3)由设计单位提出的变更，须有施工单位的是否接受的书面意见。

七、施工公害的防治技术管理

在建筑施工中，往往会有噪音、振动、粉尘、烟气、废渣等产生，轻则影响本单位职工的作业条件 和劳动卫生，重则影响和破坏地区原有的生产和生活环境，造成公害。对施工公害应制订防止措施，并在施工中进行检查和监测。施工公害的防治管理程序见图8-3。

事前调查主要是调查施工地区环境情况以及对环境保护的要求。然后根据有关规定，结合工程施工条件，确定控制公害的标准或控制值，即管理目标。若计算的公害或污染发生值低于管理目标,即认为是允许的,若计算的发生值高于管理目标,即造成公害,需制订技术对策,并进行现场监测,使公害发生值降至控制值之下。

第四节　技术改进与技术开发

一、技术改进

1. 技术改进的含义

技术改进亦称技术革新,是对现有技术的改进和局部更新,是企业技术发展中的渐变性的进步。技术改进是改变我国技术落后状态,适应现代化建设需要的有效途径。

技术改进与技术开发是建筑企业技术管理工作的主要内容,是提高建筑企业的工程质量水平和效益的重要手段。

在开展技术改进活动时,应注意加强组织领导工作;结合生产需要合理规划;充分发动群众,积极吸收群众的合理化建议,组织好以专业人员为主,有群众参加的攻关小组;及时做好技术改进的成果鉴定、评价、奖励、推广工作。

2. 技术改进的意义

技术改进是以提高生产效率和技术水平,降低材耗、提高工程质量为目的,用现代化的先进的机器设备和工艺方法对原有的技术进行改进,是对现有技术的更新与发展。

3. 技术改进的内容

技术改进的主要内容包括:施工工艺和操作方法的改进;施工机械设备和工具的改进;试验、检验技术的改进以及管理技术的改进等。采用新的结构形式,进行管理工具和管理方法的革新等。

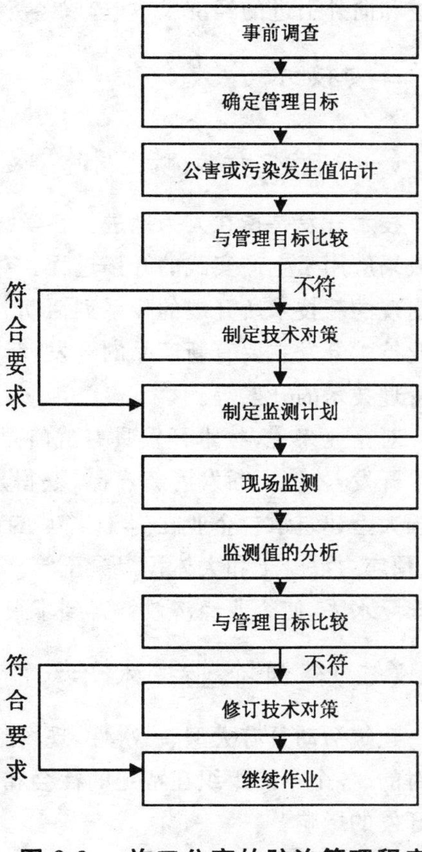

图 8-3　施工公害的防治管理程序

4. 技术改进的组织与管理

技术改进工作必须加强领导,通过有效的组织与管理,调动各方面的积极性和创造性,具体工作中要注意以下环节:

(1)在技术改造活动中,首先要抓好管理的现代化,只有管理水平提高了,才能在现有技术装备的基础上发挥更大效益,这是技术改进的大前提。

(2)在技术改进选题中,要从当时对本企业影响较大,最迫切的问题出发,提出方向性的技术改进课题,并制订规划和计划,科学组织,以取得良好的经济效益。

(3)技术改进要尊重科学,实事求是,每一项技术改进工作都要通过鉴定,对其技术的成熟程度和经济合理性作出评价,确定其适用范围与条件,对于重大的技术改进项目,要有计划地组织攻关。

(4)要及时做好技术改进成果的巩固、提高和推广工作。对于取得的成果,经过鉴定,证明其是有效的技术革新成果,就应立即形成制度化、标准化、加以巩固和提高,推广到生产施工中去。要加强推广工作的领导,就需努力创造和提供推广技术革新成果的条件,总结推广中的经验教训,加速推广工作,迅速取得经济效益。

(5)要正确处理技术改进和技术引进的关系。技术引进在一定程度上提高了企业的水平,减少了技术改进研究的费用和时间,具有省时、省力、见效快的特点。但一定要消化、吸收,真正给企业带来效益。同时,也要做好技术引进的经济评价工作,要比较自我改进和向外引进的经济成本,选取经济效果更好的方案。

二、技术开发

(一)技术开发概念和意义

技术开发是指在人为地进行科学技术的基础研究和在应用研究的基础上,将新的科研成果应用于生产实践的开拓过程。对企业来说,技术开发指的是对企业中第一次应用或出现的新技术所开展的一系列活动。包括创造、学习、掌握、有效地应用等过程。建筑企业技术开发主要有新产品的开发,新设备与工具的开发,新的施工工艺的开发,以及新的管理技术的开发等。

对企业来说,技术开发具有战略意义的。技术开发是企业发展的生命线,只有通过技术开发,才能不断发展新产品,获得新技术,从根本上提高产品质量,增强竞争能力。我国大型建筑承包企业在岩土工程、工程结构抗震、综合爆破、大型结构与设备整体吊装、预应力混凝土和大体积混凝土等技术领域取得了重大技术开发成果,基本达到或接近国际水平,使企业经济效益得到了很大的提高。

(二)建筑企业技术开发的特点

建筑活动具有大型、一次性、现场施工、协作性强、周期长等特点,特别是一般由一个临时的、各个不同组织在特定的社会和政治背景下协作建造,这些均会导致对建筑业技术开发的影响:

1. 规格影响

例如,工厂的预制件制作尺寸要受运输条件的影响,因此大型构件预制中技术创新的实施受到影响。单件一次性技术创新也受到约束,而规模批量能激发技术开发。

2. 生产及其环境的影响

现场施工是一个开放性系统环境,生产中的各部分相互关系及生产环境控制上有难度,要求有克服其困难的创新技术。

3. 产品寿命的影响

大多数建筑物有一个特定的、至少50年的设计生命,因此建筑企业技术创新不仅要估计最初的建造背景，还必须考虑到未来很长一段时间的影响。

4. 生产组织背景的影响

建筑企业的技术开发大都存在于一个暂时的联合体中，项目完成后，通常这个联合体就解体了，要求有对此特点相适应的技术开发机制。

5. 社会、政治背景的影响

因为建筑物直接影响人类的安全和健康，所有物业的生命周期（设计、建造、运营和报废）都受社会、政治、规范等法规约束，因此也要求有与之相适应的技术开发。

（三）技术开发的模式

1. 递增性开发

递增性开发就是在当前知识和经验基础上的小变化，其带来的影响在一个相当狭窄的范围内是可预见的，而且它与其他构件和系统的相互关系可以不予重视，如建筑施工中增加高空作业人员安全的“全身安全背带”。

2. 根本性开发

根本性开发是指科学或技术上的突破，通常导致行业特点和性质的改变。它以确切的形式创立一种新方法，所有以前系统上和组织上的相互关系都不存在了，如结构用钢改变了能够设计和建造的建筑物的类型和结构，开创了一个全新的建筑结构时代。

3. 独立性开发

独立性开发是一个构件在概念上有了重大的变化，但与其他构件和系统的联系没有改变，如使用自动联线浇筑混凝土。这个工序的机械化是一个概念上的重大变化，而且涉及许多新技术，但是并没有改变任何与现场混凝土浇筑有关的其他构件、方法或材料。

4. 关联性开发

关联性开发指一个构件发生了变化，与其他构件和系统的联系也有了较大的变化，如自密实混凝土。这种混凝土使用水泥、外加剂和骨料，在一定范围内控制他们的尺寸和品质，使得混凝土的震动阶段可以省略。

5. 系统性开发

系统性开发是通过多项独立的创新，作为一个整体表现新的结构或提高建筑物的功能，如大型火力发电站的分区模块建造方法。系统开发在建筑业中有着相当高的出现频率。

（四）技术开发的依据和途径

1. 技术开发的依据

（1）国家的技术政策。包括科学技术成果的专利政策、技术成果有偿转让政策等。

（2）产品生产发展的需要。是指未来对建筑产品的种类、规模、质量及功能等需要。

（3）企业的实际情况。是指企业的人力、物力和财力及外部的协作条件等。

2. 技术开发的程序

（1）调查研究，掌握技术动态。进行充分的调查研究，了解科技信息，做好技术预测，掌握好开发时机。

（2）选择技术开发的具体课题，这是提高技术开发效益的关键。通过可行性研究选定开发项目，拟定研制方案。

(3)进行研制和引进开发。按拟定的研制方案，集中人力、物力、财力，加速开发工作。并注意价值分析和质量评价。

(4)设计性试制和生产性试验阶段。设计是技术开发的重要环节，它涉及技术、经济和政策等很多问题。做到技术先进，经济合理和生产的可能。通过小批量生产，检验新技术，以进一步完善设计，改进和稳定工艺，消除正式生产中的技术障碍。

(5)应用阶段。这个阶段应做好成果的鉴定和推广。注意总结和评价，为今后进一步改进或进行新的开发做准备。

3. 技术开发的途径

(1)独创型技术开发。是从应用研究、甚至是从基础研究开始，通过科学研究取得技术上的重大突破，然后应用于生产实践。

(2)引进型技术开发。是指从企业外部(外国、外地区、外单位)引进新技术，经过消化、吸收，使之在本企业安家，以至综合与创新，并通过继续开发使之溶入本企业技术体系。

(3)综合型技术开发。是通过对现有技术的综合，进行技术开发，形成新技术。综合型技术开发可以以一种技术为主体，使另一种技术与之有机结合形成新技术，也可以综合两种以上技术形成新技术。

(五)技术开发的组织管理

1. 确立技术开发方向和方式

根据我国国情，我国建筑企业不能照搬外国承包商自行开发占主导地位的技术开发方式。应根据企业自身的特点和建筑技术发展趋势确定技术开发方向，走和科研机构、大专院校联合开发的道路，但是从长远战略考虑，还应有企业自己的研究开发机构，成立研发中心，强化自己的技术优势，在技术上形成一定的垄断，走技术密集型发展的道路。

2. 加大技术开发的投入

建筑企业应制定短、中、长期的研究投入费用及其占营业额的比例，逐步提高科技投入量，监督实施，并建立规范化的评价、审查和激励机制；加强研发力量，重视科研人才，增添先进的设备和设施，保证技术开发具有先进手段。

3. 加大科技推广和转化力度

在欧美、日本、韩国的各大建筑公司，都非常重视技术开发成果的应用，他们有很多研究课题来自生产实际需要。如日本大成建设除专门研究机构外，建筑本部也设有技术部，负责生产方法的效率化和合理化，土木本部中的技术部负责工法的材料简便化，以及生产方法的效率化和合理化等。因此，研究开发部门和现场施工部门密切配合应是我国建筑企业技术发展的趋势。

4. 增大技术装备投入

建筑企业只有增大技术装备投入，才能提高劳动生产率。因此，应当让现代的、新的建筑机械和设备不断进入施工现场。因此考虑投入规模至少应当是承包商年收益的2%～3%，并逐年增长。

5. 强化应用计算机和网络技术

建筑企业利用软件进行招投标、工程设计和概预算工作，利用网络收集施工技术等情报信息，通过电子商务降低采购成本。

6. 加强科技开发信息的管理

建筑企业要建立强有力的情报信息中心，要有专人、专款的投入，最高管理层领导也要为快捷决策提出参考意见。

第五节　标准化管理与工法制度

一、标准化管理

（一）标准化管理的含义及作用

1. 标准化管理的含义

所谓标准化管理，是指为了取得最佳的经济效果，依据科学技术和实践经验，在充分协商的基础上，对经济技术活动中具有多样性和相关特性的重复事物，按一定的程序和形式颁发的统一规定。标准具有不同的级别，如国际标准、国家标准、部颁标准和企业标准等。标准化管理具有不同的类型，如技术标准、生产组织标准和经济管理标准等。

建筑标准分为强制性标准和推荐性标准两类，前者指有关安全、卫生、环境、基本功能要求、计量单位、质量测验等的标准，具有法律性；后者指勘察设计、施工工艺、产品、技术经济和管理标准等，具有权威性。

标准化又称规范化，是针对生产技术和组织管理等例行性工作，规定出统一的标准，并加以实施的整个过程，这是一项重要的技术政策。

2. 标准化管理的作用

标准化管理是一项重要的社会活动，建筑企业管理中的标准化对象，主要是生产活动中具有大量重复性特征的事物。在技术管理中推行标准化工作的一个直接的、主要的目的，在于获得全面的、最佳的经济效益，因此搞好企业标准化管理工作具有十分重要的意义。

标准化管理是现代化大生产的必要条件，它能使广泛的生产经营活动按标准有秩序地进行。有了标准，各项工作就有衡量的尺度，可以减少施工生产中的盲目性和管理中的混乱现象，可使管理方法定型，简化管理程序，从而提高企业的科学管理水平；标准化能够促使管理工作高效化，可以大大减少随机的处理问题，它规定了工艺、原料、管理的标准，有利于从技术上保证建筑产品高质量、高标准、低成本，有利于提高工程质量，为用户与社会提供合格的产品。这样一方面有利于维护用户的利益，另一方面也有利于提高企业信誉和经济效益，使企业在国内、国际竞争中处于优势。标准化也是组织专业生产的可靠技术基础。专业化、协作化要依靠标准化工作，在标准化的基础上，企业按标准组织生产，互换性、通用性强，产品性能才能适应作用要求，才能在专业化的基础上进行协作。标准化的推广和应用，能够推动建筑企业的技术进步。

（二）标准化管理的原则

标准化管理的原则是对标准化行动过程的规律的认识，主要内容有以下4个方面：

（1）简化。所谓简化就是剔除多余，合并重复，增加互换性，使无序转化为有序，使放任转为规范管理，使混乱变为整齐，使复杂成为简单。

（2）统一。指在标准化工作中要将名词、编码、代号、标识、计量单位和标准系列等予以统一。

（3）协调。先进的标准，如工程项目施工的工期，它能与质量、成本得到最佳的协调。

（4）优化。指在标准化的过程中，会有多个可行方案，要加以选优，从中选择一个功能最佳的方案。

（三）标准化管理的体系

所有标准（包括国家、部门、企业），都存在着内在联系，具有相互依存、相互补充、相互制约的关系，构成一个有机整体，这就是标准的体系。我国现行的建筑企业的技术标准分为4个层次：

（1）国际标准。为了适应全球经济一体化的需求，国际上统一规定的有关标准如国际标准化组织（ISO）出台的ISO－9000系列标准，就为各国企业参与国际合作与竞争提供了一个共同的质量管理语言，对于国内外工程的合作与竞争意义重大。

（2）国家标准。国家标准是对全国经济、技术发展具有重大意义而必须在全国范围内统一的标准，如《给排水管道工程施工及验收规范》、《通风与空调工程施工及验收规范》等。

（3）部标准。主要是建设部颁布的一些规范和标准，如工程质量验收规范、建筑安装规范、材料标准、健康和环境保护标准等。

（4）企业标准。由建筑企业单位或其上极主管机关批准发布的用于企业的标准。为了不断提高产品质量，国内某些先进企业还制订了企业内控标准，以促进企业提高产品质量，提高建筑产品的竞争能力。在制订企业标准时要以技术先进、经济合理、安全可靠为原则。

（四）企业标准化的推进

标准化管理在企业的管理工作中占有重要地位，通过标准化的推进和管理，可以提高企业的管理效率，提高竞争力，提高企业的产品质量，因此在企业中，标准化的推进和管理往往是企业决策层的核心工作之一。要推进在建筑企业的标准化管理，首先要建立健全适于本企业职能部门活动的标准化组织机构，如标准化小组或标准化科室，以有效地推进管理标准化的工作。同时，还必须积极采用国际先进标准，推进国际标准组织（ISO）及其所承认的其他国际组织和国际电工委员会（IEC）已制定的相关标准。

（五）建筑标准化的有关政策

在国家建设部颁布的1996～2010年建筑技术政策中，对于加强建筑标准化工作，提出了7点意见。

(1)健全建筑标准组织机构,完善建筑标准化体系,包括规划、勘察、设计、生产或施工、检验或验收等标准,规范建筑市场技术行为,保证建筑产品的使用功能和安全等方面的重要作用。

(2)继续完善强制性标准和推荐性标准相结合的建筑标准体制,在此基础上,建立建筑技术法规与建筑技术标准相结合的体制。

(3)继续重点制定有关保障人体健康、人身财产安全的执行标准,加强供建设单位和企事业单位采用的各种推荐性标准。

(4)继续完善房屋建筑的模数协调体系,加速制定各类建筑制品和设备的产品标准,提高建筑制品和设备的定型化、系列化和通用化程度,提高建筑工业化水平。

(5)推动企业建立健全以技术标准为主体,包括工作标准和管理标准在内的企业标准体系,鼓励企业结合自身的特长制定高水平的企业技术标准,建立健全实施标准和对标准实施进行监督的组织机构,以增强本企业参与市场竞争的能力。

(6)结合国情认真研究、积极采用国际标准和国外先进标准,积极参与国际标准化活动,承担国际标准化工作。

(7)加强标准实施和实施监督工作,继续建立、完善工程和产品的安全和质量监督、检测机构,逐步建立产品准用证制度和质量认证制度,实施企业自控、行业管理、政府监督、社会监理、用户评价相结合的质量监督体系。

二、工法制度

1. 工法的定义

"工法"一词来源于日本,日本建筑大字典称工法是"建造建筑物(构筑物)的施工方法或建造方法"。日本的《国语大辞典》则称工法是"工艺方法和工程方法"。日本有"构法"一词,与工法有些相近,指"建筑物(构造物)的构成方法"。和工法相近的词义,美、英称"Construction Method System"。

我国建设部在颁发的《施工企业实行工法制度的试行管理办法》中对工法下了如下的定义:工法是指以工程为对象,以工艺为核心,运用系统工程的原理,结合先进技术与科学管理,在实践的基础上形成的综合配套技术的应用方法。它具有一定的实用价值和经济价值。

工法是指导建筑企业施工管理的一种规范化文件,是衡量企业技术水平和施工能力的重要标志,是施工企业技术进步的重要组成部分。对于推动企业技术创新工作深化,提高企业技术素质,保证工程质量,提高企业的市场竞争力,加快施工进度,增加经济效益,推动施工企业技术进步,发挥了重要的作用。工法分为一级(国家级)、二级(地区部门级)、三级(企业级)3个等级。

在建筑企业管理中,重视工程实践经验,编制工法和工艺标准,并在实践中加以贯彻,逐步形成具有企业特色的工艺技术标准,使科技迅速转化为生产力,是建筑企业技术管理的重要内容。近年来,我国颁布实施了相当数量的国家级、省级工法,如1991年建设部公布了41项国家级工法,1993年公布了67项工法,2001年公布了61项工法;这些工法的公布与实施对施工企业的技术进步起了积极的推动作用，提高了我国的施工技术水平。

2. 工法的内容

工法具体的内容一般可分为10个部分。

(1)工法的特点。比如对人员的专业化要求、机具设备的要求，施工的简洁与否及对周围环境的影响等，说明本工法使用功能和施工方法的特点。

(2)适用范围。说明本工法适用的工程对象或工程部位。

(3)工艺原理。说明本工法的核心工艺原理，包括基本原理、工艺流程、施工工艺。

(4)施工程序要点。主要内容有原材料质量控制、施工工艺质量控制等内容。

(5)劳动组织与安全措施。对人员的安排包括技术管理人员的数量和专业水平等作出安排，安全措施主要对施工人员在施工中的各个工序环节的安全提出注意事项，以保证安全施工。

(6)机具设备。一般以表格的形式列出本工法所需的各种机具设备的名称、规格、单位和数量。

(7)质量控制。对工法所涉及的各个项目的允许偏差作出说明，并对保证质量及注意事项等作出详细的规定和说明。

(8)技术经济分析与评价。以技术指标和经济指标对工法实施的情况作出分析与评价。

(9)工程实例。以具体事例对工法实施情况加以论证，说明其技术及经济的优越性能。

(10)工法的执笔人及参加人员的署名。

3. 工法管理及应用

企业的工法管理应由总工程师负责领导，并设立相应各级主管机构和专人负责日常管理工作。主要职责是负责组织本企业的工法立项、申报、评审和公布，以及推广应用、考核和奖励等日常管理工作。目前国家级工法两年评审、公布一次，企业可根据具体情况作出相应的安排。

工法是一项技术性工作，企业要经常做好宣传和推广应用工作，不断完善管理体制，建立健全规章制度，使工法工作不断发展完善，要在物质和人力上加大投入，从政策上调动广大工程技术人员的积极性，对工法工作中有贡献的工程技术人员应予以奖励，并作为考核、晋升和职称评定的依据。

认真做好工法的申报、评审和公布工作。这是一项细致和时间性很强的工作，应按国家有关规定及时完成。

工法编制的目的在于应用，企业应选择合适工程积极推广应用，通过工程实践再总结修订工法，使之不断充实和完善，成为企业的优势技术，增强企业在建筑市场中的竞争实力。根据当前应用较好企业的经验，越是工程项目难度大，任务重，企业的技术攻关课题多，推广应用效果就越好，企业的经济效益好，实力增强，对工法的投入就多，形成良性循环。所以工法的应用与效益和再投入有着密切联系，加强工法推广应用工作势在必行。

第九章　建筑企业质量管理

第一节　质量管理概述

一、工程质量管理的概念和指导思想

(一)工程质量的概念

1. 质量的概念

我国国家标准GB/T 19000—2000《质量管理体系——基础和术语》对质量的定义是:一组固有特性满足要求的程度。

术语“质量”可使用形容词差、好或优秀来修饰。

“固有的”(其反义是“赋予的”)就是指在某事或某物本来就有的,尤其是那种永久的特性。对产品来说,例如水泥的化学成分、强度、凝结时间就是固有特性,而价格和交货期则是赋予特性。对质量管理体系来说,固有特性就是实现质量方针和质量目标的能力;对过程来说,固有特性就是过程将输入转化为输出的能力。

从术语的基本特性来说,质量是满足要求的程度。要求包括明示的、隐含的和必须履行的需求或期望。明示的要求一般是指合同环境中,用户明确提出的需要或要求,通常是通过合同、标准、规范、图纸、技术文件所作出的明确规定;隐含的要求则应加以识别和确定.具体说,一是指顾客的期望,二是指那些人们公认的、不言而喻的、不必作出规定的“需要”,如洗衣机必须满足洗衣和甩干的基本功能即属于“隐含需要”。需要是随时间、环境的变化而变化的,因此,应定期评定质量要求,修订规范,开发新产品,以满足已变化的质量要求。

2. 工程质量的概念

工程质量是国家现行的有关法律、法规、技术标准和设计文件及工程合同中对工程的安全、使用、经济、美观等特性的综合要求。工程项目一般都是按照合同条件承包建设的,因此,工程质量是在“合同环境”下形成的。合同条件中对工程项目的功能、使用价值及设计、施工质量等的明确规定都是业主的“需要”,因而都是质量的内容,它通常体现在适用性、可靠性、经济性、外观质量与环境协调等方面。

(1)适用性。即工程适合使用的性能,也就是满足使用要求的能力,同时还包括建筑造型美观上的要求。

(2)可靠性。即保证满足安全、坚固、耐用的要求。从另一个角度来说,是指在一定条件下完成规定任务的能力大小。要求建筑物既要坚固可靠,又要保证有一定的寿命。

(3)经济性。是指工程对机械、材料以及动力、燃料、人力等涉及成本费用的使用消耗,用以衡量工程的经济效果。它一般也分为两个方面:其一是建筑工程的单方造价,体现建造费用的经济性;其二是经常性的维修费用,体现经常使用性费用的经济性。

适用性、可靠性和经济性,是相互依存、互相制约、互相矛盾的。片面的强调某一个方面,而忽视另一个方面,必然会影响整个工程的质量。因此,衡量工程质量的指标是一个相对的综合性指标。所谓最优工程质量,即在一定技术条件下,以最经济、最合理的技术方案,将建筑物的适用性、可靠性和经济性及外观质量、环境等有机地统一起来。

国家建设工程质量监督管理体制,是实行国务院建设行政主管部门统一监督管理,各专业部门按照国务院确定的职责分别对其管理范围内的专业工程进行监督管理的制度。根据国务院批准的"三定"方案规定,建设部是负责全国建设行政管理的职能部门,国务院铁路、交通、水利等有关部门分别对其专业建设工程进行监督管理。县级以上人民政府建设行政主管部门在本行政区域实行建设工程质量监督管理,专业部门按其职责对本专业建设工程质量实行监督管理。

(二)工程质量管理的概念

1. 质量管理的概念

我国国家标准 GB/T 19000—2000《质量管理体系——基础和术语》对质量管理的定义是:在质量方面指挥和控制组织的相互协调的活动。

在质量方面的指挥和控制活动,通常包括制定质量方针和质量目标以及质量策划、质量控制、质量保证和质量改进。

质量方针是指"由组织的最高管理者正式发布的该组织总的质量宗旨和方向"。它体现了该组织(项目)的质量意识和质量追求,是组织内部的行为准则,也体现了顾客的期望和对顾客作出的承诺。质量方针是总方针的一个组成部分,由最高管理者批准。

质量目标是指"在质量方面所追求的目的",它是落实质量方针的具体要求,它从属于质量方针,应与利润目标、成本目标、进度目标等相协调。质量目标必须明确、具体、尽量用定量化的语言进行描述,保证质量目标容易被沟通和理解。质量目标应分解落实到各部门及项目的全体成员,以便于实施、检查、考核。

从质量管理的定义可以说明,质量管理是企业(项目)围绕着使产品质量能满足不断更新的质量要求,而开展的策划、组织、计划、实施、检查和监督、审核等所有管理活动的总和。它是企业(项目)各级职能部门领导的职责,而企业最高领导(或项目经理)负全责,应调动与质量有关的所有人员的积极性,共同做好本职工作,才能完成质量管理的任务。

2. 工程质量管理

工程质量管理是指事先采取各种保证质量的措施,通过一定的手段,把勘察、设计、原材料供应、构配件加工、施工工艺以及检验仪表、机具等等可能造成工程质量问题的因素、环节和部门,予以组织、控制和协调。这样的组织、控制和协调工作,就是工程质量管理工作。

(三)质量管理的指导思想

1. 预防为主的思想

预防为主是质量管理最重要的思想之一,预防为主是指在产品生产之前通过分析影响产品质量的各种因素加以重点控制,防患于未然。在质量管理的过程中,要时刻将预防为主作为指导思想,在项目实施之前就做好质量策划,制定有效的质量控制措施,设置质量控制点,对容易发生质量事故的难点问题加以重点控制,从而确保工程的质量,预防为主应贯彻于工程项目实施的所有阶段。

2. 以顾客为主的思想

以顾客为关注焦点,也是质量管理的重要思想之一。企业的生存和发展依赖于顾客的信任和认同。时刻关注顾客的反应,最大限度地满足顾客的明确和隐含需求,是质量管理的基本原则。

3. 持续改进的思想

在企业的质量管理过程中,必须具有持续改进的思想。持续改进是提高企业质量管理水平、增强企业产品竞争力的重要内容。企业只有建立持续改进的管理制度,通过策划、实施、检查、改进等循环活动,才能真正使企业的质量管理步入良性发展的轨道,才能逐步增强企业满足质量要求的能力,才能保证企业产品的质量特性得到不断的改进和完善。

二、质量管理的发展

质量管理科学的发展,大致可以分为质量检验阶段、统计质量管理阶段、现代质量管理阶段等3个阶段。

(一)质量检验阶段

质量检验阶段开始于欧洲工业革命时期,当时质量管理工作仅限于对产品质量的检验,其特点是对产品进行严格把关,这种检验一开始是由操作者对产品进行自我检验,后来随着机械化大生产的出现,这种产品质量检验的责任就由最初的操作者、生产者逐步转化到由专门的质量检验人员负责。

质量检验阶段是质量管理的初级阶段,其特点是百分之百的全检验,检验结果的可靠性是很高的,但由于这种质量的检验是在产品生产完成之后进行的,是一种事后行为,其实质是在产品中挑出不合格产品,保证产品的质量,没有起到事前预防和控制的作用。另外,百分之百检验涉及的检验费用很高,在经济上不合理。

(二)统计质量管理阶段

在20世纪20年代前后,一些著名的统计学家开始尝试用数理统计的方法来解决质量检验所存在的问题。美国质量管理专家休哈特(W. A. SHEWHART)提出了控制和预防缺陷的概念,并发明了控制图。控制图的出现,被认为是质量管理从单纯的事后检验向检验加预防转变的标志。

统计质量管理开始于第二次世界大战期间，最初是用在军事产品的生产和加工中，在战后很多领域中得到了广泛的运用。它是用数理统计的原理克服了质量检验阶段检验方法的局限性，其基本原理是通过从母体当中进行抽样检验，来预测母体的质量分布情况。在第二次世界大战开始以后，美国军工生产快速发展，美国军方迫切要求应用统计分析的方法对军工产品进行质量控制。这种方法既可以降低检验的成本，又能满足规模化生产的需要，因此，在战后很多国家纷纷效仿采用，统计质量管理得到了广泛的认同。

但统计质量管理也存在着缺陷，由于该方法是用一种纯数理的方法去解决质量问题，使得人们一度将质量管理人员和统计分析人员等同起来。实际上，质量管理的发展不仅限于数理统计方法的应用，随着各个学科的发展，质量管理逐步过渡到现代质量管理阶段。

（三）现代质量管理阶段

随着质量管理研究和时间的发展，从 20 世纪 60 年代开始，各种质量管理的基本原理和方法开始不断更新，迎来了现代质量管理阶段。

现代质量管理阶段的第一个标志就是全面质量管理思想的提出。随着工业生产的日趋复杂和服务业的蓬勃发展，人们开始认识到质量管理不仅仅是应用某一方法或者某一工具的问题。质量管理需要用系统科学的观点去审视问题，其涉及的内容是非常丰富的。

现代质量管理阶段的第二个标志是质量管理标准化的发展。随着国际贸易的发展，产品的生产和销售已经不仅仅局限于某一个国家和地区，市场的全球化已经成为必然趋势，这又给质量管理工作带来了新的问题。实现产品设计、生产的标准化，成为质量管理发展的重要领域。国际标准化（ISO）即是世界范围内致力于实现质量标准化的国际组织。

第二节　建筑企业质量管理体系

一、质量管理体系的基本概念

（一）质量管理体系的含义

质量管理体系是建立质量方针和质量目标，并实现这些目标的一组相互关联的或相互作用的要素的集合。

质量管理体系包括硬件和软件两大部分。企业在进行质量管理时，首先根据达到质量目标的要求，准备必要的条件，包括人员素质、试验、施工、检测设备的能力等资源；然后通过设置组织机构，分析确定需要开发的各项质量活动（过程）；分配、协调各项活动的职责和接口，通过程序的制定给出从事各项质量活动的工作方法，使各项质量活动（过程）能经济、有效、协调地进行，这样组成的有机整体就是企业的质量管理体系。

（二）质量方针

质量方针是指由组织的最高管理者正式发布的该组织的总的质量意图、宗旨和方向。

建筑企业质量方针应明确企业及最高管理者对质量的承诺和宗旨，应与其他方针相协调。质量方针是企业质量管理的纲领，需要通过每一个工程项目的质量目标来实现。建筑企业的质量管理活动应始终围绕着质量方针目标的制定和实施进行。质量方针还应为企业中所有员工熟悉和理解，并承担义务来完成。

（三）质量目标

质量目标是指在质量方面所追求的目的。

确定质量目标的要求是：质量目标应适当展开，除了有一个总目标外，有关部门和企业的适当层次还应根据总目标确定自己的分目标；质量目标的实现应是可以测量的，但可测量并不意味目标必须是定量的，目标也可用定性方式表示。

质量方针和质量目标的相同之处在于它们指出了企业在质量方面的方向和追求的目标，使企业的各项质量活动都围绕这个方针和目标来进行，让企业的全体员工都来关注它们的实施和实现。两者都确定了要想达到预期结果，就得使企业利用其资源来实现这些结果。不同之处在于质量方针指出了企业满足顾客要求的意图和策略，而质量目标则是实现这些意图和策略的具体要求。

质量方针和质量目标的关系是质量方针是为建立和评审质量目标提供了框架并要具体体现企业对持续改进的承诺；质量目标则在此框架内确立、开展和细化；两者应保持一致，不能脱节和偏离。

如建筑企业的质量方针可表述为：遵纪守法，交合格工程；信守合同，让用户满意；坚持改进，达行业先进。其中既包括了企业遵守法律法规、对产品事物质量的承诺及顾客服务的承诺，也包括了对企业持续改进的承诺。

在上述质量方针指导下，建筑企业质量目标可包括：单位工程竣工一次验收合格率，工期履约率上，顾客满意率上，每年开发如新的施工方法等。这种质量目标的描述与质量方针相呼应，交合格工程具体目标为一次验收合格率的要求，顾客满意体现在工期履约和顾客满意率上，每年开发新施工方法体现了企业的持续改进等。这样的质量方针和质量目标的表达，体现了企业的质量方针作为质量目标的框架。

（四）质量策划

质量策划是质量管理的一部分，致力于制定质量目标并规定必要的运行过程和相关资源，以实现质量目标。

质量策划和质量计划是有区别的，质量策划强调的是一系列活动，而质量计划是质量策划的结果之一，通称是一种书面的文件。建筑企业的质量策划可以分为若干层次，包括最高管理层对质量体系的策划，项目经理对工程施工过程的策划，技术管理人员对工序过程的策划等。质量策划的内容包括质量要达到什么水平，采用什么样的先进工艺、方法、手段，对施工过程进行预控的措施等。

（五）质量控制

质量控制是质量管理的一部分，致力于满足质量要求。

质量控制的目标就是确保产品的质量能满足顾客、法律法规等方面所提出的质量要求，如适用性、可靠性和安全性等。质量控制的范围涉及产品质量形成全过程的各个环节，任一环节的工作没有做好，都会使产品质量受到损害而不能满足质量要求。

质量控制包括作业技术和活动，也就是包括专业技术和管理技术两个方面。其目的在于监视过程并排除活动中所有阶段导致不满意的原因，以取得经济效益。质量控制一般分为两个阶段，一是对影响质量的各环节和因素制定计划与程序；二是在实施过程中进行连续评价和验证，发现问题进行分析，对异常情况进行处理，采取纠正措施。因此，质量控制应贯彻预防为主与检验把关相结合的原则。

此外，随着经济社会的发展和科技的进步，对质量要求也在不断地提高、更新，这就要求质量控制不能停留在一个水平上，应不断发展、不断前进，即要动态地进行质量控制。

（六）质量保证

质量保证是指致力于提供质量要求会得到满足的信任。随着技术的发展，产品也越来越复杂，对其质量要求也越来越高，用户为了确信厂家所提供的产品达到了所规定的质量要求，就会要求企业提供设计、生产各环节的主要质量活动确实做好，并能有力地提供合格产品的证据，这就是用户提供的质量保证要求。

针对用户的质量要求，企业就要开展外部质量保证活动，就得对用户提出的设计、生产全过程中的某些环节的活动提供必要的证据，以使用户放心。因此，保证质量是质量控制的任务，而质量保证则是以保证质量为基础，进一步引申到提供“信任”这一基本目的。

要用户能信任，企业首先应加强质量管理，完善质量管理体系，对合同产品有一套完整的质量控制方案，使用户能了解企业的实力、业绩、管理水平、技术水平以及对合同产品在设计、施工生产各阶段主要质量控制活动和内部质量保证活动的有效性，使用户相信提供的产品能达到所规定的质量要求。因此，企业的质量保证主要工作是促使完善质量控制，以便准备好客观证据，并根据对方的要求，有计划、有步骤地开展提供证据的活动。

二、质量管理体系的基本要求

（一）质量管理体系总要求

质量管理总要求是：

(1)质量管理体系应符合标准所提出的各项要求；

(2)质量管理体系应形成文件；

(3)质量管理体系应加以实施；

(4)质量管理体系应加以保持；

(5)质量管理体系应持续改进其有效性。

(二)质量管理体系文件的要求

所谓文件是指信息及其承载媒体。文件的价值是传递信息、沟通意图、统一行动。文件的具体用途主要包括：满足顾客要求和质量改进、提供适宜的培训、重复性(或再现性)和可追溯性、提供客观证据和评价质量管理体系的有效性和持续适宜性。

质量管理体系中使用文件的类型主要有以下几种：

(1)质量手册。即规定企业质量管理体系的文件，它是向企业内部和外部提供关于质量管理体系的一致信息。

(2)质量计划。即对特定的项目、产品、工程或合同，规定由谁及何时使用哪些程序和相关资源的文件。

(3)规范。即阐明要求的文件。

(4)指南。即阐明推荐的方法或建议的文件。

(5)程序、作业指导书和图样。这些都是提供如何一致地完成活动和过程的信息文件。

(6)记录。即阐明所取得的结果或提供所完成活动的证据文件。

质量管理体系文件固然是重要的，但编制文件并不是最终目的。建立一个形成文件的质量管理体系，并不要求将质量管理体系中所有的过程和活动都形成文件。质量管理体系中文件数量的多少、详略程度等取决如下一些因素：企业的类型和规模；过程的复杂性和相互作用；产品(施工)的复杂性；顾客的要求；使用的法规要求；经证实的人员能力；满足体系要求所需证实的程度等。

总之，质量管理体系文件的目的就是使质量管理体系的过程得到有效的运作和实施。

(三)企业最高管理者在建立和实施中的作用

企业的最高管理者是指企业的最高领导层，具有决策、指挥和控制的职责和权利。它们在企业质量管理体系建立和实施中的最重要的任务是要通过它们的具体领导作用和各种措施来创造一个良好的内部环境。在这个环境中，企业的质量管理体系得到有效的运行，全体员工可以充分参与，发挥它们的主动性、积极性和创造性。

企业最高管理者应发挥的作用包括：

(1)制定并保持企业的质量方针和质量目标。

(2)通过增强员工的质量意识、积极性和参与程度，在整个企业内促进质量方针和质量目标的实现。

(3)确保整个企业各部门和全体员工都关注顾客的要求。

(4)确保实施适宜的过程以满足顾客和其他相关方要求并实现质量目标。

(5)确保建立、实施和保持一个有效的质量管理体系及实现这些质量目标。

(6)确保获得必要的资源。

(7)定期评审质量管理体系。

(8)决定质量方针和质量目标的措施。

(9)决定改进质量管理体系的措施。

(四)企业质量管理体系和其他管理体系

一个企业的管理体系包含若干个不同的分体系,如质量管理体系、财务管理体系、环境管理体系、职业健康安全管理体系等。这些管理体系有各自的方针和目标。除了质量目标外,企业还可能有增长率、资金、环境等目标。这些目标相辅相成,构成了企业各方面的奋斗目标。

企业的各部分管理体系也是相互联系的。最理想的是将这些分体系有机地结合成一个总的管理体系,采用相同的要素(如文件、记录等)。这些将有利于企业的总体策划、资源的配置、确定互补的目标并评价企业的整体有效性。

三、建筑企业质量管理体系的建立与实施

(一)质量管理的基本原则

(1)八项质量管理原则是基础。八项质量管理原则体现了质量管理应遵循的基本原则,包括了质量管理的指导思想和质量管理的基本方法,提出了组织在质量管理中应处理好与顾客、员工和供方三者之间的关系。八项质量管理原则既是构成2000年版GB/T19000族标准的理论的基础,同时也是企业质量管理体系建立与实施的基础。

(2)领导作用是关键。企业的最高管理者通过其领导作用及所采取的各种措施可以创造一个员工充分参与的内部环境,质量管理体系只有在这样的环境下才能确保其有效运行。领导作用,特别是最高管理者的作用是质量管理体系建立与实施的关键。

(3)全员参与是根本。因为只有全员充分参与,才能使他们的才干为企业带来收益,才能确保企业最高管理者所作出的各种承诺得以实现。

(4)注重实效是重点。质量管理体系的建立与实施一定要结合本企业及其产品的特点,重点放在如何结合实际、如何注意实施,重在过程结果和有效性,尤其是在编制质量管理体系文件时,一定要依据质量策划的结果确定本企业对文件的需求。

(5)持续改进是永恒的目标。顾客的需求和期望不断变化,及市场的竞争、科技的发展等,这些都促使企业持续改进。持续改进的目的在于增强顾客和其他相关方满意的程度。建筑企业应通过各种途径促进质量管理体系的持续改进,进而建立和实施一个有效而且高效的质量管理体系。

(二)质量管理体系建立及实施步骤

按照GB/T19000—2000族标准,建立和实施质量管理体系有8个步骤。

(1)确定顾客和相关方的需求和期望;

(2)建立企业的质量方针和质量目标;

(3)确定实现质量目标必须的过程和职责；

(4)确定和提供实现质量目标必须的资源；

(5)规定测量每个过程的有效性和效率的方法；

(6)应用这些方法确定每个过程的有效性和效率；

(7)确定防止不合格并消除产生原因的措施；

(8)建立和应用持续改进质量管理体系的过程。

可以看出，以上第1、2项是系统分析工作，其成果是建立质量方针和质量目标。第3、4、5、7项是系统工程，即质量的策划和设计工作，其重点是确定过程、职责、资源、测量方法及纠正措施等。而第4、6、8项是具体实施过程的系统管理，包括具体测定现有的或改进后的过程的有效性和效率、提供资源及持续改进系统等。因此，可以说，建立和实施质量管理体系所采用的方法是质量管理体系方法，而质量管理体系方法则是管理的系统方法的原则在建立和实施质量管理体系中的具体应用。

很显然，上述质量管理体系建立和实施的步骤也符合PDCA管理循环的方法。

四、建筑企业质量管理体系的评价

企业在质量管理体系建立并实施后，可能会发现其不完善或不适应的情况。因此，在质量管理体系实施中需要对其在适宜性、充分性和有效性进行系统的、定期的评价。

建筑企业质量管理体系的评价包括质量管理体系过程的评价、质量管理体系的审核、质量管理体系的评审和自我评定。

(一)质量管理体系过程的评价

企业的质量管理体系是由许多相互关联和相互作用的过程构成的，所以对各个过程的评价是质量管理体系评价的基础。

建筑企业在评价质量管理体系时，应对每个被评价的过程，提出如下基本问题：

(1)过程是否已被识别并确定相互关系？

(2)职责是否已被分配？

(3)程序是否得到实施和保证？

(4)在现实所要求的结果方面，过程是否有效？

前面两个问题，一般可以通过质量管理体系文件的审核得到答案，而后两个问题则必须通过现场审核和综合评价才能得到结论。这样，企业就可以利用对上述四个问题的综合回答来确定企业质量管理体系评价的结果。

(二)质量管理体系的审核

所谓审核就是指为了获得审核证据并对其进行客观的评价，以确定满足审核准则的程度所进行的系统的、独立的并形成文件的过程。

企业在进行质量管理体系审核时一般是以GB/T19001标准、质量手册、程序以及使用的法规等为审核准则的。质量管理体系审核的结果可用于评定质量管理体系的有效性和识别改进的机会。

质量管理体系的审核有第一方审核(内审)第二方审核和第三方审核3种类型。

(三)质量管理体系评审

企业最高管理者的一项重要的任务就是要主持、组织企业质量管理体系评审,就质量方针和质量目标对企业质量管理体系的适宜性、充分性、有效性和效率进行定期的、系统的评价。

质量管理体系评审可以包括考虑修改企业的质量方针和质量目标的需求,以适应相关方需求和期望的变化。从这个意义上来讲,质量管理体系评审的依据是相关方的需求和期望。质量管理体系评审也是个过程,有输入和输出。其中,审核报告与其他信息(如顾客的需求、工程质量、预防和纠正措施等)可以作为输入;而评审结论,即确定需采取的措施则是评审的输出。

企业质量管理体系评审是一种第一方的自我评价。

(四)自我评定

企业的自我评定是一种参照质量管理体系或优秀模式(如评质量奖)对企业的活动和结果所进行的全面的和系统的评审,是一种第一方评价。

作为评定可以对企业业绩以及质量管理体系成熟度提供一个总的看法,其还有助于识别需要改进的领域及需要优先开展的活动。

五、建筑企业质量管理体系的持续改进

持续改进是八项质量管理原则之一,持续改进原则在用于质量管理体系时,其目的在于增加顾客和其他相关方满意的机会。

建筑企业在对其质量管理体系实施持续改进时的步骤如下:

(1)分析和评价现状,以识别改进的区域;

(2)确定改进的目标;

(3)寻找可能的解决办法以实施这些目标;

(4)评价这些解决办法并作出选择;

(5)实施选定的解决办法;

(6)测量、验证、分析和评价实施的结果以确定这些目标已经实现;

(7)正式采纳更改,形成正式的规定;

(8)必要时,对结果进行评审,以确定进一步改进的机会。

第三节　建筑企业的现场质量管理

工程施工是一个从对投入原材料的质量控制开始,直到完成工程质量检验验收和竣工后服务的系统过程,下面分施工准备、施工、竣工验收和回访保修4个阶段,分别介绍工程施工质量控制的内容和措施。

一、施工准备阶段工程质量控制

施工准备阶段的有关内容在本书的第八章第三节已详细阐述过，这里主要从质量管理的角度来讲，施工准备工作主要是做好图纸学习与会审、编制施工组织设计和进行技术交底，为确保施工生产和工程质量创造必要的条件。

1. 图纸学习与会审

设计文件和图纸的学习是进行质量控制和规划的一项重要而有效的方法。一方面使施工员熟悉、了解工程特点、设计意图和掌握关键部位的工程质量要求，更好地做到按图施工；另一方面通过图纸审查，及时发现存在的问题和矛盾，提出修改与洽商意见，帮助设计单位减少差错，提高设计质量，避免产生技术事故或产生工程质量问题。

图纸会审由建设单位或监理单位主持，设计单位、施工单位参加。设计单位介绍设计意图、图纸、设计特点和对施工的要求；施工单位提出图纸中存在的问题和对设计单位的要求，通过三方讨论和协商，解决存在的问题，写出会审纪要，设计人员在会后通过书面形式进行解释或提出设计变更文件及图纸。图纸审查必须抓住关键，特别注意构造和结构的审查，必须形成图纸审查与修改文件，并作为档案保存。

2. 编制施工组织设计

高质量的工程和有效的质量体系需经过精心策划和周密计划。施工组织设计就是对施工各项活动作出全面的构思和安排，指导施工准备和施工全过程的技术经济文件，它的基础是使工程施工建立在科学合理的基础上，保证项目取得良好的经济效益和社会效益。项目的单件性决定了对每个项目都必须根据其特有的设计特点和施工特点进行施工规划并编制满足需要的施工组织设计。

施工组织设计根据设计阶段和编制对象的不同，大致可分为施工组织总设计、单位工程组织设计和难度较大、技术复杂或新技术项目的分部分项工程施工设计三大类。施工组织设计的内容因工程的性质、规模、复杂程度等情况不同而异，通常应包括工程概况、施工和施工方案、施工准备工作计划、施工进度计划、技术质量措施、安全文明施工措施、各项资源需要量计划及施工平面图、技术经济指标等基本内容。施工组织设计编制和修改要按照施工单位隶属关系及工程性质实行分级审批。实施监理的工程，还要监理单位审核后才能定案。

施工组织设计中，对质量控制起主要作用的是施工方案，主要包括施工程序的安排、流水段的划分、主要项目的施工方法、施工机械的选择，以及保证质量、安全施工、冬季和雨季施工、污染防治等方面的预控方法和针对性的技术组织措施。选择施工方案时，应以国家和地方规程、标准、技术政策为基础，以质量第一、确保安全为前提，按技术上先进、经济上合理的原则，对主要项目可拟定几个可行的方案，突出主要矛盾，摆出主要优缺点，采用建设、设计和施工单位三结合等形式讨论和比较，不断优化，选出最佳方案。对主要项目、关键部位和难度较大的项目，如新结构、新材料、新工艺、大跨度、大悬挑、重型构件、深基础和高度大的结构部位，制订方案时要反复讨论，充分估计到可能发生的问题和处理方法，并制定确保质量、安全的技术措施。

3. 组织技术交底

技术交底是指单位工程、分部、分项工程正式施工前，对参与施工的有关管理人员、技术人员和工人进行不同重点和技术深度的技术性交代和说明。其目的是使参与项目施工的人员对施工对象的设计情况、建筑结构特点、技术要求、施工工艺、质量标准和技术安全措施等方面有一个较详细的了解，做到心中有数，以便科学地组织施工和合理地安排工序，避免发生技术错误或操作错误。

技术交底是一项经常性的技术工作，可分级分阶段进行。企业或项目负责人根据进度，分阶段向工长及技术人员交底；工长在每项任务施工前，向操作班组交底。技术交底应以设计图纸、施工组织设计、质量检验评定标准、施工验收规范、操作规程和工艺卡为依据，编制交底文件；必要时可用图表、实样、小样、现场示范操作等形式进行，并做好书面记录，特别是对重点、关键、特殊工程、部位和工序，以及四新项目的交底，内容要全面、重点明确、具体而详细，注重可操作性。

4. 控制物资采购

施工中所需的物资，包括建筑材料、建筑构配件和设备等，除由建设单位提供外，其余均需施工企业自行采购、订货，如果生产、供应单位提供的物资不符合质量要求，施工企业在采购前和施工中又没有有效的质量控制手段，往往会埋下工程隐患，甚至酿成质量事故。因此，采购前应着重控制生产、供应单位的质量保证能力，选择合适的供应厂商和外加工单位等分供方。按先评价、后选择的原则，由熟悉物资技术标准和管理要求的人员，对拟选择的分供方通过对技术、管理、质量检测、工序质量控制和售后服务等质量保证能力的调查，信誉以及产品质量的实际检验评价，各分供方之间的综合比较，最后作出综合评价，再选择合格的分供方建立供求关系。对已建立供求关系的分供方还要根据情况的变化和需要，定期地进行连续评价和更新，以使采购的物资持续保持在符合要求的水平上。

5. 严格选择分包商

工程总承包商或主承包商将总包的工程项目，按专业性质或工程范围（区域）分包给若干个分包商来完成是一种普遍采用的经营方式，为了确保分包工程的质量、工期和现场管理能满足总合同的要求，总包商应由主管部门和人员对拟选择的分包商，包括建设单位指定的分包商，是否具有相应分包工程的承包能力进行资格审查和评价。通过审查资格文件、考察已完工程和在建工程质量等方法，对分包商的技术及管理实力、特殊及主体工种人员资格、机械设备能力及施工经验认真进行综合评价，决定是否可作为合作伙伴。分包单位不得将其承包的工程再分包。

二、施工阶段施工质量控制

施工阶段是形成工程项目实体的过程，也是形成最终产品质量的重要阶段。应按照施工组织设计的规定，通过把好建筑材料、建筑构配件和设备质量验收关，做好施工中的巡回检查，对主要分部分项工程和关键部位进行质量监控，严格隐蔽工程验收和工程预检，加强设计变更管理、落实产品保护，及时记录、收集和整理工程施工技术资料等工作措施，以保持施工过程总体质量处于稳定受控状态。

1. 严格进行材料、构配件试验和施工试验

为了避免将不合格的建筑材料、建筑构配件、设备、半成品使用到工程上，对进入现场的物料，包括甲方供应的物料，以及施工过程中的半成品，如钢材、水泥、钢筋连接接头、混凝土、砂浆、预制构件等，必须按规范、标准和设计的要求，根据对质量的影响程度和使用部位的重要程度，在使用前采用抽样检查或全数检查等形式，对涉及结构安全的应由建设单位或监理现场单位见证取样，送有法定资格的单位检测，通过一系列的检验和试验手段，判断其质量的可靠性，并保留有专人签字的书面记录。

检验和试验的方法有书面资料检验、外观检验、理化检验和无损检验等四种。书面检验，是对提供的质量保证资料、试验报告等进行审核，予以认可。外观检验，是对品种、规格、标志、外形尺寸等进行直观检查，看其有无质量问题，如构件的几何尺寸和混凝土的目测质量。理化试验，是借助试验设备和仪器对样品的化学成分、机械性能等进行测试和鉴定，如钢材的抗拉强度、混凝土的抗压强度、水泥的安定性、管道的强度和严密性等。无损检验，是在不破坏样品的前提下，利用超声波、X 射线、表面探伤仪等进行检测，如钢结构焊缝的缺陷。

严禁将末经检验和试验或检验和试验不合格的材料、构配件、设备、半成品等投入使用。

2. 实施工序质量监控

工程的施工过程，是由一系列相互关联、相互制约的工序所构成的，例如，混凝土工程由搅拌、运输、浇灌、振捣、养护等工序组成。工序质量直接影响项目的整体质量，工序质量包含两个相互关联的内容，一是工序活动条件的质量，即每道工序投入的人、材料、机械设备、方法和环境是否符合要求；二是工序活动效果的质量，即每道工序施工完成的工程产品是否达到有关质量标准。为了把工程质量从事后检查把关，转向事前、事中控制，达到预防为主的目的，必须加强施工工序的质量监控。

3. 组织过程质量检验

主要指工序施工中或上道工序完工即将转入下道工序时所进行的质量检验，目的是通过判断工序施工内容是否合乎设计或标准要求，决定该工序是否继续进行(转交)或停止。具体形式有质量自检、互检和专业检查、工程预检、工序交接检查、工程隐蔽验收检查、基础和主体工程检查验收等工作。

(1)质量自检和互检。自检是指由工作的完成者依据规定的要求对该工作进行的检查。互检是指工作的完成者之间对相应的施工工程或完成的工作任务的质量所进行的一种制约性检查。互检的形式比较多，如同一班组内操作者的互相检查，班组的质量员对班组内的某几个成员或全体操作效果的复查，下道工序对上道工序的检查。互检往往是对自检的一种复核和确认。操作者应依据质量检验计划，按时、按确定项目、内容进行检查，并认真填写检查记录。

(2)专业质量监督。施工企业必须建立专业齐全、具有一定技术水平和能力的专职质量监督检查队伍和机构，弥补自检、互检的不足。企业质量监督检查人员应按规定的检验程序，对工序施工质量及施工班组自检记录进行核查、验证，包括对专业工程的泼水、盛水、气密性、通球强度和接地电阻的测试等，评定相应的质量等级，并对符合要求的予以确认；当工序质量出现异常时，除可作出暂停施工的决定外，并向主管部门和上级领导报告。专业质量检查人员应做好专业检查记录，清晰表明工序是否正常及其处理情况。

(3)工序交接检查。工序交接检查是指上道工序施工完毕即将转入下道工序施工之前,以承接方为主,对交出方完成的施工内容的质量所进行的一种全面检查,因他需要有专门人员组织有关技术人员及质量检查人员参加,所以是一种不同于互检和专检的特殊检查形式,按承交双方的性质不同,可分为施工班组之间、专业施工队之间、专业工程处(分公司)之间和承包工程的企业之间四种交接检查类型。交出方和承接方通过资料检查及实体核查,对发现的问题进行整改,达到设计、技术标准要求后,办理工序交接手续,填写工序交接记录,并由参与各方签字确认。

(4)隐蔽工程验收。隐蔽工程验收是指将被其他分项工程所隐蔽的分项工程或分部工程,在隐蔽前进行的检查和验收,是一项防止质量隐患,保证工程质量的重要措施。各类专业工程都有规定的隐蔽验收项目,就土建工程而言,隐蔽验收的项目主要有:地基、基础与主体结构各部位钢筋、现场结构焊接、高强螺栓连接、防水工程等。对重要的隐蔽工程项目,如基础工程等,应由工程项目的技术负责人主持,邀请建设单位、监理单位、设计单位、质量监督部门进行验收,并签署意见。隐蔽工程验收后,办理验收手续,列入工程档案。对于验收中提出的不符合质量标准的问题,要认真处理,经复核合格并写明处理情况。未经隐蔽工程验收或验收不合格的,不得进行下道工序施工。

(5)工程预检。工程预检也称技术复核,是指该分项工程在未施工前所进行的预先检查,是一项防止可能发生差错造成重大质量事故的重要措施。预检的项目就土建工程而言,主要有:测量放线、建筑物位置线、基础尺寸线、模板轴线、墙体轴线、预制构件吊装、门窗洞口位置线、设备基础、混凝土施工缝位置、方法及接槎处理、地面基层处理等。一般预检项目由工长主持,请质量检验员、有关班组长参加。重要的预检项目应由项目经理或技术负责人主持,请设计单位、建设单位、监理单位、质量监督部门的代表参加,并签署意见。预检后要办理预检手续,列入工程档案。对于预检中提出的不符合质量标准的问题,要认真处理,经复检合格并写明处理情况。未经预检或预检不合格的,不得进行下一道工序施工。

(6)基础、主体工程检查验收。单位工程的基础完成后必须进行验收,方可进行主体工程施工,主体工程完成后必须经过验收,方可进行装饰施工。有人防地下室的工程,可分两次进行结构验收(地下室一次,主体一次)。如需提前装饰的工程,主体结构可分层进行验收。结构验收应有勘察、设计、监理、施工单位签署的合格文件。

4.重视设计变更管理

施工过程中往往会发生没有预料的新情况,如设计与施工的可行性发生矛盾;建设单位因工程使用目的、功能或质量要求发生变化,而导致设计变更。设计变更须经建设、设计、施工、监理单位各方同意,共同签署设计变更洽商记录,由设计单位负责修改,并向施工单位签发设计变更通知书。对建设规模、投资方案有较大影响的变更,须经原批准初步设计单位同意,方可进行修改。设计变更必须真实地反映工程的实际变更情况,变更内容要条理清楚、明确具体,除文字说明外,必要时附施工图纸,以利施工。设计变更注明日期,及时送交施工各方有关部门和人员。接到设计变更,应立即按要求改动,避免发生重大差错,影响工程质量和使用。所有设计变更资料,均需有文字记录,并按要求归档。

5.加强建筑成品的保护

在施工过程中，有些分项、分部工程已经完成，其他部位或工程尚在施工，对已完成的成品，不采取妥善的措施加以保护，就会造成损伤，影响质量，严重的损伤难以恢复到原样，成为永久性缺陷。产品保护工作主要抓合理安排施工顺序和采取有效的防护措施两个主要环节。按正确的施工流程组织施工，不颠倒工序，可防止后道工序损坏或污染前道工序，如地下管道与基础工程配合进行施工，可避免基础完工后再打洞挖槽安装管道，影响质量和进度。通过采取提前防护、包裹、覆盖和局部封闭等产品防护措施，防止可能发生的损伤，污染、堵塞。此外，还必须加强对成品保护工作的检查。

6. **积累工程施工技术资料**

工程施工技术资料是施工中的技术、质量和管理活动的记录，是实行质量追溯的主要依据，是评定单位工程质量等级的三大条件之一，也是工程档案的主要组成部分。施工技术资料管理是确保工程质量和完善施工管理的一项重要工作，它反映了施工活动的科学性和严肃性，是工程施工质量水平和管理水平的实际体现，施工企业必须按各专业质量检验评定标准的规定和各地的实施细则，全面、科学、准确、及时地记录施工及试(检)验资料，按规定积累、整理、归档，手续必须完备，并不得有伪造、涂改、后补等现象。

三、竣工验收交付阶段的工程质量控制

工程项目按照批准的设计图纸和文件的内容全部建成，达到使用条件或住人标准，叫做工程竣工。竣工是指单项工程而言，一个建设项目如果是由几个单项工程组成，应按单项工程组织竣工验收，一个工程项目如果已经全部完成，但由于外部原因，如缺少或暂时缺少电力、煤气、燃料等，不能投产或不能全部投产使用，也应视为竣工。工程竣工后，达到质量标准，即可逐个由建设单位组织勘察、设计、施工、监理等有关单位对竣工工程进行验收，办理移交手续。

1. **坚持竣工标准**

由于建设工程项目门类很多，性能、条件和要求各异，因此土建工程、安装工程、人防工程、管道工程、桥梁工程、电气工程及铁路建筑安装工程等都有相应的竣工标准。凡达不到竣工标准的工程，一般不能算竣工，也不能报请竣工质量核定和竣工验收。例如土建工程的竣工标准规定，凡生产性工程、辅助公用设施及生活设施按照设计图纸、技术说明书、验收规范进行验收，工程质量符合各项要求，在工程内容上按规定全部施工完毕，不留尾巴。即对生产性工程要求室内全部做完，室外明沟勒脚、踏步斜道全部做，内外粉刷完毕；建筑物、构筑物周围 2m 以内场地平整、障碍物清除、道路及下水道畅通。对生活设施和职工住宅除上述要求外，还要求水通、电通、道路通。

2. **做好竣工预检**

竣工预检是承包单位内部的自我检验，目的是为正式验收做好准备。竣工预检可根据工程重要程度和性质。按竣工验收标准，分层次进行。通常先由项目部组织自检，对缺漏或不符合要求的部位和项目，确定整改措施，指定专人负责整改。在项目部整改复查完毕后，报请企业上级单位进行复检，通过复检、解决全部遗留问题，有勘察、设计、施工、监理等单位分别签署的质量合格文件，经确认全部符合竣工验收标准，具备交付使用条件后，建设承包单位于正式验收之日的前 10 天，向建设单位发送竣工验收报告，出具

工程保修书。

3.整理工程竣工验收资料

工程竣工验收资料是使用、维修、扩建和改建的指导文件和重要依据，工程项目交接时，承包单位应将成套的工程技术资料进行分类整理、编目建档后移交给建设单位。工程项目竣工验收的资料主要有：

(1)工程项目开工报告和竣工报告；

(2)图纸会审和设计交底记录；

(3)设计变更通知单和技术变更核定单；

(4)工程质量事故调查和处理资料；

(5)水准点位置、定位测量记录、沉降及位移观测记录；

(6)建筑材料、建筑构配件和设备的质量合格证明资料；

(7)试验、检验报告；

(8)隐蔽验收记录及施工日记；

(9)工程竣工图；

(10)质量检验评定资料；

(11)工程竣工验收资料；

(12)其他需移交的文件、实物照片等材料。

四、回访保修服务阶段的工程质量控制

工程项目在竣工验收交付使用后，按照有关规定，在保修期限和保修范围内、施工单位应主动对工程进行回访，听取建设单位或用户对工程质量的意见，对属于施工单位施工过程中的质量问题，负责维修，不留隐患，如属设计等原因造成的质量问题，在征得建设单位和计单位认可后，协助修补。

施工单位在接到用户来访、来信的质量投诉后，应立即组织力量维修，发现影响安全的质量问题应紧急处理。

1.回访的方式

一般有季节性回访、技术性回访和保修期满前回访三种形式。季节性回访大多为雨季回访屋面、墙面防水情况，冬季回访采暖系统情况，发现问题，采取有效措施，及时加以解决。技术回访主要了解在工程施工过程中所采用的新材料、新技术、新工艺、新设备等的技术性能和使用的效果，发现问题，及时加以补救和解决，同时也便于总结经验，获取科学依据，为改进、完善和推广创造条件。保修期满前的回访一般在保修期即将结束之前进行。

2.保修的实施

(1)保修范围。各类建筑工程及建筑工程的各个部位，都应实行保修，主要是指那些由于施工的责任，特别是由于施工质量不良而造成的问题。由于用户在使用中损坏或使用不当而造成建筑物功能不良、由于设计原因造成建筑物功能不良以及工业产品项目发生问题等情况不属于施工单位保修范围，应由建设单位自行组织修理乃至重新变更设计进行返工。如需原施工单位施工，亦应重新签订协议或合同。

(2)发送质量保修证书。在工程竣工验收的同时,由施工单位向建设单位出具质量保修书,明确使用管理要求、保修范围与内容、保修期限、保修责任、保修说明、联系办法等主要内容。

(3)检查和修理。在保修期内根据回访结果,以及建设单位或用户关于施工质量而影响使用功能的口头、书面通知,对涉及的问题,施工单位应尽快派人前往检查,并会同建设单位或用户共同作出鉴定,提出修理方案,组织人力物力进行修理,修理自检合格后,应经建设单位或用户验收签认。在经济责任处理上必须根据修理项目的性质、内容以及结合检查修理诸种原因的实际情况,在分清责任的前提下,由建设单位或用户与施工单位共同协商处理和承担。在保修范围和保修期限内发生质量问题的,施工单位应当履行保修义务,并对造成的损失承担赔偿责任。

第四节 质量检查与验收

一、工程质量检查

工程质量检查就是在工程的质量形成的全过程中,专业质量检查员(包括专职检查人员和兼职检查人员)对所施工的工程项目或产品实体质量及工艺操作质量进行实际而及时的测定、检查等活动。

通过质量检查,防止不合格工程或产品进入到下一个施工活动或进入到用户手中,把住质量关,把发生或可能发生的质量问题解决在施工过程之中,并通过质量检查得到反馈的质量信息,发现存在的质量问题,采取有效的措施进行处理和整改,确保工程或产品质量的稳定与提高。

(一)质量检查的依据

质量检查的依据主要有以下 3 个方面:

(1)国家颁发的工程施工质量验收统一标准、专业工程施工质量验收规范等。

(2)原材料、半成品及构配件的质量检验标准。

(3)设计图纸及施工说明书等有关设计文件。

(二)质量检查的内容

工程质量检查的主要内容是:原材料、半成品及构配件的检查;工程地质、地貌测量定位、标高等资料的复核检查;分部、分项工程的各项施工活动的质量检查;隐蔽工程项目的检查;施工过程中的原始记录及技术档案资料的检查;竣工项目的处理检查;对工程使用功能的检查等。

(三)质量检查的方法

1. **全数检查**

对产品进行逐项的全部检查。这种检查方法工作量大、花费时间长，检查结果真实、准确，往往在对关键性或质量要求特别严格的检验批、分部、分项工程，才采用这种检查方法。

2. 抽样检查

在施工过程中，对检验批以及分部、分项工程，按一定比例从总体中抽出一部分的样本，进行检查分析，一次判断总体的质量情况。这种检查方法与全数检查相比，具有投入人力少、花费时间短和检查费用低等优点。

二、工程质量验收

（一）质量验收的划分

建筑工程质量验收划分为单位（子单位）工程、分部（子分部）工程、分项工程和检验批。

1. 单位工程的划分

（1）具备独立施工条件并能形成独立使用功能的建筑物及构筑物为一个单位工程。

（2）建筑规模较大的单位工程可将其能形成独立使用功能的部分划分为若干个子单位工程。

2. 分部工程的划分

（1）分部工程的划分应按专业性质、建筑部位确定。如建筑工程可划分为九个分部工程：地基与基础、主体结构、建筑装修装饰、建筑屋面、给排水及采暖、电气、智能建筑、通风与空调和电梯等分部工程。

（2）当分部工程规模较大或较复杂时，可按材料种类、施工特点、施工程序、专业系统及类别等划分为若干个子分部工程。如地基与基础分部工程可分为：无支护土方、有支护土方、地基与基础处理、桩基、地下防水、混凝土基础、砌体基础、径钢（管）混凝土和钢结构等子分部工程。

3. 分项工程的划分

分项工程应按主要工种、材料、施工工艺、设备类别等进行划分。如无支护土方子分部工程可分为土方开挖和土方回填等分项工程。

4. 检验批的划分

所谓检验批是指按同一生产条件或按规定的方式汇总起来的供检验用的、由一定数量样本组成的检验体。检验批由于其质量基本均匀一致，因此可以作为检验的基础单位。

分项工程可由一个或若干个检验批组成。检验批可根据施工、质量控制和专业验收需要按楼层、施工段、变形缝等进行划分。分项工程划分成检验批进行验收有助于及时纠正施工中出现的质量问题，确保工程质量，也符合施工的实际需要。检验批的划分原则是：

（1）多层及高层工程中主体部分的分部工程可按楼层或施工段划分检验批，单层建筑工程的分项工程可按变形缝等划分检验批。

(2)地基基础分部工程中的分项工程一般划分为一个检验批。

(3)屋面分部工程的分项工程中的不同楼层屋面可划分为不同的检验批。

(4)其他分部工程中的分项工程,一般按楼层划分检验批。

(5)安装工程一般按一个设计系统或设备组别划分为一个检验批。

(6)室外工程统一划分为一个检验批。

(二)工程质量验收

1. 检验批质量合格标准

检验批质量合格标准为:

(1)主控项目和一般项目的质量经抽样检验合格。

(2)具有完整的施工操作依据、质量检查记录。

所谓主控项目是指建筑工程中对安全、卫生、环境保护和公众利益起决定作用的检验项目。主控项目是对检验批的基本质量起决定性影响的检验项目,其不允许有不符合要求的检验结果,即这种项目的检查具有否决权。因此,主控项目必须全部符合有关专业工程施工质量验收规范的规定。所谓一般项目是指除主控项目以外的检验项目。

质量控制资料反映了检验批从原材料到最终验收的各项施工过程的操作依据、检查情况以及保证质量所必需的管理制度等。对其完整性的检查,实际是对过程控制的确认,这是检验批合格的前提。

2. 分项工程质量验收合格标准

分项工程质量验收合格标准为:

(1)分项工程所含的检验批均应符合合格质量的规定。

(2)分项工程所含的检验批的质量记录应完整。

分项工程的验收是在检验批的基础上进行的。一般情况下,两者具有相同或相近的性质,只是批量的大小不同而已。

3. 分部(子分部)工程质量验收合格标准

分部(子分部)工程质量验收合格标准为:

(1)分部(子分部)工程所含分项工程的质量均应验收合格。

(2)质量控制资料应完整。

(3)地基与基础、主体结构和设备安装等分部工程有关安全及功能的检验和抽样检测结果应符合有关规定。

(4)观感质量验收应符合要求。

4. 单位(子单位)工程质量验收合格标准

单位(子单位)工程质量验收合格标准为:

(1)单位(子单位)工程所含分部(子分部)工程的质量均应验收合格。

(2)质量控制资料应完整。

(3)单位(子单位)工程所含分部工程有关安全和功能的检测资料应完整。

(4)主要功能项目的抽查结果应符合相关专业质量验收规范的规定。

(5)观感质量验收应符合要求。

单位工程质量验收也称质量竣工验收，是施工项目投入使用前的最后一次验收，也是最重要的一次验收。

5. 建筑工程质量验收记录的规定

检验批、分项工程、分部（子分部）工程和单位（子单位）工程的质量验收记录应按规范表格进行填写。

单位（子单位）工程质量控制资料核查记录、单位（子单位）工程安全和功能检验资料核查及主要功能抽查记录、单位（子单位）工程质量检查记录应按规范填写。

6. 当施工项目质量不符合要求时的处理

(1)经返工重做或更换器具、设备的检验批应重新进行验收。这种情况是指在检验批验收时，其主控项目不能满足验收规范规定或一般项目超过偏差限值的子项不符合检验规定的要求时，应及时处理的检验批。

(2)经有资质的检测单位测定能够达到设计要求的检验批，应予以验收。这种情况是指当个别检验批发现如试块强度等质量不满足要求，难以确定是否验收时，应请具有资质的法定检测单位检测。

(3)经有资质的检测单位检测鉴定达不到设计要求、但经原设计单位核算认可，能够满足安全和使用功能的检验批，可予以验收。

(4)经返修或加工处理的分项、分部工程，虽然改变外形尺寸但仍能满足安全使用要求，可按技术处理方案和协商文件进行验收。

(5)通过返修或加固处理仍不能满足安全使用要求的分部工程、单位（子单位）工程，严禁验收。

（三）工程质量验收程序和组织

(1)所有检验批和分项工程均应由监理工程师或建设单位项目技术负责人组织验收。验收前，施工单位先填好“检验批和分项工程质量验收记录”，并由项目专业质量检验员和项目专业技术负责人分别在检验批和分项工程质量检验记录中相关栏目签字，然后由监理工程师组织。

(2)分部工程由总监理工程师或建设单位项目负责人组织施工单位项目负责人和技术、质量负责人等进行验收；地基与基础、主体结构分部工程勘查、设计单位工程项目负责人和施工单位技术、质量部门负责人也应参加相关分部工程的验收。

(3)单位工程完成后，施工单位首先要依据质量标准、设计图纸等组织有关人员进行自检，并对检查结果进行评定，符合要求后向建设单位提交工程验收报告和完整的质量资料，请建设单位组织验收。

单位工程质量验收应由建设单位或项目负责人组织，设计、施工单位负责人及施工单位的技术、质量负责人和监理单位的总监理工程师参加。

第十章　建筑企业安全管理

第一节　建筑安全管理概述

一、建筑安全生产的基本概念

随着社会生产力的不断发展，建筑物增高超高现象日益增多，建筑机械化程度越来越高，建筑施工安全管理显得更加重要。当前我国社会要求要以人为本、和谐发展，因此，提高安全生产和文明施工的管理水平，预防伤亡事故的发生，确保职工的安全和健康的要求更加迫切。

（一）安全的含义

安全就是安稳，其含义是：人——平安无事，稳——安稳可靠；环境——安定良好。安全不但包括人身安全，也包括设备财产安全，还包括环境安全。

（二）安全生产的概念

安全生产是指劳动过程中，要努力改善劳动条件，克服不安全因素，防止伤亡事故发生，使劳动在保护劳动者的安全和健康及国家人民财产安全的前提下进行。

安全生产是指生产企业在生产过程中，通过改善劳动者的生产环境和工作条件，消除不安全因素，控制和杜绝发生伤亡事故，保障国家和人民的生命财产安全，促进企业生产活动的顺利进行。它是人类生产、生活和生存的基本需要，是人类生产活动和社会发展的根本保障，关系到社会的改革、发展和稳定。

建筑业是事故高发行业之一，由此带来的生命和财产损失十分巨大，因此，改善建筑业的安全状况，确保建筑生产安全的意义十分重大。建筑安全事故的发生是多种因素综合作用的结果，但绝大部分的事故与各种管理因素有关，可以说，科学有效的安全管理是建筑安全生产的有力保障。建筑安全管理是安全管理原理和方法在建筑领域的具体应用，它包括宏观的建筑安全管理和微观的建筑安全管理两个方面。宏观的建筑安全管理主要是指国家安全生产管理机构以及建设行政主管部门从组织、法律法规、执法检查等方面对建设项目的安全生产进行管理。它是一种间接的管理，同时也是微观管理的行动指南。微观的建筑安全管理主要是指直接参与建设项目的安全管理，包括建筑企业、业主或业主委托的监理机构、中介组织等对建设项目安全生产的计划、实施、控制、协调、监督和管理。微观管理是直接的、具体的，它是安全管理思想、安全管理法律以及标准指南的具体体现。

从宏观和微观方面对建筑安全管理进行划分不是绝对的，站在不同的角度、针对不同的工作需要，会得出不同的划分结果。但是为了更好地了解建筑安全管理，以指导实际工作，对建筑安全管理进行适当的划分是必要的。目前，我国正处在经济转型时期，固定资产投资在不断增加，宏观层面的安全管理不能很好地适应这种要求，因机制方面原因导致的安全事故还是时有发生。另外，一个国家良好的安全生产状况应该首先是以整个国家的安全机构组织、安全法律法规体系以及安全执法体系等方面的完善和协调发展为前提和基础。总的来说，微观的和宏观的建筑安全管理对建筑安全生产都是必不可少的，它们是相辅相成的。

（三）安全生产的内容

从广义上讲，一般包括安全法规、安全技术和工业卫生 3 个方面。

安全法规又叫劳动保护法规，它是用立法手段制定出来的一套保护职工安全地进行生产的政策、规程、条例、制度、规范等总称。它对改善条件，确保职工身体健康和生命安全，维护财产安全起着法律保护作用。

安全技术是指生产过程中，为防止和消除伤亡事故所采取的措施，其基本内容包括预防伤亡事故的工程技术和制订安全技术规范、规程、条例及标准两部分，其作用在于使安全生产在技术上得到落实。

工业卫生又叫生产卫生，它是指生产过程中，为防止高温、严寒、粉尘、振动、噪声、毒气、污染等对劳动者身体健康的危害，所采取的一系列防护或医疗措施，其内容包括环境治理，作业控制，健康保障。其作用就是创造一个良好的生产环境。

二、建筑安全管理特点

建筑产品生产的特点主要包括建筑项目特殊性、存在危险作业以及组织结构和管理方式特殊多个方面，也正是这些特点决定了建筑安全管理的特点具有自己的特殊性。

安全管理是以指国家法律、规定和技术标准为依据，采取各种手段，对企业的安全状况，实施有效制约的一切活动。

（一）建筑安全生产特点

建筑企业安全生产有如下特点：

1. 高处作业、交叉作业多

建筑施工中的许多作业都是在高处进行的，如脚手架、滑模及模板施工，基坑、管道施工以及建筑物内外装修施工作业等，存在多工种、多班组在一处或一个部位施工作业，施工的危险性较高。

2. 作业强度大

施工中，大多数工种仍是手工操作或借助工具进行手工作业、现场安装等，湿作业多，如浇筑混凝土、抹灰作业等，劳动强度大，体力消耗大，容易发生疏忽造成事故。

3. 作业环境条件差

建筑施工作业大部分在室外进行，受天气、温度影响较大，还要受风、雨、霜和雾等的影响。在雨雪天气还会导致工作面湿滑，夜间照明不够。这些自然因素也都容易导致事故发生。

4. 施工作业非标准化

工人散布在工地上从事多个岗位和任务的工作，工程项目的类型、施工现场的作业工作环境千变万化，难以一一规范所有操作行为，也难以作出标准作业技术规定。这就增加了安全生产的难度，也增加了安全监督检查的难度。

（二）建筑施工管理方式特点

（1）施工企业安全生产管理水平，往往通过工程项目管理水平加以体现和落实，由于一个企业可能同时有多个项目，且项目往往远离公司总部，这种远离使得现场安全管理的责任，或者说能够有效进行安全管理的角色，更多地由项目来承担。由于项目的临时性、特定环境和条件以及项目盈利能力的压力等，企业的安全管理制度和措施往往难以在项目得到充分的落实。

（2）多层次分包（专业化）制度，由于建筑工程存在分包或专业承包的体制，总承包企业与各分包或专业承包企业责任制度的建立和落实、现场的管理和协调等，对工程质量、安全管理影响很大。工程项目分包的存在，更增加了现场安全管理的难度。

（3）施工管理的目标（结果）导向，项目具有明确的目标（质和量）和资源限制（时间、成本），这些往往对建设单位形成一定的压力。而建筑施工中的管理主要是一种目标导向的管理，只要结果（产量）不求过程（安全），而安全管理恰恰是过程中的管理。

（三）建筑安全管理特点

1. 流动性

建设项目流动性特点要求：一方面，宏观层面（政府建筑安全管理机构）的建筑安全管理的对象是建筑企业和工程项目，这必然要求宏观管理机构的注意力不断地随企业的转移而转移，不断地跟踪建筑企业和工程项目的生产过程；另一方面，微观层面（建筑施工企业）的建筑安全管理要适应不同项目施工过程的需要，以不断解决新产生的安全问题。

2. 复杂性

我国幅员辽阔，地区差异大，地区间发展不平衡；建筑企业数量众多，其规模、资金实力、技术水平参差不齐，情况的复杂使得建筑安全生产管理也变得复杂起来。另外，工程建设有多个参与方，管理层次比较多，管理关系复杂。

3. 法规性

一般的企业管理可以在有关法律框架内自行管理，管理方法和手段也是不尽一样、灵活多变的。但是，建筑安全生产管理则不一样，它所面对的是整个建筑市场、众多的建筑企业，它必须保持一定的稳定性，必须通过一套完善的法律体系来规范。

4. 渐进性

建筑市场是在不断发展变化的，宏观管理部门需要针对出现的新情况、新问题作出反应，包括各种政策和措施，以及法律法规的出台等。这一过程相对企业管理来说是较为漫长的，不可能一步到位，只能是渐进式的发展过程。渐进性的特点也要求在对待建筑安全管理的问题上不能急于求成，而是要脚踏实地地做好每一个工作，扎扎实实走好每一步。

第二节　建筑企业安全管理

一、建筑企业安全生产管理机构

（一）机构的设置

我国《安全生产法》和《建设工程安全生产管理条例》明确规定，建筑施工单位应当设立安全生产管理机构，配备专职安全生产管理人员。根据《建筑施工企业安全生产管理机构设置及专职安全生产管理人员配备办法》规定：安全生产管理机构是指建筑施工企业及其在建设工程项目中设置的负责安全生产管理工作的独立职能部门；建筑施工企业所属的分公司、区域公司等较大的分支机构应当独立设置安全生产管理机构，负责本企业（分支机构）的安全生产管理工作；建筑施工企业及其所属分公司、区域公司等较大的分支机构必须在建设工程项目中设立安全生产管理机构；建设工程项目应当成立由项目经理负责的安全生产管理小组。因此，根据我国安全生产法律法规的规定，每个建筑企业和建设工程项目都应当设置安全生产管理机构。

（二）机构的成员及人数

1. 机构成员

施工企业安全生产管理机构的成员，一般包括建筑企业主要负责人、项目负责人、专职安全生产管理人员、其他涉及安全责任的管理人员等。建筑企业主要负责人，就是对本企业日常生产经营活动和安全生产工作全面负责、有生产经营决策权的人员，主要包括企业法定代表人、经理、分管安全生产工作的副经理等。项目负责人就是由企业法定代表人授权，负责建筑工程项目管理的负责人。专职安全生产管理人员就是经建设主管部门或者其他有关部门安全生产考核合格，并取得安全生产考核合格证书，在企业从事安全生产管理工作的专职人员，包括企业安全生产管理机构的负责人及其工作人员和施工现场专职安全生产管理人员。

2. 机构人数

关于施工企业安全生产管理机构成员人数的要求，目前我国只对其中的专职安全生产管理人员的配备作出了明确的规定，并针对建筑施工总承包企业、建筑工程项目以及劳务分包企业作出了不同的要求。

（1）建筑施工总承包企业。建筑施工总承包企业安全生产管理机构内的专职安全生产管理人员应当按企业资质类别和等级足额配备，根据企业生产能力或施工规模，专职安全生产管理人员人数至少为：

1)集团公司:1 人/100 万 m^2 · 年(生产能力)或每 10 亿施工总产值 · 年,且不少于 4 人。

2)工程公司(分公司、区域公司):1 人/10 万 m^2 · 年(生产能力)或每 1 亿施工总产值 · 年,且不少于 3 人。

3)专业公司:1 人/10 万 m^2 · 年(生产能力)或每 1 亿施工总产值 · 年,且不少于 3 人。

4)劳务公司:1 人/50 名施工人员,且不少于两人。

(2)建筑工程项目。建筑工程项目应当成立由项目经理负责的安全生产管理小组,小组成员应包括企业派驻到项目的专职安全生产管理人员,专职安全生产管理人员的配置为:

1)建筑工程、装修工程按照建筑面积:①1 万 m^2 及以下的工程至少 1 人;②1 万～5 万 m^2 的工程至少两人;③5 万 m^2 以上的工程至少 3 人,应当设置安全主管,按土建、机电设备等专业设置专职安全生产管理人员。

2)土木工程、线路管道、设备安装按照总造价:①5000 万元以下的工程至少 1 人;②5000 万元～1 亿元的工程至少两人;③1 亿元以上的工程至少 3 人,应当设置安全主管,按土建、机电设备等专业设置专职安全生产管理人员。

(3)劳务分包企业。劳务分包企业建设工程项目施工人员 50 人以下的,应当设置 1 名专职安全生产管理人员;50～200 人的,应设两名专职安全生产管理人员;200 人以上的,应根据所承担分部分项工程施工危险实际情况增配,并不少于企业总人数的 5%。

对于施工作业班组,则应设置兼职安全巡查员,对本班组的作业场所进行安全监督检查。

(三)机构及其成员的职责

1. 机构的职责

建筑施工企业安全生产管理机构的职责主要包括:

(1)落实国家有关安全生产法律法规和标准;

(2)编制并适时更新安全生产管理制度;

(3)组织开展全员安全生产教育培训;

(4)组织开展安全检查等活动。

2. 成员的职责

(1)负责人的职责。建筑企业安全生产管理机构负责人依据企业安全生产实际,适时修订企业安全生产规章制度,调配各级安全生产管理人员,监督、指导并评价企业各部门或分支机构的安全生产管理工作,配合有关部门进行事故的调查处理等。

(2)工作人员的职责。建筑企业安全生产管理机构工作人员负责安全生产相关数据统计、安全防护和劳动保护用品配备及检查、施工现场安全督查等。

(3)施工现场专职安全管理人员的责任。施工现场专职安全生产管理人员负责施工现场安全生产巡视督查,并做好记录。发现现场存在安全隐患时,应及时向企业安全生产管理机构和工程项目经理报告,并对违章指挥、违章操作的,应立即制止。

二、建筑企业安全管理

(一)安全管理模式的构成要素

建筑企业安全管理是一个系统性、综合性的管理,其管理的内容涉及建筑生产的各个环节。建筑企业要进行有效或成功的管理,在企业内部构建合理的安全管理模式是十分重要的。一般来说,建筑企业安全管理模式的构成要素包括政策、组织、计划与实施、业绩测评、业绩总结。

1. 安全政策

从广义上说,政策是指一个机构的整体意向、方法及目标,以及其行动与反应所依据的标准和原则。任何一个建筑企业,要想有效或成功地进行安全管理,都必须有明确的安全政策。有效的安全政策将为建筑企业指明一个清晰的方向,安全政策不仅要满足法律法规和标准规范的要求,而且还要最大限度地满足社会公众、业主和员工利益的要求。建筑企业安全管理政策必须通过明确的安全目标来体现,企业安全目标应该体现最高目标—保护每个人的生命和健康。其直接目标—建立安全生产自我约束的管理机制,保证现有的人力和物力资源的有效利用,并且最大限度地减少发生经济损失和承担责任的风险。建筑企业制定安全政策,说明了企业管理层已经就安全与健康作出了承诺。一个建筑企业的安全政策内容主要有:

企业安全政策承诺提供足够的资源建立更高标准的安全与健康的工作环境,保障所有企业员工、分包商、工人及受工程影响的社会公众的安全;企业各级员工和分包商员工都对安全与健康负有责任,必须与企业一起共同致力于推广安全文化,不断完善企业安全与健康管理体系,改善企业的安全与健康表现;企业除了平时工作的安全与健康的危害和风险外,还要建立有效的沟通和咨询渠道,采取合理可行的措施以达到更高的安全与健康水平,使业主、员工及社会公众受惠;企业应该把安全与健康放在优先的地位,确保员工得到适当的培训,以胜任其本职工作;科学合理确定企业安全投入强度,实现企业最佳的安全投入产出比例,增强企业的盈利能力等等。

2. 安全组织

组织是施工安全工作的指挥和管理中枢,在安全管理模式的5个要素中居于十分重要的地位,它的运转质量直接关系到其他要素的工作效果,最终将直接影响到安全工作的效果。建筑企业只有通过一定的安全管理组织结构和体系,才能确保安全政策的落实和安全目标的顺利实现。一个完善的安全管理组织,应该是岗位设置健全,岗位之间联系紧密;组织系统主线清晰,层次分明,运作合理,无多头领导和职责交叉等问题存在;符合有关安全法律法规的安全责任规定,符合施工企业的现实条件和符合建筑施工安全的管理要求;人员的安全工作素质符合要求,配备合理;能够适应安全形势发展和应对突发事件需要;有利于形成企业的安全文化,能将企业中各个阶层的人员都融入到安全管理之中。只有做好和完善组织应尽的各项工作,才能从组织上保证建筑安全生产工作达到目标的要求。

3. 计划与实施

成功的建筑企业往往能够有计划、有系统地落实他们的安全政策,其目标是最大限度地保证每个人的安全与健康，减少施工过程所带来的事故损失。企业应当根据所制定的安全政策与目标，依据有关安全法律法规及标准规范对人员、设备、材料、生产、技术、质量、成本、环境以及社会等因素进行综合分析；运用风险管理等方法手段，对目标方案、规章制度、组织架构等进行计划以及对危险源进行辨识和评价；确定消除危险和避免风险的措施，一般采取这些措施的步骤和先后顺序，建立各种标准以规范各种操作；集合最佳方案，逐级审查把关。在计划的基础上，作出责任制度、安保体系、安全目标、培训教育、措施费用以及投保、保险等经济投入和资源配置的决策，同时接受企业内、外的安全事件和事故的反馈信息，随时评价和修正决策。

4. **业绩测评**

建筑企业的安全业绩，即建筑企业对安全管理的成功与否，应该由事先订立的评价标准进行量测。这样可以发现何时何地需要改进哪方面的工作。用于控制风险的措施成功与否可以通过采用一定的方法加以评价，包括对硬件（设备、材料）和软件（人员、程序和系统）的评价，也包括对个人行为的检查。安全业绩测评的方法有主动测评和被动测评两种，主动测评主要是检查目标的完成情况和遵守有关法律法规和标准规范的程度，被动测评主要是检查事故、职业病、事件以及不完善的安全情况。不论是主动测评还是被动测评，其目的都不仅仅是评价各种标准中所规定的行为本身，而更重要的是找出安全管理系统设计和实施过程中存在的问题，以避免事故和损失。

5. **业绩总结**

建筑企业应及时总结经验和教训，要对过去的资料和数据进行系统地分析总结，并用于今后工作的参考，这是安全生产管理工作的重要工作环节。通过业绩总结，可以提供企业安全运行模式系统的信息，帮助企业决定如何提高其安全与健康效果。进行业绩总结时，重点要注意：与健康安全执行标准的一致性（包括法规）；缺少标准或不足的方面；在给定时间内实现既定目标；根据伤亡事故、疾病数据，分析直接和间接原因、趋势及共同点等。安全业绩良好的建筑企业能够通过企业内部的自我规范和约束以及与竞争对手的比较，不断持续改进。

建筑企业安全管理模式五要素是一个系统过程，企业要加强对要素系统实施过程的监控，对实施过程中相关人员的安全行为和物的安全状态进行现场检查和模拟分析，评审各个要素的状态是否正常，及时发现问题，及时纠正处理，及时总结通报，以便广泛掌握特殊或同类型的事故发生倾向并采取相应的消除隐患的措施，把事故消灭在发生之前。同时利用事故的因果关系，采用归纳和演绎的方法进行逻辑分析和综合分析，并与安全检查表配合，实现动态管理。推行反馈原则指导下的安全评估和评价，对已采取的安全防护措施方案重新进行综合评价和决策，使之不断调解、执行、反馈—再决策、再执行、再反馈，以便在事故发生的不同阶段采取恰当措施，有效阻止事故发生。

（二）安全管理运行的保证

1. **制度保证**

建筑企业安全管理法制化、规范化是一种趋势，企业只有遵循一定的工作制度，才能科学地规范安全管理和工作过程中的各种行为，实现建筑生产过程的安全。因此，建筑企业应该在国家有关安全生产法律法规和标准规范的指导下，建立起安全生产管理制度，以保证安全管理模式的正常运行。根据现有的安全生产管理制度，大致可以划分为岗位管理制度、措施管理制度、投入和供应管理制度、日常管理制度4类，具体如下：

(1)岗位管理制度

1)安全生产工作组织制度；

2)安全生产岗位责任制度；

3)安全生产教育制度；

4)安全生产岗位培训、考核、认证制度；

5)安全生产值班制度；

6)特种作业人员管理制度；

7)外协单位和外协人员安全管理制度；

8)专、兼职安全管理人员管理制度；

9)安全生产奖罚制度。

(2)措施管理制度

1)安全作业环境和条件管理制度；

2)安全施工技术措施编制和审批制度；

3)安全技术措施实施管理制度；

4)安全技术措施总结和评价制度。

(3)投入和供应管理制度

1)安全作业环境和安全施工措施费用编制、审核、办理和使用管理制度；

2)劳动保护用品的购入、发放与管理制度；

3)特种劳动保护用品使用管理制度；

4)应急救援设备和物资管理制度；

5)机械、设备、工具和设施的供应、维修、报废管理制度。

(4)日常管理制度

1)安全生产检查和验收制度；

2)安全生产交接班制度；

3)易燃易爆品、有害化学品和危险品管理制度；

4)安全隐患处理和整改工作情况备案制度；

5)异常情况、事故征兆、突然事态报告、处置和备案管理制度；

6)安全生产事故报告、处置、分析和备案制度；

7)安全生产信息资料收集与归档管理制度。

2. 技术保证

建筑生产过程是实现和利用工程技术的过程，技术保证对于建筑企业安全管理模式的运作来说十分重要。按照各种技术间的层次互补关系，可以划分为安全可靠性技术、安全限控技术、安全保险与排险技术、安全保护技术4个方面，它们犹如四道闸门，从技术上逐层对施工安全进行保证，前一道门没把住，还有后一道门做保障，层层把关。

(1)安全可靠性技术。安全可靠性技术是指判断并确保建筑工程施工技术及其管理措施在工程施工的全过程中,对满足施工安全的要求均具有良好可靠性的技术,他是安全管理模式运行的技术保证的基础。安全可靠性技术的任务是研究施工技术和管理措施对满足生产安全可靠性的要求,即根据事故发生的内在规律,从研究如何发现和消除各种可能导致不安全状态或不安全行为产生的涉及因素以及预防各种事故的发生入手,通过对安全涉及的影响因素、编制依据、设计计算、实施规定以及监控手段的全面性和有效性的判断,从设计上确保生产的安全。安全可靠性技术要求设计单位在设计的过程中不仅考虑结构的安全,而且还要考虑到施工过程的安全,也就是要从设计阶段就开始考虑施工安全问题。

(2)安全限控技术。安全限控技术是继安全可靠性技术之后,对重要安全事项予以进一步确保的安全限制和控制技术,它是指在安全可靠性设计的基础上,对施工技术和管理措施中的重要环节、关键事项、使用要求以及其他需要严格控制之处,进一步提出明确的限制和控制规定,以确保施工安全的技术。安全限控技术的任务是研究施工技术和管理措施中所确定的安全控制点,以具体明确的规定加以硬性限制和控制,并同时考虑安全可靠性设计中未涉及或考虑不足的安全控制事项,通过提出设计的安全控制指标、安全文明施工要求、安全作业规定以及监察、检验控制要求,在安全可靠性设计之后,形成对施工安全的第二道保障。

(3)安全保险与排险技术。安全保险与排险技术作为施工安全的第三道闸门,是在安全可靠性设计和限控规定的基础上,对有可能出现的突破设计条件和限控规定、其他意外情况以及异常事态,相应及时采取自行启动保险装置和采取应急措施,以阻止异常情况发展、事故产生和伤害事故发生的技术。安全保险和排险技术的任务是研究施工技术和管理措施执行中有可能出现的危险事态,即事故开始启动的起因物(或诱因物)、致害物和危险状况,通过预先安排的保险制动装置的启动、附加保险措施的保障和应急处理措施的执行,最大限度地避免伤害的发生和降低其损害的程度。

(4)安全保护技术。安全保护技术作为施工安全的第四道闸门,它是在工程施工的全过程中,针对各种职业可能出现的意外或伤害,对施工现场人员的人身健康与安全、工程实体与施工设施的安全进行预防性保护的技术。安全保护技术的任务是研究如何对施工现场人员、工程实体与施工设施的安全进行有效的预防性保护,即通过建立保护制度、设置保护措施、使用劳保用品和提高职工安全素质等措施,做好自我保护等预防性工作,以保护施工现场人员的人身健康安全和财产安全。

3. 投入保证

投入是安全管理模式正常运行的重要保证,安全投入不足是当前困扰建筑企业安全管理的突出问题。安全投入主要包括人员、物力和财力投入几个方面,人员投入一部分可以通过组织措施保证,另一部分则可以通过资金投入来保证,如向中介组织聘请安全员等;物力和财力投入则主要通过资金投入来解决。为了确保企业的安全资金投入,《建设工程安全生产管理条例》对此作出了明确的规定:建设单位在编制工程概算时,应当确定建设工程安全作业环境及安全施工措施所需要费用;施工单位应当保证本单位安全生产条件所需要资金的投入,施工单位对列入建设工程概算的安全作业环境及安全施工措施所需要的费用,应当用于施工安全防护用具及设施的采购和更新、安全施工措施的落实、安全生产条件的改善，不得挪作他用。这个规定对确保安全生产投入的实现十分重要。

安全生产投入所需要的安全费用可以分为政策性费用和措施性费用，根据《建设工程安全生产管理条例》的规定，政策性费用已经纳入概预算定额之中，措施性费用则可以采用部分向建设单位申请与部分自筹相结合的办法解决。由于安全投入包括一次性消耗掉的和可以继续周转使用的两个部分，对可以周转使用的部分施工单位应当承担一部分的费用。施工单位应该加强从制度上保证安全投入的具体实施，从投入项目的适当性、投入数量的适合性以及投入的经济性方面进行投入效果分析，以进一步做好今后的安全投入工作。

4. **信息保证**

建筑安全管理是一个复杂的系统，不仅涉及到多个参与主体，而且还要涉及到各种安全法律法规、标准规范等，如何及时地收集各种信息，理顺各种信息，加强不同参与主体之间以及企业内部之间的信息沟通，对建筑企业安全管理模式的正常运行来说，也是必不可少的。

信息保证主要包括信息收集和信息传递两个方面。信息收集包括相关的法律法规信息、标准规范信息、文件信息、管理信息、技术信息、安全施工状况信息以及事故信息等，它们可以相应提供新的法律、法规、政策、标准与工作要求，先进的安全工作经验，新的安全技术发展和措施设计资料，企业和工程项目的安全工作状况以及国内发生的施工安全事故，都具有重要的参考依据和参考作用，这是搞好安全生产工作所不能缺少的基础性和资源性工作。在安全中介市场存在的情况下，这些工作并不完全需要建筑企业亲自来做，相当一部分的信息可以直接通过中介组织获得，快捷而又方便。信息传递主要是信息在企业内部的传递，一方面要把相关信息及时地传递到相关领导、职能部门那里，有关职能部门根据信息资料并结合企业自身安全管理实际，进行分析研究，及时送达各个工程项目、工作班组，以贯彻落实；另一方面，各个工程项目、工作班组在接到这些信息后，结合工作实际以及实践效果，及时地向有关职能部门反馈，以便有关职能部门进一步做好今后的信息处理工作。

二、施工现场安全管理

（一）施工项目管理目标体系

费用、质量、进度是传统建筑工程项目管理的三大目标，施工项目的实施过程主要围绕这三大目标展开的。然而，安全问题已成为建筑工程项目管理三大目标实现的巨大障碍。因此，应该把安全管理纳入传统的建筑工程项目管理的三大目标体系，构建施工项目管理中安全与费用、质量、进度相互制约、相互促进的目标体系。

首先，把安全管理与施工项目的进度计划结合起来，在项目的进度计划中考虑安全管理，同时根据进度计划确定安全管理的对象、措施和目标，从而实现安全管理目标与进度计划同步、协调实施。在项目进度太快，超过了安全生产需要的进度范围的情况下，项目需要投入更多的劳动力或者增加每个劳动力的劳动强度和劳动时间；同时需要使用更多的施工机具和设备，需要更多的建筑材料；有时甚至需要更多的分包商进入现场。所有这些，都直接或间接地增加了安全控制的难度和安全事故发生的概率，同时也造成工程质量的下降和各种费用的增加。

其次，处理好安全投入和施工项目费用之间的关系。安全投入是施工项目工程费的一部分，但它和其他工程费用不同，安全投入是一种投资，是有投资回报的。注重安全管理的建筑企业，必须注重安全投入作为保障，自然也会具有良好的安全业绩，从短期来看，这将增强了企业在具体工程项目中的实际盈利能力；从长期来看，将为企业赢得市场赞誉和扩大市场份额。同时，在建筑职业意外伤害保险中，浮动费率制度也将给是项目带来成本上的节约。此外，安全投入的增加，会为工人营造一个良好的安全氛围和工作环境，多一点的培训机会等，在一定程度上也促进了工程质量的提高和工程进度的加快。

再次，协调安全管理和工程质量的关系。安全管理好，表现到施工项目中就是施工操作要求严格、规范；工序流程科学、合理；各种交叉作业井然有序等等。这样，工程质量自然就有保障。

把安全纳入传统施工项目管理的三大目标体系，不仅仅是在安全、质量、成本和进度之间构建了一个相互制约、相互促进的施工项目管理控制体系，更重要的是，把安全融入施工项目的整个生产过程，安全是施工过程不可缺少的一个有机组成部分。这符合未来建筑安全发展的需要，只有将安全融入建筑生产过程，使之成为建筑生产的一个有机组成部分，才能从根本上解决安全问题。

（二）施工现场安全生产保障体系

把安全融入施工项目的生产过程不仅需要思想上重视安全，把建立安全、质量、成本和进度之间的相互制约、相互促进的施工项目管理目标体系，而且还需要通过一定措施加以落实和实施，这需要一个探索和实践的过程。目前，可以通过建立施工现场安全生产保障体系的方式，使施工现场的安全生产管理系统化和规范化。施工现场安全生产保障体系由 10 个基本要素和 6 个辅助要素构成。其中，10 个基本要素包括：①安全目标；②危险源与不利环境因素识别评价和控制策划；③使用法律法规；④标准规范和其他要求；⑤施工现场安全生产保障计划；⑥施工过程控制；⑦事故的应急预案；⑧安全检查；⑨纠正措施和预防措施；⑩内部审核，安全评估。6 个辅助要素包括：①组织机构与职责权限；②安全教育和培训；③文件控制；④安全物资采购和进场验证；⑤分包控制；⑥安全记录。

这些要素描述了施工现场安全生产保证体系建立、实施并且保持的过程，即通过合理的资源配置、职责分工以及对各个体系要素有计划、不间断地检查审核和持续改进，有序地、协调一致地处理体系的安全事务，从而螺旋上升循环，保持体系不断完善提高的过程。

第三节　安全生产责任制

一、安全生产责任制的概念

1. 安全生产责任制的含义

安全生产责任制是各项安全管理制度的核心，是企业岗位责任制的一个重要组成部分，是企业安全管理中最基本的制度，是保障安全生产的重要组织措施。

安全生产责任制是根据“管生产必须管安全”，“ 安全生产，人人有责”等原则，明确各级领导、各职能部门、岗位、各工种人员在生产活动中应遵守的安全职责的管理制度。

2. 建立和实施安全生产责任制的目的

建立和实施安全生产责任制，可以把安全与生产从组织领导上统一起来，把管生产和管安全的原则从制度上固定下来，从而增强各级人员的安全责任，使安全管理纵向到底，横向到边，专管成线，群管成网，责任明确，协调配合，共同努力，真正把安全生产工作落到实处。

3. 安全生产责任制的实施原则及要求

制定和实施安全生产责任制应贯彻“安全第一，预防为生”的安全生产方针，遵循“各级领导人员在管理生产的同时必须负责管理安全”原则。在计划、布置、检查、总结评比生产的同时，计划、布置、检查、总结评比安全。“安全生产，人人有责”和安全生产管理必须做到“纵向到底，横向到边”的原则，按照国家颁发的劳动法、建筑法等法规和国家、地方、安全主管部门下发的有关安全生产责任制的规定要求做到安全生产的职责、责任明确，覆盖全员、全方位。安全责任制符合“各级主管领导对本单位劳动保护和安全生产负责，为本单位安全生产第一负责人，分管生产的领导对本单位劳动保护和安全生产负具体领导责任，具体组织生产施工的领导对本单位劳动保护和安全生产负直接管理责任，各级其他领导、各职能人员和各工种人员在各自的业务范围或生产岗位上对实现安全生产、劳动保护、文明生产的要求负责”的基本要求，职责责任必须具体细化，安全生产责任制应进行确认、颁布后再实施。实施过程应加强检查和监督并将实施情况同责任制的奖惩考核挂钩，从而保证安全生产责任制的管理作用的发挥，保障生产施工的安全。

二、企业各级人员安全生产责任制

1. 企业经理和主管生产的副经理的责任

企业经理和主管生产的副经理对本企业的劳动保护和安全生产负全面领导责任。

(1)认真贯彻执行劳动保护和安全生产政策、法规和规章制度；

(2)定期向企业职工代表会议报告企业安全生产情况和措施；

(3)制定安全生产工作规划和企业各级干部的安全责任制等制度，建立健全安全生产的保证体系；

(4)定期分析研究解决安全生产中的问题，并定期向企业职工代表会议报告情况和措施；

(5)组织审批安全技术措施计划并贯彻实施；

(6)定期组织安全检查和开展安全竞赛等活动；

(7)对职工进行安全和遵章守纪及劳动保护法制教育；

(8)督促各级领导干部和职工做好本职范围内的安全工作；

(9)总结与推广安全生产先进经验；

(10)主持重大伤亡事故的调查分析，提出处理意见和改进措施，并督促实施。

2. 企业技术负责人的责任

企业技术负责人对本企业劳动保护和安全生产的技术工作负领导责任。

(1)在组织编制和审批施工组织设计(施工方案)和采用新技术、新工艺、新设备时，必须制定相应的安全技术措施；

(2)负责提出改善劳动条件的项目和实施措施，并付诸实现；

(3)对职工进行安全技术教育；

(4)编制审查企业的安全操作技术规程，及时解决施工中的安全技术问题；

(5)参加重大伤亡事故的调查分析，提出技术鉴定意见和改进措施。

3. 施工队长的责任

施工队长应对本单位劳动保护和安全生产工作负全面领导责任。

(1)认真执行安全生产规章制度，不违章指挥；

(2)落实施工组织设计中的各项安全技术措施要求；

(3)经常组织安全检查，消除事故隐患，制止违章作业；

(4)对职工进行安全技术和安全纪律教育；

(5)发生伤亡事故要及时上报，并认真分析事故原因，提出和实现改进措施。

4. 项目经理(工地负责人)的责任

项目经理(工地负责人)对承包工程项目的安全生产负全面领导责任。

(1)在项目施工生产全过程中，认真贯彻落实安全生产方针、政策、法规和各项规章制度，结合项目特点，提出有针对性的安全管理要求，严格履行安全考核指标和安全生产奖惩办法；

(2)认真落实施工组织设计中安全技术管理的各项措施，严格执行安全技术措施审批制度、施工项目安全交底制度和设施、设备交接验收使用制度；

(3)领导组织安全生产检查，定期研究分析承包项目施工中存在的不安全生产问题，并加以落实解决；

(4)发生事故后，保护好现场，及时上报，并认真吸取教训。

5. 工长、施工员的责任

工长、施工员对所管工程的安全生产负直接责任。

(1)组织实施安全技术措施，进行安全技术交底；

(2)对施工现场搭设的架子和安装的电气、机械设备等安全防护装置，都要组织验收，合格后方能使用；

(3)不违章指挥；

(4)组织工人学习安全操作规程，教育工人不违章作业；

(5)认真消除事故隐患，发生工伤事故要立即上报，保护现场，参加调查处理。

6. 班组长的责任

班组长要模范遵守安全生产规章制度，领导本班组安全作业。

(1)安排生产任务时要认真执行安全交底，严格执行本工种安全操作规程，有权拒绝违章指挥；

(2)班前要对所使用的机具、设备、防护用具及作业环境进行安全检查，发现问题要立即采取改进措施，及时消除事故隐患；

(3)组织班组开展安全活动，开好班前安全生产会，做好收工前的安全检查，组织一周的安全讲评工作；

(4)发生工伤事故要立即组织抢救，保护好现场并向工长报告。

7. 工地工人的责任

工地工人要熟知安全措施和规定，保护好自己的人身安全。

(1)认真学习并严格执行安全技术操作规程，自觉遵守安全生产规章制度；

(2)积极参加安全活动，认真执行安全交底，不违章作业，服从安全人员的指导；

(3)发扬团结友爱精神，在安全生产方面做到互相帮助、互相监督。对新工人要积极传授安全生产知识。维护一切安全设施和防护用具，做到正确使用，不准拆改；

(4)对不安全作业要敢于提出意见，并有权拒绝违章指令；

(5)发生伤亡和未遂事故，要保护现场并立即上报。

三、企业各职能部门安全生产责任制

1. 企业安全部门安全生产责任制

(1)贯彻执行安全生产和劳动保护方针、政策、法视、条例及企业的规章制度；

(2)做好安全生产的宣传教育和管理工作，总结交流推广先进经验；

(3)经常深入基层，指导下级安全技术人员的工作，掌握安全生产情况，调查研究生产中的不安全问题，提出改进意见和措施；

(4)组织安全活动和定期安全检查，及时向上级领导汇报安全情况；

(5)参加审查施工组织设计(施工方案)和编制安全技术措施计划，并对贯彻执行情况进行督促检查；

(6)与有关部门共同做好新工人、转岗工人、特种作业人员的安全技术训练、考核、发证工作；

(7)进行工伤事故统计、分析和报告，参加工伤事故的调查处理；

(8)制止违章指挥和违章作业，遇有严重险情，有权暂停生产，并报告领导处理；

(9)对违反安全生产和劳动保护法规的行为，经说服劝阻无效时，有权越级上报。

2. 生产计划部

(1)在编制下达生产计划时，要考虑工程特点和季节气候条件，合理安排，并会同有关部门提出相应的安全要求和注意事项；

(2)在检查月、旬生产计划的同时，要检查安全措施的执行情况；

(3)在排除生产障碍时，要贯彻"安全第一"的思想，同时消除不安全隐患，遇到生产与安全发生矛盾时，生产必须服从安全，不得冒险违章作业；

(4)对改善劳动条件的工程项目必须纳入生产计划，视同生产任务并优先安排，在检查生产计划完成情况时，一并检查；

(5)加强对现场的场容场貌管理，做到安全生产，文明施工。

3. 安全技术部门

(1)对施工生产中的有关技术问题负安全责任；

(2)对改善劳动条件、减轻笨重体力劳动、消除噪声、治理尘毒危害等情况，负责制定技术措施；

(3)严格按照国家有关安全技术规程、标准，编制、审批施工组织设计、施工方案等技术文件，使安全措施贯穿在施工组织设计、施工方案、工艺卡的内容里。负责解决施工中的疑难问题，从技术措施上保证安全生产；

(4)对新工艺、新技术、新设备、新施工方法要制定相应的安全措施和安全操作规程；

(5)会同劳动、教育部门编制安全教育计划，对职工进行安全教育；

(6)参加安全检查，对查出的隐患因素提出技术改进措施，并检查执行情况；

(7)参加伤亡事故和重大未遂事故的调查，针对事故原因提出技术措施。

4.机械动力部门

(1)制定安全措施，保证机、电、起重设备、锅炉、受压容器安全运行。对所有安全防护装置及一切附件，经常检查其是否齐全、灵敏、有效，并督促操作人员进行日常维护；

(2)对严重危及职工安全的机械设备，应会同技术部门提出技术改进措施，并付诸实施；

(3)新购进的机械、锅炉、受压容器等设备的安全防护装置必须齐全、有效。出厂合格证及技术资料必须完整，使用前要制定安全操作规程；

(4)负责对机、电、起重设备的操作人员，锅炉、受压容器的运行人员定期培训、考核并签发作业合格证，制止无证上岗；

(5)认真贯彻执行机、电、起重设备、锅炉、受压容器的安全规程和安全运行制度。对违章作业人员要严肃处理，发生机、电设备事故要认真调查分析。

5.材料供应部门

(1)供施工生产使用的一切机具和附件等，在购入时必须有出厂合格证明，发放时必须符合安全要求，回收后必须检修；

(2)采购的劳动保护用品，必须符合规格标准；

(3)负责采购、保管、发放和回收劳动保护用品，并向本单位劳动部门提供使用情况；

(4)对批准的安全设施所用材料应纳入计划，及时供应；

(5)对所属职工经常进行安全意识和纪律教育。

6.劳动部门

(1)负责对劳动保护用品发放标准的执行情况进行监督检查，并根据上级有关规定，修改和制定劳保用品发放标准实施细则；

(2)严格审查和控制上报职工加班和营养补助，以保证职工劳逸结合和身体健康；

(3)会同有关部门对新工人做好入场安全教育，对职工进行定期安全教育和培训考核；

(4)对违反劳动纪律，影响安全生产者应加强教育，经说服无效或屡教不改的应提出处理意见；

(5)参加伤亡事故调查处理，认真执行对责任者(职工)的处理决定，并将处理材料归档。

7.财务部门

(1)按国家规定要求和实际需要,提取安全技术措施费和其他劳动保护用品费用,专款专用;

(2)负责拨给对职工进行安全教育所需宣传费用。

8. 教育部门

(1)组织各种学习班时,都必须安排安全教育课程;

(2)将安全教育纳入职工培训计划,负责组织职工的安全技术培训和教育。

9. 人事部门

(1)根据本单位实际需要,配备具有一定文化程度、技术水平和实践经验的安全干部,并注意解决安全干部的新老交替问题;

(2)会同有关部门对施工、技术、管理人员进行遵章守纪教育;

(3)参加重大伤亡事故的调查,认真执行对责任者(负责人)的处理决定,并将处理材料归档。

10. 卫生部门

(1)经常进行卫生宣传教育,做好测尘、测毒工作,对从事粉尘、有毒、高温、高空作业人员,必须定期进行健康检查,做好职业病的治疗工作和建档建卡工作;

(2)发生工伤事故后,积极采取抢救治疗措施,并向事故调查组提供伤势情况;

(3)组织配合有关部门对职工进行体格普查,对特殊工种要定期作体格检查,发现有不适应某种工作的应向有关部门提出建议,及时作出妥善处理。

11. 保卫消防部门

(1)协同有关部门对职工进行安全防火教育,开展群众性安全生产活动;

(2)主动配合有关部门开展安全大检查,狠抓事故苗头,消除治安灾害事故隐患,抓好防火、防爆、防毒工作;

(3)对已发生的重大事故,协同有关部门组织抢救,查明性质,责任事故由有关部门处理,对性质不明的事故要参与调查,对破坏和破坏嫌疑事故负责追查处理。

12. 宣传部门

(1)大力宣传党和国家的安全生产方针、政策、法律,教育职工树立安全第一的思想;

(2)配合各种安全生产竞赛等活动,做好宣传鼓动工作;

(3)及时总结报导安全生产的先进事迹和好人好事。

第四节　建筑安全生产事故

一、建筑安全事故的定义

生产事故主要是指在建筑产品的生产、维修、拆除过程中,操作人员违反有关施工操作规程等而直接导致的安全事故。这种事故一般都是在施工作业过程中出现的,事故发生的次数比较频繁,是建筑安全事故的主要类型之一。目前,我国对建筑安全生产的管理主要是针对生产事故。

二、建筑安全事故的成因

建筑安全事故的成因与其他事故的成因一样，都可以归结为 4 类因素，通常称为“4M”要素，即人（MEN）、物（MACHINE OR MATTER）、环境（MEDIUM）和管理（MANAGEMENT）的因素。

1. 人的因素

人的因素是指人的不安全行为，是事故发生的最直接因素。各种生产事故，其原因不管是直接的还是间接的，都可以说是由于人的不安全行为引起的。人的不安全行为可以导致物的不安全状态，导致不安全的环境因素被忽视，也可能出现管理上的漏洞和缺陷，还可能造成事故隐患并触发事故的发生。

从心理学的角度，人的行为来自于人的动机，而动机产生于需要，动机促成实现其目的的发生。尽管人具有自卫的本能，不希望受到伤害，并且根据希望产生自以为安全的行为，但是人又是具有思维的，由于受到物质状态以及自身素质等条件的影响或制约，又是会出现主观认识与客观实际不相一致的现象。心理反应与客观实际相违背，行为就不安全。人在生产活动中，曾引起或可能引起事故的行为，必然是不安全的行为。具体的不安全行为有：操作失误、使用不安全设备、用手代替工具操作、物体摆放不安全、不按规定使用防护用品、不安全着装等。在事故原因中，人的个体行为和事故是存在因果关系的，任何人都会由于自身与环境因素的影响，对同一事件的反应、表现和行为出现差异。

人的因素又可以分为 3 类：①教育原因，包括缺乏基本的文化知识和认识能力，缺乏安全生产的知识和经验，缺乏必要的安全生产技术和技能等；②身体原因，包括生理状态或健康状态不佳，如听力、视力不良、反应迟钝、疾病、醉酒、疲劳等生理机能障碍等；③态度原因，缺乏工作的积极和认真的态度，如怠慢、反抗、不满等情绪，消极或亢奋的工作态度等。

2. 物的因素

在建筑生产活动中，物的因素是指物的不安全状态，也是事故产生的直接因素。导致事故发生的物的因素不仅包括机器设备的原因，而且还包括钢筋、脚手架的高空坠落等物的因素。物之所以成为事故的原因，是由于物质的固有属性及其具有的潜在破坏和伤害能力的存在。例如，施工过程中钢材、脚手架及其构件等原材料的堆放和储运不当，对零散材料缺乏必要的收集管理，作业空间狭小，机械设备、工器具存在缺陷或缺乏保养，高空作业缺乏必要的保护措施等等。物的不安全状态往往又是由于人的不安全行为导致的。

物的不安全状态，是随着生产过程中物质条件的存在而存在，是事故的基础原因，它可以由一种不安全状态转换为另一种不安全状态，由微小的不安全状态发展为致命的不安全状态，也可以由一种物质传递给另一种物质。事故的严重程度随着物的不安全程度的增大而增大。

3. 环境因素

环境因素是指环境的不良状态。不良的生产环境会影响人的行为，同时对机械设备也产生不良的作用。由于建筑生产活动是一种露天作业比较多的活动，同时，随着建筑技术的深地下、高空化发展，地下施工、水下施工明显增多，因此受到环境因素的影响比较明显。环境因素包括气候、温度、自然地理条件等方面。如冬天的寒冷，往往造成施工人员动作迟缓或僵硬；夏天的炎热往往造成施工人员的体力透支、注意力不集中；还有下雨、刮风、扬沙等天气，都会影响到人的行为和机械设备的正常使用。

值得注意的是，人文环境也是一个十分重要且不容忽视的因素。如果一个企业，从领导到职工，人人讲安全，人人重视安全，形成一个良好的安全氛围，更深层次地讲，就是形成了企业的安全文化，在这样一种环境下的安全生产是有保障的，反之亦然。

4. 管理因素

人的不安全行为和物的不安全状态，往往只是事故直接和表面的原因，深入分析可以发现，发生事故的根源在于管理的缺陷。人的不安全行为是事故产生的根本原因，管理应为事故发生负责，导致大多数事故的原因在于人的不安全行为，而人的不安全行为又是由于管理过程缺乏控制造成的。造成安全事故的原因是多方面的，根本原因在于管理系统，包括管理的规章制度、管理的程序、监督的有效性以及员工训练等方面的缺陷等，是因管理失效而造成了安全事故。英国健康与安全执行局统计表明，工作场所70%的致命事故是由于管理失控造成的。根据上海市历年重大伤亡事故抽样分析，92%的事故是由于管理混乱或管理不善引起的。环境因素的影响是不可避免的，但是，通过适当的管理行为，选择适当的措施是可以把影响程度减小到最低的。导致安全事故的管理因素主要包括企业主要领导者对安全不重视，组织结构和人员配置不完善，安全规章制度不健全，安全操作规章缺乏或执行不力等。在建筑业，劳动力密集，劳动者文化素质低，在这种情况下加强安全管理就显得十分重要。

建筑生产系统中，由于管理的缺失，造成了人的不安全行为的出现，进而导致物的不安全状态或环境的不安全状态的出现，最终导致安全生产事故的发生。因此，搞好建筑安全生产管理工作，重在改善和提高建筑安全管理。建筑安全管理的内容极其丰富，如生产组织、生产设计、劳动计划、安全规章制度、安全教育培训、劳动技能培训、职工伤害事故保险等。随着科学技术的发展和生产规模的扩大，以及现代安全管理的发展，建筑安全管理必将由分散的安全管理向综合安全管理发展，由传统的安全管理向现代安全管理转变。

三、建筑安全事故等级

根据生产安全事故造成的人员伤亡或者直接经济损失，事故一般分为以下4个等级：

(1)特别重大事故，是指造成30人以上死亡，或者100人以上重伤，或者1亿元以上直接经济损失的事故；

(2)重大事故，是指造成10人以上30人以下死亡，或者50人以上100人以下重伤，或者5000万元以上1亿元以下直接经济损失的事故；

(3)较大事故，是指造成3人以上10人以下死亡，或者10人以上50人以下重伤，或者1000万元以上5000万元以下直接经济损失的事故；

(4)一般事故，是指造成3人以下死亡，或者10人以下重伤，或者1000万元以下直接经济损失的事故。

四、伤亡事故统计报告

1.伤亡事故统计的目的

(1)及时反映企业安全生产状态,掌握事故情况,查明事故原因,分清责任,吸取教训,拟定改进措施,防止事故重复发生;

(2)分析比较各单位、各地区之间的安全工作情况,分析安全工作形势,为制定安全管理法规提供依据;

(3)事故资料是进行安全教育的宝贵资料,对生产、设计、科研工作也都有指导作用,为研究事故规律、消除隐患、保证安全提供基础资料。

2.伤亡事故报告

发生伤亡事故后,负伤者或最先发现事故的人,应立即报告领导。企业领导在接到重伤、死亡、重大死亡事故报告后,应按规定用最快的方法,立即向工程所在地建设行政主管部门以及国家安全监察部门、公安、工会等相关部门报告。各有关部门接到报告后,应立即转报各自的上级主管部门。

一般伤亡事故应在24小时以内、重大事故在2小时以内报到主管部门。

重大事故发生后,事故发生单位应根据建设部3号令的要求,在24小时内写出书面报告,按规定逐级上报。

重大事故书面报告应当包括以下内容:

(1)事故发生的时间、地点、工程项目、企业名称;

(2)事故发生的简要经过、伤亡人数和直接经济损失的初步估计;

(3)事故发生原因的初步判断;

(4)事故发生后采取的措施及事故控制情况;

(5)事故报告单位。

五、事故调查处理

1.保护事故现场,组织调查组

(1)事故现场的保护。事故发生后,事故发生单位应当立即采取有效措施,首先抢救伤员和排除险情,制止事故蔓延扩大,稳定施工人员情绪。要做到有组织、有指挥。同时,要严格保护事故现场,因抢救伤员、疏导交通、排除险情等原因,需要移动现场物件时,应当作出标志,绘制现场简图并作出书面记录,妥善保存现场重要痕迹、物证,有条件的可以拍照或录像。

清理事故现场,应在调查组确认无可取证,并充分记录后,经有关部门同意后,方能进行。任何人不得借口恢复生产,擅自清理现场,掩盖事故真相。

(2)组织事故调查组。接到事故报告后,事故发生单位领导人除应立即赶赴现场帮助组织抢救外,还应及时着手事故的调查工作。

轻伤、重伤事故,由企业负责人或由其指定人员组织生产、技术、安全等有关人员以及工会成员参加的事故调查组进行调查。

重大死亡事故,由事故发生地的市、县级以上的建设行政主管部门组织事故调查组进行调查。调查组成员由建设行政主管部门、事故发生单位的主管部门和国家安全监察部门、工会、公安等有关部门的人员组成，并可邀请检察机关派员参加，必要时，调查组可以聘请有关方面的专家协助进行技术鉴定、事故分析和财产损失的评估工作。

2. 施工现场勘查

事故发生后，调查组必须及早到现场进行勘查。现场勘查是技术性很强的工作，涉及广泛的科技知识和实践经验，对事故现场的勘查应该做到及时、全面、细致、客观。现场勘察的主要内容有：作出笔录、现场拍照或录像、绘制事故图、事故事实材料和证人材料收集。

3. 分析事故原因，明确责任者

通过充分地调查，查明事故经过，弄清造成事故的各种因素，包括人、物、生产管理和技术管理等方面的问题，经过认真、客观、全面、细致、准确地分析，确定事故的性质和责任。事故调查分析的目的，是通过认真分析事故原因，从中接受教训，采取相应措施，防止类似事故重复发生，这也是事故调查分析的宗旨。

事故分析的步骤，首先整理和仔细阅读调查材料，然后确定事故的直接原因、间接原因和事故责任者。

分析事故原因时，应根据调查所确认的事实，从直接原因入手，逐步深入到间接原因，通过对直接原因和间接原因的分析，确定事故的直接责任者和领导责任者，再根据其在事故发生过程中的作用，确定主要责任者。

4. 提出处理意见，写出调查报告

根据对事故原因的分析，对已确定的事故直接责任者和领导责任者，根据事故后果和事故责任人应负的责任提出处理意见。同时，应制定防范措施并加以落实，防止类似事故重复发生，切实做到“四不放过”，即：事故的原因分析不清不放过，事故责任者和群众没有受到教育不放过，没有防范措施不放过，事故的责任者没受到处罚不放过。

调查组应着重把事故的经过、原因、责任分析和处理意见以及本次事故教训和改进工作的建议等写成文字报告，经调查组全体人员签字后报批。如调查组内部意见有分歧，应在弄清事实的基础上，对照政策法规反复研究，统一认识。对于个别成员仍持有不同意见的，允许保留，并在签字时写明自己的意见。对此可上报上级有关部门处理直至报请同级人民政府裁决，但不得超过事故处理工作的时限。

5. 事故的处理结案

调查组在调查工作结束后十日内，应当将调查报告送批准组成调查组的人民政府和建设行政主管部门以及调查组其他成员部门，经组成调查组的部门同意，调查组调查工作即告结束。

事故处理完毕后，事故发生单位应当尽快写出详细的处理报告，并按规定逐级上报。

对造成重大伤亡事故的责任者，由其所在单位或上级主管部门给予行政处分；构成犯罪的，由司法机关依法追究刑事责任。

对造成重大伤亡事故承担直接责任的有关单位，由其上级主管部门或当地建设行政主管部门，根据调查组的建议，责令其限期改善安全措施，并依据有关法规予以处罚。

事故处理应当在 90 日内结案，特殊情况不得超过 180 日。

六、安全事故应急预案

1. 应急预案的定义

应急预案又称应急计划，是指企业为降低事故后果的严重程度，以对危险源的评价和事故预测结果为依据而预先制定的事故控制和抢险救灾方案，是事故应急救援活动的行动指南，是针对可能的重大事故或灾害，为保证迅速、有序、有效地开展应急与救援行动、降低事故损失而预先制定的有关计划或方案。

应急预案实际上是一个透明和标准化的反应程序，使应急救援活动能按照预先周密的计划和最有效的实施步骤有条不紊地进行。这些计划和步骤是快速响应和有效救援的基本保证。应急预案应该有系统完整的设计、标准化的文本文件、行之有效的操作程序和持续改进的运行机制。

应急预案是应急管理的文本体现，是应急管理工作的指导性文件，其总体目标是控制紧急事件的发展并尽可能消除事故，将事故对人、财产和环境的损失减到最低限度。应急预案明确了在突发事故发生之前、发生过程中以及刚刚结束之后，谁负责做什么，何时做，以及相应的策略和资源准备等。

应急预案的内容不仅限于事故发生过程中的应急响应和救援措施，还包括事故发生前的应急准备和事故发生后的紧急恢复以及预案的管理和更新等。因此，应急预案的核心要素有：

(1)方针与原则。它是开展应急救援工作的纲领。

(2)应急策划。包括危险分析、资源分析以及法律法规要求等。

(3)应急准备。指基于应急策划的结果，明确所需的应急组织及其职责权限、应急队伍的建设和人员培训、应急物资的准备、预案的演习、公众的应急知识培训、签订互助协议等。

(4)应急响应。包括接警与通知、指挥与控制、警报与紧急公告、通信、事态监测与评估、警戒与治安、人群疏散与安置、医疗与卫生、公共关系、应急人员安全、消防与抢险、泄漏物控制。

(5)现场恢复。

(6)预案管理与评审改进。对预案的制定、修改、更新、批准和发布作出明确的管理规定，并保证定期或在应急演练、应急救援后对应急预案进行评审，针对实际情况的变化以及预案中所暴露出的缺陷，不断地更新、完善和改进应急预案文件体系。

2. 应急预案的编制

安全生产工作要坚持“安全第一、预防为主”的方针，努力采取措施，千方百计地避免事故的发生，做到防患于未然。但是，由于各方面原因，不可能做到百分之百地避免事故的发生。目前的安全科学技术还没有发展到能有效预测和预防所有事故的程度，因此事故的应急救援是必不可少的。事故的应急救援是近几年来安全科学技术的重要组成部分，其主要目标是控制紧急事件的发生与发展并尽可能消除事故，将事故对人、财产和环境的损失减小到最低程度。事故应急预案的编制和实施是落实我国安全生产方针的重大举措。应急救援预案对于应急事件的应急管理工作具有重要的指导意义，它有利于实现应急行动的快速、有序、高效，以充分体现应急救援的“应急”精神。

制订应急救援预案的目的是在发生事故时，能以最快的速度发挥最大的效能，有序地实施救援，达到尽快控制事态发展，降低事故造成的危害，使任何可能引起的紧急情况不扩大，并尽可能地排除，以减少紧急事件对人、财产和环境所产生的不利影响或危害。

制订应急救援预案具有以下必要性：

(1)制订应急预案是贯彻国家职业健康安全法律法规的要求；

(2)制订应急预案是减少事故中人员伤亡和财产损失的需要；

(3)制订应急预案是事故预防和救援的需要；

(4)制订应急预案是实现本质安全型管理的需要。

编制应急预案是应急救援准备工作的核心内容，是及时、有序、有效地开展应急救援工作的重要保障。应急预案在应急救援中的重要作用和功能具体表现在：

(1)应急预案确定了应急救援的范围和体系，使应急准备和应急管理不再是无据可依、无章可循。尤其是培训和演练，他们依赖于应急预案：培训可以让应急响应人员熟悉自己的责任，具备完成制定任务所需的相应技能；演习可以检验预案和行动程序，并评估应急人员的技能和整体协调性。

(2)制订应急预案有利于作出及时的应急响应，降低事故后果。应急行动对时间要求十分敏感，不允许有任何拖延。应急预案先明确了应急各方的职责和响应程序，在应急力量和应急资源等方面做了大量的准备，可以指导应急救援迅速、高效、有序地开展，将事故的人员伤亡、财产损失和环境破坏降到最低限度。此外，如果提前制定了预案，对事故发生后必须迅速解决的一些应急恢复问题，也会解决得比较全面和到位。

(3)发生事故时，便于各单位、各部门之间的协调，保证应急救援工作的顺利、快速、高效实施。

(4)有利于提高政府、企业、工作场所的风险防范意识。应急预案的编制过程实际上包含一个风险辨识、风险评价和风险控制的过程，而且这个过程需要各方的参与。因此，应急预案的编制、评审以及发布和宣传，有利于各方了解可能面临的风险以及相应的应急措施，提高风险防范意识和能力。

第十一章 建筑企业投标及合同管理

第一节 建设工程项目投标

一、投标概述

(一)投标人及其资格

1. 投标人的界定

按照《招标投标法》的规定:“投标人是指响应招标、参加投标竞争的法人或者其他组织。”所谓响应招标,主要是指投标人对招标人在招标文件中提出的实质性要求和条件作出响应。《招标投标法》还规定:“依法招标的科研项目允许个人参加投标,投标的个人适用本法有关投标人的规定。”因此,投标人的范围除了包括法人、其他组织,还应当包括自然人。随着我国招标事业的不断发展,自然人作为投标人的情形也会经常出现。

2. 投标人的资格条件

按照《招标投标法》的规定,投标人应具备下列条件:

(1)投标人应具备承担招标项目的能力。国家有关规定或者招标文件对投标人资格条件有规定,投标人应当具备规定的资格条件;

(2)投标人应当按照招标文件的要求编制投标文件,投标文件应当对招标文件提出的要求和条件作出实质性响应;投标文件的内容应包括拟派出的项目负责人与主要技术人员的简历、业绩和拟用于完成招标项目的机械设备等;

(3)投标人应当在招标文件所要求提交投标文件的截止时间前,将投标文件送达投标地点。招标人收到投标文件后,应当签收保存,不得开启。招标人对招标文件要求的截止时间后收到投标文件,应当原样退还,不得开启;

(4)投标人在招标文件要求的截止时间前,可以补充、修改或者撤回已提交的投标文件,并书面通知招标人。补充、修改的内容为投标文件的组成部分;

(5)投标人根据招标文件载明的项目实际情况,拟在中标后将中标项目部分非主体、非关键性工作交由他人完成的,应当在投标文件中载明;

(6)两个以上法人或者其他组织可以组成一个联合体,以一个投标人的身份共同投标。但是,联合体各方均应当具备承担招标项目相应能力及相应资格条件。各方应当签订共同投标协议,明确约定各方拟承担的工作和相应的责任,并将共同投标协议连同投标文件一并提交招标人。联合体各方应当共同向招标人承担连带责任。招标人不得强制投标人组成联合体共同投标,也不得限制投标人之间的竞争;

(7)投标人不得相互串通投标报价,不得排挤其他投标人的公平竞争,损害招标人或者他人的合法权益;

(8)投标人不得以低于合理预算成本的报价竞标,也不得以他人名义投标或者以其他方式弄虚作假,骗取中标。

所谓合理预算成本,即按照国家有关成本核算的规定计算的成本。

(二)投标的组织

1. 投标组织构成

投标的组织主要包括组建一个强有力的投标机构和配备高素质的各类人才。投标人进行工程投标,需要有专门的投标机构和人员对投标的全部活动加以组织与管理,这是投标人获得成功的重要保证。

参加投标竞争,不仅是比报价的高低,还要比技术、比实力、比经验和比信誉。尤其是在国际工程承包市场上,由于技术密集型工程项目越来越多,这给投标人带来两方面的挑战:一方面要求投标人具有先进的科学技术,能够完成高、新、尖、难的工程;另一方面投标人具有现代企业先进的管理水平,能实现优质、高效、低成本,获得好的经济效益。

2. 投标机构的组成人员

为迎接技术和管理方面的挑战,使其在激烈的投标竞争中取胜,组建投标机构和配备各类人员是极其重要的。投标机构可由以下几种类型的人员组成:

(1)经营管理类人员。它是指专门从事工程承包经营管理,制订和贯彻经营方针与规划,负责投标工作的全面筹划和具有决策能力的人员。为此,这类人员应具备以下基本条件:

1)知识渊博、视野广阔,能全面地、系统地观察和分析问题;

2)具备一定的法律知识和实际工作经验,了解我国,乃至国际上有关的法律和国际惯例,并对开展投标业务所应遵循的各项规章制度有充分的了解;

3)勇于开拓,具有较强的思维能力和社会活动能力,积极参加有关的社会活动,扩大信息交流,不断地吸收投标业务工作所必需的新知识和情报;

4)掌握一套科学的研究方法和手段,诸如科学的调查、统计、分析、预测的方法等。

(2)专业技术类人员。主要是指工程及施工中的各类技术人员,诸如建筑师、土木工程师、电气工程师、机械工程师等各类专业技术人员。他们应拥有本学科最新的专业知识,具备熟练的实际操作能力,以便在投标时能从本公司的实际技术水平出发,制订各项专业实施方案。如果是国际工程(含境内涉外工程)投标,则应配备懂得专业和合同管理的外语翻译人员。

(3)商务金融类人员。主要是指具有金融、贸易、税法、保险、采购、保函、索赔等专业知识的人员。财务人员要懂税收、保险、涉外财会、外汇管理和结算等方面的知识。

以上是对投标班子3类人员个体素质的基本要求。一个投标班子仅仅做到个体素质良好是不够的,还需要各方人员的共同协作,充分发挥群众的力量,并要保持投标班子成员的相对稳定,不断提高其整体素质和水平。同时,还应逐步采用和开发投标报价的软件,使投标报价工程更加快速、准确。

二、工程投标

(一)投标程序

投标人(承包商)在取得投标资格并愿意参加投标时,就可以按照图 11-1 投标工作程序图所列的步骤进行投标。

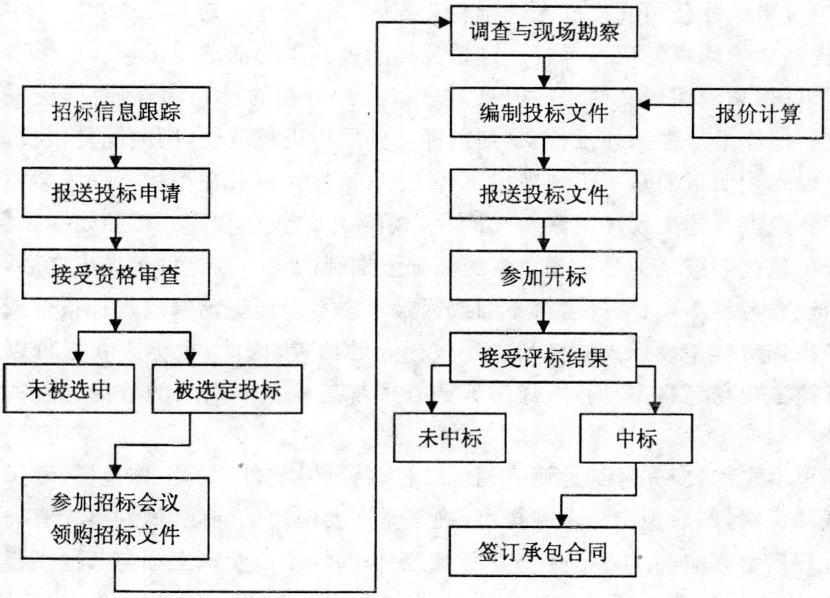

图 11-1 工程项目施工投标程序框图

(二)项目投标过程

1. 投标过程的含义

投标过程主要是指投标人(承包商)从填写资格预审调查表和申报资格预审时开始,到将编制完毕的正式投标文件报送业主为止所进行的全部工作。这一过程的工作量很大,内容包括:填写资格审查表和申报资格预审,当资格预审通过后,参加招标会议和购买招标文件,进行投标前调查与现场勘察,分析招标文件,校核工程量和编制施工规划,进行工程估价,确定利润方针,计算和确定报价,编制投标文件,办理投标保函,报送投标文件。如果中标,则与招标人协商并签署承包合同。

2. 投标过程中的步骤

(1)接受资格预审。资格预审是承包商投标过程中的第一关。在这里仅就投标人申报资格预审时注意的事项做一介绍。

1)应注意平时对一般资格审查有关资料的积累工作,并储存在计算机内,到针对某个项目填写资格审查表时,再将有关资料调出来,并加以补充完善。如果平时不积累资料,完全靠临时填写,则往往会达不到业主要求而失去机会。

2)加强填表时的分析,既要针对工程特点,下工夫填好重点栏目,又要全面反映出本公司的施工经验、施工水平和施工组织能力。这往往是业主考虑的重点。

3)在研究并确定今后本公司发展的地区和项目时,注意收集信息,如果有合适的项目,应及早动手做资格预审的申请准备。可以参照亚洲开发银行的评分办法给自己公司评分,这样可以及早发现问题。如果发现某个方面的缺陷(如资金、技术水平、经营年限等)不是公司本身可以解决的,则应考虑寻找适宜的伙伴,组成联营体来参加资格预审。

4)做好递交资格审查表后的跟踪工作,以便及时发现问题,补充资料。如果是国外投标,可通过当地分公司或代理人进行有关查询工作。

(2)投标前的调查与现场考察。这是投标前极其重要的准备工作。如果事前对招标工程有所了解,拿到招标文件后一般只需进行有针对性的补充调查,否则应进行全面的调查研究。但如果是去国外投标,拿到招标文件后再进行调研,则时间是很紧迫的。

现场考察主要指的是去工地现场进行考察,招标人一般在招标文件中会注明现场考察的时间和地点。施工现场考察是投标者必须经过的投标程序。按照国际惯例,投标人提出的报价单一般被认为是现场考察的基础上编制的。一旦报价单送出之后,投标人就无权因为现场考察不周、情况了解不细或因素考虑不全而提出修改投标报价或提出补偿等要求。现场考察是投标人的权利也是报标人的职责,因此,投标人在报价以前必须认真地进行施工现场考察,全面地、仔细地调查了解工地及其周围的政治、经济、地理等情况。

现场考察之前,应先仔细地研究招标文件,特别是文件中的工作范围、专用条款以及设计图纸和说明,然后拟定出考察提纲,确定重点要解决的问题,做到事先有准备。

进行现场考察应侧重以下5个方面:①工程的性质以及该工程与其他工程之间的关系;②投标人投标的那一部分工程与其他承包商或分包商之间的关系;③工地地貌、地质、气候、交通、电力、水源等情况,有无障碍物等;④工地附近的住宿条件、料场开采条件、其他加工条件、设备维修条件等;⑤工地附近治安情况。

(3)分析招标文件,校核工程量,编制施工规划。

1)分析招标文件。招标文件是投标的主要依据,因此应该仔细地分析研究招标文件,重点应放在投标者须知、合同条件、设计图纸、工程范围以及工程量清单上,最好有专人或专门小组研究技术规范和设计图纸,弄清其特殊要求。

2)校核工程量。对于招标文件中的工程量清单,投标人一定要进行校核,因为它直接影响投标报价及中标机会。例如当投标人大体上确定了工程总报价之后,对某些项目工程量可能增加的,可以提高单价,而对某些项目工程量估计会减少的,可以降低单价。如发现工程量有重大出入的,特别是漏项的,必要时可找招标人核对,要求招标人认可,并给予书面证明,这对于总价固定合同,尤为重要。

3)编制施工规划。该工作对于投标报价影响很大。在投标过程中,必须编制施工规划,其深度和广度都比不上施工组织设计。如果中标,再编制施工组织设计。施工规划的内容一般包括施工方案和施工方法、施工进度计划、施工机械计划、材料设备计划和劳动力计划,以及临时生产、生活设施。制订施工规划的依据是设计图纸,执行的规范,经复核的工程量,招标文件要求的开工、竣工日期以及对市场材料、设备、劳力价格的调查。编制的原则是在保证工期和工程质量的前提下,使成本最低,利润最大。与此同时,还应该考虑以下几个方面：

其一，选择和确定施工方法。根据工程类型，研究可以采用的施工方法。对于一般的土石方工程、混凝土工程、房建工程等比较简单的工程，可结合已有施工机械及工人技术水平来选定实施方法，努力做到节省开支，加快进度。对于大型复杂工程则要考虑几种施工方案，进行综合比较。如水利工程中的施工导流方式，对工程造价及工期均有很大影响，投标人应结合施工进度计划及能力进行研究确定。又如地下工程(开挖隧洞或洞室)，则要进行地质资料分析，确定开挖方法(用掘进机还是钻孔爆破等)确定支洞、斜井、竖井数量和位置，以及出渣方法、通风方式等。

其二，选择施工机械和施工设施。此工作一般与研究施工方法同时进行。在工程估价过程中还要不断进行施工机械和施工设施的比较，如考虑利用旧机械设备还是采购新机械设备，在国内采购还是在国外采购，并对机械设备的型号、配套、数量(包括使用数量和备用数量)进行比较。还应研究哪些类型的机械可以采用租赁办法，对于特殊的、专用的机械设备折旧率须进行单独考虑。如新购设备，订货清单中应考虑辅助和修配机械以及备用零件，尤其是订购外国机械时应特别注意这一点。

其三，编制施工进度计划。编制施工进度计划应紧密结合施工方法和施工设备考虑。施工进度计划中应提出各时段完成的工程量及限定日期。施工进度计划是采用网络进度计划还是线条进度计划，应根据招标文件要求而定。在投标阶段，一般用线条进度即可满足要求。

(4)投标报价的计算。投标报价计算包括定额分析、单价分析、计算工程成本、确定利润方针，最后确定标价。这部分内容将在本节投标报价的评估分析中有详细介绍。

(5)编制投标文件。编制投标文件也称填写投标书，或称编制报价书。

投标文件应完全按照招标文件的各项要求编制，一般不能带任何附加条件，否则将导致投标作废。

(6)准备备忘提要。招标文件中一般都有明确规定，不允许投标人对招标文件的各项要求进行随意取舍、修改或提出保留。但是在投标过程中，投标人对招标文件反复深入地进行研究后，往往会发现很多问题，这些问题归纳如下：

1)发现的问题对投标人有利。可以在投标时加以利用或在以后提出索赔要求，这类问题投标人一般在投标时是不提的。

2)发现的错误明显对投标人不利。如总价包干合同工程项目漏项或是工程量偏少，这类问题投标人应及时向业主提出质疑，要求业主更正。

3)投标人企图通过修改某些招标文件和条款或是希望补充某些规定，以使自己在合同实施时能处于主动地位的问题。

如发现上述问题，在准备投标文件时应单独写成一份备忘录提要，但这份备忘录提要不能附在投标文件中提交，只能自己保存。第3类问题可留待合同谈判时使用，也就是说，当该投标使招标人感兴趣，邀请投标人谈判时，再把这些问题根据当时情况一个一个地拿出来谈判，并将谈判结果写入合同协议书的备忘录中。

(7)递送投标文件。递送投标文件也称递标，是指投标人在规定的截止日期之前，将准备妥的所有投标文件密封递给投标人的行为。

对于招标人，在收到投标人的投标文件后，应签收或通知投标人已收到其投标文件，并记录收到日期和时间。同时，在开标之前，所有投标文件均不得启封，并应采取措施确保投标文件的安全。

除了上述规定的投标书外，投标人还可以写一封更为详细的致函，对自己的投标报价做必要的说明，以吸引招标人对递送这份投标书的投标人感兴趣和有信心。例如：关于降价的决定，说明同业主友好的长远合作的诚意，决定按报价单的汇总价格无条件地降低某一个百分比，或总价降到多少金额，并愿意以这一降低后的价格签订合同。又如：若招标文件允许替代方案，并且投标人又制订了替代方案，可以说明替代方案的优点，明确如果采用替代方案，可能降低或增加的标价。还可说明愿意在评标时，同业主或咨询公司进行进一步讨论，使报价更为合理等等。

三、投标文件的编制

工程项目施工投标文件的编制是一项比较复杂的计算与决策过程，投标人（承包商）在编制工程项目施工投标文件时，应切实做好下列工作：

（一）投标文件编制的准备

投标人（承包商）在工程项目施工投标文件的编制前，应认真做好以下准备工作：

（1）及时组建设标工作领导班子，确定该项目施工投标文件的编制人员。

（2）投标人（承包商）应收集与投标文件编制有关的政策文件和资料，如现行的各种定额、费用标准、政策性调价文件及各类标准图等。上述有关的文件与资料是编制施工投标文件（投标报价书）的重要依据。

（3）投标人（承包商）应认真阅读和仔细研究工程项目施工招标文件中的各项规定与要求，如认真阅读投标须知、投标书和投标书附件的编制等各项内容，尤其是要仔细研究其合同条款、技术规范、质量要求和价格条件等内容，以明确上述的具体规定和要求，从而增强投标文件编制内容的针对性、合理性和完整性。

（4）投标人（承包商）应根据施工图纸、设计说明、技术规范和计算规则，对工程量清单表中的各分部项工程的内容和数量进行认真的审查，若发现内容、数量有误时，应在收到工程项目招标文件的7日内，用书面形式通报给招标人（业主），以利于工程的调整和报价计算的准确。

（二）投标文件的编制

投标人（承包商）应重点做好施工规划、投标报价书等施工投标文件的编制工作，现将其编制内容和步骤分述如下：

（1）投标文件编制人员根据工程项目的施工招标文件、工程技术规范等，结合工程项目现场施工条件编制施工规划，包括施工方法、施工技术措施、施工进度计划和各项物资、人工需用量计划等。

（2）投标文件编制人员根据现行的各种定额、费用标准、政策性调价文件、施工图纸（含标准图）、技术规范、工程量清单、工料单价或综合单价等资料编制投标报价书，并确定其工程总报价。

(3)投标文件编制人员根据招标文件的规定与要求,认真做好投标书、投标书附件、投标辅助资料表等投标文件的填写编制工作,并与有关部门联系,办理投标保函。

(4)投标文件编制人员在投标文件全部编制完成以后,应认真进行核对、整理和装订成册,再按照招标文件的要求进行密封和标志,并在规定的截止时间报给招标人(业主)。

四、投标决策与评估分析

(一)投标决策的概念

投标人为了在激烈的投标竞争中取胜而获得施工业务,并且从承包工程中赢利,就必须认真研究投标决策问题。所谓投标决策就是指投标人(承包商)对是否参加投标,投什么标和采用什么投标策略所作出决定。投标人投标决策的正确与否,关系到能否中标及中标后所取得的效益,关系到企业的发展和职工的经济利益。因此,投标人及决策班子必须充分认识投标决策的重要意义,并应将投标决策列入企业的重要议事日程。

(二)招投标决策

1. 投标决策的主观条件

投标人决定参加投标或放弃投标,首先要取决于投标人的实力,即投标人自身的主观条件。现分述如下:

(1)技术实力方面。①有精通本专业的建筑师、工程师、造价师、会计师和管理专家等所组成的投标组织机构;②有一支技术精良、操作熟练、经验丰富、责任心强的施工工人队伍;③有工程项目施工专业特长,特别是有解决工程项目施工技术难题的能力;④有与招标工程项目同类工程的施工及管理经验;⑤有一定技术实力的合作伙伴、分包商和代理人。

(2)经济实力方面。①具有垫付建设资金的能力,即具有“带资承包工程”的能力。但由于这种承包方式风险很大,投标决策时应慎重考虑;②具有一定的固定资产、机具设备,如大型施工机械、模板与脚手架等;③具有一定资金周转能力,足以支付施工费用;④具有承包国际工程所需的外汇;⑤具有支付国内工程和国际工程各种担保金的能力;⑥具有支付各项税金和保险的能力;⑦具有承担不可抗力所带来的风险;⑧承担国际工程时,具有重金聘请丰富经验或较高地位代理人的酬金以及其他佣金的支付能力。

(3)管理实力方面。投标人为取得好的经济效益,必须在成本控制上下工夫,向管理要效益。因此,要加强企业管理,建立健全企业管理制度,制订切实可行的措施。如实行工人一专多能,管理人员精干,采用先进技术,进行定额管理,缩短施工工期,减少各种消耗,降低工程成本,提高经济效益,努力实现企业管理的科学化和现代化。具有较强的管理实力,投标人就能在激烈的投标竞争中战胜对手而获得胜利。

(4)信誉实力方面。投标人(承包商)具有良好的信誉,这是中标的一个重要条件,因此投标人必须具有“重质量”、“重合同”、“守信用”的意识。要建立良好的信誉,就必须遵守法律和行政法规,按国际惯例办事,保证工程施工的安全、质量和工期。

2. 投标决策的客观因素

(1)招标人(业主)和监理工程师的情况。招标人(业主)的合法地位、支付能力、履约能力,监理工程师处理问题的公正性、合理性等,是投标人投标决策的重要影响因素。

(2)投标竞争形势的好坏、竞争对手的实力优势及在建工程的情况等,都是投标人是否参加投标竞争的重要影响因素。一般来说,大型承包公司技术水平高,管理经验丰富,适应性强,具有承包大型工程的能力,因此在大型工程项目的投标中中标的可能性就大;而中小型工程项目的投标中,一般中小型公司或当地的工程公司中标的可能性更大。另外,如果竞争对手的在建工程即将完工,急于获得新的工程项目,其报价不会很高;而如果竞争对手在建工程规模大、时间长,若仍参加投标,则标价可能很高。以上这些情况对本公司的投标决策都有很大影响。

(3)法律和法规情况。我国的法律和法规具有统一或基本统一的特点,而且法制环境基本相同。因此,对于国内工程承包,适用本国的法律和法规。如果是国际工程承包,则有一个法律适用问题。法律适用的原则有:①强制适用工程所在地法的原则;②意思自治原则;③最密切联系原则;④适用国际惯例原则;⑤国际法效力优于国内法效力的原则。

目前,有很多国家规定,外国承包商在本国承包工程,必须与当地公司成立联营体才能承包该国的工程。因此,如果是适用工程所在地法,就必须以合作者的信誉、资历、技术水平、资金、债权与债务等方面进行全面的分析了解,然后才能决定投标还是弃标。又如外汇管制情况,各国法规也有不同,有的规定,可以自由兑换、汇出,基本上无任何管制;有的规定,必须履行一定的审批手续;有的规定,外国公司在缴纳所得税后的50%可以兑换、汇出,其余50%只能在当地再投资或用作扩大再生产。同样,如果是适用工程所在地法,我们在这类国家承包工程必须注意以上问题。

(4)投标风险的情况。在国内参加投标竞争和承包工程,其风险相对要小一些,对国际工程投标和承包工程则风险要大得多。

决定投标与否,要考虑的因素很多。因此,投标人需要广泛、深入地调查研究,系统地积累资料,并作出全面的分析,才能对投标作出正确决策。其中很重要的是承包工程的效益性,投标人应对承包工程的成本、利润进行预测和分析,以便作为投标决策的重要依据。

3. 投标前的报价调整因素

报价低是确定中标人的条件之一,但不是唯一的条件。一般来说在工期、质量、社会信誉相同的条件下,招标人才选择最低标。因此投标人不应追求报价最低,而应当在评价标准的诸因素上多下工夫。例如,企业若自身掌握有三大材料、流动资金拥有量大、施工组织水平高、工期短等,就可以自身的优势去战胜竞争对手。报价过高或过低,不但不能得标,而且会严重损害本企业的信誉和效益。

现将投标前对报价的减价和加价因素分别介绍如下:

(1)减价因素:①对于大批量工程或有后续分期建设的工程,可适当减计临时设施费用;②对施工图设计详细无误,不可预见因素小的工程可减计不可预见包干费;③对无冬、雨季施工的工程,可以免计冬、雨季施工增加费;④对工期要求不紧或无需赶工的工程，可减计或免计夜间施工增加费；⑤技术装备水平较高的建筑企业，可减计技术装备费；⑥大量使用当地民工的，可适当减计远征工程费和机构调迁费；⑦采用先进技术、先进施工工艺或廉价材料等，也可削减其有关费用。

(2)加价因素：①合同签订后的设计变更，可另行结算；②签订合同后的材料差价变更，可另行结算或估算列入报价；③材料代用增加的费用，可另行结算或列入报价；④大量压缩工期增加的赶工措施费用，可增加报价；⑤为了防止天灾人祸等意外费用发生，可在允许范围内增加报价；⑥无预付款的工程，因贷款所增加的流动资金贷款利息应列入报价；⑦要求垫付资金或材料的，可增加有关费用。

一般来说，承包合同签订后所增加的费用，应另行结算，不列入报价。

上述减价、加价因素，应视其招标办法和合同条款而定，不能随便套用。

(三)投标报价的评估分析

投标承包工程，报价是投标的核心，报价正确与否直接关系到投标的成败。为了增强报价的准确性，提高中标率和经济效益，除重视投标策略，加强报价管理以外，还应善于认真总结经验教训，采取相应对策从宏观角度对承包工程总报价进行控制。可采用下列评估指标和方法对报价进行审核与评估。

1. 投标报价的评估指标

(1)单位工程造价指标。不同类型工程的单位工程造价指标形式也不同，房屋工程按平方米造价表示，铁路、公路按公里造价表示，铁路桥梁、隧道按每延米造价表示，公路桥梁按桥面平方米造价表示。施工企业可按照各个国家和地区的情况，分别统计、搜集各种类型工程的单位工程造价指标，在新项目投标报价时作为参考，以控制报价。这样做，既方便又适用，有利于提高中标率和经济效益。

(2)全员劳动生产率指标。即全体人员每工日的生产价值，这是一项很重要的经济指标，它对工程报价进行宏观控制是很有效的，尤其当一些综合性大项目难以用单位工程造价分析时，显得更为有用。但非同类工程，机械化水平悬殊的工程，不能绝对相比，要持分析态度。

(3)单位工程用工用料正常指标。是指正常情况下单位工程工料的合理用量。例如，我国铁路隧道施工部门根据所积累的大量施工经验，统计分析出各类围岩隧道的每延米隧道用工、用料正常的指标；房建部门对房建工程每平方米建筑面积所需劳力和各种材料的数量也都有一个合理的指数。单位工程用工用料正常指标可对工程造价进行宏观控制。

2. 投标报价的评估比例

(1)各分项工程价值的正常比例。各分项工程价值的正常比例是控制报价准确度的重要指标之一。例如，一栋楼房是由基础、墙体、楼板、屋面、装饰、水电、各种专用设备等分项工程构成的，它们在工程价值中都有一个合理的大体比例。国外房建工程中主体结构工程(包括基础、框架和砖墙3个分项工程)的价值约占总价的55%，水电工程约占10%，其余分项工程的合计价值约占35%。例如，某市一房建工程，各分项工程价值占总价的百分比如下：基础9.09%，钢筋混凝土框架37.09%，砖墙(非承重)9.54%，楼地面10.30%，装饰

10.40%，屋面5.46%，门窗8.48%，上下水道4.96%，室内照明4.68%。

房屋建筑工程每平方米建筑面积用工用料数量见表11-1。

表11-1　　房屋建筑工程每平方米建筑面积用工用料数量表

序号	建筑类型	人工/(日·m^3)	水泥/kg	钢材/kg	木材/m^3	砂子/m^3	碎石/m^3	砖砌体/m^3	水/t
1	砖混结构楼房	4.0～4.5	150～200	20～80	0.04～0.06	0.3～0.4	0.2～0.3	0.35～0.45	0.7～0.9
2	多层框架楼房	4.5～5.5	220～240	50～65	0.05～0.06	0.4～0.5	0.4～0.6		1.0～1.3
3	高层框架楼房	5.5～6.5	230～280	60～80	0.06～0.07	0.45～0.55	0.45～0.65		1.2～1.5
4	某高层宿舍楼(内浇外挂结构)	4.51	250	61	0.031	0.45	0.50	—	1.10
5	某高层饭店(筒体结构)	5.80	250	61	0.032	0.51	0.59	—	1.30

(2)各类费用的正常比例。任何一个工程的费用都是由人工费、材料设备费、施工机械费、间接费等各类费用组成的，它们之间都有一个合理的比例。国外工程一般是人工费占总价的15%～20%，材料设备费(包括运费)占45%～65%，机械使用费占10%～30%，间接费约占25%。

3. 投标报价的评估方法

(1)预测成本比较控制法。将一个国家或地区的同类型工程项目报价和中标项目的预测成本资料整理汇总储存，作为下一轮投标报价的参考，可以此衡量新项目报价是否科学合理。

(2)个体分析整体综合控制法。综合工程项目往往包括若干个相对独立的个体工程，评估其总造价时，应首先对各个体工程进行分析，而后再对整个工程项目进行综合研究和控制。经上述一系列分析综合，可认定该工程的价格是合理的。

(3)综合定额估算法。即采用综合定额和扩大系数估算工程所需工料数量及工程造价进行估算，是在掌握工程实施经验和资料的基础上的一种估价方法。一般来说，这种估算结果比较接近实际，尤其是在采用其他宏观指标对工程报价难以核准的情况下，该法更显出它的优点。其程序如下：

1)选控项目。任何工程报价的工程项目都有几十或几百项，为便于采用综合定额进行工程估算，首先将这些项目有选择地归类，合并成几种或几十种综合性项目，称“可控项目”，其价值约占工程总价的75%～80%。有些工程项目，工程量小，价值不大，又难以合并归类的，可不合并，此类项目称“未控项目”，其价值约占工程总价的20%～25%。

2)编制综合定额。对上述选取控项目编制相应的定额，要求能体现出选控项目用工用料的较实际的消耗量，这类定额称综合定额。综合定额应在平时编制好，以备估价时使用。

3)根据可控项目的综合定额和工程量，计算出可控项目的用工总数及主要材料数量。

4)估测“未控项目”的用工总数及主要材料数量。“未控项目”用工数量约占“可控项目”用工数量的20%～30%，用料数量约占“可控项目”用料数量的5%～20%。为选好这个比例，平时做工程报价详细计算时，应认真统计“未控项目”与“可控项目”价值的比率。

5)根据上述3)、4)将“可控项目”和“未控项目”的用工总数及主要材料数量相加，求出工程总用工数和主要材料总数量。

6)根据5)计算的主要材料数量及实际单价，求出主要材料总价。

7)根据5)计算的总用工数及劳务工资单价，求出工程人工费。

8)工程材料费＝主要材料总价×扩大系数(1.5～2.5)。选取扩大系数时，钢筋混凝土及钢结构等含钢量多，装饰贴面少的工程，应取低值；反之，应取高值。

9)工程总价＝(人工费＋材料费)×系数。该系数的取值，承包工程为1.4～1.5。

上述计算程序中所选用的各种比例和系数，仅供参考，不可盲目套用。

综合定额估算法属宏观审核工程报价的一种手段，不能以此代表详细的报价，报价仍应按招标文件的要求详细计算。

第二节 建设工程施工合同管理

一、施工合同的概念

建设工程施工合同即建筑安装工程承包合同，是发包人与承包人之间为完成商定的建设工程项目确定双方权利和义务的协议。

建设施工合同是工程建设的主要合同，是工程建设质量控制、进度控制、投资控制的主要依据。在市场经济条件下，建设市场主体之间相互的权利义务关系主要是通过合同确立的，因此，在建设领域加强对施工合同的管理具有十分重要的意义。国家立法机关、国务院、国家建设行政管理部门都十分重视施工合同的规范工作，1999年3月15日九届全国人大第二次会议通过、1999年10月1日生效实施的《中华人民共和国合同法》对建设工程合同做了专章规定。《中华人民共和国建筑法》、《中华人民共和国招标投标法》也有许多涉及建设施工合同的规定。这些法律是我国建设施工合同管理的依据。

施工合同的当事人是发包人和承包人，双方是平等的民事主体。承发包双方签订施工合同，必须具备相应资质条件和履约施工合同的能力。对合同范围内的工程实施建设时，发包人必须具备组织协调能力；承包人必须具备有关部门核定的资质等级并持有营业执照等证明文件。

1. 发包人

可以是具备法人资格的国家机关、事业单位、国有企业、集体企业、私营企业、经济联合体和社会团体，也可以是依法登记的个人合伙、个体经营户或个人，即一切以协议、法院判决或其他合法完备手续取得发包人的资格，承认全部合同文件，能够而且愿意履行合同规定义务(主要是支付工程价款能力)的合同当事人。与发包人合并的单位、兼并发包人的单位，购买发包人合同和接受发包人出让的单位和人员(即发包人的合法继承人)，均可成为发包人，履行合同规定的权利。发包人既可以是建设单位，也可以是取得建设项目总承包资格的项目总承包单位。

2. 承包人

应是具备与工程相应资质和法人资格的、并被发包人接受的合同当事人及其合法继承人。但承包人不能将工程转包或出让，如进行分包，应在合同签订前提出并征得发包人同意。承包人是施工单位。

在施工合同中，实行的是以工程师为核心的管理体系（虽然工程师不是施工合同当事人）。施工合同中的工程师是指监理单位委派的总监理工程师或发包人指定的履行合同的负责人，其具体身份和职责由双方在合同中约定。

对于建筑施工企业项目经理而言，施工合同具有特别重要的意义。因为进行施工管理是建筑施工企业项目经理的主要职责，而在市场经济中施工行为的主要依据是当事人之间订立的施工合同。建筑施工企业的项目经理必须建立较强的合同意识，掌握施工合同的内容，依据施工合同管理施工行为。

二、施工合同的特点

施工合同有以下特点：

1. 合同标的的特殊性

施工合同的标的是各类建筑产品。建筑产品是不动产，其基础部分与大地相连，不能移动。这就决定了每个施工合同的标的都是特殊的，相互间具有不可替代性。另外，建筑产品的类别庞杂，其外观、结构、使用目的、使用人都各不相同，这就要求每一个建筑产品都需要单独设计和施工（即使可重复利用的标准设计或重复使用图纸，也应采取必要的修改设计才能施工），即建筑产品是单件生产，这也决定了施工合同标的的特殊性。

2. 合同履行期限的长期性

建筑物的施工由于结构复杂、体积大、建筑材料类型多、工作量大，使得工期都较长（与一般工业产品的生产相比），而合同履行期限肯定要长于施工工期，因为工程建设的施工应当在合同签订后才开始，且需加上合同签订后到正式开工前的一个较长的施工准备时间和工程全部竣工验收后，办理竣工结算及保修期的时间，在工程的施工过程中，还可能因为不可抗力、工程变更、材料供应不及时等原因而导致工期顺延。所有这些情况，决定了施工合同的履行期限具有长期性。

3. 合同内容的多样性和复杂性

虽然施工合同的当事人员有两方，但其涉及的主体却有许多。与大多数合同相比较，施工合同的履行期限长、标的额大，涉及的法律关系则包括了劳动关系、保险关系、运输关系、购销关系等，具有多样性和复杂性。这就要求施工合同的条款应当尽量详尽。

4. 合同管理的严格性

合同管理的严格性主要体现在以下几个方面：①对合同签订管理的严格性；②对合同履行管理的严格性；③对合同主体管理的严格性。

三、《建设工程施工合同示范文本》简介

根据有关工程建设施工的法律、法规，结合我国工程建设施工的实际情况，并借鉴了

国际上广泛使用的土木工程施工合同条件(特别是FIDIC土木工程施工合同条件)。国家建设部、国家工商行政管理局于1999年12月24日印发了《建设工程施工合同示范文本》(以下简称《施工合同文本》)。《施工合同文本》是对国家建设部、国家工商行政管理局1991年3月31日发布的《建设工程施工合同示范文本》的修订,是各类公用建筑、民用住宅、工业厂房、交通设施及线路、管道的施工和设备安装的合同文本。

1.《施工合同文本》的组成

《施工合同文本》由《协议书》、《通用条款》、《专用条款》三部分组成,并附有三个附件:附件一是《承包方承揽工程一览表》、附件二是《发包方供应材料设备一览表》、附件三是《房屋建筑工程质量保修书》。

《协议书》是《施工合同文本》中纲领性的文件。虽然其文字量并不大,但它规定了合同当事人双方最主要的权利义务,规定了组成合同的文件及合同当事人对履行合同义务的承诺,并且合同当事人在这份文件上签字盖章,因此具有很高的法律效力。《协议书》的内容包括工程概况、工程承包范围、合同工期、质量标准、合同价款、组成合同的文件等。

《通用条款》是根据《合同法》、《建筑法》等法律对承发包双方的权利义务作出的规定,除双方协商一致对其中的某些条款作了修改、补充或取消外,双方都必须履行。它是将建设工程施工合同中共性的一些内容抽象出来编写的一份完整的合同文件。《通用条款》具有很强的通用性,基本适应于各类工程。《通用条款》共有11部分47条组成。这11部分内容是:①词语定义及合同文件;②双方一般权利和义务;③施工组织设计和工期;④质量与检验;⑤安全施工;⑥合同价款与支付;⑦材料设备供应;⑧工程变更;⑨竣工验收与结算;⑩违约、索赔和争议;⑪其他。

考虑到建设工程的内容各不相同,工期、造价也随之变动,承包人、发包人各自的能力、施工现场的环境和条件也各不相同,《通用条款》不能完全适用于各个具体工程,因此配之以《专用条款》对其作必要的修改和补充,使《通用条款》和《专用条款》成为双方统一意愿的体现。《专用条款》的条款号与《通用条款》相一致,但主要是空格,由当事人根据工程的具体情况予以明确或对《通用条款》进行修改、补充。

《施工合同文本》的附件则是对施工合同当事人的权利义务进一步明确,并且使得施工合同当事人的有关工作一目了然,便于执行和管理。

2. 施工合同文件的组成及解释顺序

组成建设工程施工合同的文件包括:①施工合同协议书;②中标通知书;③投标书及其附件;④施工合同专用条款;⑤施工合同通用条款;⑥标准、规范及有关技术文件;⑦图纸;⑧工程量清单;⑨工程报价单及预算书。

双方有关工程的洽商、变更等书面协议或文件视为协议书的组成部分。

上述合同文件应能够互相解释、互相说明。当合同文件中出现不一致时,上面的顺序就是合同的优先解释顺序。在不违反法律和行政法规的前提下,当事人可通过协商变更施工合同的内容。这些变更的协议或文件,效力高于其他合同文件;且签署在后的协议或文件效力高于签署在前的协议或文件。当合同文件出现含糊不清或者当事人有不同理解时,按照合同争议的解决方式处理。

四、施工合同的签订

(一)施工合同签订的时限

一般情况下,工程建设的施工都应通过招标确定施工企业。依据《招标投标法》的规定,中标通知发出30天内,中标单位与建设单位按照招标文件和中标单位的投标文件订立书面合同。签订合同的必须是中标的施工企业,投标书已确定合同条款在签订时不得更改,合同价应与中标价相一致。

(二)施工合同签订的原则

订立施工合同应当遵循以下原则:

(1)遵守国家法律、法规和国家计划原则。订立施工合同,必须遵守国家法律、法规,也应遵守国家的建设计划和其他计划(如贷款计划等)。建设工程施工对经济发展、社会生活有多方面的影响,国家有许多强制性的管理规定,施工合同当事人都必须遵守。

(2)平等、自愿、公平的原则。签订施工合同当事人双方,都具有平等的法律地位,任何一方都不得强迫对方接受不平等的合同条件,合同内容应当是双方当事人真实意思的体现。合同内容应当是公平的,不能单纯损害一方的利益,对于显示不公平的施工合同,当事人一方有权申请人民法院或者仲裁机构予以变更或者撤销。

(3)诚实信用原则。诚实信用原则要求在订立施工合同时要诚实,不得有欺诈行为,合同当事人应当如实将自身和工程的情况介绍给对方。在履行合同时,施工合同当事人要守信用,严格履行合同。

五、违约责任

发包人不按合同约定支付各项价款或工程师不能及时给出必要的指令、确认,致使合同无法履行,发包人承担违约责任,赔偿因其违约给承包人造成的直接损失,延误的工期相应顺延(双方应当在专用条款内约定赔偿损失的计算方法或者应当支付违约金的数额和计算方法)。

承包人不能按合同工期竣工,工程质量达不到约定的质量标准,或由于承包人原因致使合同无法履行,承包人承担违约责任,赔偿因其违约给发包人造成的损失。

一方违约后,另一方可按双方约定的担保条款,要求提供担保的第三方承担相应责任。

一方违约后,另一方要求违约方继续履行合同时,违约方承担违约责任后仍应继续履行合同。

六、争议解决

(一)施工合同争议的解决方式

合同当事人在履行施工合同时发生争议,可以和解或者要求合同管理及其他有关主管部门调解。当事人不愿和解、调解或者和解、调解不成的，双方可以在专用条款内约定以下一种方式解决争议。

第一种解决方式：双方达成仲裁协议，向约定的仲裁委员会申请仲裁；

第二种解决方式：向有管辖权的人民法院起诉。

需要注意的是，这两种争议解决方式都是最终的解决方式，只能约定其中一种。如果由仲裁作为最终的解决方式，则这部分内容将为仲裁协议。双方必须约定具体的仲裁委员会，否则仲裁协议将无效，因为仲裁没有法定管辖。

（二）争议发生后允许停止履行合同的情况

发生争议后，在一般情况下，双方都应继续履行合同，保持施工连续，保护好已完工程。只有出现下列情况后，当事人可停止履行合同：

(1)单方违约导致合同确已无法履行，双方协议停止施工。

(2)调解要求停止施工，且为双方接受。

(3)仲裁机关要求停止施工。

(4)法院要求停止施工。

七、施工合同的解除

施工合同订立后，当事人应当按约履行。但是，在一定的条件下，合同没有有履行或者没有完全履行，当事人也可以解除合同。

当事人协商一致，可以解除合同。

发包人不按合同约定支付工程款（进度款），双方又未达成延期付款协议，导致停止施工超过 56 天，发包人仍不支付，承包人有权解除合同。

承包人将其承包的全部工程转包给他人或者肢解后以分包的名义分别转包给他人，发包人有权解除合同。

因不可抗力或非合同当事人的原因，造成工程停建或缓建，致使合同无法履行，合同双方可以解除合同。当事人违约时，可以解除合同。

一方依规定要求解除合同的，应以书面形式向对方发出解除合同的通知，并在发出通知前 7 天告之对方，通知到达对方合同解除。

合同解除后，当事人双方约定的结算和清理条款仍然有效。承包人应当妥善做好已完工程和已购材料、设备的保护和移交工作，按照发包人要求将自有机械设备和人员撤出施工场地。发包人应为承包人撤出提供必要条件，支付所发生的费用，并按合同约定支付已完工程价款。已经订货的材料、设备由订货方负责退货或解除订货合同，不能退还的货款和因退货、解除订货合同发生的费用，由发包人承担，因未及时退货造成的损失由责任方承担。除此之外，有过错的一方应当赔偿因合同解除给对方造成的损失。

八、施工索赔

施工索赔是在施工过程中，承包商根据合同和法律的规定，对并非由于自己的过错造成的损失，或承担了合同规定之外的工作所付的额外支出，有权向业主提出在经济或时间上的补偿要求。从广义上讲,施工索赔还包括业主对承包商的索赔,通常称为反索赔。在国际工程过程中,承包企业的盈亏在很大程度上取决于是否善于索赔。

从以上定义可以明确以下几点:①索赔是一种合法的正当的权利要求,不是无理争利;②索赔是双向的;③索赔的依据是签订的合同和有关法律、法规和规章;④施工索赔的目的是补偿索赔方在工期和经济上的损失。

(一)索赔的依据

索赔工作的关键要有充足的依据证明本企业提出的索赔要求是否正当。工程合同和各种资料是索赔的主要依据。为了做好索赔工作,承包企业要收集和保管好以下资料:

(1)定期与建设单位代表的谈话记录;

(2)各种施工进度表;

(3)施工备忘录、会议记录、往来信件和工程照片等;

(4)建设单位工程负责填写的工程施工记录表;

(5)工资单据和各种付款单据;

(6)工程检查和验收报告;

(7)所有的合同文件、标书、施工图纸和设计变更通知书等;

(8)施工人员计划表、人工日报表、施工用料和机械设备报表。

(二)索赔的分类

1. 按索赔目的划分

按索赔目的可分为工期索赔和经济索赔。经济索赔又分为费用和利润两部分。其中费用包括机械费、人工费、管理费等。

2. 按索赔处理时间和方式划分

(1)单项索赔。它是指在工程实践过程中出现了干扰原合同规定的事件,承包商为此一项事件提出的索赔。单项索赔往往在合同中规定有时间限制,必须在有效期内提出索赔报告,经监理工程师审核后交业主批准。因此对于单项索赔必须有合同管理人员对每一合同事件进行跟踪观察,一旦发现问题即研究决定是否索赔。单项索赔涉及的合同事件比较简单,责任分析和索赔值计算简单,金额也不大,双方往往容易达成协议。

(2)总索赔,又称一揽子索赔。它是指承包商在竣工前后,将施工过程已提出但未解决的索赔汇总在一起,向业主提出一份总的索赔报告。

3. 按索赔发生的原因划分

(1)工程拖期索赔。即由于施工进度落后于计划而引起的有关事项的索赔。造成进度落后的原因应该是业主的责任,或是按合同规定应该由业主承担的风险。

(2)工程变更索赔。即由于业主或监理工程师指令增加或减少工程量,或是进行合同范围以外的工作,或是改变工程顺序而引起的索赔。

(3)加速施工索赔。加速施工索赔经常是工期拖期索赔或工程变更索赔的相关索赔,有时也称为“赶工索赔”。

(4)施工条件变化索赔。此类索赔包括水文地质条件变化、人为障碍、不利天气条件、合同文件模糊或错误、不可抗力、业主方造成的风险等事件。进行此类索赔，承包商必须在索赔报告中充分说明：此事件是一个有经验的承包商无法预料的；承包商在此事件中没有责任。

4. 按合同依据划分

(1)合同内索赔。此种索赔是以合同条款为依据，在合同中有明文规定的索赔，如工期延误、工程变更、工程师提供的放线数据有误、业主不按合同规定支付进度款等等。

(2)合同外索赔。此种索赔在合同文件中没有明确的叙述，但可以根据合同文件的某些内容合理推断出可以进行此类索赔，而且此索赔并不违反合同文件的其他内容。

(3)道义索赔。此种索赔无合同和法律依据，承包商认为自己在施工中确实遭受很大损失，而向业主寻求优惠性质的额外付款。

(三)索赔的程序

发包人未能按合同约定履行自己的各项义务或发生错误以及应由发包人承担责任的其他情况，造成工期延误和(或)承包人不能及时得到合同价款及承包人的其他经济损失，承包人可按下列程序以书面形式向发包人索赔。

(1)索赔事件发生后 28 天内，向工程师发出索赔意向通知。

(2)发出索赔意向通知后 28 天内，向工程师提出延长工期和(或)补偿经济损失的索赔报告及有关资料。

(3)工程师在收到承包人送交的索赔报告及有关资料后，于 28 天内给予答复，或要求承包人进一步补充索赔理由和证据。

(4)工程师在收到承包人送交的索赔报告和有关资料后 28 天内未给予答复或未对承包人作进一步要求，视为该索赔已经认可。

(5)当该索赔事件持续进行时，承包人应当阶段性向工程师发出索赔意向，在索赔事件终了后 28 天内，向工程师递交索赔的有关资料和最终索赔报告。索赔签复程序与 3、4 规定相同。

(四)索赔报告的编制

所有施工索赔都必须以文字形式提出报告，而且经过有关方面核实和审定，最后报业主认可，方能有效。

索赔报告编制要求：

(1)索赔的计算方法和要求索赔的款项应当实事求是，合情合理。

(2)索赔的依据和基础资料以及计算数据应当准确无误。

(3)文字简练、条理清晰，资料齐全，具有说服力。

(五)索赔组织和技巧

施工索赔涉及的知识面广，索赔过程复杂细致，要想获得良好的索赔成果，必须要有强有力的索赔班子，正确的索赔战略和机动灵活的索赔技巧。

1. 索赔班子的组织

对于一个特定的工程，应组织一个稳定的索赔班子，负责所有的索赔事物。索赔班子应具有工程技术、施工管理、合同管理、法律知识和索赔理论与实践等方面的知识结构，对于国际工程，还应具备较高的外语水平。当然要求索赔班子每个成员都具备上述知识结构是不现实的，因此必须发挥集体的力量。

索赔班子的成员应具备以下素质：①精通专业知识；②具有较强的索赔意识；③工作勤奋务实，不好大喜功；④头脑清晰，思路敏捷；⑤写作能力和语言表达能力强，善于谈判；⑥工作协调能力强，善于处理公共关系。

2. 索赔的策略

索赔成功的首要条件是建好工程，只有建好工程，才能赢得业主和监理工程师在索赔问题上的合作态度，才能使承包商在索赔争端的调解和仲裁中处于有利的位置。因此承包商必须把建好工程项目放在首位，在战略与策略上研究以下几个方面：

(1)正确确定索赔目标。承包商的索赔目标是承包商对索赔的基本要求，可对要达到的目标进行分解，按难易程度排队，并大致分析它们实现的可能性，从而确定最低、最高目标。

(2)对被索赔方的分析。分析对方的兴趣和利益所在，要让索赔在友好和谐的气氛中进行。

(3)对承包商的经营战略的分析。承包商的经营战略直接制约着索赔的策略和计划。在分析业主情况和工程所在地情况以后，承包商应考虑有无可能与业主进行新的合作，是否在当地继续扩展业务，承包商与业主的关系对在当地开展业务有无影响等等。这些问题决定着承包商的整个索赔要求和解决的方法。

(4)对外关系的分析。利用同监理工程师、设计单位、业主的上级主管部门对业主施加影响，往往比同业主直接谈判更有效。承包商要同这些单位搞好关系，取得他们的同情和支持，并与业主沟通。这就要求承包商对这些单位的关键人物进行分析，同他们搞好关系，利用他们与业主的微妙关系从中协调，从而使索赔达到理想的效果。

(5)对谈判过程的分析。索赔一般都在谈判桌上最终解决，索赔谈判是合同双方面对面的较量，是索赔能否取得成功的关键。一切索赔计划和策略都要在谈判桌上体现和接受检验，因此，在谈判之前要做好充分准备，对谈判的过程做好分析。

3. 索赔技巧

索赔的技巧是为索赔的战略和策略服务的，在确定了战略和策略以后，就应充分考虑运用各种索赔技巧，争取索赔成功。索赔技巧因人、因客观条件而异，常见的索赔技巧有以下几种：①要及早发现索赔机会；②商签好合同协议；③对口头变更指令要及时得到确认；④及时发出“索赔通知书”；⑤索赔事由论证要充足；⑥索赔计价方法和款额要适当；⑦力争单项索赔，避免一揽子索赔；⑧坚持采用“清理账目法”；⑨力争友好解决，防止对立情绪；⑩注意同监理工程师搞好关系。

第十二章　建筑企业成本管理

第一节　成本与费用管理概述

一、成本与费用管理的概念

（一）成本

成本是指企业开展生产经营活动，生产产品或提供服务所付出的物化劳动和活劳动的耗费，它的货币表现叫生产费用。企业为了生产和提供一定种类和数量的产品或劳务所发生的生产费用就形成产品成本。

（二）费用

费用是指生产经营活动中所发生的各种劳动耗费（物化劳动和活劳动的耗费）的货币表现，也叫生产经营费用。即各种劳动耗费都表现为企业资金的耗费，它具体表现为生产费用、管理费用、财务费用、销售费用等。从生产经营费用中扣除生产费用，剩余的部分，即管理费用、财务费用、销售费用等，构成期间费用。

（三）成本管理

成本管理是指企业为实现企业经营目标，对企业各种劳动耗费即费用的预测、计划、使用、核算以及监督和控制等一系列工作的总称。

二、成本与费用管理的作用

(1)成本与费用是反映和监督劳动耗费的有力工具。在生产经营活动中要求以尽可能少的物化劳动和活劳动的耗费，开发和生产出尽可能多的物美价廉的产品或劳务，这是客观经济规律的要求，也是企业实现其经营目标，获得理想的经济效益的前提。为此，必须对生产经营过程中的各种劳动耗费进行计算和监督，而通过制定合理的成本与费用指标正是反映和监督各种劳动耗费的有力工具。通过制定合理的成本指标和费用指标，可以事先控制成本水平和监督生产费用、营销费用、财务费用、管理费用等的日常支出，促进企业及其各生产单位遵守劳动消耗定额、材料消耗定额、设备利用定额以及各种费用定额，使企业的人力、物力和财力的使用经济合理，产品的生产耗费不断降低。

(2)利用产品成本指标作为补偿生产耗费的尺度，以确保企业再生产的顺利进行，任何生产活动都会产生生产耗费；一个生产过程结束其生产耗费必须得到补偿，下一个生产过程才能继续进行。生产耗费是用企业自己的生产成果来补偿的，成本就是衡量这一补偿份额大小的尺度。企业的生产成果表现为产品的销售收入，当企业产品销售出去后，取得了销售收入，必须从中把相当于产品成本的数额划分出来，用以补偿产品生产中的资金耗费，并用这部分资金支付工人工资和继续购买原材料，保证再生产的顺利进行。产品成本指标也就成为划分生产耗费和企业纯收入的依据。在企业销售收入一定的情况下，产品成本越低，则企业的纯收入越多。这就有利于增加企业的积累，为实现企业扩大再生产创造条件。

(3)加强成本和费用管理，有利于增强企业产品价格的竞争优势。产品成本是制定产品价格的一项重要依据。产品价格是产品价值的货币表现，而产品价值是依据社会必要劳动来确定的，不是以个别企业的劳动耗费来确定的，只有当企业产品的劳动耗费等于或低于社会必要劳动量，企业产品价格才有竞争力，才能赚钱。企业为自己生产的产品定价，一般是以成本为基本来确定的，即以单位产品成本加单位产品利润定价的，这个价格符合社会必要劳动量，企业产品定价为市场所接受，顾客所承受，则产品能够销售出去；若企业加强成本与费用管理、单位产品成本下降，在市场价格不变的条件下，企业能够获得超额利润；在市场竞争日益激烈的情况下，企业产品成本大幅下降，企业采取适当的降价对策，则有利于赢得价格优势，争取顾客，提高企业自身产品的市场占有率，从而使企业获得市场的优势地位。

(4)加强成本与费用管理，有利于建设节约型社会，为企业营造可持续发展的生态环境。我国相当多的企业产品成本居高不下，主要表现为单位产品的物耗和能耗很高，生产同样多的产品，物耗和能耗比发达国家的先进企业高几倍甚至十几倍，比发展中国家的企业如印度的先进企业也高好几倍。这说明我国企业节能降耗的潜力十分巨大。我国企业的物耗和能耗很高，也加快了我国现有矿产资源的过度开发和过早枯竭，也破坏了我国的生态平衡，危及企业的持续发展，因此，加强企业成本和费用管理，严格控制生产经营过程中物耗和能耗，节约使用资源，提高资源的利用率，这不仅有利于提高企业经济效益，以同样的资源为市场提供更多更好的产品和服务；同时形成建设节约型社会的良好风气，也营造了企业自身长期生存和可持续发展的生态环境。

(5)加强成本和费用管理，有利于促进企业减员增效，向生产经营领域的深度和广度开发。成本中的重要组成部分是活劳动消耗，特别是在资源型企业和劳动密集型企业，使用的劳动力比较多，工资费用占成本费用的比重大，我国不少行业产品年产量与发达国家差不多，但其劳动生产率为发达国家的十几分之一或几十分之一。由于我国企业劳动生产率与发达国家企业相比差距很大，反映出企业员工的工资收入也比发达国家企业低很多，即发达国家企业员工的收入比我国企业员工的收入高十几倍或几十倍。因此，加强我国企业的成本和费用管理，就要在提高劳动生产率上下工夫，要在节约使用劳动力上下工夫。改革不合理的用人制度，改变企业机构臃肿，人浮于事，辅助人员和后勤人员过多等现象，实施减员增效，“精于主体，分流辅助”，把企业承担的不合理的社会职能交给政府，交给社会，企业人员精干有利于大大提高劳动生产率，从而也有利于大大提高员工的收入。精简下来的人员一部分经过培训拓展新的经营领域，寻求企业多元化经营成长的道路；另一部分人经过培训，推向社会自谋生路，在社会现有的或新增加的服务行业中求发展，向一切有发展前景的领域进行深度和广度的开发，为社会创造新的财富。

三、成本与费用管理的内容

（一）计入企业的成本与费用的内容

企业发生的全部费用支出，并不都是生产经营费用。不属于生产经营费用的支出不应全部计入产品成本和期间费用。根据财务制度的规定，作出如下划分：

(1)生产经营过程中实际消耗的原材料、辅助材料、备品备件、外购半成品、燃料、动力、包装物、低值易耗品以及其他直接材料费用。

(2)直接从事产品生产人员、各个生产单位管理人员、公司总部管理人员、供应和销售部门人员的工资、资金和计提的职工福利费（计提比例为职工工资总额扣除资金后的14%）。

(3)各个生产单位、公司总部、专设销售机构房屋建筑物、机器设备的折旧费、租赁费（不包括融资租赁）和修理费等。

(4)各个生产单位和公司总部发生的办公费、水电费、取暖费、差旅费、董事会费（指企业最高权力机构及其成员为执行职能而发生的各种费用，包括差旅费、会议费等）、业务招待费（指企业为业务经营的合理需要而支出的费用）、劳动保护费、待业保险费（指企业按照国家规定缴纳的待业保险基金）、劳动保险费（指退休职工的退休金、价格补贴、医药费、易地安家补助费、职工退职金、职工死亡丧葬补助费、抚恤费、按规定支付给离休干部的各种经费以及实行社会统筹办法的企业按规定提取的退休统筹基金）。

(5)各个生产单位的存货盘亏（减盘盈）。

(6)各生产单位、公司总部，专设销售机构的机物料消耗、低值易耗品摊销费用，其他资产摊销费用。

(7)财产和运输保险费，运输费、咨询费（包括聘请注册会计师、律师等费用）、诉讼费（指企业因起诉或应诉而发生的各项费用）、技术转让费、土地使用费或海域使用费（指企业使用土地或海域而支付的费用）、土地损失补偿费（指企业在生产经营过程中破坏的国家不征用的土地支付土地损失补偿费）、排污费、绿化费。

(8)无形资产（指土地使用权、工业产权及专有技术和其他无形资产）的摊销费。

(9)进行科学研究、技术开发和新产品试制所发生的各个生产单位的设计制图费、设计检验费；公司部门发生的研究开发费，包括新产品试制费、工艺规程制定费、设备调试费，原材料、半成品的试验费，技术图书资料费，未纳入国家计划的中间试验费，研究人员的工资、研究设备的折旧，与产品试制、技术研究有关的其他经费，委托其他单位进行的科研试制的费用以及为试制新产品所必需的单台价值5万元以下的测试仪器和试验装置的购置费用。

(10)按规定比例计算提取的工会经费和职工教育经费。

(11)坏账损失，产品销售所发生的运输费、装卸费、包装费、保险费、委托代销手续费、广告费、展览费、租赁费、销售服务费。

(12)税金（指企业按照规定支付的房产税、车船使用税、土地使用税、印花税、资源税等)。

(13)企业生产经营期间发生的利息支出(减利息收入)、汇兑损失(减汇兑收益)和金融机构手续费以及为筹集资金而发生的其他费用。

(二)不能计入成本、费用的支出

购置固定资产、无形资产和其他资产的支出;对外投资的支出以及分配给投资者的利润,包括支付的优先股股利和普通股股利;被没收的财物、支付的滞纳金、罚款罚息、违约金、赔偿金,以及企业赞助、捐献支出;应在公积金、公益金中开支的支出;国家法律、法规规定以外的各种付费;国家规定不得列入成本、费用的其他支出。这些支出不属于生产性支出,有的是投资支出,有的是利润分配支出,有的是惩罚性支出,还有的是不合法支出。

四、成本与费用管理的基本要求

(一)正确区分各种费用的性质与费用开支范围的关系

企业从事各种生产经营活动都会发生多种不同的费用支出,既有生产经营费用,也有非生产经营费用。生产经营费用中,又有生产性耗费和非生产生耗费。这些费用的性质和用途不同,其资金来源也不同。用于产品生产的费用,需计入产品成本,由生产流动资金开支;用于固定资产的投资,计入工程成本,由长期投资基金开支,不应挤占生产性流动资金。总之,要正确区分所发生的各项费用的性质和用途,确定是否列入产品成本与费用,一切属于生产经营费用开支范围的均应计入产品成本与费用,不应少计漏计;一切不属于成本开支范围的费用,均不应计入产品成本。

严格遵守成本和费用开支范围,也是保护企业成本和费用具有真实性、可比性的基本条件。企业只有严格按照规定范围掌握成本和费用开支,产品成本与费用才能真实地反映企业的生产耗费情况,才能利用成本与费用指标在同类企业之间,以及在本企业不同时期之间进行对比,从而使成本和费用指标达到反映企业经济效益,促进改善生产经营管理的作用,并确保投资者的利益。

(二)正确处理生产经营耗费和生产经营成果的关系

降低成本、费用和增加产量有密切关系。增加产量可以使单位产品成本中的固定费用减少,而降低成本、费用,又可以把节约下来的劳动力和生产资料用于扩大生产。一定要做到增产和节约的统一,防止片面追求产量而过多地增加消耗,或者为降低成本而生产下降的状况。

降低成本、费用与提高质量也有密切关系,产品质量提高,废品少,合格品多,单位产品的平均成本就会降低。但是,提高质量,也需要多用一些人工和材料,增加检测手段,导致产品成本上升。所以,企业在处理这种关系时,要通过功能分析,进行权衡,追求综合的经济效益。既要防止由于片面追求降低成本而使质量下降,损害消费者的利益;又要防止片面追求质量,形成过剩质量,而导致成本与费用不合理地大幅度上升的情况。

(三)正确处理降低生产费用与保证安全生产的关系

安全生产是企业必须认真抓好的一项十分重要的工作,生产必须安全,安全确保生产,这是应贯彻执行的一个正确的生产方针。为此企业需要添置必要的安全设施和劳动保护用品,这种开支中有些部分按规定是应该计入成本和费用的,绝不能为了节约费用而不顾安全生产,任意减少安全设施和改善劳动条件方面的支出。近几年一些企业尤其是煤矿企业频繁发生安全事故、瓦斯爆炸,造成机毁人亡的惨痛教训,说明一些企业管理者严重缺乏安全意识,不重视安全生产,忽视安全防护设施的投入,造成重大伤亡和国家财产损失,在政治上也产生了极坏的影响。一些企业盲目地增加产量降低成本,任意延长劳动时间,增加工人劳动强度,拼体力,拼设备,造成工伤事故增加,结果适得其反,不仅没有带来费用的节约,反而造成产品质量下降,严重的造成停工停产的重大损失。这些教训必须引以为戒,必须正确处理降低成本费用和确保安全生产的关系,坚持"安全第一"的原则,确保在生产安全的条件下努力降低成本费用。

(四)正确处理技术革新与成本费用管理的关系

在当前技术日新月异,迅速发展的时代,各国企业都在努力抢占高新技术的制高点,谁拥有高新技术,谁就在竞争中拥有抢占市场的主动权,谁就拥有市场竞争的优势地位。开发高新技术需要巨大投入,相应的增加了成本与费用,这是一个矛盾。但在选准方向,选好项目,有效开发的前提下,高投入必定会带来更高的回报,尤其是在技术创新的各个环节加强管理,精心组织,注意节约,减少浪费,也会以较少的投入,实现更大的产出,特别是开发和生产具有竞争力,符合顾客需要的那些高附加值的高新技术及其产品,会给企业带来十分可观的经济效益。同时,企业应抓好群众性的合理性建议,重视广大员工参与的、投入较少的小发明、小革新,小改小革日积月累,积小成大,就会由量变引起质变,发展成为大改大革,实现企业科技的整体创新,形成企业的核心技术,增强企业的核心竞争力,为企业持续发展打下牢固的基础。正确处理技术革新与加强成本费用管理的关系,要以技术革新去带动成本费用管理,抓好那些以降低成本和费用为目标的技术革新;同时在强化成本与费用管理的基础上去促进技术革新的实现。

(五)正确处理好成本、费用管理中的重点与一般的关系

由于企业生产类型不同,在企业产品成本结构和费用结构中,各成本要素与费用要素所占比重不同,因此各要素对整个成本和费用水平的影响也不同。不同企业在成本费用管理中所应抓的重点也不同。在机械制造企业中原材料费用在成本中占有较大比重;高耗能的生产企业能源费用(燃料、动力费用)在成本中占有较大比重;劳动密集型企业由于手工操作比重大、用人多,工资费用在成本中占有较大比重。因此,要根据企业的生产类型特点,掌握成本费用支出的重点,明确降低成本、费用的关键,有的放矢地加强成本费用管理。在抓住重点的同时,不可忽视抓好其他影响成本与费用的因素,抓好生产经营各个环节的费用开支和节约,才能使企业整体的成本、费用大幅下降,取得令人满意的效益。

(六)正确处理全面管理和费用管理责任制之间的关系

成本与费用是在企业的生产经营过程中发生的。它涉及企业的方方面面,包括从企业总部的领导,各个职能科室、车间以及班组,直到每个职工。因此就必须对成本与费用进行全面管理。这主要有两项内容:一是对成本与费用实行全过程管理,从产品设计、工艺制定、材料供应、产品生产到产品销售直到用户使用,都要进行成本与费用的计算和管理;二是对成本和费用实行全员管理,要从上到下给每个单位、每个人员确定成本和费用目标,落实各级成本和费用管理的责任制。

第二节　建筑企业施工成本管理

一、施工项目成本管理概述

(一)施工项目成本的含义

施工项目成本是指建筑企业以施工项目作为成本核算对象,在施工过程中所耗费的生产资料转移价值和劳动者的必要劳动所创造的价值及其货币形式。也即施工项目在施工中所发生的全部生产费用的总和,包括所消耗的主、辅材料,构配件,周转材料的摊销费;施工机械的台班费或租赁费;支付给生产工人的工资、奖金,以及项目经理部为组织和管理工程所产生的全部费用支出。施工项目成本不包括劳动者为社会创造的价值(如税金、计划利润),也不包括不构成施工项目价值的一切非生产性支出。

施工项目成本是建筑企业的主要产品成本,亦称工程成本。一般以项目的单位工程作为成本核算对象,通过各单位工程成本核算的综合来反映施工项目成本。

(二)施工项目成本的分类

为了明确认识和掌握成本特性,根据成本管理的需要,可从不同角度对施工项目成本进行分类。

1. 按成本发生的时间划分

(1)预算成本。工程预算成本反映各地区建筑业的平均成本水平。计算预算成本时,首先根据施工图,由全国统一的工程量计算规则计算出工程量,然后再根据全国统一的建筑、安装工程基础定额和各地区的市场劳务价格、材料价格信息及价差系数,并按有关取费的指导性费率进行计算。预算成本是确定工程造价的基础,同时也是编制计划成本和评价实际成本的依据。

(2)计划成本。计划成本是指施工项目经理部根据计划期的有关资料,在实际成本发生前预先确定的成本,也即建筑企业考虑降低成本措施后的计划成本额。它反映了企业在计划期内应达到的成本管理水平。计划成本对于加强建筑企业和项目经理的经济核算,建立和健全施工项目成本管理责任制,控制施工过程中的生产费用,降低施工项目成本具有十分重要的作用。

(3)实际成本。实际成本是施工项目在报告期内实际发生的各项生产费用的总和。将实际成本与计划成本进行比较,可以揭示成本的节约和超支,考核企业施工技术水平及技术组织措施的贯彻执行情况和企业经营效果。实际成本与预算成本比较,可以反映工程盈亏情况。计划成本和实际成本都可以反映建筑企业的成本水平,他们受企业本身的生产技术、施工条件及生产经营管理水平的制约。

2. 按生产费用计入成本的方法划分

(1)直接成本。直接成本是指直接耗用于并能直接计入工程对象的费用。

(2)间接成本。间接成本是指未直接用于也无法直接计入工程对象,但为进行工程施工所必需发生的费用。通常按照直接成本的比例进行计算。

3. 按生产费用与工程量关系划分

(1)固定成本。固定成本是指在一定期间和一定的工程量范围内,其发生的成本额不受工程量增减变动的影响而相对固定的成本,如折旧费、大修理费、管理人员工资、办公费、照明费等,固定成本是为了保持企业一定的生产经营条件而发生的。一般说来,企业的固定成本每年基本相同,但当工程量超过一定范围需要添机械设备和管理人员时,固定成本将会发生变动。此外,所谓固定,是相对于成本总额而言的,如果对于分配到每个项目单位工程量上的固定费用而言,则是变动的。

(2)变动成本。变动成本是指发生在总额随着工程量增减变动而成正比例变动的费用,如材料费、人工费等。所谓变动,也是指对其总额而言,对于分项工程上的成本往往是不变的。

(三)施工项目成本的构成

施工项目成本由直接成本和间接成本构成。

1. 直接成本

直接成本由直接工程费和措施费组成。

(1)直接工程费。直接工程费是指施工过程中耗费的构成工程实体的各项费用,包括人工费、材料费、施工机械使用费。

(2)措施费。措施费是指为完成工程项目施工,发生于该工程施工前和施工过程中非工程实体项目的费用。内容包括:环境保护费、文明施工费、安全施工费、临时设施费、夜间施工费、二次搬运费、大型机械设备进出场及安拆费,混凝土、钢筋混凝土模板及支架费、脚手架费、已完工程及设备保护费,施工排水、降水费。

2. 间接成本

间接成本由规费和企业管理费组成。

(1)规费。规费是指政府和有关部门规定必须缴纳的费用。包括:工程排污费、社会保障费、住房公积金、危险作业意外伤害保险等项费用。

(2)企业管理费。企业管理费是指建筑安装企业组织施工生产和经营管理所需费用。内容包括:管理人员工资、办公费、差旅交通费、固定资产使用费、工具用具使用费、劳动保险费、工会经费、职工教育经费、财产保险费、财务费、税金等。

二、施工项目成本管理的内容和程序

(一)施工项目成本管理的含义

施工项目成本管理,是指在完成一个工程项目过程中,对所发生的成本费用支出,有组织、有系统地进行预测、计划、控制、核算、考核、分析等一系列的科学管理工作。项目成本管理是以不断降低成本为宗旨的一项综合性管理工作。其目的是在预定的时间、预定的质量前提下,通过不断改善项目管理工作,充分采用技术、经济、组织、合同措施来挖掘降低成本的潜力,以尽可能少的耗费,实现预定的目标成本。

在施工项目管理中,最终要使项目达到质量高、工期短、消耗低、安全好等目标,而成本是这些目标经济效果的综合反映。因此,施工项目成本管理是施工项目管理的核心。

(二)施工项目成本管理的内容

施工项目成本管理是建筑企业项目管理系统中的一个子系统,这一系统的具体工作内容包括:成本预测、成本决策、成本计划、成本控制、成本核算、成本分析和成本考核检查等。施工项目经理部在项目施工过程中,对所发生的各种成本信息,通过有组织、有系统地预测、计划、控制、核算和分析等一系列工作,促使施工项目系统内各工种按照一定的计划、目标运行,使施工项目的实际成本能够控制在预定的计划成本范围内。

1. 施工项目成本预测

它是通过成本信息和施工项目的具体情况,并运用一定的专门方法,对未来的成本水平及其可能的发展趋势作出科学估计,其实质是对工程项目在施工中的有关成本进行核算。通过成本预测,可以使项目经理部在满足业主和企业要求的前提下,选择成本低、效益好的最佳成本方案,并能够在施工项目成本形成过程中,针对薄弱环节,加强成本控制,克服盲目性,提高预见性。因此,成本预测是成本决策和成本计划的依据。

2. 施工项目成本计划

它是项目经理部对项目施工成本进行管理的工具。成本计划是以货币形式编制施工项目在计划期内的生产费用、成本水平、成本降低率,以及为降低成本所采取的主要措施和规划的书面方案,是建立施工项目成本管理责任制、开展成本控制和核算的基础。一般来说,一个施工项目成本计划应包括从开工到竣工所必需的施工成本,它是该施工项目降低成本的指导文件,是设立目标成本的依据。可以说,成本计划是目标成本的一种反映形式。

3. 施工项目成本控制

它是指项目在施工过程中,对影响施工项目成本的各种因素加强管理,并采取各种有效措施,将施工中实际发生的各种消耗和支出严格控制在成本计划范围内,随时揭示并及时反馈,严格审查各项费用是否符合标准,计算实际成本和计划成本之间的差异,并进行分析,消除施工中的损失浪费现象,发现和总结先进经验。通过成本控制,使之最终实现预期的成本目标。

施工项目成本控制应贯穿在施工项目从投标开始,直到项目竣工验收为止的全过程，它是企业全面成本管理的重要环节。因此，必须明确各级管理组织和各级人员的责任和权限，这是成本控制的基础之一，必须给予足够的重视。

4. 施工项目成本核算

它是指对项目施工过程中所发生的各种费用和形成施工项目成本的核算。它包括两个基本环节：一是按照规定的成本范围对施工费用进行汇总，计算出施工费用的实际发生额；二是根据成本核算对策，采用适当的方法，计算出该施工项目的总成本和单位成本。项目成本核算所提供的各种成本信息，是成本预测、成本计划、成本控制、成本分析和成本考核等各个环节的依据。因此，加强施工项目成本核算工作，对降低施工项目成本，提高企业经济效益有积极作用。

5. 施工项目成本分析

它是在成本形成过程中，对施工项目成本进行对比评价和剖析总结，并贯穿于施工项目成本管理的全过程。也就是说，施工项目成本分析主要利用施工项目的成本核算资料（成本信息），与目标成本（计划成本）、预算成本及类似施工项目的实际成本进行比较，了解成本变动的情况。同时，也要分析主要技术经济指标对成本的影响，系统地研究成本变动的因素，检查成本计划的合理性，并通过成本分析，深入揭示成本变动规律，寻找降低施工项目成本的途径，以便有效地进行成本控制，减少施工中的浪费，促使企业和项目经理部控制成本开支范围和遵守财务纪律，更好地调动广大职工的积极性，加强施工项目的全员成本管理。

6. 施工项目成本考核

所谓考核，就是施工项目完成后，对施工项目成本中的各责任者，按项目成本目标责任制的有关规定，将成本的实际指标与计划、定额、预算进行对比和考核，评定施工项目成本计划的完成情况和责任者的业绩，并以此给予相应的奖励和处罚。通过成本考核，做到有奖有罚、赏罚分明。这样，才能有效地调动企业的每一个职工在各自岗位上努力完成目标成本的积极性，为降低施工项目成本和增加企业积累，作出自己的贡献。

（三）施工项目成本管理的程序

施工项目成本管理的程序是指从成本估算开始，经编制成本计划，采取降低成本的措施，进行成本控制，直至成本核算与分析为止的一系列管理工作步骤，如图 12-1 所示。

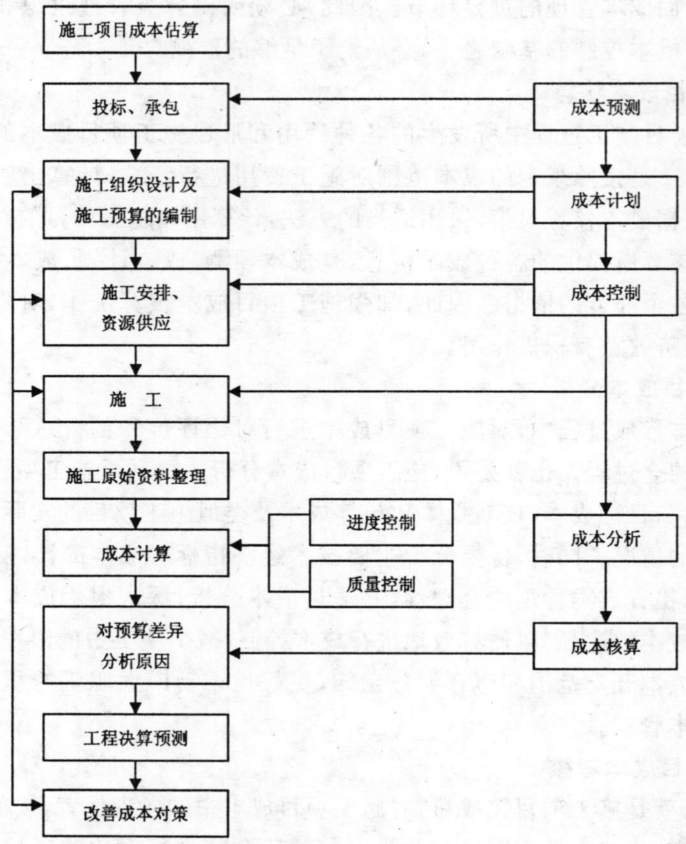

图 12-1 施工项目成本管理的程序

三、施工项目成本控制

(一)施工成本控制的分类及原则

1. 成本控制的分类

(1)按照成本控制的对象分类。按照成本控制的对象可分为以下 4 类:

1)人工成本控制:主要应从职工人数、工时定额、工资基金等方面控制;主要是防止窝工发生,定额外人工的支出。

2)材料成本控制:在工程实际成本中材料费约占工程成本的 70%左右,比重大,属于成本控制的重点。材料成本主要从材料价格和材料用量两方面控制。

3)机械成本控制:对劳动资料的控制主要是控制施工机械、生产设备和运输工具的合理利用,提高利用率。

4)费用成本的控制:费用成本控制主要是控制间接费用,应该根据计划所列费用逐项控制。

(2)按成本发生的时间分类。按照成本发生的时间可分以下 3 类:

1)事前控制:指工程开工前对影响工程成本的经济活动所进行的事前规划、审核与监督。包括:成本预测、成本决策、制订成本计划、规定消耗定额、建立健全原始记录和计量手段及经济责任制、实行分级归口管理等内容。

2)事中控制:是对于工程成本形成全过程的控制,也叫"过程控制"。

3)事后分析控制:是指在某项工程任务完成时,对成本计划的执行情况进行检查分析。

2. 施工成本控制的原则

建筑企业对成本的控制,必须遵循一定的原则,才能充分发挥成本控制的作用,否则便会乱控乱卡,不仅不能控制成本,而且会造成混乱,挫伤员工的积极性。成本控制的原则一般有以下几方面:

(1)政策性原则。政策性原则是指成本控制必须严格遵守国家规定的法律和制度,维护财经纪律,正确处理国家、集体、个人三者之间的利益关系。当企业降低成本与工程质量发生矛盾时,应以保证工程质量第一的原则来处理问题,绝不能用降低工程质量的办法来降低成本,更不能采用偷工减料的非法手段。

(2)效益性原则。成本控制的目的的是为了降低成本,提高企业的经济效益和社会效益。因此,每个企业在成本控制中,必须同时重视经济效益和社会效益,正确处理产值、工程质量、竣工面积和成本的关系。任何企业绝不能单纯追求产值而不顾工程质量、竣工面积和成本,同时也不能片面追求降低成本而不顾工程质量、产值和竣工面积。

(3)开源与节流相结合原则。降低成本既要增收,又要节支,即在成本控制中应该坚持开源与节流相结合的原则。对于每一笔开支,都要仔细查一查有关的预算收入,是否支出大于收入。否则,有出无入,支大于收,必将导致企业亏损。

(4)全面性原则。全面性原则有两方面的含义,一是全员的成本控制,二是全过程的成本控制。要求企业做到人人、事事、处处都要进行成本控制,包括施工组织设计、劳动组织、材料供应、工程施工、工程交接等各方面都要按照定额、限额、预算、计划等进行管理。只有这样,才能从各方面堵塞漏洞,杜绝浪费。

(5)中间控制原则。中间控制原则,亦称"动态控制原则"。施工项目现场管理机构应把成本控制的重要点放在中间控制上,即将成本控制重点放在基础、结构、装饰等主要施工阶段,这样才能取得事前控制的效果。

(6)责权利相结合原则。为使成本控制发挥应有的作用,必须贯彻责权利结合的原则。"责"是要有完成成本控制指标的责任;"权"是责任承担者为了完成成本控制指标,对于必须采取的措施所应具有的权限,即实施控制的权力;"利"是根据成本控制指标完成的好坏,给予责任承担者的奖惩。只有这样,才能使成本控制工作做到更好。

(7)归口分级控制原则。成本控制应在建筑企业经理领导下实行归口分级控制。即将成本指标分解为各项具体指标,分口分级落实到各部门和施工项目现场管理机构,进行层层控制,分级负责,形成一个成本控制网。应根据实际情况,将成本费用划分得更细一些,以便控制和考核。否则,只有一个成本目标而没有具体指标,只有领导抓而没有全员抓,成本控制就会落空。

(8)专业控制和员工控制相结合原则。为了有效地管理成本,必须专设一个管理部门进行成本控制,并指导各单位的成本控制工作,协助他们解决控制中发生的问题。另一方面,成本控制又是一项群众性的工作,必须依靠群众,走群众路线。广大职工身在生产第一线，最熟悉施工经营情况，哪里有漏洞，哪里有潜力，他们最了解。要依靠群众调动广大职工的积极性和创造性，自觉地将成本控制好。

(9)例外管理原则。例外管理是指应集中力量注意脱离标准差异较大的“例外”事项。在成本控制工作中，应注意抓住“例外”事项，如成本差异金额较大，影响企业决策等性质严重的事项，解决成本控制中需要及时解决的问题。

(二)施工成本控制的对象和基本内容

1. 以项目施工成本形成过程作为控制对象

施工项目现场管理机构应对项目成本进行全面、全过程的控制，控制的内容一般包括以下几方面：

(1)投标阶段。①根据工程概况和招标文件，联系建筑市场和竞争对手的情况进行成本预测，提出投标决策意见。②中标以后，应根据项目的建设规模组建与之相适应的施工项目现场管理机构，同时以“标书”为依据确定项目的成本目标，并下达给施工项目现场管理机构。

(2)施工准备阶段。①根据设计图纸和有关技术资料，对施工方法、施工顺序、作业组织形式、机械设备选型、技术组织措施等进行认真的研究分析，并运用价值工程原则制定出科学先进、经济合理的施工方案。②根据企业下达的成本目标，以分部分项工程实物工程量为基础，联系劳动定额、材料消耗定额和技术组织措施的节约计划，在优化的施工方案的指导下，编制明细而具体的成本计划，并按照部门、施工队和班组的分工进行分解，作为部门、施工队和班组的责任成本落实下去，为今后的成本控制做好准备。③间接费用的编制与落实。根据项目建设时间的长短和参加建设人数的多少，编制间接费用预算，并进行明细分解，以施工项目现场管理机构有关部门(或业务人员)责任成本的形式落实下去，为今后的成本控制和绩效考评提供依据。

(3)施工实施阶段。①加强施工任务单和限额领料单的管理，特别要做好每一个分部分项工程完成后的验收(包括实际工程量的验收和工作内容、工程质量、文明施工验收)，以及实耗人工、实耗材料的数量核对，以保证施工任务单和限额领料单的结算资料绝对正确，为成本控制提供真实可靠的数据。②将施工任务单和限额领料单的结算资料与施工预算进行核对，计算分部分项工程的成本差异，分析差异产生的原因，并采取有效的纠偏措施。③做好月度成本原始资料的搜集和整理，正确计算月度成本，分析月度预算成本与实际成本的差异，对一般成本的差异要在充分注意不利差异的基础上，认真分析差异产生的原因，以防对后续作业成本产生不利影响或因质量低劣而造成返工损失，对于盈亏比较异常的现象，则要特别重视，并在查明原因的基础上，采取果断措施，尽快加以纠正。④在月度成本核算的基础上实行责任成本核算。即利用原有会计核算的资料，重新按责任部门或责任者归集成本费用，每月结算一次，并与责任成本进行对比，由责任部门或责任者自行分析成本差异和产生差异的原因，自行采取措施纠正异常，为全面实现责任成本创造条件。⑤经常检查对外经济合同的履行情况，为顺利施工提供物资保证。如遇拖期或质量不符合要求时，应根据合同规定向对方索赔；对缺乏履约能力的单位，要采取断然措施，立即中止合同，并另找可靠的合作单位，以免影响施工，造成经济损失。⑥定期检查各责任部门和责任者的成本控制情况，检查成本控制的责、权、利落实情况(一般为一月一次)。发现成本差异偏高或偏低的情况下,应会同责任部门或责任者分析产生差异的原因,并督促他们采取相应的对策来纠正差异;如有因责、权、利不到位而影响成本控制工作的情况,应针对责、权、利不到位的原因调整有关各方的关系,落实责、权、利相结合的原则,使成本控制工作得以顺利进行。

(4)竣工验收阶段。①精心安排,干净利落地完成工程竣工收尾工作。②重视竣工验收工作,顺利交付使用。在验收以前准备好验收所需要的各种书面资料送建设单位备查;对验收中建设单位提出的意见,应根据设计要求和合同内容认真处理,如涉及费用,应请建设单位签证,列入工程结算。③及时办理工程结算。一般来说,工程结算价等于原施工图预算加增减账。在工程结算时为防止遗漏,在办理工程结算前要求项目预算员和成本员进行一次认真全面的核对。④在工程保修期间,应由施工项目现场管理机构指定保修工作的责任者,并责成保修责任者根据实际情况提出保修计划(包括费用计划),以此作为控制保修费用的依据。

2. 以项目施工的职能部门、作业队组作为成本控制对象

项目施工成本费用一般都发生在各个部门、作业队组,因此,应以部门、作业队组作为成本控制对象,接受施工项目现场管理机构和部门的指导、监督、检查和考评。

应该指出,项目的职能部门、作业队组应对自己所承担的责任成本进行控制,这是最直接、最有效的项目成本控制,项目成本目标是否能达到,关键在于自我控制的程度。

3. 以分部分项工程作为项目成本的控制对象

每一个项目都是由若干分部分项工程组成的,为把项目施工成本控制抓得扎实,落到实处,项目管理人员应以分部分项工程作为项目成本的控制对象。一般应根据项目的分部分项工程实物量,参照施工预算定额,联系项目管理的技术和业务素质及技术组织措施编制施工预算,作为分部分项工程成本的依据。分部分项施工预算的格式如表 12-1 所示。

表 12-1　**分部分项施工预算**

工程名称:　**工程地点:**　**开工日期:**

施工面积:　**工程造价:**　**竣工日期:**

分项工程编号	分项工程工序名称	单位	工程量	定额数量金额															
					名称														
					规格														
					单位														
					单价														
				定额															
				数量															
				金额															
				定额															
				数量															
				金额															
				定额															
				数量															
				金额															

在实际工作中，有时是边设计、边施工的情况，在开工以前不能一次编出整个项目的施工预算，但应根据出图情况编制分段施工预算，这种分段施工预算也是成本控制的对象。

四、施工成本控制的手段和措施

（一）施工成本控制的手段

1. 计划控制

计划控制是用计划手段对项目施工成本进行控制。项目施工的成本预测和决策为成本计划的编制提供依据。编制成本计划首先要设计降低成本技术组织措施，然后编制降低成本计划，将承包成本额降低而形成计划成本，作为施工过程中的成本控制标准。

2. 预算成本

预算是在施工前根据一定标准如定额或要求（如利润）计算的价格，在市场经济中也可称为估算或承包价格。它作为一种收入的最高限额，减去预期利润便是工程成本（预算成本）数额，也可用于作为成本的控制标准。用预算控制成本可分为两种类型：

（1）包干预算，即一次包死预算总额，不论中间有何变化，成本总额不与调整。

（2）弹性预算，即先确定包干总额，但可根据工程的变化进行洽商作相应的变动。我国目前大部分是弹性预算控制。

3. 会计控制

会计控制是以会计方法为手段，以记录实际发生的经济业务及证明经济业务发生的合法凭证为依据，对成本支出进行核算与监督，从而发挥成本控制作用。会计控制方法系统性强、严格、具体、计算准确、政策性强，是理想的和必需的成本控制方法。

4. 制度控制

制度是对例行性活动应遵循的方法、程序、要求及标准所作的规定。成本的制度控制就是通过制定成本管理制度，对成本控制作出具体规定，作为行动准则，约束管理人员和工人，达到控制成本的目的。如成本管理责任制度、技术组织措施制度、成本管理制度、定额管理制度、材料管理制度、劳动工资管理制度、固定资产管理制度等，都与成本控制关系非常密切。

在项目施工管理中，上述手段是同时综合使用的，不应孤立的使用某一种成本控制手段。

（二）施工成本控制的措施

1. 组织措施

（1）明确工程项目成本控制者，落实到人，这是建筑企业控制成本的一条主要做法。项目成本控制者与一般建筑企业财务部门的成员是有区别的，项目成本控制者是建筑企业施工项目现场管理机构的成员，他们从投标估算开始，直至工程合同终止的全部过程中，对成本的各项工作负总责。它的工作与投标估算、工程合同、施工方案、施工计划、材料和设备供应、财务等多方面工作有关。最好由既懂经济又懂技术的工程师担任项目成本控制者。

(2)明确工程项目的管理组织对项目成本的职能的分工,以保证对项目成本的控制。

2. 技术措施

(1)在施工准备阶段,作出多种施工方案进行技术经济比较,然后确定有利于缩短工期、提高质量、降低成本的最佳方案。

(2)在施工过程中,研究、确定、贯彻、执行各种降低消耗、提高工效的新工艺、新技术、新材料等降低成本的技术措施。

(3)在竣工验收阶段,注意经济、技术的处理,保护成品,缩短验收时间,提高交付使用效率。

3. 经济措施

各种经济措施中最重要的是要抓住以施工预算为基础的计划成本,使之贯彻执行,不断地将项目预算成本与实际成本进行比较分析,并控制在预算成本之内。

五、施工成本核算程序及控制方法

(一)施工成本核算的程序

工程成本的核算,就是将施工过程中所发生的各项要素费用,根据经过严格审核的有关原始凭证所确定的对象,通过一定的处理程序,按照经济用途归集和分配到施工生产成本中去。归集和分配施工费用时,应注意以下几点:①直接成本应直接根据原始凭证确定的成本核算对象和成本项目归集,间接成本则需先单独汇集至月终时再进行分配。②严格遵守成本开支范围和执行各项费用开支标准,不得扩大成本开支范围和提高费用开支标准。

根据上述要求,将应计入本月工程成本的各项要素费用在各成本核算对象之间,按照成本项目进行归集和分配,直接或间接地计入工程成本。其基本程序为:

(1)为工程施工直接发生的施工费用,直接作为工程成本的构成内容,直接计入该成本核算对象中去,即记入"工程施工"总分类账和明细分类账。

(2)为工程施工服务所发生的间接费用,可先按发生地点和用途进行归集汇总,即记入"辅助生产"、"机械作业"、"施工间接费用"等账户。

(3)将"辅助生产"账户归集的辅助生产成本,按其用途分配计入各受益对象,即记入"工程施工"、"机械作业"、"施工间接费用"等账户。

(4)将"机械作业"账户归集的机械作业成本,按其用途分配计入各受益对象,即记入"工程施工"、"施工间接费用"等账户。

(5)将"施工间接费用"账户归集的工程间接成本,按一定的方法分配计入各合同项目工程成本,即计入"工程施工"账户。

(6)通过上述程序,将应注入各成本核算对象的施工费用,都已集中登记在"工程施工"账户及其所属的各成本核算对象的明细账中。如果某成本核算对象期末尚有未完工程而又需要计算其成本时,还应将已归集的施工费用,在已完工程和未完工程之间进行分配,以分别计算已完工程成本和未完工程成本。工程竣工后,将其实际成本与"工程结算"账户确认的应结算工程价款对冲。

综上所述，工程成本核算就是对各项施工费用按照规定的程序，进行归集、分配、再归集、再分配的数据处理过程，从而提供经济管理所需要的成本信息。上述核算程序，可用图示表示，如图 12-2 所示。

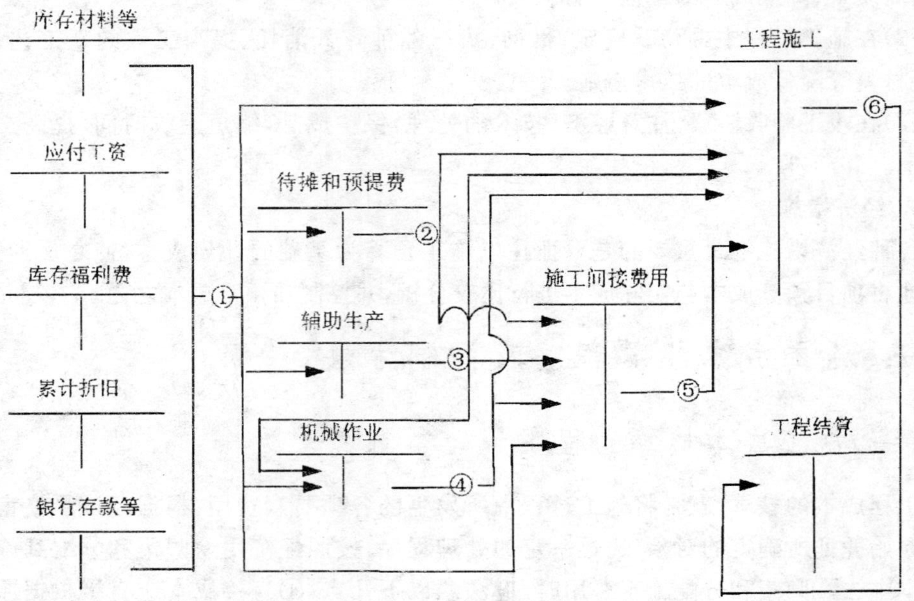

图 12-2　工程成本核算程序图

①分配各项要素费用；②分配待摊费用和预提费用；③分配辅助生产费用；
④分配机械作业费用；⑤分配施工间接费用；⑥结算竣工工程成本

（二）施工成本控制方法

项目施工成本控制的方法有很多，针对具体的工程要采取与之相适应的控制手段和控制方法。这里仅介绍常用的成本控制方法。

1. 以施工图控制成本预算支出

可按施工图预算实行“以收定支”，或者叫“量入为出”，这是项目施工成本控制中最有效的方法之一。具体的处理方法如下：

(1)人工费的控制。假定预算定额规定的人工费单价为 58 元，合同规定人工费补贴为 30 元/工日，两者相加，人工费的预算收入为 88 元/工日。在这种情况下，施工项目现场管理机构与施工队签订劳务合同时，应该将人工费单价定在 88 元以下，其余部分考虑用于定额外人工费和关键工序的奖励费。如此安排，人工费就不会超支，而且还留有余地，已备关键工序的不时之需。

(2)材料费的控制。在实行按“量价分离”方法计算工程造价的条件下，水泥、钢材、木材等“三材”的价格随行就市，由于材料市场价格变动频繁，往往会发生预算价格与市场价格严重背离而使采购成本失去控制的情况。因此，项目材料管理人员有必要经常关注材料市场价格的变动，并积累系统详实的市场信息。至于材料消耗数量的控制，则应通过“限额领料单”去落实。

(3)钢管、脚手架、钢模板等周转设备使用费的控制。施工图预算中的周转设备使用费＝耗用数＋基期价格，而实际发生的周转设备使用费＝使用数×租赁单价或摊销率。由于两者的计量基础和计价方法各不相同，只能以周转设备预算收费的总量来控制实际发生的周转设备使用费的总和。

(4)施工机械使用费的控制。施工图预算中的机械费使用为：机械使用费＝工程量×定额台班单。施工图预算中的。由于项目施工的特殊性，实际的机械利用率不可能达到预算定额的取定水平，再加上预算定额所设定的施工机械原值和折旧率又有较大的滞后性，因而使施工预算的机械使用费往往小于实际发生的机械使用费，形成施工机械使用费超支。

由于上述原因，有些项目施工在取得甲方的谅解后，在工程合同中明确规定一定数额的机械费补贴。在这种情况下，就可以用施工图预算的机械使用费和增加的机械费补贴来控制机械费支出。

(5)构件加工费和分包工程费的控制。在市场经济体制下，钢门窗、木制成品、混凝土构件、金属构件和成型钢筋的加工，以及打桩、土方、吊装、安装、装饰和其他专项工程(如屋面防水等)的分包，都要通过经济合同来明确双方的权利和义务。在签订这些经济合同的同时，特别是坚持“以施工图预算控制合同金额”的原则，绝不允许合同金额超过施工图预算。

2. 以施工预算控制人力资源和物资资源的消耗

资源消耗量的货币表现形式就是成本费用。因此，资源消耗的减少就等于成本费用的节约；控制了资源消耗也等于是控制了成本费用。

以施工预算控制资源消耗的实施步骤和方案如下：

(1)项目开工以前应根据设计图纸计算工程量，并按照企业定额或上级统一规定的施工预算定额编制整个工程项目的施工预算，作为指导和管理施工依据。如果是边设计边施工的项目，则编制分阶段的施工预算。

(2)对生产班组的任务安排，必须签发施工任务单和限额领料单，并向生产班组进行技术交底。施工任务单和限额领料单的内容，应与施工预算完全相符，不允许篡改施工预算，也不允许有定额不用而另行估工。

(3)在施工任务单和限额领料单的执行过程中，要求生产班组根据实际完成的工程量和实耗人工、实耗材料做好原始记录，作为施工任务单和限额领料单的依据。

(4)任务完成后，根据回收的施工任务单和限额领料单进行结算，并按照结算内容支付报酬(包括奖金)。一般情况下，绝大多数生产班组能按质按量提前完成生产任务。因此，施工任务单和限额领料单不仅能控制资源消耗，还能促进班组全面完成施工任务。

3. 建立项目月度财务收支计划制度

(1)以月度施工作业计划为龙头，以月度计划产值为当月财务收入计划，同时由各项目部门根据月度施工作业计划的具体内容编制本部门的用款计划。

(2)项目财务成本员应根据各部门的月度用款计划进行汇总，并按照用途的轻重缓急平衡调度，同时提出具体的实施意见，经项目经理审批后执行。

(3)在月度财务收支计划的执行过程中，项目财务成本员应根据各部门的实际用款做好记录并于下月初反馈给相关部门，由各部门自行检查分析节超原因，吸取经验教训。

4. 加强质量管理，控制质量成本

质量成本是指为达到和保证质量而支出的一切费用，包括预防成本、鉴定成本和故障成本。其中预防成本是预防故障的费用;鉴定成本是为了确定保持规定质量所进行的试验、检验和验证所支出的费用,两者构成控制成本,属于质量保证费用,与质量水平成正比关系,即:工程质量越高,鉴定成本和预防成本就越大;故障成本包括内部故障成本和外部故障成本,其中内部故障成本是由于交货前因产品或服务没有满足质量要求而造成的费用,外部故障成本是由于交货后因产品或服务没有满足质量要求而造成的费用,两者均属于损失性费用,与质量水平成反比关系,即工程质量越高,故障成本就越低。

控制质量成本,首先要从质量成本核算开始,计算各科目的实际发生额,然后进行质量成本分析。

5. 坚持现场管理标准化,杜绝浪费现象

现场管理标准化的范围很广,比较突出而又需要特别关注的是现场平面布置管理和现场安全生产管理,稍有不慎就会造成浪费和损失。

(1)现场平面布置管理。施工现场的平面布置是根据工程特点和场地条件以配合施工为前提合理安排的,有一定的科学根据。但是,在施工过程中往往会出现不执行现场平面布置,造成人力、物力浪费的情况。例如:①材料、构件不按规定地点堆放,造成二次搬运,不仅浪费人力,材料、构件在搬运中还会受到损失。②钢模板和钢脚手等周转设备,用后不予整修也不堆放整齐,而是任意乱堆乱放,既影响场容整洁,又容易造成损失,特别是将周转设备放在路边,一旦车辆开过,轻则变形重则报废。③任意开挖道路又不采取措施,造成交通中断,影响物资运输。④排水系统不畅,一遇下雨现场积水严重,造成电器设备受潮容易触电,水泥受潮就会变质报废,甚至用钢模、木模材料铺路。

由此可见,项目施工一定要加强现场平面布置的管理,杜绝一切可能发生的漏洞,争创“文明工地”。

(2)现场安全生产管理。现场安全生产管理的目的在于保护施工现场的人身安全和设备安全,减少和避免不必要的损失。要达到这个目的,就必须强调按规定的标准去管理,不允许有任何细小的疏忽。否则,将会造成难以估量的损失。例如:①不遵守现场安全操作规程,容易发生工伤事故,甚至死亡事故,不仅本人痛苦、家属痛苦,项目上还要支付医药费、抚恤金,有时还会造成停工。②不遵守机械设备的操作规程,容易发生一般设备事故,甚至重大设备事故,不仅会损坏设备,造成损失,还会影响正常施工。③忽视消防工作和消防设施的检查,容易发生火警并影响对火警的有效抢救,其后果更是不可想象。④不注意食堂卫生管理,有可能发生食物中毒,危害职工的身体健康,也将影响生产。

诸如此类的事情都是不利于项目成本的因素,必须从现场标准化管理着手,切实做好预防工作,把可能发生的经济损失减少到最低限度。

6. 定期开展“三同步”检查

项目经济核算的“三同步”,就是统计核算、业务核算、会计核算的“三同步”。统计核算即产值统计;业务核算即人力资源和物质资源的消耗统计;会计核算即成本会计核算。根据项目经济活动的规律,这三者之间有着必然的同步关系。这种规律性的同步关系,具体表现为:完成多少产值、消耗多少资源、发生多少成本,三者应该同步。否则,项目成本就会出现盈亏异常情况。

开展“三同步”检查的目的,就在于查明不同步的原因,纠正项目成本盈亏异常的偏差。“三同步”的检查方法,可从以下3方面人手:

(1)时间上的同步。即产值统计、资源消耗统计和成本核算的时间应该统一。如果在时间上不统一，就不可能实现核算口径的同步。

(2)分部分项工程直接费的同步。即产值统计是否与施工任务单的实际工程量和形象进度相符；资源消耗统计是否与施工任务单的实耗人工和限额领料单的实耗材料相符；机械和周转材料的租赁是否与施工任务单的施工时间相符。如果不符，应查明原因予以纠正，直到同步为止。

(3)其他费用是否同步。这要通过统计报表与财务付款逐项核对才能查明原因。

7. 应用成本控制的财务方法

作为成本分析控制手段之一的成本分析表，包括月度成本分析表和最终成本控制报告表。月度成本分析表又分直接成本分析表和间接成本分析表两种。

(1)月度直接费成本分析(见表 12-2)。该表主要是反映分部分项工程实际完成的实物量和与成本相对应的情况，以及与预算成本和计划成本相对比的实物偏差和目标偏差，为分析偏差产生的原因和针对偏差采取相应的措施提供依据。

(2)月度间接费成本分析表(见表 12-3)。该表主要反映间接成本的发生情况，以及与预算成本和计划成本相对比的实际偏差和目标偏差，为分析偏差产生的原因和针对偏差采取相应的措施提供依据。此外，还要通过间接成本占产值的比例来分析其支用水平。

(3)最终成本控制报告表(见表 12-4)。

表 12-2　　　月度直接成本分析表

项目名称：　　　　年　月　　　　单位：元

分项工程编号	分项工程工序名称	实物单位	实物工程量				预算成本		计划成本		实际成本		实际偏差		目标偏差	
			计划		实际											
			本月	累计	本月	累计	本月	累计本月	本月	累计	本月	累计	本月	累计	本月	累计
			①	②	③	④	⑤	⑥	⑦	⑧	⑨	⑩				

表 12-3　　　月度间接成本分析表

项目名称：　　　　年　月　　　　单位：元

间接成本编号	间接成本项目	产值		预算成本		计划成本		实际成本		实际偏差		目标偏差		占产值的百分率	
		本月	累计	本月	累计	本月	累计	本月	累计	本月	累计	本月	累计	本月	累计
甲	乙	①	②	③	④	⑤	⑥	⑦	⑧	⑨=③-⑦	⑩=④-⑧				

表 12-4

最终成本控制报告表

项目名称：　　　　　　年　月　　　　　单位:元

已完主要实物进度					到竣工尚有主要实物进度							
预算造价	已完累计产值		元		到竣工尚可报产值			元		预测最终工程造价	元	
成本项目	到本月为止的累计成本				预计到竣工还将发生的成本				最终成本预测			
	预算成本	实际成本	降低额	降低率	预算成本	实际成本	降低额	降低率	预算成本	实际成本	降低额	降低率
	①	②	③=①−②	④=③/①	⑤	⑥	⑦=⑤−⑥	⑧=⑦/⑤	⑨=①+⑤	⑩=②+⑥	⑫=⑨−⑩	⑫=⑪/⑨
一、直接成本												
1. 人工费												
2. 材料费												
其中:结构件												
周转材料费												
3. 机械使用费												
4. 措施费												
二、间接成本												
1. 现场管理人员工资												
2. 办公费												
3. 差旅交通费												
4. 固定资产使用费												
5. 工具用具费												
6. 财产保险费												
7. 检验试验费												
8. 工程保修费												
9. 工程排污费												
10. 其他												
三、合计												

该表主要是通过已完成实物进度、已完成产值和已完累计成本，联系尚需完成的实物进度、尚可上报的产值和还将发生的成本，进行最终成本预测，以检验实现成本目标的可能性。并可为项目成本控制提出新的需要。这种预测，工期短的项目应该每季度进行一次，工期长的项目应按施工阶段进行，分为基础、结构、装饰、竣工4个阶段。以上项目成本的控制方法，不可能也没有必要在一个工程项目中全都使用，可由各项目根据自己的具体情况和客观需要，选用其中有针对性的、简单实用的方法，将会收到较为理想的效果。

第十三章 建筑企业财务管理

第一节 财务管理概述

一、财务管理的概念

(一)财务管理的含义

财务管理是指企业合理地组织财务活动,正确地处理财务关系,从价值角度对资金运行科学的统筹安排,控制投入与产出、耗费与盈亏,使企业资产得以高效运行。财务管理是企业管理的一个重要组成部分,其实质就是企业理财。

(二)财务管理目标

财务管理目标是在特定的理财环境中,通过组织财务活动,处理财务关系所要达到的目的。财务管理目标是企业一切财务活动的出发点和归宿。

关于企业财务目标的综合表达,有以下 3 种最具有代表性的观点:

(1)利润最大化。利润最大化观点是以追逐利润最大化作为财务管理的目标,认为利润代表了企业新创造的财富,利润越多说明企业财富增加得越多,越接近企业的目标。

(2)每股盈余最大化。每股盈余最大化观点是把企业的利润和股东投入的资本联系起来考察,用每股盈余(或权益资本净利率)来概括企业的财务目标。

(3)股东财富最大化或企业价值最大化。股东财富最大化观点是以股东财富最大化或企业价值最大化作为财务管理的目标,认为股东创办企业的目的是为了扩大财富,股东是企业的所有者,企业价值最大化就是股东财富最大化,它直接反映了企业所有者的利益。股东财富最大化观点最适用于上市公司。因为股价的高低,代表了广大投资者对公司价值的客观评价。它以每股的价格表示,反映了资本和获利之间的关系;它受预期每股盈余的影响,反映了每股盈余大小和取得的时间;它受企业风险大小的影响,可以反映每股盈余的风险。

二、财务管理的对象及活动内容

(一)财务管理的对象

财务管理是有关企业资金的筹集、投资和分配的管理工作,其对象是企业的资金及其流转过程。资金流转以现金为起点和终点,其他非现金资产都是现金在其流转的过程中的转化形式,因此,可将企业财务管理的对象概况为现金及其流转过程。从财务的观点来看,成本和费用是现金的耗费,收入和利润是现金的来源。财务管理也将涉及成本、收入和利润。建筑企业在设立时,首先必须筹集各种渠道的资金,再根据建筑生产经营的需要,向银行借款,或向社会发行债券或股票,筹集各种渠道的资金,皆表现为货币资金形态,即为现金。企业用现金购买各种生产资料,购置建筑机械、运输设备、以及建筑生产所需材料、结构件等劳动资料和劳动对象,为建筑生产建立必要的物质条件。资金从现金形态转化为建筑生产所需的机械设备、材料等非现金的物质形态。在建筑生产过程中,资金从建筑用的机械设备、材料等物质形态经过未完建筑转化为已完工程形态。在工程完工以后要将已完工程点交给发包建设单位,并按合同造价(或工程标价)进行工程价款的结算,取得工程结算收入。在此过程中,企业资金从已完工程形态转化为货币形态。由于从发包建筑单位取得的工程结算收入,表现为工程的全部价值,它不仅补充劳动资料、劳动对象的耗费和工资的支出,而且包括企业的积累。这样企业就完成了从货币形态垫支又回复到货币形态的循环过程,称为现金循环过程。

建筑企业在资金的筹集、使用、耗费、收入和分配过程中,与各方面发生各种经济关系,称为财务关系。建筑企业在其财务活动中所发生的财务关系,主要表现为以下几个方面:

(1)筹资活动中与投资者、债权人发生财务关系;

(2)投资活动与接受投资方发生财务关系;

(3)营运资金活动中与供货单位、购买方、内部职工之间发生财务关系;

(4)利润及其分配活动中与工商税务、投资方、主管部门之间发生财务关系。

(二)企业的财务活动

企业要进行生产经营活动,就必须有人力和物资等各项生产经营要素,并开展有关方面的活动,这些活动就构成了企业的财务活动;同时,企业进行财务活动时,必然集中反映一定的财务关系,为此要了解什么是财务管理,必须先分析企业的财务活动和财务关系。

企业再生产过程表现为价值运动或者资金运动的过程,而资金运动过程的各阶段总是与一定的财务活动相对应的,或者说,资金运动形式是通过一定的财务活动内容来实现的。所谓财务活动是指资金的筹集、投放、使用、收回及分配等一系列行为。从整体上讲,财务活动包括以下 4 个方面:

1. 筹资活动

所谓筹资,是指企业为了满足投资和用资的需用,筹措和集中所需资金的过程。在筹资过程中,企业一方面要确定筹资的总规模,以保证投资所需要的资金;另一方面要通过筹资渠道、筹资方式或工具的选择,合理确定筹资结构,以降低筹资成本和风险。企业通过筹资可以形成两种不同性质的资金来源:一是企业自有资金,企业可以通过向投资者吸收直接投资、发行股票、企业内部留存收益等方式取得,其投资者包括国家、法人和个人等;二是企业债务资金,企业可以通过向银行借款、发行债券、利用商业信用等方式取得。

2.投资活动

企业投资可以分为广义的投资和狭义的投资两种。广义的投资是指企业将筹集的资金投入使用的过程,包括企业内部使用资金的过程(如购置流动资产、固定资产和无形资产等)和对外投放资金的过程(如投资购买其他企业的股票、债券或与其他企业联营等)。

3.经营活动

企业在日常生产经营过程中会发生一系列的资金收付。首先,企业要采购材料或商品,以便从事生产和销售活动,同时,还要支付工资和其他营业费用;其次,当企业把产品或商品售出后,便可取得收入,收回资金。上述各方面都会产生企业资金的收付。这就是因企业经营而引起的财务活动,也称为资金营运活动。

4.分配活动

广义地说,分配是指对企业的各种收入进行分割和分派的过程;而狭义的分配仅指对利润尤其是净利润的分配。企业通过投资取得的收入如销售收入,首先要用于弥补生产经营耗费,缴纳流转税,其余部分成为企业的营业利润;营业利润和投资净收益、营业外收支净额等构成企业的利润总额。利润总额首先要按国家规定缴纳所得税,净利润要提取公积金和公益金,分别用于扩大积累、弥补亏损和改善职工集体福利设施,其余利润作为投资者的收益分配给投资者或暂时留存企业或作为投资者的追加投资。

上述财务活动的 4 个方面,是相互联系、相互依存的,它们共同构成企业的财务活动,形成周而复始的资金循环和周转。资金循环的起点和终点是现金,其他资产都是现金在流转中的转化形式。因此可以说,财务活动是以现金收支所形成的资金运动。

第二节　建筑企业筹资管理

一、建筑企业资金的筹措

(一)资金筹措的含义

资金的筹集是企业财务活动的重要内容。企业进行生产经营活动首先必须筹集一定数量的资金。在市场经济条件下,企业资金来源主要由两部分组成:一是所有者投资,这部分资金形成企业的自有资金;另一部分是通过不同筹资渠道筹集的借入资金。资金的筹集有多种方式,企业既可以发行股票、债券,也可以吸收直接投资或从金融机构借入资金。但无论通过什么方式获得资金,企业都需要为筹资付出代价,这个代价就是资金成本。如何以较低的资金成本为企业经营与发展筹集到足够的资金,是企业财务活动的目标之一。资金筹措是企业资金运动的第一个环节,这项工作的好坏,将决定企业的生产经营活动在一种怎样的资金环境中进行,将决定企业生产经营活动的财务风险和财务成本。

(二)企业筹资的一般原则

在企业整个资金筹集过程中,首先要预测、衡量企业各项资金的需要量。建筑企业应根据市场调查确定企业的生产规模和生产任务量,在确保合理、勤俭节约和加速周转的前提下,确保每个时期生产经营活动所必需的资金数量,然后确定相应的筹资渠道和方式。一般来说,在筹资时应充分考虑挖掘企业内部潜力,在此基础上,再考虑从外部获得所需资金。因为市场经济情况比较复杂,在建筑企业的经营活动中,应遵循以下几项原则:

(1)风险最小原则。企业无论采取何种方式筹集资金,都带有一定的风险,不同的筹资动机与方式,其风险程度不同,企业应根据自身情况选取风险较小的筹资方式。

(2)成本最低原则。企业筹资必然要付出一定的利息或利润作为代价,这种代价就是资金成本。资金成本与筹资方式密切相关,筹资方式不同,资金成本肯定不同,企业在筹资过程中应选择最佳筹资方式,以降低资金成本,提高筹资效益。

(3)信用原则。信誉是企业的生命所在。无论在何时、何地、以何种方式筹资,都必须严格遵守合同或协议,恪守信用。

(三)企业的筹资方式

企业资金来源从大类上可以分为所有者权益和负债两大类,包括资本金、资本公积金、留存收益、企业负债 4 个方面。

1. 企业资本金

企业资本金就是企业在工商行政部门的注册资金,是企业进行生产经营的资金基础。对股份制企业而言,资本金就是股本。资本金按照投资主体分为国家资本金、法人资本金、个人资本金及外商资本金。企业筹集资本金的方式是多种多样的,既可以吸收货币资金的投资,又可以吸收实物,无形资产等形式的投资,企业还可以发行股票来筹集资本金。

股票是股份制企业为筹集企业的自有资金而发行的有价证券,也是持股者拥有公司的一部分产权的凭证。股票按股东的权利和义务差别分为普通股和优先股。优先股通常有固定的股息,而且比普通股有优先获得清理资产的权利,但一般不参与公司的经营决策。普通股的股东享受股东的一切权利和义务,承担与所有权共同产生的最终风险,具有表决权。

发行股票融资是一种有弹性的融资方式,股票无到期日,公司无需为偿还资金担心,而且,当公司经营不佳时,可以不发股息和红利。因此发行股票筹资风险低,但是由于投资者承担的风险大,他们只有在股票的报酬高于债券的利息时,才愿意投资股票,加之股息和红利要在税后利润中支付,使股票的筹资成本大大高于债券成本。另外,增发普通股会降低原有股东的控制权。

2. 资本公积金

资本公积金是一种资本储备形式,或者说是一种准资本,可以按照法定程序转化为资本金,是所有者权益的构成之一。其主要来源包括如下几个方面:

(1)股票溢价。股份公司以发行股票的方式筹集资本金，其股票发行价格与股票面值可能一致，也可能不一致；按超出股票面值的价格发行，为溢价发行；按低于股票面值的价格发行，为折价发行；按与股票面值相同的价格发行，为面值发行。企业如果采用溢价发行股票，其取得的收入，相当于股票面值的部分作为资本金；超出面值的部分在扣除发行股票所支付的佣金、手续费等支出后，即股票溢价净收入作为资本公积金。

(2)法定资产重估增值。按照国家相关法律、法规进行资产重估，其重估价值大于账面净值的差额，作为资本公积金。

(3)企业接受捐赠的财产。企业接受捐赠，是指赠方给企业的一种无偿赠予，不同于接受投资，应作为资本公积金。

3. **留存收益**

留存收益是企业生产经营活动所取得净收益的积累。这种积累是所有者权益的一个组成部分，也是企业的一项重要资金来源。一般包括如下几个方面：

(1)盈余公积金。盈余公积金是企业按照相关规定从税后利润中提取的积累资金。盈余公积金可以按照法定程序转增资本金，可以用于弥补企业以前年度亏损，还可以按相关规定用于分配股利。

(2)公益金。公益金是企业按规定从税后利润中提取的专门用于企业职工集体福利的准备金。

(3)未分配利润。未分配利润是企业利润和已分配利润的差额，在分配前形成企业资金的一项来源。

4. **企业负债**

企业负债是指企业承担的能够以货币计量，并需要以资产或劳务偿付的债务。在市场经济条件下，负债是企业筹集资金的重要方式。

负债按其偿还期限的长短可以分为流动负债和长期负债。流动负债是指可以在一年内或超过一年的一个营业周期内偿还的债务，主要用于维持企业正常的生产经营活动。流动负债包括短期借款、应付货款及预收货款、应付票据、应付工资、应付税金、应付利润、应付股利、其他应付款、预提费用等。长期负债是指企业借入的偿还期在一年或超过一年的一个营业周期以上的各种借款，主要用于基本建设、技术改造及生产经营等方面。长期负债包括：长期借款、应付长期债券、应付引进设备款、融资租赁应付款等。

二、资金成本及其计算

(一)资金成本的概念

1. **资金成本含义**

资金成本是指企业为了取得资金而必须付出的代价。资金成本包括资金筹集费和资金使用费两部分。资金筹集费是指在资金筹集过程中支付的各项费用，如银行的借款手续费，发行股票、债券支付的印刷费、代理发行费、律师费、公证费、广告费等。资金使用费是指占用资金支付的费用，如股票的权利、银行借款利息和债券利息等。

“企业管理的重心在于财务管理，财务管理的重心在于资金管理”，这已成为大家的共识。财务管理在企业经济活动中的地位与作用越来越重要，有时甚至成为企业生存和发展的关键所在。资金成本可分别用绝对数和相对数来表示。绝对数表示方法是指为筹集和使用资金到底消耗了多少费用。相对数表示方法则是通过资金成本率来表示。资金成本率简称资金成本。在不考虑时间价值的情况下，资金成本率是指资金的使用费占筹资净额的比率。

$$资金成本率=\frac{资金使用费用}{筹资总额}\times(1-筹资费率)$$

2. 主要作用表现

资金成本的概念广泛地运用于企业财务管理中，其主要作用表现在以下几个方面：

(1)选择资金来源、确定筹资方案的重要依据。从企业筹资决策的角度来讲，资金成本是选择资金来源、确定筹资方案的重要依据，企业力求选择资金成本最低的筹资方式。

(2)资金成本是评价投资项目、决定投资取舍的重要标准。从企业投资决策的角度来讲，资金成本是评价投资项目、决定投资取舍的重要标准。资金成本低于投资报酬率的项目才合算。

(3)资金成本是评价企业经营成果的尺度。资金成本还可用作衡量企业经营成果的尺度，即经营利润率应高于资金成本，否则表明业绩欠佳。

(二)影响资金成本的因素

从筹资者角度来看，资金成本即是为获得资金所必须支付的最低价格，而从投资者角度来看，资金成本提供了资金所要求的最低收益率。同投资收益率一样，资金成本受到无风险收益率和风险报酬率两方面的影响。

无风险收益率是影响资金成本的外部客观因素，它主要受资本市场供求关系和社会通货膨胀水平的影响。如果资本市场的供求关系发生变化或者通货膨胀水平发生变化，投资者就会相应改变其所要求的投资收益率。例如，资本需求增加，但资本供给不足，资本所有者就会提高其要求的投资收益率，公司的资本成本就会上升；反之，资本所有者就会降低其要求的投资收益率，资本成本就会下降。同样的道理，如果通货膨胀率提高，货币购买力水平就会降低，投资者要想达到预期的收益水平，自然会要求更高的投资回报率，如加上保值贴补，这必然会引起资本成本的提高。显然，对于无风险收益率，公司无法加以控制。

风险报酬率的高低取决于投资者投资的风险程度。投资风险越大，投资者要求的投资回报就越高。投资风险主要是指融资公司的经营风险和财务风险。经营风险是企业投资决策的结果，表现在资产收益率的变动上；财务风险是公司筹资决策的结果，表现在普通股收益的变动上。这两种风险的大小在一定程度上是企业主观可以决定或施加影响的。企业要想降低资金成本，要从降低企业风险的角度来考虑。

此外，企业的融资规模和资本市场的条件也是影响企业资本的因素。企业融资规模大往往也会增加融资的难度，资金的使用费用和筹资费用都会提高。资本市场的条件影响企业融资风险和融资的难易程度，进而也会影响到企业的资金成本。

(三)资金成本的计算

1.个别资金成本的计算

个别资金成本是指使用各种长期资金的成本,包括长期借款成本、债券成本、普通股成本和留存收益成本。前两种为债务资金成本,后两者为权益资金成本。当企业在多种筹资方式中选择其一时,要分别计算各种筹资方式的个别资金成本,并从中选取资金成本最低的方式。

(1)债务成本的计算。债务成本是指企业以负债形式获得资金而付出的代价。一般来讲,债权人的收益就是债务人的成本,因此可以借助收益率估价模型确定债务的成本。

(2)留存收益成本的计算。留存收益是企业缴纳所得税后形成的,其所有权属于股东。股东将这一部分未分派的税后利润留存于企业,实质上是对企业追加投资。留存收益的成本可用它的机会成本来计算,即如果企业将留存收益用于其他再投资可能获得的收益率来计算,所以留存收益的成本可按股票投资收益率的方法来计算。通常使用的有股利增长模型法、资本资产定价模型法和风险溢价法。

2.加权平均资金成本

加权平均资金成本也称综合资金成本,是指企业以个别资金成本为基数,以各种来源资本占全部资本的比重为权数计算的总成本。当企业有多种筹资方案且每一方案下又有多种筹资方式时,由于个别资金成本有高低差异,为了判断资本结构的合理性,需要计算确定加权平均资金成本。

(四)工程成本的核算

企业对施工过程中发生的各项施工费用,应按其用途和发生地点进行归集,对能够分清受益对象的费用,直接计入各受益对象,对不能分清受益对象的费用,要采用合理的方法分配计入各受益对象。

1.设置的会计科目

为了核算和监督各项施工费用的发生和分配情况,正确计算工程成本,企业应设置如下会计科目:

(1)“工程施工”科目。本科目属于成本类科目,用来核算施工企业实际发生的合同成本和合同毛利。实际发生的合同成本和确认的合同毛利记入本科目的借方,确认的合同亏损记入本科目的贷方,期末借方余额反映未完工程的合同成本和合同毛利。当合同完工后,本科目与“工程结算”科目对冲后结平。本科目设置“合同成本”、“合同毛利”明细科目进行明细核算。

“合同成本”明细科目核算的各项工程施工合同发生的实际成本,一般包括人工费、材料费、机械使用费、其他直接费、间接费用等,其中前四项直接成本可以在费用发生时直接计入有关的工程成本,间接费用发生时,可先在“工程施工—合同成本”科目下设置“间接费用”明细科目进行核算,月终,再按一定的分法分配计入有关工程成本。“工程施工—合同毛利”明细科目,核算的各项施工合同确认的合同毛利。

企业在施工过程中发生的各项费用,借记“工程施工—合同成本”,贷记“原材料”、

“应付职工薪酬”等科目。按规定确认合同收入、费用时，借记“主营业务成本”科目，贷记“主营业务收入”科目；按其差额，借记或贷记“工程施工—合同毛利”科目。合同完工后，“工程施工”和“工程结算”科目对冲结算，借记“工程结算”科目，贷记“工程施工”科目。本科目期末借方余额，反映尚未完工工程的合同成本和合同毛利。

(2)“生产成本—辅助生产成本”科目。本科目属于成本类科目，用来核算企业所属的非独立核算的辅助生产部门为工程施工生产材料和提供劳务所发生的费用。其借方登记实际发生的费用，贷方登记生产完工验收入库的产品成本或者按受益对象分配结转的费用，期末借方余额表示在产品成本上。本科目应按各辅助生产部门设置明细账进行明细核算。

(3)“机械作业”科目。本科目核算企业及其内部独立核算的施工单位、机械站和运输队使用自有施工机械和运输设备进行机械化施工和运输作业等所发生的各项费用。借方登记企业的内部施工单位使用自有机械发生的机械作业支出，贷方登记期末按受益对象结转或分配的机械作业费用，本科目一般无余额。本科目按“承包工程”和“机械出租”设置明细科目，并以施工机械运输设备的种类作为成本核算对象设置明细账，按规定的成本项目分设专栏，进行明细核算。

企业及其内部独立核算的施工单位，从外单位或本企业其内部独立核算的机械站租入施工机械发生的机械租赁费，不通过本科目核算，在“工程施工”科目核算。

(4)“工程结算”科目。本科目核算建造承包商根据建造合同约定向业主办理结算的累计金额。贷方登记的是已向客户开出工程价款结算账单办理工程结算的款项，合同完工后，本科目与“工程施工”科目对冲结平，期末贷方余额，反映企业尚未完工的建造合同已办理结算的累计金额。本科目应按工程施工合同设置明细账进行明细核算。

上述会计科目在工程成本核算中起着不同的作用。工程成本核算，就是将施工过程中所发生的各费用要素，以经审核无误的有关原始凭证为依据，通过一定的处理程序，按照经济用途归集和分配到各成本核算对象的成本中去。

2. 工程成本核算的基本程序

工程成本核算应按以下步骤进行核算：

(1)为建造或同直接发生的施工费用，直接计入该成本核算对象中，即记入“工程施工—合同成本”总分类账及明细分类账。

(2)为建造合同服务所发生的间接费用，按其发生的地点和用途进行归集汇总，即计入“生产成本—辅助生产成本”、“机械作业”、“工程施工—合同成本—间接费用”账户的借方。

(3)月末，将“生产成本—辅助生产成本”账户归集的费用，按其用途分配计入各受益对象。

(4)月末，将“机械作业”账户归集的费用，按其用途分配计入各受益对象。

(5)月末，将“工程施工—合同成本—间接费用”账户所归集的间接费用，按一定分配标准，分配计入有关工程成本，计入“工程施工—合同成本”账户。

(6)计算和结转工程成本。期末，计算本期已完工程或竣工工程的实际成本，并将竣工工程的实际成本从“工程施工”账户转出，与“工程结算”账户的余额对冲。尚未竣工工程的实际成本仍然保留在“工程施工”账户，不予结转。

通过上述程序，将应计入各成本核算对象的施工费用，都已集中登记在“工程施工”及其所属的各成本核算对象的明细账中。月中按建造合同的完工进度结转当期合同成本及合同收入，工程竣工后，将“工程施工”账户与“工程结算”账户对冲结平。工程成本核算的基本程序如图 13-1 所示。

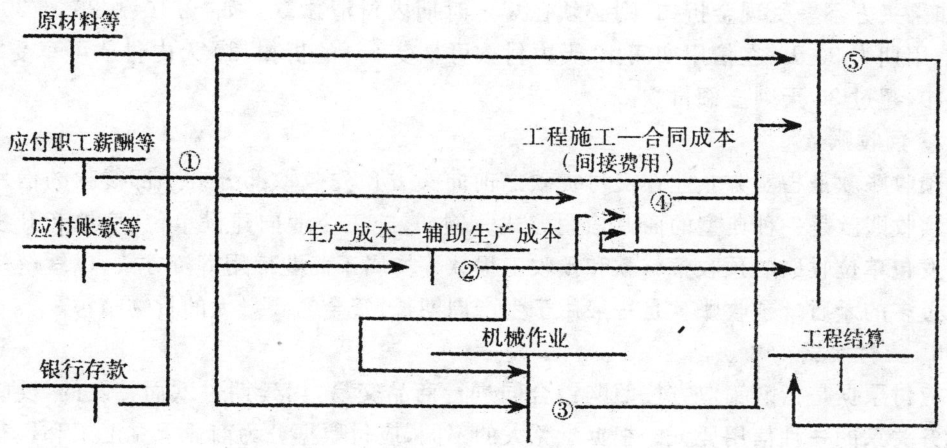

图 13-1　工程成本核算程序图

注：①将本期发生的各生产费用归集计入各受益对象账户；②分配辅助生产费用；③分配机械作业费用；④分配施工间接费用；⑤结转完工工程成本。

二、短期筹资的特点与方式

（一）短期筹资的含义

短期筹资是指为满足公司临时性流动资产需要而进行的筹资活动。由于短期资本一般是通过流动负债方式取得，因此，短期筹资亦可称为流动负债筹资或短期负债筹资。短期负债筹资所筹资金的可使用时间较短，一般不超过 1 年。短期负债筹资最主要的形式是商业信用和短期借款。

（二）商业信用筹资

商业信用是指在商品交易中以延期付款或预收货款的方式进行购销活动所形成的借贷关系，它是企业之间的一种直接信用关系。商业信用运用广泛，在企业短期资金来源中占有相当大的比重。商业信用的形式主要包括应付账款、应付票据、预收账款等。

1. 应付账款

应付账款即赊购商品，是一种最典型、最常见的商业信用形式。在这种方式下，买卖双方发生商品交易，卖方允许买方在购货后一定时期内支付货款。卖方利用这种方式促销，而对买方来说，延期付款则等于向卖方借用资金购进商品，可以满足短期的资金需要。在商务活动中，延期付款又涉及现金折扣和不涉及现金折扣两种情况。

不涉及现金折扣的延期付款是指企业购买商品时，卖方允许企业在交易发生后的一定时期内按发票金额支付货款的情形。如“net45”，是指在45天内按发票金额付款。在这种信用条件下，信用期间一般为30～60天，但有些季节性的生产企业可能为其顾客提供更长的信用期间。

早付款可享受现金折扣的延期付款是指买方若提前付款，卖方可给予一定的现金折扣，如果买方不享受现金折扣，则必须在规定时期内付清账款。如“2/10、1/20、n/30”表示，信用期为30天，在信用期间10天内付款可享受2%的折扣，20天内付款可享受1%的折扣，超过30天则全额付款。

2. 预收账款

预收账款是指卖方企业在交付货款之前向买方预先收取部分或全部货款的信用形式。预收账款是一种典型的商业信用形式。例如，施工企业向建设单位、房地产开发企业等发包单位收取的预收备料款和预收工程款等均属于商业信用筹资方式，以缓解资金占用过多的矛盾。预收账款是一般用于生产周期长、资金需要量大的货物销售。

3. 应付票据

应付票据是指购销双方按照购销合同进行商品交易，因延期付款而签发的，反映债权债务关系的一种信用凭证。根据承兑人的不同，应付票据分为商业承兑汇票和银行承兑汇票。应付票据是一种期票，是应付款的书面凭证，对于付款方面而言是一种短期融资方式。应付票据可以带息，也可以不带息。应付票据的利率一般比银行借款的利率低，且不用保持相应的补偿余额和支付协议费，所以应付票据的筹资成本低于银行借款成本。但是应付票据到期必须归还，如若延期便要交付罚金，因而风险较大。

（三）短期银行借款

短期银行借款是指企业根据借款合同向银行或非银行金融机构借入的期限在1年以内（含1年）的借款。短期银行借款是绝大多数企业短期资金来源中最重要的组成部分。短期银行借款一般分为无担保借款和担保借款两大类。

1. 无担保借款

无担保借款是指企业凭借自身的信誉从银行获得贷款。按照规定，银行在向企业发放短期贷款之前，应对企业进行风险、收益分析，从而决定是否向企业贷款。在贷款条件中往往涉及以下信用条件。

（1）信贷额度。信贷额度即贷款限额，是借款企业与银行之间正式或非正式协议规定的允许借款企业向银行借款的最高限额。如果借款企业超过规定限额继续向银行借款，银行则停止办理借款。

（2）周转信贷协议。周转信贷协议是指银行从法律上承诺向企业提供不超过某一最高限额的贷款协议。在协议的有效期内，只要企业的借款总额未超过最高限额，银行必须满足企业任何时候提出的借款要求。企业享用周转信贷协议，通常要对贷款限额的未使用部分付给银行一笔承诺费。

（3）补偿性余额。补偿性余额是指银行要求借款人在银行中保持按贷款限额或实际借用额的一定百分比（通常为10%～20%）计算的最低存款余额。从银行的角度来看，补偿性余额有助于银行降低贷款风险，补偿其可能遭受的损失；但对于借款企业来说，补偿性余额加重了企业的负担。

(4)偿还条件。无论何种借款，一般都会规定还款的期限，短期借款的偿还期限分为到期一次偿还和贷款期内定期(每月、季)等额偿还两种方式。

(5)其他承诺。银行有时还要求企业为取得短期借款而作出其他承诺，如及时提供财务会计报告，保持适当的财务水平等等。如果企业违背所作出的承诺，银行可以要求企业立即偿还全部贷款。

2. 担保贷款

担保借款是指以一定的财产做抵押或以一定的保证人做担保为条件所取得的借款。银行向财务风险较大的企业或对其信誉无把握的企业发放贷款时，要求借款企业提供抵押品进行担保，以减少自己蒙受损失的风险。短期借款的担保品一般包括借款企业的应收账款、应收票据、股票和存货等。银行接受抵押品后，将根据抵押品面值的一定比例决定贷款的金额，这一比例的高低，取决于抵押品的变现能力和银行的风险偏好。

(四)短期银行借款利息的支付方式

短期银行借款的利息支付方式有多种。通常企业采用的还息方式有3种。

1. 收款法

收款法又称利随本清法，是指在借款到期时一次向银行支付利息的方法。银行向企业发放的贷款大都采用这种方法收息。

2. 贴现法

贴现法是指银行向企业发放贷款时，先从本金中扣除利息部分，到期时借款企业再偿还全部本金的一种计息方法。在这种方法下，企业可以利用贷款额只有本金扣除利息后的差额部分，因此贷款的实际利率高于名义利率。

3. 加息法

加息法是银行发放分期等额偿还贷款时采用的利息收取方法。在分期等额偿还贷款时，银行将根据名义利率计算的利息加到贷款本金上，计算出贷款的本息和，要求企业在贷款期内分期偿还本息金额之和。这种情况下，企业所负担的实际利率也高于名义利率。

三、长期筹资的特点与方式

(一)长期借款

长期借款是指企业根据借款合同向银行或非银行金融机构借入的使用期限在1年以上的借款，主要用于购置固定资产和满足长期流动资金占用的需要。

1. 企业取得长期借款的条件

企业在申请贷款时应具备的条件包括：①独立核算、自负盈亏、有法人资格；②经营方针和业务范围符合国家产业政策，借款用途属于银行贷款办法规定的范围；③借款企业具有一定的物资和财产保证，担保单位具有相应的经济实力；④具有偿还贷款的能力；

⑤财务管理和经济核算制度健全,资金使用效益以及企业经济效益良好;⑥在银行设有账户,办理结算。

2. 长期借款的保护性条款

由于长期借款的期限长、风险大,按照国际惯例,银行通常对借款企业提出一些有助于保证贷款按时足额偿还的条件。这些条件写进贷款合同中,形成了合同的保证性条款。保护性条款大致有如下3类:

(1)一般性保护条款。一般性保护条款应用于大多数的借款合同,但根据具体情况内容会有所不同,主要内容包括:①对借款企业流动资金保持量的规定;②对支付现金股利和回购股票的限制;③对资本支出规模的限制;④限制其他长期债务等。

(2)例行性保护条款。大多数借款合同中也包括例行性保护条款。主要内容包括:借款企业定期向银行提交财务会计报告;不准在正常情况下出售较多资产;如期缴纳税金和清偿其他到期债务;限制租赁固定资产的规模;不准以任何资产作为其他承诺的担保或抵押;不准贴现应收票据或出售应收账款,以避免或有负债。

(3)特殊性保护条款。特殊性保护条款是针对某些特殊情况而出现在部分借款合同中的条件,其目的在于防止企业发生不利于借款银行的行为。主要内容包括:①贷款专款专用;②不准企业投资于短期内不能收回资金的项目;③限制企业高级职员的薪金和资金总额;④要求企业主要领导人在合同有效期间担任领导职务;⑤要求企业主要领导人购买人身保险等。

3. 长期借款的利率

一般情况下,长期借款的利率要高于短期借款的利率。长期借款的利率可以采用固定利率、变动利率和浮动利率3种。

(1)固定利率。固定利率是以与借款企业风险类似的企业发行债券的利率作为参考,由借贷双方商定的利率。固定利率一经确定,不得随意变更。

(2)变动利率。变动利率是指由借贷双方协商,规定在长期借款的期限内,利率可以定期(每半年或一年)根据金融市场的行情调整一次,调整后的贷款余额按新利率计算。

(3)浮动利率。浮动利率是指借贷双方协商同意按资金市场变动情况随时调整的利率。浮动利率通常有最高、最低限,并在借款合同中加以明确。对于借款企业来讲,若预测市场利率将上升,应与银行签订固定利率合同;反之,则应签订浮动利率合同。

4. 长期借款的偿还方式

长期借款的偿还方式不定,常用的有:到期一次还本付息;定期付息、到期一次偿还本金;每期偿还小额本金及利息,到期偿还大额本金;定期等额偿还本利。

(二)长期债券筹资

1. 长期债券筹资的含义及特点

债券是经济主体为筹集资金而产生的,用以记载和反映债权债务关系的有价证券。这里所指的债券是期限超过1年的公司债券。企业可通过发行公司债券,为大型建设项目筹集长期资金。

2. 企业长期债券筹资的条件

企业通过发行债券筹资，必须具备《证券法》规定的各项条件，具体包括：

(1)股份有限公司的净资产额不低于人民币3000万元，有限责任公司的净资产额不低于人民币6000万元；

(2)累计债券总额不超过公司净资产额的40%；

(3)最近3年平均可分配利润足以支付公司的债券1年的利息；

(4)所筹资金的投向符合国家产业政策；

(5)债券的利率不得超过国务院限定的利率水平；

(6)国务院规定的其他条件。

3. 债券的发行价格

债券的发行价格是债券发行时使用的价格，也是投资者购买债券时所支付的价格。债券的发行价格的形成受诸多因素的影响，其中主要是票面利率与市场利率的一致程度。债券的票面金额、票面利率在债券发行前即已参照市场利率和发行公司的具体情况确定下来，并载明于债券之上。但市场利率是波动的，在发行债券时，已确定的票面利率不一定与当时的市场利率一致。为了协调债券购销双方在债券利息上的利益，就要调整发行价格，因此，公司债券的发行价格有以下3种：

(1)平价。当票面利率与市场利率一致时，以债券的票面金额为发行价格；

(2)溢价。当票面利率高于市场利率时，以高于债券票面金额的价格为发行价格；

(3)折价。当票面利率低于市场利率时，以低于债券票面金额的价格为发行价格。

4. 债券的信用等级

公司公开发行债券通常需要由债券评信机构评定等级。债券的信用等级对于发行公司和购买人都有重要影响。根据中国人民银行的有关规定，凡是向社会公开发行的企业债券，需要由经中国人民银行认可的资信评级机构进行评信。这些机构对发行债券企业的企业素质、财务质量、项目状况、项目前景和偿债能力进行评分，以此评定信用级别。

(三)租赁筹资

1. 租赁的含义

租赁是出租人以收取租金为条件，在一定期间内将其所拥有的资产转让给承租人使用的一种交易。租赁可以分为经营租赁和融资租赁两种。

(1)经营租赁是传统的租赁，指出租人为满足承租人对资产的临时性需要，将所拥有设备的使用权在一定期限内让渡给承租人，并向承租人收取租金，期满后收回设备使用权的经营行为。

(2)融资租赁是指承租人向出租人支付租金，获取设备的使用权以及与所有权相关的受益权，并承担相关的成本，同时承租人对租赁取得设备按照固定资产计提折旧，租赁期满设备一般归承租人所有的租赁行为。在融资租赁过程中，出租人一般是根据承租人对供货人和租赁标的物的选择，由出租人向供货人购买租赁标的物，然后租给承租人使用。将租赁作为一种筹资方式，主要是针对融资租赁而言的。

融资租赁作为一种筹资方式，其优点主要有：①融资租赁是一种融资与融物相结合的筹资方式，能够迅速获得所需长期资产的使用权；②融资租赁可以避免长期借款筹资所附加的各种限制性条款，具有较强的灵活性；③融资租赁的融资与引进设备都由有经验和对市场熟悉的租赁公司承担，可以减少设备引进费，从而降低设备取得成本；④租赁费中的利息、手续费以及融资租赁设备的折旧费均可在税前支付，可以减轻所得税负担。

2. 融资租赁的主要特征

(1)租赁是为了满足承租人对资产的长期需要，租赁资产的收益和风险由承租人承受；

(2)租赁的期限较长，一般会超过租赁资产寿命的一半；

(3)租金与租赁资产的价值接近；

(4)承租人通常负责租赁资产的折旧计提和日常维护；

(5)承租人可以在租赁期满后廉价购买租赁资产；

(6)租赁合同稳定，非经双方同意，中途不可撤销；

(7)一般是先由承租人向出租人提出租赁申请，出租人按照承租人的要求引入资产，再交付承租人使用。

3. 融资租赁的租金

租金是承租企业占用出租人的资产而向出租人付出的成本，是租赁决策的重要因素。融资租赁的租金包括三大部分。

(1)租赁资产的成本。租赁资产的成本大体由资产的购买价、运杂费、运输途中的保险费等项目构成；

(2)租赁资产的成本利息。即出租人向承租人所提供资金的利息；

(3)租赁手续费。包括出租人承办租赁业务的费用以及出租人向承租人提供租赁服务所赚取的利润。

(四)可转换债券筹资

可转换债券是一种允许持有人在规定的时间内按规定的价格转换为发行公司或其他公司普通股股票的有价证券。与普通债券相比，可转换债券可以根据债权人的选择在规定的时间转换为普通股股票，具有更大的灵活性。因此，对投资者的吸引力较大，企业可以根据自身的财务状况，通过发行可转换债券，从资本市场中直接获得资金。

根据我国《可转换公司债券管理暂行办法》的规定，目前我国只有上市公司和重点国有企业具有发行可转换债券的资格，他们在通过可转换债券进行筹资时，还必须具备相应的条件。

第三节　建筑企业资产核算

一、资产的含义

资产是企业的一项经济资源，是会计要素之一。资产是指企业过去的交易或者事项形成的，由企业拥有或者控制的、预期会给企业带来经济利益的资源。企业的资产可以分为流动资产和非流动资产。非流动资产又包括长期股权投资、固定资产、无形资产和其他非流动资产等。

二、现金的使用与管理

（一）现金的概念及特点

现金的概念有狭义的概念和广义的概念之分，狭义的现金是指企业的库存现金，广义的现金是指除库存现金外，还包括银行存款和其他符合现金定义的票证。这里所指的现金的概念是指狭义的现金，即库存现金，包括人民币现金和外币现金。现金是流动性最强的一种货币性资产，可以随时用其购买所需的物资，支付有关费用，偿还债务，也可以随时存入银行。由于现金是作为一般等价物的货币，具有极强的流动性、普遍的可接受性，收支频繁、最容易发生意外和损失等特点，企业必须严格遵守现金的使用范围，加强现金收支的日常管理与核算。

（二）现金的使用范围

按照国务院颁布发的《现金管理暂行条例》的规定，企业可以在下列范围内使用现金：

(1)职工工资、津贴；

(2)个人劳务报酬；

(3)根据国家规定颁发给个人的科学技术、文化艺术、体育等各种奖金；

(4)各种劳保、福利费用以及国家规定的对个人的其他支出；

(5)向个人收购农副产品和其他物资的价款；

(6)出差人员必须随身携带的差旅费；

(7)结算起点以下的零星支出(结算起点为1000元)；

(8)中国人民银行确定需要支付现金的其他支出。

（三）现金收支的管理规定

按照《现金管理暂行条例》的规定，企业现金收支应当依照下列规定办理。

(1)企业现金收入应于当日送存开户银行，不得超额存放现金。当日送存确有困难的，由开户银行确定送存时间。

(2)企业日常零星开支所需要的现金，由开户银行根据企业的实际情况核定最高限额，一般为3～5天的日常零星开支所需的数量。边远地区和交通不便地区的库存现金限额可以多于5天，但不得超过15天的日常零星开支需要量。

(3)企业按规定从开户银行提取现金时，应当写明用途，由本企业财会部门负责人签字盖章，经开户银行审核后予以支付。

(4)因采购地点不固定，交通不便，抢险救灾以及其他特殊情况必须使用现金的，企业应当向开户银行提出申请，由本企业财会部门负责人签字盖章，经开户银行审核后支付现金。

(5)对现金收付的交易必须根据原始凭证编制记账凭证，并在原始凭证与记账凭证上加盖“现金收讫”与“现金付讫”章。

(四)现金的内部控制制度

由于现金是交换和流通的手段，又可当作财富来储藏，其流动性又最强，最容易被挪用和侵吞，因此必须建立一套完善的现金管理制度，以确保现金的安全与完整。

(1)企业库存现金收支与保管应由出纳人员负责。经管现金的出纳人员不得兼管收入、费用、债权、债务等的账簿登记工作以及会计稽核和会计档案保管工作；企业应当按照规定的程序办理现金支付业务。

(2)单位应当加强库存现金库存限额的管理，在银行核定的库存限额内支付现金，不得任意超过库存现金的限额，超过库存限额的现金应及时存入银行。企业如需增加或减少库存现金限额的，应当向开户银行提出申请，由开户银行核定。

(3)单位必须在《现金管理暂行条例》规定的范围内使用现金，不属于现金开支范围的业务一律通过银行办理转账结算。单位负责人对本单位现金的安全负责。

(4)企业应当加强现金的管理，明确收款、付款，记录等各个环节出纳人员与相关人员的职责权限。企业取得的现金收入必须及时入账，不得私设“小金库”，不得账外设帐，严格禁止收款不入账的违法行为。

(5)企业支付现金，可从本企业库存现金限额中支付或者从开户银行提取，不得从本企业的现金收入中直接支付(即坐支)。因特殊情况需要坐支现金的，应事先报开户银行审查批准，由开户银行核定坐支范围和限额，企业应定期向银行报送坐支金额和使用情况，未经银行批准，严禁坐支现金。

(6)企业的出纳人员应定期进行调换，不得一人长期从事出纳工作。任何单位不得由一人办理货币资金业务的全过程。企业对于重要货币资金支付业务，应当实行集体决策和审批制度，停止对货币资金支付“一支笔”决策审批的做法。任何个人都无权决定划转巨额货币资金，严防货币资金的挪用、贪污、侵占、外逃等非法行为。严禁未经授权的机构或人员直接接触货币资金。

(7)单位应当定期和不定期地进行现金盘点，确保现金账面余额与实际库存相符。不得白条抵库和挪用现金。

三、银行存款

银行存款是指企业存放在银行或其他金融机构的货币资金。企业根据业务需要，在其所在地银行开设账户，运用所开设的账户，进行存款、取款以及各种收支转账业务的结算。根据国家现金管理和结算制度的规定，企业除在规定限额内留存少量现金以外，其余货币资金必须全部存入银行；企业的一切货币收支，除在规定范围内使用现金以外，都必须通过银行办理结算。

(一)银行存款开户管理

企业只有在银行开立了存款账户，才能通过银行同其他单位进行转账结算，办理资金的收付，正确开立和使用银行账户是做好资金结算工作的基础。按照《银行账户管理办法》的规定，企事业单位的存款账户分为 4 类。

1. 基本存款账户

基本存款账户是企事业单位日常转账结算和现金支取的账户。一般企事业单位只能选择一家银行的一个营业机构开立一个基本存款账户，主要用于办理日常的转账和现金收付。企事业单位的工资、奖金等现金的支取，只能通过该账户办理。

2. 一般存款户

一般存款账户是企事业单位在基本存款账户以外开设的账户。企事业单位可在其他的一个营业机构开立一个一般存款账户，该账户可以办理转账结算和存入现金，但不能支取现金。

3. 临时存款账户

临时存款账户是存款人因临时经营活动需要开立的账户，如企业异地产品展销，临时性采购等。

4. 专用存款账户

专用存款账户是企事业单位因特定用途需要开立的账户，如基本建设项目专项资金、农副产品资金等，企事业单位的销售贷款不能转入专用存款账户。

为了加强对基本存款账户的管理，企事业单位开立基本存款账户，企事业单位不得为还贷、还债和套取现金而多头开立基本存款账户。企事业单位不得出租、出借账户，不得违反规定在异地存款和贷款而开立账户。任何单位和个人不得将单位的资金以个人名义开立账户存储。

(二)银行结算方式

企业在经营过程中，经常与其他经济主体发生往来结算业务，这些结算业务，除少量按现金管理办法规定可以用现金结算外，大部分都需要通过银行转账方式进行转账结算。所谓转账结算，是指企业与各方面的经济往来款项，不采用现金收付，而是按照规定的结算方式，通过银行款项直接从付款单位账户转账划拨给收款单位账户的一种货币清算行为，也称非现金结算。为保证银行结算业务的正常开展，使社会经济活动中各项资金得以通畅流转，根据《中华人民共和国票据法》和《票据管理实施办法》，中国人民银行总行颁布了《支付结算办法》，根据该办法的规定，目前银行结算方式包括银行支票、汇票、商业汇票、银行本票、信用卡、汇兑、委托收款、异地托收承付和信用证 9 种。

1. 支票结算方式

支票是指出票人签发的，委托办理支票存款业务的银行或者其他金融机构在见票时无条件支付确定的金额给收款人或者持票人的票据。支票主要适用于：①同城各单位之间的商品交易、劳务供应和其他款项的结算；②现金支票用于支取现金，转账支票用于转账，普通支票既可以用于支取现金，又可以用于转账；③转账支票在批准的地区内可以背书转让。

《支付结算办法》明确规定了支票当事人之间的责任；持票人通过其开户银行收款，应作委托收款背书；直接向出票人开户银行提示付款，应在支票的背面签章；持票人为个人的还需交验本人身份证,并在支票背面注明证件名称、号码及发证机关。银行以支票的出票人预留银行签章作为审核支票付款的依据,银行也可以与出票人约定使用支付密码作为银行审核支付金额的条件。

支票的提示付款期限为自出票日起10天。对出票人签发空头支票、签章与预留银行签章不符或支付密码错误的支票,银行予以退票,并由银行按票面金额外以5%但不低于1000元的罚款,同时,持票人有权要求出票人赔偿支票金额2%的赔偿金的规定。

2.银行汇票结算方式

银行汇票是汇款人将款项交存当地出票银行,由出票银行签发的,并由其在见票时按照实际结算金额无条件支付给收款人或者持票人的票据。汇票主要用于异地结算,但也可以用于同城结算。银行汇票3个突出的特点:①使用灵活;②票随人到;③兑现性强。上述特点决定了银行汇票适用于先收款后发货或钱货两清的商品交易。单位和个人的各种款项结算,均可使用银行汇票。

银行汇票的付款期限为自出票日起1个月内,为保障收款人和持票人在特殊情况下的票据权利,以及申请人的利益,收款人或持票人超过期限提示付款,代理付款银行不予受理,申请人因超过付款提示期限或其他原因,可向出票银行作出说明,并提供有关证件请求付款或退款。

3.商业汇票

商业汇票是指出票人签发的,委托付款人在指定日期无条件支付确定的金额给收款人或者持票人的票据。在银行开立存款账户的法人以及其他组织之间,必须具有真实的交易关系和债权债务关系,才能使用商业汇票。商业汇票按其承兑人不同分为商业承兑汇票和银行承兑汇票两种。

商业汇票的付款期限由交易双方商定,但最长不得超过6个月。商业汇票的提示付款期限自汇票到期日起10日内。商业汇票可以由付款人签发并承兑,也可以由收款人签发交由付款人承兑。定日付款或者出票后定期付款的商业汇票,持票人应在汇票到期日前向付款人提示承兑;见票后定期付款的汇票,持票人应当自出票日起1个月内向付款人提示承兑。汇票未按规定期限提示承兑的,持票人丧失对其前手的追索权。付款人应当自收到提示承兑的汇票之日起3日内承兑或者拒绝承兑。付款人拒绝承兑的,必须出具拒绝承兑的证明。

商业汇票可以背书转让。符合条件的商业承兑汇票的持票人可持未到期的商业汇票连同贴现凭证,向银行申请贴现。

4.银行本票

银行本票是指银行签发的,承诺自己在见票时无条件支付确定的金额给收款人或者持票人的票据。单位和个人在同一票据交换区域需要支付各种款项,均可以使用银行本票。银行本票适用于同城办理转账结算或支取现金;提示付款期限自出票日起最长不得超过两个月,逾期后,兑付银行不予受理。银行本票见票即付,不予挂失,但可以背书转让。

5.信用卡

信用卡是指商业银行向个人和单位发行的,凭以向持约单位购物、消费和向银行存取现金，且具有消费信用的特制载体卡片。信用卡按使用对象分为单位卡和个人卡。

凡在中国境内金融机构开立基本存款账户的单位都可申请单位卡。单位卡可申领若干张，持卡人资格由申请单位法定代表人或其委托的代理人书面指定和注销，持卡人不得出租或转借信用卡。单位卡账户的资金一律从其基本存款账户转账存入，严禁将单位的款项存入个人卡账户中。在使用过程中，需要向其账户续存资金的，也一律从其基本存款账户转账存入，不得交存现金，不得将销货收的款项存入其账户。单位卡一律不得用于 10 万元以上的商品交易、劳务供应款项的结算，不得支取现金。

6. **汇兑**

汇兑是指汇款人委托银行将款项支付给收款人的结算方式。汇兑结算方式划拨款项简便、灵活，单位和个人的各种款项结算均可以使用这种结算方式。汇兑分为信汇、电汇两种。信汇是指汇款人委托银行通过邮寄方式将款项划转给收款人，电汇是指汇款人委托银行通过电报将款项划给收款人。这两种汇兑方式由汇款人根据需要选择使用，汇兑结算方式适用于异地之间的各种款项结算。汇款人对汇出银行尚未汇出的款项可以申请撤销，转汇银行不得受理汇款人或汇出银行对汇款的撤销。

7. **委托收款**

委托收款是指收款人委托银行向付款人收取款项的结算方式。这种结算方式不受金额起点的限制，只要收款人凭已承兑的商业汇票、债券、存单等付款人债务证明即可办理款项的结算，它既可用于同城结算，又可用于异地结算。无论单位还是个人都可凭已承兑商业汇票、债券、存单等付款人债务证明办理款项收取同城或异地款项。委托收款还适用于收取电费、电话费等付款人众多、分散的公用事业费等有关款项。委托收款只允许全额付款或全部拒绝付款，付款人不能部分拒绝付款。

8. **托收承付**

托收承付是指根据购销合同由收款人发货后委托银行向异地付款人收取款项，由付款人向银行承认付款的结算方式。办理托收承付结算的款项，必须是商品交易，以及因商品交易而产生的劳务供应的款项。代销、寄销、赊销商品的款项，不得办理托收承付结算。托收承付的托收条件比较明确：收款人办理托收，必须具有商品确已发运的证件，包括铁路、航运、公路等运输部门签发运单、运单副本和邮局包裹回执。

9. **信用证**

信用证是指开证银行依照申请人的申请开出的，凭符合信用证条款的单据交付的付款承诺，并明确规定该信用证为不可撤销、不可转让的跟单信用证。信用证是国际结算的一种主要方式，适用于进出口业务的企业和对外经济合作企业办理结算。信用是有条件的银行付款凭证，在我国，出口企业的开证行是中国银行。

（三）银行保函业务

银行保函业务是指银行根据客户的申请而开立的具有担保性质的书面承诺文件，若申请人未按规定履行自己的义务，给受益人造成了经济上的损失，则银行承担向受益人进行经济赔偿的责任。银行保函大多属于“见索即付”（无条件保函），是不可撤销的文件。施工企业在国际工程承包中，当事人一方为避免因对方违约而造成损失，往往要求对方通过银行提供经济担保。

银行保函主要包括以下内容：担保人、被担保人（承包商）、受益人（业主等）的名称与地址、开立保函的依据、担保的最高限额和使用货币、担保的责任、要求付款的条件、有效期限等。

施工企业与工程项目有关的银行保函主要包括投标保函、借款保函、履约保函、预付款保函、付款保函和对外承包工程保函等。

（1）投标保函是指银行应投标人申请向招标人作出的保证承诺，保证在投标人报价的有效期内投标人将遵守其诺言，不撤标、不改标，不更改原报价条件，并且在其一旦中标后，将按照招标文件的规定在一定时间内与招标人签订合同。

（2）借款保函是指银行按照借款人的要求，向贷款银行所作出的一种旨在保证借款人按照借款合约的规定按期向贷款方归还所借款项本息的付款保证承诺。

（3）履约保函是指银行按照供货方或工程承包商的要求而向买方或业主作出的一种履约保证承诺。

（4）预付款保函又称定金保函，是指银行应工程承包商申请向业主开具的，担保承包商按合同规定偿还业主预付工程款的保证承诺。

（5）付款保函是指银行按照买方或业主的申请，向卖方或承包方所出具的一种旨在保证货款支付或承包工程进度款支付的付款保证承诺。

（6）对外承包工程保函是指由国家出资设立“对外承包工程保函风险专项资金”，以解决施工企业在承揽对外承包工程项目时开具投标、履约和预付款保函的担保问题。对外承包工程保函风险专项资金项下的保函业务由国家出资为符合条件的施工企业提供反担保，企业申请开立保函时不必全额缴纳保证金或获得中国银行授信，从而大大简化了开立保函业务的手续，减少资金占用，节约成本，提高效率，并增强我国企业在国际市场中的竞争力。

四、其他货币资金

（一）其他货币资金的范围

在企业的经营资金中，有些货币资金因其存放地点和用途都与库存现金和银行存款不同，在会计上称为“其他货币资金”。其他货币资金主要包括：外埠存款、银行汇票存款、银行本票存款、信用卡存款、信用证保证金存款、存出投资款和在途货币资金等。

（1）外埠存款是指企业到外地进行临时或零星采购时，汇往采购地银行开立采购专户的款项。这项存款是为采购结算而准备的资金，已具有专门用途且处于待支付或待结算状态。外埠存款不计利息，除采购员差旅费可以支取少量现金以外，一律转账。采购专户只付不收，付完结束账户。

（2）银行汇票存款是指企业为取得银行汇票按照规定存入银行的款项。银行汇票是由企业单位或个人将款项交存开户银行，由银行签发给企业成个人的票据。用于持往异地采购商品时办理结算或支取现金。这种款项一经存入银行即具有了专门的用途，企业不可以再将其用于其他方面。

(3)银行本票存款是指企业为取得银行本票按照规定存入银行的款项。这种款项一经存入银行就有了专门的用途,企业不可以再将其用于其他方面。

(4)信用卡存款是指企业为取得信用卡按照规定存入银行的款项。

(5)信用证保证金存款是指采用信用证结算方式的企业为取得信用证按规定存入银行的保证金。

(6)存出投资款是指企业已存入证券公司但尚未进行短期投资的现金。

(7)在途货币资金是指企业同所属单位之间和上下级之间的汇、解款项业务中,到月终时尚未达到达的汇入款项。

(二)建筑企业的货币资金

建筑施工企业的货币资金是企业的生产经营资金在循环周转过程中,停留在货币形态的资金。建筑施工企业由于采购物资、支付工资、结算工程价款或用以偿还债务等经济活动,都会涉及货币资金的收付。货币资金的流动性最强,并且是唯一能够直接转化为其他任何资产形态的流动性资产,也是唯一能够代表企业现实购买力水平的资产。货币资金在企业的生产经营活动中有着不可或缺的作用。由于货币资金具有流动性强、流动量大、普遍可接受性以及易于散失、挪用和被盗等特点,为此,企业应该根据国家的有关法律和规范,结合企业内部货币资金控制规定,建立适合本企业业务特点和管理要求的货币资金内部控制制度,认真做好货币资金的核算工作,加强对货币资金的管理。

五、应收及预付款项

应收及预付是指企业在日常生产经营过程中发生的各种债权。企业的应收及预付款项大多是在结算过程中形成的流动资产。企业的应收及预付款项主要包括:应收账款、应收票据、其他应收款、预付款项、待摊费用。其中:应收票据、应收账款、其他应收款是企业的应收款项;预付账款、待摊费用是企业的预付款项。

(一)应收账款

1.应收账款的范围

应收账款是指企业因销售商品、产品或提供劳务而形成的债权。会计上所指的应收账款有其待定的范围:应收账款是指因销售活动形成的债权,不包括应收职工欠款、应收债务人的利息等其他应收款;应收账款是指流动资产性质的债权,不包括长期的债权,如购买的长期债券等;应收账款是指本企业应收客户的款项,不包括本企业付出的各类存出保证金,如投标保证金和租入包装物保证金等。应收账款应在收入实现予以确认。

在施工企业中,应收账款是指因承包工程应向发包单位收取的工程价款和列入营业收入的其他款项,以及销售产品、材料、提供劳务、作业等业务,应向购货单位或接受劳务、作业单位收取货款及劳务补偿的要求权。应收账款是施工企业在销售、结算过程中产生的债权,在正常情况下,应在短期内(1 年或超过 1 年的一个营业周期内)收回。应收账款包括代垫运杂费,但与施工企业施工生产经营业务无关的应收款项不包括在应收账款范围之内。

2. **坏账确认**

企业的各项应收账款，可能会因购货人拒付、破产、死亡等原因而无法收回。这类无法收回的应收款项就是坏账，因坏账损失而遭受的损失为坏账损失。因此，根据稳健性原则企业应当定期或者至少每年年度终了，对应收款项进行全面检查，预计各项应收款项可能发生的坏账，对于没有把握能够收回的应收款项，应当计提坏账准备。对于不能收回的应收账款应当查明原因，追究责任。

企业确认坏账时，应遵循财务报告的目标和会计核算的基本原则，具体分析各应收账款的特性、金额的大小、信用期限、债务人的信誉和当时的经营情况等因素。企业确认坏账损失应符合下列条件之一：①有确凿证据表明该项目应收款项不能收回，如债务单位已经撤销、破产；②有确凿证据表明该项应收款项收回的可能性不大，如债务单位资不抵债、现金流量严重不足、发生严重的自然灾害等导致停产而在短时间内无法偿付债务等；③应收款项逾期 3 年以上。

（二）应收票据

应收票据是企业持有的、尚未到期兑现的商业汇票。在我国，除商业汇票外，大部分票据都是即期票据，可以即刻收款或存入银行成为货币资金，不需要作为应收票据核算。因此，我国的应收票据即指商业汇票。在施工企业中，应收票据是指企业因结算工程价款，对外销售产品、材料等业务时，因收到未到期票据所形成的债权。由于商业汇票流通范围广泛，因而在施工企业的债权、债务结算过程中起着非常重要的作用。相对于应收账款而言，应收票据发生坏账的风险比较小，因此，一般不对应收票据计提坏账准备。应收票据可以从不同的角度进行分类。

(1)应收票据按其承兑现人不同可以分为商业承兑汇票和银行承兑汇票。商业承兑汇票是由收款人签发，经付款人承兑，或由付款人签发并承兑的商业汇票。银行承兑汇票是由收款人或承兑申请人签发，并由承兑申请人向开户银行申请，经银行审查同意承兑的商业汇票。

(2)应收票据按其是否计息可以分为带息票据和不带息票据。带息票据是指票面上注明利率及付息日期的应收票据。在应收票据到期时，承兑人除了按票面金额向收款人或被背书人支付款项外，还要按票面金额和规定利率计算并支付到期利息的汇票。不带息票据是指在应收票据到期时，承兑人只按票面金额向收款人或被背书人支付款项的汇票，票据上没有利息的规定。

(3)按偿还期限的长短可以分为短期应收票据和长期应收票据。企业收到商业汇票，如在票据未到期前需要资金周转时，可持未到期的应收票据向银行申请贴现，以便获得所需资金。贴现是指企业将未到期的商业汇票经过背书，交给银行，银行受理后，从票面金额中扣除按银行的贴现率计算确定的贴现息后，将余额付给贴现企业。票据贴现实质上是一种融通资金的行为。在票据贴现过程中，企业给银行的利息称为贴现息，所用的利率称为贴现率，票据到期与贴现息之差称为贴现所得。企业以应收票据向银行贴现的贴息及贴现所得的计算公式如下：

贴现期＝票据期限－企业已持有票据期限

贴现息＝票据到期值×贴现率×贴现期

贴现所得＝票据到期值－贴现息

(三)其他应收款

其他应收款是指企业对其他单位和个人除了应收账款、应收票据、预付账款以外的其他各种应收、暂付的款项，包括不设置"备用金"账户的企业拨出的备用金、应收的各种赔款、罚款，应向职工收取的各种垫付款项，以及已不符合预付账款性质而按规定转入的预付账款等。

企业应当定期或者至少每年年度，对其他应收款进行检查，预计其可能发生的坏账损失，并计提坏账准备。企业对于不能收回的其他应收款应当查明原因，追究责任。对确实无法收回的，按照企业的管理权限，经股东大会或董事会，或经理(厂长)会议或类似机构批准作为坏账损失，冲销提取的坏账准备。

(四)预付账款

预付账款与应收账款产生的原因不同。预付账款是指企业按照购货合同或劳务合同规定，预先支付给供货方购货款项而产生的债权。在施工企业中，预付账款是企业按照工程合同规定预付给承包单位的款项，包括预付工程款和预付备料款，以及按照购货合同规定预付给供应单位的购货款。企业的预付账款，如有确凿证据表明其不符合预付账款性质，或者因供货单位破产、撤销等原因已无望再收到所购货物的，应将原计入预付账款性质，或者因供贷单位破产、撤销等原因已无望再收到所购货物的，应将原计入预付账款的金额转入其他应收款，并按照规定计提坏账准备。其他预付账款不得计提坏账准备。

施工企业向分包单位和供应单位预付款项，其目的在于促使分包单位按合同规定的工期、质量完成分包的工程项目，及时取得供应单位提供的材料物资等，以保证施工生产经营活动的顺利进行。在分包单位尚未完成分包的工程和供应单位尚未移交材料物资之前，施工企业预先付出的款项就成为企业的一项债权，即企业的经营资金暂时被分包单位和供应单位所占用，企业有权要求分包单位按期完成分包工程，有权要求供应单位按合同及时发货，以保证施工生产经营活动的顺利进行。

应当指出的是，预付账款和应收账款虽然都是企业的短期债权，但两者有着显著的区别。应收账款是施工企业因向建设单位承包工程和向购货单位销货引起的，而预付账款则是施工企业因向分包单位分包工程和向供应单位购货引起的。应收账款是施工企业等待建设单位和购货单位付款，而预付账款则是施工企业主动向分包单位和供应单位付款形成的。

(五)待摊费用

待摊费用是指企业已经支出，但应当由本期和以后各期分别负担的、分摊期在1年以内(含1年)的各项费用。待摊费用主要包括：①低值易耗品摊销；②预付的保险费。待摊费用应按其受益期限在1年内分期平均摊销，最终计入成本、费用。如果某项待摊费用已经不能使企业受益，应当将其摊余价值一次全部转入当期成本、费用，不得再留待以后期间摊销。

六、存货的分类及确认

（一）存货的含义

存货是指企业在正常生产经营过程中持有以备出售的产成品或商品，处在生产过程中的生产品，在生产过程或提供劳务过程中耗用的材料和物料等。存货通常在一年或超过一年的一个营业周期内被消耗或出售，转换为现金、银行存款或应收账款等，具有明显的流动性，属于流动资产。在大多数企业中，存货占流动资产的比重较大，是流动资产的重要组成部分。

（二）存货的分类

建筑施工企业的存货包括：主要材料、其他材料、机械配件、在建工程、生产品、产成品、半成品、结构件等。

施工企业的存货，按其用途可分为以下几类：各类库存材料、周转材料、低值易耗品、委托加工物资、在建施工产品、施工产品等。

（1）库存材料。库存材料是指企业购入的用于施工生产活动的和各种材料，包括主要材料、结构件、机械配件、其他材料等。

（2）周转材料。周转材料是指企业在施工生产过程中能够多次使用，基本保持原有的实物形态并逐渐转移其价值的工具性材料，包括模板、挡板、架料、安全网等。

（3）低值易耗品。低值易耗品是指企业购入的使用期限较短，单位价值较低，容易损坏，不能作为固定资产核算的各种用具及物品等劳动资料。

（4）委托加工物资。委托加工物资是指企业因技术和经济原因而委托外单位代为加工的各种物资。

（5）在建施工产品。在建施工产品是指已经进行施工生产，但尚未完成预算定额规定的全部工序和工作内容的工程。

（6）施工产品。施工产品是指企业已经完成预算定额规定的全部工序并验收合格，可以按照合同规定的条件移交建设单位的工程。

（三）存货的确认

凡符合存货定义的资产项目，在资产负债表中作为存货予以确认时，必须同时满足以下条件：

（1）该存货包含的经济利益很可能流入企业。通常，存货的所有权是存货包含的经济利益很可能流入企业的一个重要标志。凡是所有权已属于企业，无论企业是否收到或持有该存货，均应作为企业的存货处理。反之，如果没有取得所有权，即使存放在企业，也不能作为本企业的存货。

（2）该存货的成本能够可靠地计量。成本能够可靠地计量是资产确认的一项基本条件。存货作为企业流动资产的重要组成部分，要予以确认也必须能够对其成本进行可靠地计量。如果存货成本不能可靠地计量，则不能确认为存货。

（四）存货的计量

存货应按照成本进行初始计量。存货成本包括采购成本加工、成本和其他成本。

（1）自制存货的计价。自制存货的计价包括自制存货中的采购成本、加工成本及其他成本。

存货的采购成本一般包括购买价款、相关税费、运输费、装卸费、保险费、采购保管费以及其他可归属于存货采购成本的费用。存货的加工成本包括直接人工以及按照一定方法分配的制造费用。存货的其他成本是指采购成本、加工成本以外的，使存货达到目前场所和状态所发生的其他支出，如为特定客户设计产品所发生的设计费用等。

（2）委托加工存货的计价。以实际耗用的原材料或者半成品以及加工费、运输费、装卸费和保险费等费用以及按规定应计入成本的税金，作为实际成本。

（3）接受投资存货的计价。投资者投入的存货应当按照投资合同或协议约定定的价值确定，但合同或协议约定价值不公允的除外。

（4）接受捐赠存货的计价。接受捐赠的存货按以下规定确定其实际成本：

1）捐赠方提供了有关凭据（如发票、报关单、有关协议）的，按凭据上标明的金额加上应支付的相关税费，作为实际成本。

2）捐赠方没有提供有关凭据的，按如下顺序确定其实际成本：①同类或类似存货存在活跃市场的，按同类或类似存货的市场价格估计的金额，加上应支付的相关税费，作为实际成本。②同类或类似存货不存在活跃市场的，按该接受捐赠的存货的预计未来现金流量现值，作为实际成本。

（5）盘盈存货的计价。按照同类或类似存货的市场价格，作为实际成本。

（6）企业提供劳务的计价。企业提供劳务的，所发生的从事劳务提供人员的直接人工和其他直接费用以及可归属的间接费用，计入存货成本。

（7）债务重组所取得的存货。企业接受债务人以非现金资产抵偿债务方式取得的存货，或以应收债权换入的存货，按照应收债权的账面价值减去可抵扣增值税进项税额后的差额，加上应支付的相关税费，作为实际成本。涉及补价的，应区分以下两种情况确定受让存货的实际成本：

1）收到补价。在收到补价的情况下，按应收债权的账面价值减去可抵扣的增值税进项税额和补价，加上应支付的相关税费，作为实际成本。

2）支付补价。在支付补价的情况下，按应收债权的账面价值减去可抵扣的增值税进项税额，加上支付的补价和应支付的相关税费，作为实际成本。

（8）以非货币性交易换入存货。以非货币性交易换入的存货，按换出资产的账面价值减去可抵扣的增值税进项税额后的差额，加上应支付的相关税费，作为实际成本。涉及补价的，分以下两种情况确定换入存货的实际成本：

1）收到补价。收到补价的，按换出资产的账面价值减去可抵扣的增值税进项税额后的差额，加上应确认的收益和应支付的相关税费，减去补价后的余额，作为实际成本。

2)支付补价。支付补价的,按换出资产的账面价值减去可抵扣的增值税进项税额后的差额,加上应支付的相关税费和补价,作为实际成本。

七、短期投资

短期投资是指能够随时并且持有时间不准备超过1年(含1年)的投资,包括股票、债券、基金等。作为短期投资应当符合两个条件:①能够在公开市场交易并且有明确市价;②持有投资作为剩余资金的存放形式,并保持其流动性和获得性。不符合上述条件的投资,作为长期投资。

企业用于短期投资的是暂时闲置的资金,因而企业持有短期投资也是暂时的,一旦生产经营需要资金或出现更好的投资机会,企业随时可能将短期投资转换为现金,即短期投资是企业计划在短期内出售以兑换成现金的投资。这里的“短期内出售”并不必须在一年内出售,短期投资的定义虽然是将其持有时间定为不准备超过一年,但这是划分短期投资和长期投资的一般标准,而不是绝对的标准。在某些情况下,短期投资是为重大的偶发或突发事项作为的现金储备,当该事项未发生时,储备的现金就不需要用于支付,这时短期投资的持有时间可能会超过一年。因此,短期投资的持有时间是否超过一年并不重要,只要企业是暂时存放其闲置资金以备生产经营所需而进行的投资,即使企业的持有时间超过一年,也应作为短期投资。

第四节　建筑企业收益管理

企业在经营期内实现的利润,应根据企业所有权的归属及各权益者占有的比例进行分配。收益管理就是通过制订合理的利润分配政策,利用财务手段,确保利润的合理归属和正确分配的管理过程。收益管理就是要尽可能兼顾各方面利益,处理好投资人的近期收益与企业长远发展之间的关系,协调分配政策与其他财务决策之间的关系,以便为谋求企业的未来发展和实现最佳经济效益服务。

一、利润总额的构成

在进行利润分配之前,首先需要计算出企业在一定时期内实现的利润总额,再扣减企业应向国家缴纳的所得税额,计算税后净利润。建筑企业利润是企业施工生产经营成果的集中体现,也是衡量企业施工生产经营管理业绩主要指标。建筑企业利润总额是企业在一定时期内生产经营的最终成果。主要包括营业利润、投资净收益和营业外收支净额,净利润则是由利润总额减去应纳所得税额之后计算所得。

利润总额＝营业利润＋投资净收益＋营业外收支净额

净利润＝利润总额－应纳所得税额

(一)营业利润

建筑企业营业利润是企业在一定时期内实现的施工生产经营所得利润。是利润总额的主要构成部分，在数量上表现为工程结算利润和其他业务利润在扣除当期的管理费用和财务费用后的余额，如以下公式所示：

营业利润＝工程结算利润＋其他业务利润－管理费用－财务费用

1. **工程结算利润**

工程结算利润是建筑企业从事施工生产经营业务所获取的利润，是建筑企业在一定时期内工程结算收入减去工程结算成本和工程结算税金及附加后的余额。

工程结算利润＝工程结算收入－工程结算成本－工程结算税金及附加

工程结算收入是指建筑企业已完工程或竣工工程向发包单位结算的工程价款收入。

工程结算成本是建筑企业为取得工程价款结算收入而发生的工程施工成本，包括工程施工中的材料费、人工费、机械使用费、其他直接费和分摊的间接费用。

工程结算税金及附加包括按工程结算收入计征的营业税，及按营业税计征的城市维护建设税和教育费附加。

2. **其他业务利润**

建筑企业的其他业务利润是指企业在一定时期内除了工程施工业务以外的其他业务收入扣减其他业务支出和其他业务税金及附加后的余额。其计算如公式所示：

其他业务利润＝其他业务收入－其他业务支出－其他业务税金及附加

建筑企业的其他业务收入主要包括产品销售收入、机械作业收入、材料销售收入、无形资产转让收入、固定资产出租收入等。其他业务支出是企业为取得当期其他业务收入而发生的预期相关的各种成本，固定资产出租成本等。其他业务税金及附加包括按其他业务收入计征的营业税及按营业税计征的城市维护建设税和教育费附加。

（二）投资净收益

建筑企业的投资净收益是指企业对外股权投资、债权投资所获得的投资收益减去投资损失后的净额。

投资净收益＝投资收益－投资损失

其中，投资收益包括企业转让有价证券所获取的款项高于账面价值的差额收入、债券利息收入、联营投资所分得的利润或到期收回投资高于账面价值部分，以及在权益法下企业的股权投资在受资企业增加的净资产中按投资比例拥有的份额等。投资损失则包括收回投资或转让有价证券取得的款项低于原账面价值的差额，以及在权益法下企业的股权投资在受资企业减少的净资产中按投资比例应分摊金额等。

（三）营业外收支净额

建筑企业的营业外收支净额是指企业所获得的与企业施工生产经营活动没有直接关系的各项营业外收入减去各项营业外支出的余额。

营业外收支净额＝营业外收入－营业外支出

其中：营业外收入主要包括固定资产盘盈、处理固定资产净收益、处理临时设施净收益、转让无形资产收益、罚款收入、教育附加费返还、非货币性交易收益等。营业外支出主要包括固定资产盘亏、处理固定资产净损失、处理临时设施净损失、转让无形资产损失、计提的固定资产、无形资产、公益救济性捐赠、赔偿金、违约金、债务重组损失等。

综上所述，企业的利润总额在数量上表现为企业一定时期全部收入扣除全部支出后的余额，它不但可以综合反映企业一定时期的经营业绩，同时也是评价企业理财效果和管理水平的依据，从而为企业分配利润奠定基础。

二、企业利润分配的原则

一般来说，企业取得的利润总额，可在扣除应纳所得税后进行利润分配。分配利润时应遵循以下原则：

1.遵守财经法规的原则

要求企业在进行利润分配时应严格遵循国家各项财经法规，依法纳税，确保国家利益不要侵犯。合法性原则主要表现在两方面：①应将企业税前会计利润总额按规定调整后计算应税所得额，并依法纳税后才可进行税后利润的分配。②企业应按财经法规的要求合理确定税后利润分配的项目、顺序及比例，尤其必须按规定提取最低法定比例的盈余公积金。若企业亏损，一般不应向投资者分配利润。

2.盈利确认原则

这项原则要求企业欲进行利润分配，当年必须有可以确认的利润，或有累计未分配利润及留存收益，若企业当年无账面利润或没有留存收益，则不能进行利润分配。

3.资本金保全原则

因为利润分配应是投资者投入资本增值部分的分配，而并非投资者资本金的返还。在分配利润时，企业不得在亏损的情况下用资本金向投资者分配利润，若出现此情况，应视为自动清算而非真正的利润分配，这与上述盈利确认原则是一致的。资本金保全原则从根本上保证了企业未来生存发展的资金，为企业的经营起保护作用。

4.保护债权人权利原则

保护债权人原则要求企业分配利润前应先清偿所有到期债务，而不能故意拖欠债权人债务进行利润分配，伤害债权人权益。此外，企业进行利润分配时应使企业保持一定的偿债能力，以免日后资金周转困难时损害债权人利益。在企业与债权人签订某些有限制性条款的债务契约时，其利润分配政策须征得债权人的同意。

5.兼顾企业所有者、经营者和职工的利益

利润分配政策的合理与否，直接关系到企业所有者、经营者和职工的利益，所以利润分配既要考虑上述几方面的共同利益，但也应考虑各方面的局部利益，合理确定提取盈余公积金、公益金和分配给投资者利润金额。此外，在向投资者分配利润时应做到股权平等，公平利益，同股同利等。

6.有利于增强企业发展，搞好积累与消费的关系

企业的利润分配政策应有利于增强企业的发展潜力，这要求企业利润分配要贯彻积累优先原则，合理确定提取盈余公积金、公益金和分配给投资者利润的比例，以促进企业健康发展。企业分配利润时提取的公益金主要用于集体福利支出，若提取比例过大，有可能使企业财力缺乏，降低企业应付各种风险的能力，最终影响企业发展，并影响到投资者和职工的利益。但若提取比例过小，职工生活条件得不到改善，而挫伤职工的积极性，也影响企业发展。故企业利润分配中应处理好积累与消费的关系，调动职工积极性，促进企业持续健康发展。

三、利润分配的顺序及意义

（一）利润分配的顺序

企业实现的利润总额在依法交纳所得税后成为可供分配的利润，根据《企业财务通则》规定，除国家另有规定外，可按下列顺序分配：

(1)用于抵补被没收财物损失、支付违反税法规定的各项滞纳金和罚款。

(2)弥补超过用税前利润抵补期限，按规定须用税后利润弥补的亏损。

(3)提取法定盈余公积金，用于发展企业生产经营、弥补亏损或按国家规定转增资本金。

(4)按规定提取公益金。用于企业职工集体福利方面的支出。

(5)支付优先股股利。

(6)提取任意盈余公积金，可用于派发股东股利。

(7)支付普通股股利。企业以前年度未分配的利润可以并入本年度向投资者分配。

（二）利润分配的意义

(1)对于企业因违反有关法规而没收的财物损失或支付各项税收的滞纳金和罚款，必须在税后利润中支付，以免抵减应税所得额，损害国家利益，失去处罚的意义。

(2)超过5年弥补期仍未弥补足的亏损应从税后利润中弥补，以体现现代企业作为自主经营、自负盈亏的经济实体应承担的经济责任。

(3)盈余公积金是企业按税后利润一定比例提取的积累资金，是企业用于防范风险，补充资本的重要资金来源，它既是保全企业资本，防止因企业乱分利润而损害债权人利益的手段，也是企业为生产发展积累资金的重要手段。法定盈余公积金可用于弥补亏损或转增资本公积金，但企业用盈余公积金转增资本后，法定盈余公积的金额不得低于注册资本的25%。

(4)公益金是企业从税后利润中提取的用于企业职工集体福利方面的资金，其提取比例由各企业自行决定。公司提取的公益金性质上属于所有者权益，但由企业安排用于职工集体福利设施支出，如用于建造职工住宅、食堂、幼儿园、卫生所等，但职工对这些福利设施只有使用权，而所有权属于企业的投资者。

(5)向投资者分配利润应遵循纳税优先、企业积累优先、无盈余不分利的原则，其分配顺序在利润分配的最终阶段。应指明的是，向投资者分配的利润并不限于当年利润，如企业存在以前年度的未分配利润，可并入当年利润一同分配。

第十四章　建筑企业风险管理

第一节　风险概述

一、风险的定义

很早以前，人们对于风险就有所认识，最早可以追溯到19世纪。早在19世纪的西方古典经济学著作中，就提出了风险的初步概念，认为风险是生产经营活动的副产品，经营者的经营收入是其在生产经营活动中所承担的风险的报酬和补偿。其后，美国学者威雷特(A. V. Willett)于1901年给出了比较准确的定义，认为风险是关于不愿意发生的事件发生的不确定性的客观体现。这个风险定义含有三层意思：①风险是客观存在的，风险的存在具有客观性，不以人的意志为转移，人们可以规避、控制、转移风险，但是不能够从根本上消灭风险；②风险的本质与核心是不确定性的；③风险事件是人们主观上所不愿发生的，风险事件的发生具有不确定性，影响的结果同样具有不确定性。威雷特关于风险的定义，特别指出了不确定性在风险中所处的核心地位。

1921年，美国经济学家奈特(F. H. Knight)在威雷特有关风险理论的基础之上进一步把风险与不确定性做了明确的区分，指出风险具有“可以预测的不确定性”，而不可预测的不确定性才是真正的不确定性。因为，无论是当前的风险还是未来的风险，都存在着一定的统计规律。这一定义为现代保险学理论的研究奠定了理论基础。

1964年，美国教授小威廉(C. Avther Williams)和汉斯(M. Heins)把人的主观因素引入风险分析，认为风险虽然是客观存在的，即对同一环境中的任何人都是同样程度地存在，但不确定性的程度则是风险分析者的主观判断，不同的人对同一风险的认识可能存在不同。从此人们把对风险问题的研究作为科学管理的一个重要方向。

20世纪80年代初，日本学者武井勋在吸收前人研究成果的基础上对风险的概念做了新的表述，认为风险是在特定环境中和特定时期内自然存在的导致经济损失的变化。这里的“变化”是用以区别真正的不确定性的。该定义包括3个方面的意思：①风险与不确定性是有差异的；②风险是客观存在的；③风险是可以被预测的。

1992年，耶兹(Yates)和斯通(Stone)更进一步提出了风险结构的3种因素模型，透彻地分析了风险的内涵。他们认为风险是由3种因素构成的：①潜在的损失；②这些损失的大小；③这些损失发生的可能性。

从上面的论述来看，所谓风险是指在特定环境中和特定时期内，某一事件实际发生的情况与人们对此的预期之间发生差异的不确定性及其可能性的大小，以及导致这种差异发生的条件、情况、原因、环境和由此导致的潜在损失的严重程度。

二、风险的特征

1. 风险的客观性

风险的存在、发生是不以人的意志为转移的，客观存在的风险是无法从根本上回避和消除的。通常所说的回避风险和消除风险有两种含义：一是指改变甚至取消所从事的活动，风险赖以存在的客体改变了，风险自然就被改变了；二是将风险可能造成的经济损失通过各种经济的、技术的手段加以防范、转移和控制。由于风险的存在和发生有其特定的环境和时间限制，环境和时间发生了变化，风险自然也随之发生相应的变化。总之，人们只能在有限的空间和时间内对风险存在和发生的条件加以改变和控制，从而改变和控制风险发生的频率和风险损失的程度。

2. 风险的可变性

风险的可变性是指在一定条件下风险可以转化的特性。风险不仅与风险的客体（风险事件本身所处的时间、环境）有关，同时也与风险的主体（从事风险活动的人）有关。不同的风险主体由于其自身的条件、能力、所处的环境不同，对同一风险事件的态度也不同。因此，不同的风险主体可以能通过相互的交流与合作，实现风险事件在不同风险主体间的转移，从而达到规避风险的目的。另一方面，风险事件还具有特定的时间性，同一风险事件，即使对于同一风险主体，随着时间的推移和变化，风险的结果也会发生变化。

3. 风险的可预测性

风险所涵盖的是未来事件的不确定性，但是，这种不确定性是以现实的环境条件因素为依据的，并不是完全不可预测的纯粹的突发事件。风险的发生是一个特定的时间和空间条件下的结果，风险事件与所处的环境密切相关；风险发生的可能性或不确定性以及风险损失的结果的不确定性是现实环境因素及其变动的不确定性在未来事件中的反映，是可以通过对现实的环境因素的观察加以预测的。例如，可以根据过去50年某一地区的历史自然资料，预测未来5年内将会发生哪些自然灾害以及发生的概率有多大。风险管理理论和保险科学的发展正是得益于风险的可预测性。

4. 风险的可控性

风险是特定条件下的不确定性表现，条件改变能够直接引起风险事件后果的改变，因此可以通过改变风险事件环境的手段对风险事件加以控制。在影响风险事件后果的各种环境条件中，有些是企业可以控制和改变的，有些是企业无法控制或是没有能力加以控制和改变的，因此企业所产生的风险也是部分可控的。

三、风险因素及损失

风险的发生，必须存在风险因素，风险因素的产生或增加，导致风险事件的发生，风险事件的结果必然造成损失。

（一）风险因素

风险因素是指能产生或增加损失概率和损失程度的条件或因素。风险因素有以下几种：

(1)自然风险因素。该风险因素是指有形的、能直接导致某种风险的事件,如在冬期浇捣混凝土大型基础,没有采取保温措施,造成混凝土强度达不到设计要求。

(2)道德风险因素。与人的品德有关,是一种无形因素,如施工现场的安全员认为生产一线的操作工人已接受过安全教育,对不安全行为疏于禁止,导致安全事故的发生。

(二)风险事件

风险事件是指可能造成损失的偶发的不可预见的事件,如强烈地震造成房屋倒塌、发生人为的战争使施工无法进行,出现金融危机造成项目亏损等无法抗拒的事件。一旦发生风险事件,其结果必然会造成重大的损失。

(三)风险损失

风险损失是指由风险造成的经济价值的减少,通常以货币为单位来衡量。损失分为直接损失、间接损失。

风险因素、风险事件、损失与风险的关系见图 14-1。

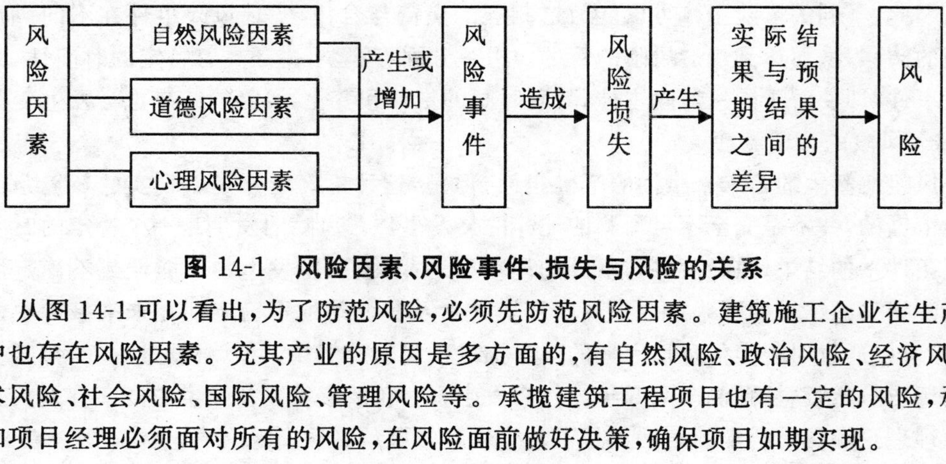

图 14-1　风险因素、风险事件、损失与风险的关系

从图 14-1 可以看出,为了防范风险,必须先防范风险因素。建筑施工企业在生产经营中也存在风险因素。究其产业的原因是多方面的,有自然风险、政治风险、经济风险、技术风险、社会风险、国际风险、管理风险等。承揽建筑工程项目也有一定的风险,承包人和项目经理必须面对所有的风险,在风险面前做好决策,确保项目如期实现。

第二节　建筑企业风险类型与内容

一、建筑企业的风险类型

在市场经济条件下,企业是一个开放系统,随着投资决策、生产、交换、消费等各方面的社会化程度越来越高,经营活动日益广泛复杂,市场行性瞬息万变,企业所面临的经营因素的不确定性也有增无减,使得经营成果不确定性有增无减,经营与风险已成为一对孪生兄弟。可以说,经营就意味着风险。如目前建筑市场存在垫资、压价、拖欠工程款等方面都是存在着风险。建筑企业在生存发展中时刻与风险相伴随,进入 21 世纪后,随着竞争的加剧和信息技术的发展,企业的风险大大增加。企业在战略选择、制度选择、内部经营管理、发展过程中都存在许多风险。

建筑企业的风险，就其产生的原因，一般可以分为：

(1)自然风险：是指由于水灾、飓风、各种地质灾害（如地震、滑坡、坍塌）等自然因素引起的风险。对于自然风险，其可能造成的损失额通常可以进行估计，因而能够通过保险制度使巨额损失分散到社会共同承担，故属于可保险风险。

(2)经营风险：是指由于经营不善或经营环境变化引起的风险。经营活动因素的不确定性引起经营活动结果的不确定性是经营风险的主要表现。经营风险可能造成的损失很难估计，因而不能通过保险制度共同分担风险，故属于不可保险的风险。

从经营生产的不同阶段看，经营风险又可以分成投资风险、生产风险、销售风险，但这 3 种风险是紧密联系的，尤其是投资风险，往往受生产风险和销售风险的影响和制约。

二、建筑企业经营风险的主要内容

(一)投标决策阶段的风险

投标决策阶段决策的主要包括是否进入某市场，是否对某项进行投标；当决定进入某市场或决定对某项目进行投标时，又必须决定投什么性质的“标”；最后还要决定采取什么策略中标。这潜伏着许多风险。

1. 信息缺失风险

信息缺失一方面是指获得的是虚假的投标信息，另一方面是指工程项目的资料掌握不全。由于信息缺失而出现的经济损失的不确定性即是信息缺失风险。

2. 中介机构或代理商给承包商带来的风险

承包商依赖中介机构促成业务的同时，也不可避免地要面对一些从事中介业务的人为谋取私利，以某些不实之词诱惑交易双方成交，给交易双方带来风险。代理商给承包商带来的风险：①水平太低，难以承担承包商的委托代理工作，从而使承包商的利益受到损害；②代理人为获私利，不择手段，与业主串通，从而使承包商遭遇损失；③同时给多家代理，故意制造激烈竞争气氛，使承包商的利益受损。

3. 报价失误风险

由于市场竞争激烈，往往为了承揽一个工程项目，就会采取低价或高价中标，给企业造成损失。

(1)低价中标：低价中标寄希望于高价索赔。往往是低价中标成功，却难以通过索赔达到预期效果。采用低价中标策略要求对未来市场形势判断准确并且对同类工程有相应的经验。如果判断失误，承包商投入全部的精力和资金，并不能从中获利，从而使承包商造成亏损。

(2)高价中标：①倚仗技术优势报高价；②倚仗关系优势而盲目乐观报高价。可能由于价格过高，使自己失去了市场，给企业带来风险。

4. 项目合作风险

如选择合作伙伴失误。个别合作伙伴缺乏诚实信用原则，搞欺诈活动，给承包带来风险；合作伙伴实力差，难以独立承担工程项目施工任务，从而造成了损害。

（二）签约和履约阶段的风险

1. 合同条款的风险

合同确立后，就具有法律效力。各方就要按照合同条款履行自己的权利和义务，若条款的定义和用词含糊不清，在实施过程中就不可避免地发生争议。

2. 工程管理的风险

做好工程管理是承包商获得项目成功的一个很关键的环节。应该注意的是，每个项目都有其特点，任何施工项目都不可能在管理上毫无风险。例如：大型复杂的工程项目，参与实施的分包单位多，相互协调工作难度大；企业内部各职能部门与项目经理部的关系是否和谐；项目管理的其他相关各主体间的配合（如业主、监理、设计、供应各方）；政府有关部门的介入；工程地质、水文、气象等自然条件的变化等均存在较大的变数。若管理跟不上，不能应用现代管理手段，不提高自己的全面素质，结果将导致项目的失败，由此可能造成巨大损失。

3. 合同管理的风险

合同管理是承包商获利的关键手段，不善于管理合同的承包商是绝对不可能获得理想的经济效益的。合同管理主要是利用合同条款保护自己的合法权益，扩大收益。这就要求承包商掌握一定的技巧，善于实施索赔，如果不懂索赔，只能自己承担损失。

4. 物资供应的风险

工程物资包括施工用的原材料、构配件、机具、设备等。供应商的供货情况会直接影响到工程的质量和进度，特别是工程材料给工程带来的风险最大。

5. 成本管理的风险

施工项目成本管理是承包项目获得理想的经济效益的重要保证。成本管理包括成本预测、成本计划、成本控制和成本核算等，哪一个环节的疏忽都可能给整个成本管理带来严重风险。

6. 履行合同的风险

通常，业主资金不完全落实或是招标时概预算有缺口，都会造成业主拖延支付工程款，给承包商带来不利。

7. 分包或转包的风险

适当的分包或转包可以降低总承包商的风险，但如果分包或转包单位水平低又疏于监督管理，造成工程质量不合格，分包或转包单位又无力承担返修责任，而总包商要对业主负责，不得不为分包或转包单位承担返修责任。

8. 不可抗力造成的风险

指暴雨、台风、严寒、洪水、泥石流、地震等不可抗拒的自然灾害造成的损失。

（三）工程验收与交付阶段的风险

这一阶段的风险主要体现在竣工验收的条件的设定、竣工验收资料管理、债权债务的处理等方面。

1. 竣工验收的风险

这一阶段施工方应全面回顾项目实施的全过程，以确保项目验收顺利通过。其具体工作内容是在按分项、分部工程整理技术资料的同时，整理各施工阶段的质量问题及处理结论，列出条目，召集相关人员会议，进一步检查落实，制定全面整改计划，并在人力、财力、物力等各方面予以保证，实行总分包的项目应请分包单位参加并落实整改责任。如果整改计划不及时或不落实，不具备竣工验收条件，必然会对承包商造成风险。

2. 竣工验收资料管理的风险

竣工验收资料管理的风险主要包括：由于施工项目经理部或企业未按相关资料管理的规定去做，使竣工资料不全或混乱，影响施工项目竣工验收；建设单位与施工单位在签订施工承包合同时，对施工技术资料的编制责任和移交期限等事项未能作出全面、完整、明确的规定，造成竣工验收时资料不符合竣工验收规定，影响竣工验收；监理人员未能按规定及时签证认可的资料，在竣工验收时发生纠纷，以致影响竣工验收工作的顺利进行；由于市场的供求机制不健全，法规不健全，业主拖欠工程款，施工企业拖欠材料款、机械设备租赁费，资源供应方为今后索取款项故意不按时交付相关证明文件。

(四)债权、债务处理的风险

1. 债权处理

工程项目面临竣工阶段，应提前做好工程结算准备，以便做好结算工作。否则，不能按时竣工结算，留下的争议和问题会越来越多，久拖未决，可能严重影响资金运转。对于业主有意拖欠工程款不按时结算等事件，超过《民法通则》规定的普通诉讼时效，法院不再受理，承包商将由此蒙受一定的损失。

2. 债务处理

承包商由于自身原因拖欠供应商或劳务费用，会增加利息的支付或影响接受新的施工任务，同时还影响竣工验收资料的收集整理。

第三节　建筑企业风险管理

一、建筑企业风险管理的概念

建筑企业主要从事的生产经营活动就是工程项目的建设，因此其经营风险主要就是工程项目的管理风险。建筑企业从事的基础设施建设工程、纵横交错的城市道路工程、桥梁建设工程、高耸的楼宇建设工程、排洪灌溉系统工程、火箭卫星发射和核电站建设等专项工程，所有这些工程建设都是复杂的管理系统，其中隐含着各种各样的风险，如施工人员发生高空坠落等意外伤亡，在建工程坍塌，环境污染，工程因设计或施工不当造成中途停工，因现场管理疏忽导致工程不合格，建材和机械设备等损毁或盗失等等，这些都是工程施工中很常见的风险。面对众多的工程风险，只有进行有效的风险管理，才能降低风险发生的几率，减少事故造成的损失。

从工程风险的属性出发，将工程风险管理定义为：依据工程风险环境和设定的目标，对工程风险分析和处置进行决策的过程。工程风险管理分为两大环节4个步骤。

第一个环节是工程风险分析，主要采用实证分析的思路对工程风险形态进行尽量准确的描述，从定性和定量两个角度认识工程风险，在此基础上进行风险评价。

第二个环节是采用规范分析的思路，依据工程风险分析的结果并结合工程项目的人员、资金和物资等资源的限制，制定和实施风险处置方案。

从工程风险管理的全过程来看，工程风险管理主要分工程风险辨识、工程风险估计、工程风险评价和工程风险处理4个步骤，而工程风险辨识是首要的和基本的环节。

二、建筑企业风险管理的目标

建筑企业在规划和实施管理任务过程中，必须首先确立目标，只有目标明确了，才能使企业的每个成员都向着目标努力，最终取得预期的效果。

一般情况下，企业的风险主要与建设项目密切相关，工程风险管理的对象通常是一些规模或大或小的项目，因此企业的风险可以描述为“任何可能影响项目在合同范围内按工期和质量顺利地完成的因素”。通常影响上述目标实现的主要障碍，必须有效地管理风险才能保证项目目标的实现，企业风险管理的目标应与项目管理的目标一致。由于各种工程项目的风险环境、风险属性等因素不同，所以各个具体的工程风险管理的目标也不同。

三、建筑企业风险管理的过程

在建筑企业经营和项目施工过程中存在大量的风险因素，且风险具有客观存在性、不确定性、可预测性等。建筑企业风险管理具体体现在建筑工程项目之中，承包工程项目是一项风险事业，承包人和项目经理要面临一系列风险，必须在风险面前作出决策。决策正确与否，与承包人和项目经理对风险的判断和分析能力密切相关。判断和分析能力又与教育程度、专业知识水平、实践经验有关。其过程如图14-2所示。

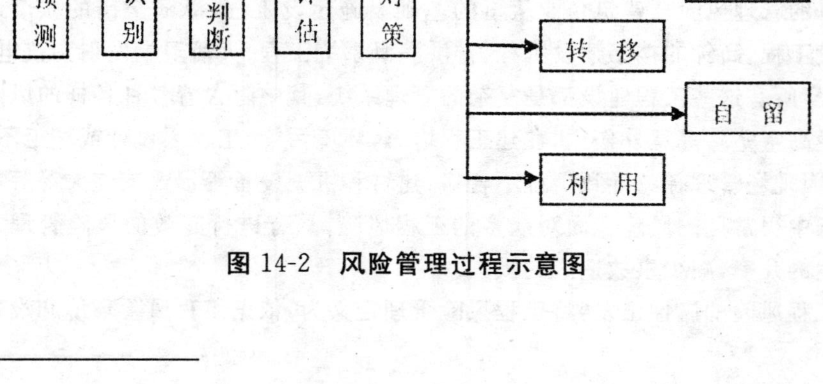

图 14-2　风险管理过程示意图

四、建筑企业风险管理的基本原则

风险管理水平是衡量企业素质的重要标准，风险应付能力则是体现企业生命力的重要依据。建筑企业风险管理的基本原则如下：

1.“预防为主”的原则

由于风险是客观存在的，人们只能降低风险，而不能完全消灭之，因此要求企业加强风险意识，提高风险管理水平，适时监控相关要素的运动变化，降低和分散风险。

2. 安全性原则

建筑企业在生产过程中一定要尽可能地保证人、财、物的安全。当然，强调安全并不等于不赢利，而是为了获取更稳定、更高的收益。为了找到安全与赢利的结合点，为了避免盲目冒险，为了在获取高收益的同时，尽量控制和降低风险。所以，安全是相对的，而不是绝对的。

第四节　建筑企业风险识别

一、企业风险识别的含义

风险识别也称风险辨识，即准确地辨别出可能给企业生产经营活动带来不利影响的风险事件以及风险事件产生不理想结果的条件、情况、原因和环境，并对风险事件发生的可能性大小、不理想后果的严重程度及可能造成的损失作认真分析和估量。然而，任何风险都不是直观显露的，多数情况下，风险隐蔽于企业生产经营活动的各个时期、各个环节和各个方面，很难为人们发现，甚至风险可能存在于种种假象之后，具有极大的迷惑性。同时应该看到，风险事件具有多发性的特征，通过研究各种风险发生的概率和频率，人们可以摸索出风险事件的某些规律，从而可以辨识其存在，衡量其大小，并采取有效的技术经济手段加以防范。因此，识别和衡量风险在风险管理中极为重要。

二、企业风险辨识的基本准则

1. 完整性原则

企业风险辨识的完整性原则是指在企业风险计划制定阶段应全面完整地辨识出企业所潜伏的风险。不能因为风险管理者的主观原因而遗漏某些企业风险，尤其是某些重要的工程风险。为了保证风险辨识的完整性，可以采用多种风险辨识方法，从多个角度进行分析和辨识。例如工程风险辨识可以选取的角度包括时间角度、空间角度和施工工艺角度等。

工程风险的时间角度是指按照工程施工各个阶段的风险环境、施工特点等因素进行工程风险的辨识。从时间角度看，工程风险辨识主要分为 3 个阶段：第一阶段是工程施工准备中的风险辨识；第二阶段是工程施工中的风险辨识；第三阶段是工程竣工试运行阶段的风险辨识。工程风险辨识的空间角度是指从不同的标段、不同的分部工程或分项工程识别工程风险。工程项目尤其是一些复杂的大型项目,常常分成若干标段分包给不同的承包商,各标段的风险环境是有所区别的,这时可以按标段辨识风险。在工程概预算中,一般把工程分为若干分部工程和分项工程,比如一般工业或民用建筑工程可以划分为基础工程、主体工程、地面与楼面工程、装修工程、屋面工程等部分,各个分部工程的专业性质和施工工艺等有很大风险区别,风险环境和风险属性也是有区别的,因而按照各个分部工程逐一进行风险辨识可以使风险辨识比较完整。如果分部工程很大、很复杂,风险辨识起来比较复杂,还可以将分部工程按照工种、材料或施工工艺等标准进一步细化为分项工程,按照分项工程进行风险辨识。总之,多种方法和多个角度变换和交叉的结果都有助于全面而无遗漏地辨识工程风险。

2. 系统性原则

在风险辨识过程中,系统性原则与重要性原则是紧密联系在一起的一对重要的风险辨识原则,在系统性原则指导下辨识风险的同时,还应按照重要性原则有所侧重地辨识风险。只有系统性原则与重要性原则相互结合,才能保证风险辨识的效果和效率。

企业风险辨识的系统性原则就要求在企业风险计划的制订阶段,应从企业全局的角度,系统地辨识企业风险。例如工程风险辨识的系统性主要表现为按照工程的内在施工工艺顺序和内在结构关系辨识风险。为了实现系统地辨识工程风险,风险管理人员应深入了解工程设计和施工工艺,掌握工程施工流程和施工进度,按照工程项目施工系统的自然发展过程进行工程风险辨识。

3. 重要性原则

企业风险辨识的重要性原则是指企业风险辨识应有所侧重。侧重点应放在两个方面:一是风险属性,着力把一些重要的工程风险即期望风险损失较大的风险辨识出来,对于影响较小的风险可以忽略,不必花费太多的时间和人力、物力进行风险分析,这样有利于节约成本,保证工程风险辨识的效率:二是风险载体,那些对整体工程项目具有重要影响的结构,必然是工程风险辨识的重点,以民用房屋建筑结构来说,基础工程和主体工程是全部工程中的重要结构,若这些部分出现风险问题,将对整个项目造成很大影响,所以是风险辨识的重要对象。

从系统性原则与重要原则的关系看,前者保证了企业风险辨识的效果,后者保证了企业风险辨识的效率。从企业的总体目标来说,企业风险辨识的效率或效果都是必不可少的,不能偏听偏信任何一方。系统性原则与重要性原则应配合运用,即在重要性原则指导下的企业风险辨识必须站在企业大系统的高度来判断风险或风险载体的重要性,即重要性原则必须以系统性原则为指导。否则,从非系统的角度判断重要性可能会造成遗漏一些原本很重要的风险;在系统性原则指导下的企业风险辨识应在系统地辨识风险的同时,有所侧重地把重要的风险载体的风险和一些比较重要的风险辨识出来。

风险辨识是企业风险管理中比较重要的基础性工作,这一阶段的工作结果直接影响后面的风险分析和处置。企业风险管理者应遵循一定的原则做好企业风险辨识工作。

三、风险识别的过程

在建筑企业的风险管理中,风险识别是风险管理的基础,通过风险辨识将工程中可能存在的风险识别出来。风险识别是一个很复杂的过程，始于风险识别，终于建立工程项目风险清单。在识别的过程中，如发现新的风险，再进行分解。风险识别的过程见图 14-3。

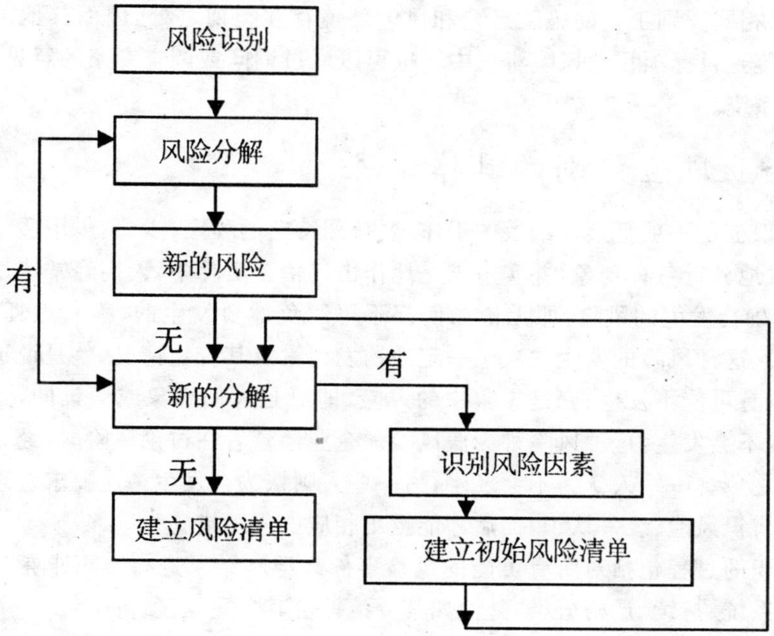

图 14-3 风险识别过程示意图

四、企业风险辨识中的关键问题

1. 企业风险辨识方法的选择

风险管理是一门具有创新活力的应用性学科，风险分析的方法和风险处置的措施非常多。风险辨识的主要任务是定性地判断特定的企业风险是否存在，若存在其属性如何，因而企业风险辨识方法通常是一些定性的风险分析方法。各种风险辨识方法在分析角度、分析路线和分析的侧重点等方面有所区别。在风险辨识过程中，应根据具体的风险辨识对象进行各种因素权衡，选择适合的风险辨识方法，这些因素包括施工特点、风险环境、项目进展阶段和现有风险管理资源等。比如在某一分项工程正式施工之前辨识风险，由于此时还没有开工，施工环境还未形成，很多风险因素还未出现，此时比较适合采用资料法、专家调查法等查找风险。

2. 企业风险辨识路线的选择

企业风险辨识是一项复杂的系统工程，风险辨识的路径不同，最终的辨识结果也就不同。例如按照工程承包的标段进行风险辨识，以每个标段作为风险辨识单位进行风险辨识；按照工程施工顺序进行风险辨识，一般风险辨识是在工程施工之前进行，可以根据类似工程来设想或模拟工程施工顺序，预测风险源和风险事件及其转化的条件；以相对独立的分项工程或分部工程为辨识单位，辨识其动态风险管理过程存在的风险。有时按标段或按施工顺序辨识风险很复杂，可以按照较小的工程单位进行风险辨识，比如按照分部工程辨识，也可以进一步细分，按照分项工程辨识。

3. 企业风险系统的预测和以往资料的利用

可以借助以往类似工程的资料，预测或模拟目标工程的风险系统。将工程项目划分为很多类别，相同类别工程的施工工艺和风险环境存在类似之处，因而其他工程的风险经验可以借鉴到目标项目的风险辨识中。也可以通过询问或调查专家的意见，预测目标工程的风险系统。

五、企业风险识别的具体步骤

风险辨识也是一项复杂且细致的工作，要按照特定的程序、步骤，采用适当的方法逐阶段、逐层次地分析各种现象，并实事求是地作出评估。实际中，人们经常谈论的风险有3种：一是的确会发生的风险，即无论如何都不可避免地要发生的，称其为真风险；二是潜伏的风险。这种风险的发生取决于一定的诱发因素及其变化情况，就是说这种风险有可能发生，也有可能不发生；三是想象中的风险，即只是人们想象或假设的，是心理反应的产物，其实不会发生，这种风险称为假风险。企业经营者在讨论风险时，经常会出现真假风险难辨之争。一些人认为不会发生，另一些人则认为会发生。这要求管理者和决策者必须首先辨识风险、统一认识，而后才能提出相应的管理措施。

风险辨识的过程包括对所有可能的风险事件来源和结果进行实事求是的调查。辨识风险必须系统、持续、严格分类，并恰如其分地评价其严重程度。

风险辨识过程通常分为以下7个步骤，如图14-4所示。

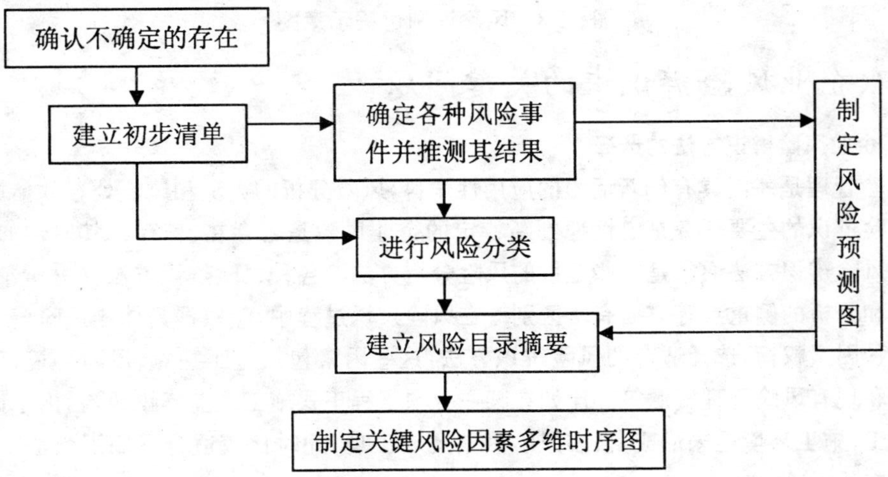

图14-4 风险辨识过程示意图

1. 判定不确定性

不确定是客观存在的。这项工作包括两项内容：一是要辨识所发现或推测的因素是否存在不确定性。如果是确定无疑的，则无所谓风险。众所周知的结果不会构成风险；二是确认这种不确定性是客观存在的，是确定无疑的，而不是凭空想象的。

2. 建立初步清单

清单中应明确列出客观存在的和潜在的各种风险，应包括各种影响生产率、操作运行、质量和经济效益的各种因素，建立初步清单是辨识风险的第一步。人们通常凭借企业经营者的经验对其作出判断。建立清单可以采用商业清单办法或通过对一系列调查表进行深入研究、分析而制定。

3. 确定风险事件

根据初步风险清单中开列的各种重要的风险来源，推测与其相关的各种合理的可能性，包括赢利和损失、时间和成本、节约或超支等方面，重点是资金的财务结果。

4. 进行风险分类

对风险进行分类具有双重意义：首先，通过对风险进行分类能加深对风险的认识和理解；其次，通过对风险的分类，辨清了风险的性质，从而有助于制定风险管理的目标。

风险分类有很多种方法，具体分类方法的选择可以根据管理的目的来确定。一般是依据风险的性质和可能的结果以及彼此之间可能发生的关系进行风险分类。这样的风险分类能更确切地理解风险、预测其结果，且有助于发现与其关联的各方面的因素。

5. 制定风险预测图

风险预测图是衡量风险因素大小的有效工具，如图 14-5 所示。图中横轴表示风险发生的概率 P，纵轴表示风险导致的潜在损失 Q。从图 14-5 发现，风险的评价价值 R 首先与其发生概率相关，其次与潜在的损失相关，图中的曲线 R 表示不同的概率和损失情况下的等风险曲线。通过这种二维图形可以清晰地评价某一潜在风险的相对重要性。

鉴于风险是一种不确定性事件，并且与潜在的危害性密切相关，因而风险的大小可以通过一组由曲线族构成的风险预测图表示，如图 14-6 所示。曲线族中每一曲线均表示相同的风险，只是不确定性或者说其发生的概率与潜在的危害有所不同。而不同的曲线所反映的风险程度则不同，曲线距离原点越远，表示风险就越大。

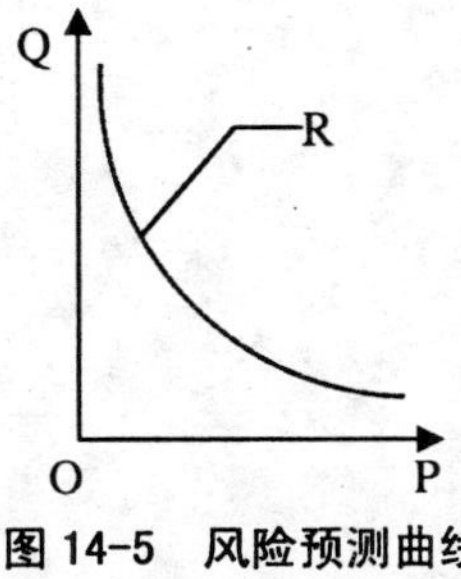

图 14-5 风险预测曲线

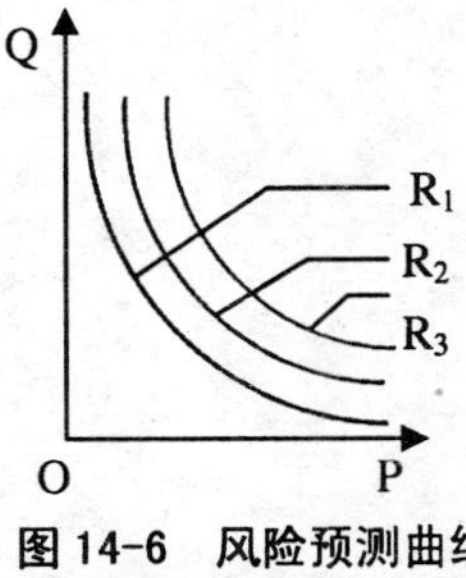

图 14-6 风险预测曲线族

为了有效地识别风险，企业风险管理人员首先必须掌握风险发生的可能性及风险损失的可能性分布，然后采取多种识别风险的方法，加以风险控制。但风险往往处于一种不确定状态中，可以类比的历史资料较少，所遇到的风险事件常常不可能做实验，因而不可能根据统计的方法得出客观估计值。一般针对企业生产经营过程中某一阶段的风险采用专家估计的方法，即对可能发生的风险事件的概率 P 和潜在损失值 Q(称为主观损失值)进行估计，即进行风险评估。

6. 建立风险目录摘要

通过为各风险因素建立风险目录摘要，可以将可能面临的风险汇总并排列出轻重缓急，给人一幅总体风险印象图。而且能把全体项目人员都统一起来，使每个人不仅要考虑自己所面临的风险，而且能自觉地意识到项目的其他管理人员的风险，还能预感到项目中各种风险之间的联系和可能发生的连锁反应。

显然，风险目录摘要并非一成不变，风险管理人员应随着信息的变化和风险的演变而及时对其进行更新。风险目录摘要清单范例如表 14-1 所示。

表 14-1　　风险目录清单范例表

项目名称		
评　述	日　期	负责人
风险事件： 风险事件摘要： 风险事件变量：		

第十五章　建筑企业信息管理

第一节　信息及信息系统相关概述

一、信息的含义

21 世纪是知识经济和信息时代，当今世界各国的发展都离不开信息技术，信息在我们工作、日常生活中也占有重要的地位，可以说信息是一种必不可少的资源。信息已和能源、原材料并列为自然界的三大资源之一。信息来源于数据，数据是客观实体属性的反映。信息管理成为建筑企业经营管理的重要内容，是适应市场经济的要求，是建筑业发展的客观规律的必然趋势。企业的信誉、资格也是数据对其属性的反映。信息是客观事物的反映，信息是客观规律，人们掌握了客观规律，实际上就是掌握了利用信息的主动权。建筑工程的本身就是各种数据的组合，如建筑面积，建筑高度、层高、室内的布局、开间的大小、门窗的尺寸等等。检验评定工程的质量是否合格，验收规范的主控项目、一般项目无不与数据有关。

二、数据的形态

数据有多种形态，如文字、数值、图表、颜色及语言等。数据与信息之间有着密切联系，主要有以下几个方面：

1. 信息既来源于数据又高于数据

信息是对数据的解释，数据是信息的载体。如某建筑企业上年经营利润为 2 亿，今年 1～10 月份经营利润为 2 亿，同期比较，这说明今年利润有所增长。我们从数据上得到的信息，就比较容易理解，数据是信息的载体，也容易理解信息是用数据来解释。

2. 信息具有知识、数据、情报 3 个时态

所谓"时态"是从时序上讲的，即过去、现在、将来。

(1)信息过去时是知识。知识是人类对客观规律的认识和掌握，是经验的总结。如承包商投标报价低于成本，是不可取的，对承包商来讲如有利可图，必然会偷工减料。混凝土砌块保温、隔热性能差，也是人们通过数据总结出其导热系数高所致。

(2)信息现在时是数据。信息现在是动态的，把握数据的动态，就随时可以掌握信息的变化。如业主资金不能按时到位，就必然影响施工进度。如承包商在浇捣混凝土独立基础，被监理工程师发现轴线偏移，混凝土强度达不到设计要求，数据就能及时反映会出现质量事故。

(3)信息将来时是情报。情报代表信息的趋势和前沿。如承包商对建筑市场发展的预测。在工程投标时，对其他投标商的调查摸底，前沿的建筑科技信息的获取等。

三、信息的特点

信息具有真实性、系统性、时效性、不完全性、层次性的特点。

1. 真实性

客观事物属性的真实反映具有信息的价值。不真实的“信息”也是大量存在的，而且是有害的。如某分部工程实地检测的数据出现偏差，把本来合格的分部工程即反映出不合格的属性。真实性的信息才是有用，平时常常提到的信息是指真实的。

2. 系统性

利用信息必须是各有关方面的数据的组合。某建筑企业的综合能力和经营状况，只有通过全面地考察才能得出结论。承包商成本的控制，与工程进度、工程质量、安全控制有关，只有掌握全面的信息，才能得出客观的评价。

3. 时效性

事物无时无刻都处在变化之中，变化中的数据反映的信息是动态的，只有掌握动态的信息，经营才能取得主动。如有的企业不根据建筑市场发展变化，调整经营思路，作出重大决策。产生失误，就是忽视了信息的时效性造成的。

4. 不完全性

事物的发展有一个过程，过程中的数据带有一定的局限性。人对客观事物的正确认识同样有一个过程。在这种意义上理解，是与信息的不完全性有关。

5. 层次性

层次性是针对信息的使用对象而言的，信息的本身不具有层次性，但在使用过程中，却再现为有层次。建筑施工企业从纵向组织结构来划分，一般有决策层、协调层、操作层，他们要获取哪些信息，要利用哪些信息，往往决定于层次。《建设工程项目管理规范》所提出的“优化信息结构”，就有层次性的要求。在不同的层次上，信息的来源渠道，收集方式，对信息真实性，信息的时效要求都是不同的。

四、信息系统的概念

（一）系统的定义

在市场经济体制的条件下，运用现代信息、网络技术作为开展各项工作的新手段，利用信息、网络信息平台，与传统的工作方法相比较，具有视野更开阔，时效性更强等优势。

所谓系统，是指同类事物按一定的关系组成的整体。在这里指的是相同或相关的事物按一定的秩序和内部联系组合成的整体。这个整体有特定的功能，是另一相关联系更大系统的组成部分。

（二）系统的特征

1. 系统的整体性

系统内有各种要素，只有这些要素结合在一起，互为作用，才能达到完成特点的任务。整体性表现为不可分割。应该说，一个建筑企业就是一个大系统，项目部从大系统这个角度去理解为子系统，其成本、进度、质量控制又可以理解为要素。企业的盈利，主要靠项目部这些要素降低施工成本来实现。要素互为作用，才能使企业发展，这就是整体性的特征。

2. 系统的相关性

系统内各个要素有相互依赖又有相互独立的属性。整体性决定了系统的相关性。成本、进度、质量如果视为子系统，在合理的工期内，如果要加快工程进度，生产要素要重新配置，投入更多的资源，必然导致成本的增加。如对工程质量进行控制，并不是质量越高越好，质量越高，会增加成本费用，如“鲁班奖”等优良工程，成本会高一些，相反，如果质量达不到合格标准，反而会造成成本增加；所以进度与质量之间也一样存在相关性。

3. 系统的目的性

目的性比较容易理解，只要构成一个子系统，这个系统就有特定的目标，并为特定目标而存在。项目部对企业而言，是一个子系统，它的存在就是为了完全履行施工合同约定的义务。

4. **系统的层次性**

母系统是由子系统组成的，子系统又可以分为更细的子系统，每个子系统都有自己的特定目标，目标的层次不一样，就构成系统的层次性。如单位工程竣工验收合格，把这一过程作为系统的话，分部工程、质量控制、安全和主要使用功能、观感质量各个子系统，其特点目标，综合反映了单位工程的质量标准。企业组织也是这样，纵向结构每一层次都有特定的系统，而这个系统是有层次的。

5. **系统的开放性**

系统的存在必然处在开放的环境里，因此，封闭的系统是不存在的。外界的信息源是系统构成的前提，系统必须得到社会环境的支持又服务于社会环境。与世隔绝完全封闭的企业是不可能存在的。改革开放如作为系统，也说明系统开放性特征，系统必须具有环境的适应性。

物资和信息无时无刻都在变化、促使系统是动态的，为适应客观规律，必须采取分析、优化组建信息系统。

（三）信息系统

信息的收集、整理、组织是由信息系统完成的。理解了系统的特征，就容易理解什么是信息系统。信息系统的概念：以系统思想运用计算机手段对收集的数据进行处理、筛选、存储，传递给管理各层次各部门，为企业的经营管理者提供预测、决策的依据。信息管理是企业经营管理基础工作之一。

第二节 建筑企业信息管理

一、建筑企业信息概述

（一）建筑企业信息系统的含义

建筑企业信息系统立足于企业本身是一个系统，相对于建设系统又是一个子系统。建设工程信息系统是由工程建设参与的各方的信息系统组成的，建筑企业的信息和数据来源于政府、发包方、设计方、监理方等，建筑企业的信息和数据，对于工程建设参与的各方又是他们的信息和数据源，这种上下传递，下上反馈相互间传递，构成了信息系统的复杂关系。

建筑企业经营管理的全过程，就是不断收集、产生信息又不断分析运用信息的全过程，有人把建筑企业的信息系统的作用，形象地比喻为"是从投入到产出的物流"。由此可见，信息流也是物流的一个重要组成部分。

（二）建筑企业信息系统的发展趋势

随着计算机和通信技术的不断发展，网上快速传播、同步交流、信息检索、电子商务等功能的广泛运用，给建筑企业发展增添了生机和活力。

建筑工程参与的各方在收集、使用、传递的信息的过程中，由于信息流的纵横传递方向不尽相同，构成错综复杂的关系，信息社会为了最便捷达到信息共享，信息系统集成化是发展的方向。使人们在使用信息过程中做到一体化、规范化、标准化、通用化。信息系统的集成化将通过系统开发工具（计算机辅助系统工程）实现。建筑企业信息系统集成化，建筑企业在采用企业管理软件尤其在选用工程软件必须标准化。

二、信息的分类原则

1. 信息的稳定性

信息都具有本质属性。把本质属性作为分类的标准，能使归类清晰，如国家有关的建设法律、法规，企业制定的规章制度，其本质属性都具有制约性。再如《建筑工程质量验收统一标准》及与其配套的各相关专业的施工验收规范等同样具有特殊性，但这是3个不同的基本概念，划分时必须认真考虑。

2. 信息的兼容性

信息的划分主要利用于自我使用，但市场经济是开放的一个大系统，企业需要与外界交流信息，外界也需要得到企业的信息，相互需要，信息的分类，要做到共享，就必须考虑与企业有关的各方所应用的编码体系。信息的分类应相互满足各方信息的交换，所谓的“兼容性”可以理解为“通用性”。

3. 信息的逻辑性

信息的划分要遵循逻辑性，这里是指逻辑思维，用科学的抽象概念提示事物的本质。信息的区分，要求在同一层次的各个子系统的信息其本质不能相同，即“互相排斥”。

三、信息的分类及编码原则

(一)信息的分类

1. 按信息的来源分

(1)外部信息。是指企业从外部获得的如建设行政主管理部门、市场、参与工程建设的各方，国内外的建筑技术等信息。

(2)内部信息。是指企业从各职能部门、项目经理部、财务收支收集到的信息。

2. 按信息的稳定程度分

(1)稳定信息。是指在相对的时期内，相对稳定的信息，如现行的国家法律法规及规章制度、各种定额和标准、施工技术标准和验收规范，企业的经济技术指标等信息。

(2)不稳定信息。是指在相对的时期内，相对不稳定的信息，如建筑市场的买卖方变化、企业资金的筹措、企业的流动资产、成本费用的控制、建筑材料的物价浮动等信息。

3. 按信息的层次分

(1)企业高级管理层的信息。

(2)中间管理协调层的信息。

(3)项目经理部的信息。

(4)生产作业层的信息。

信息的分类根据划分的性质不同，还可以分为管理信息、经济信息、技术信息等。把信息进行分类，有利于不同使用者在最短的时间内获取所需要的信息。

(二)信息分类编码原则

(1)唯一性。信息分类编码，每个被编码的对象只能有一个唯一的代码，每一个代码代表一个编码对象。

(2)合理性。信息编码结构应与信息分类体系一致。

(3)简单性。信息分类编码结构应尽量简单，编码长度要短，以提高信息处理效率。

(4)适用性。编码符号应能反映分类信息对象的概念和特征，便于记忆，便于使用。

(5)规范性。在信息分类编码标准中、代码的类型、结构、格式必须统一。

下面摘录的是某直辖市地方标准《建筑安装工程资料管理规程》中“专业工程分类编码参考表”，见表15-1。

表 15-1 专业工程分类编码参考表

专业	类别 1	类别 2	内容
土建工程(T)	土方工程(T1)	降水工程(T1-1)	轻型井点、喷射井点、电渗井点、管井井点、深井井点等
		护坡工程(T1-2)	地下连续墙、钢筋混凝土护坡桩、平锚喷网、深层搅拌水泥土桩等
		土方开挖与回填工程(T1-3)	土方开挖、回填土等
		其他(T1-4)	
	地基处理工程(T2)	局部地基处理(T2-1)	松土坑处理、枯井处理、软硬地基处理等
		地基加固(T2-2)	换垫法、夯实法、挤密桩法等
		桩基(T2-3)	混凝土预制桩、混凝土灌注桩、钢管桩等
		其他(T2-4)	
	结构工程(T3)	钢筋混凝土(T3-1)	钢筋工程、模板工程、混凝土工程、设备基础工程等
		特种混凝土(T3-2)	防水混凝土工程、预应力混凝土工程、大体积混凝土工程、冬期放工混凝土工程等
		钢结构工程(T3-3)	钢结构制作、安装、焊接、螺栓连接、油漆、防水喷涂等
		预制装配结构(T3-4)	
		木结构(T3-5)	
		钢、混凝土组合结构(T3-6)	
		其他(T3-7)	
	砌筑工程(T4)	砌筑工程(T4-1)	砌砖、砌石、小型砌块等
		钢筋混凝土构造工程(T4-2)	钢筋工程、模板工程、混凝土工程等
		其他(T4-3)	
	防水防腐工程(T5)	地下防水工程(T5-1)	水泥砂浆刚性抹面防水、卷材防水、涂膜防水、密封防水等
		室内防水工程(T5-2)	水泥砂浆刚性抹面防水、卷材防水、涂膜防水等
		层面工程(T5-3)	屋面卷材防水、屋面涂膜防水、屋面刚性防水、屋面接缝密封防水、屋面保温、屋面隔热、屋面找平层、屋面瓦安装等
		防腐蚀工程(T5-4)	
		其他(T5-5)	
	门窗工程(T6)	普通木门窗(T6-1)	木门窗制作、安装等
		钢门窗(T6-2)	钢门窗安装等
		铝合金门窗(T6-3)	铝合金门窗安装
		特种门窗(T6-4)	隔音门、防火门、卷帘门、防盗门等
		其他(T6-5)	
	装饰装修工程(T7)	隔墙工程(T7-1)	板材式隔墙、立筋式隔墙(带龙骨)等
		抹灰工程(T7-2)	室内抹灰、室外抹灰等
		楼地面工程(T7-3)	地面基层处理整体楼地面工程、板块楼地面工程等
		吊顶工程(T7-4)	
		饰面砖工程(T7-5)	
		涂料工程(T7-6)	
		裱糊工程(T7-7)	
		其他(T7-8)	
	幕墙工程(T8)	设计与性能试验(T8-1)	深化图纸、计算书、幕墙性能试验、材料性能试验等
		埋件安装(T8-2)	埋件预留、螺栓预埋、连接件安装等

四、信息管理的基本环节

（一）信息管理的基本环节

信息管理，是指对信息的收集、加工、储存、传递、应用全过程工作的总称。信息管理的目的是使信息流有组织有秩序在企业组织成员中形成沟通，达到企业经营总目标的实现。信息沟通渠道见图 15-1。

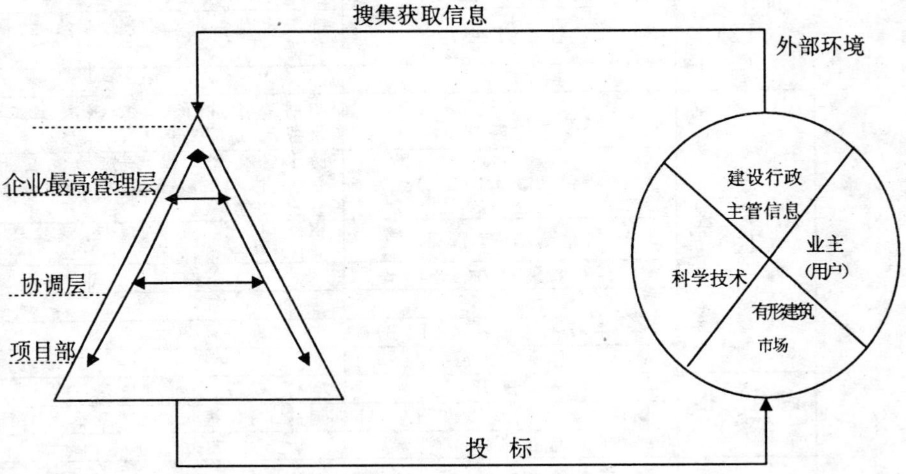

图 15-1　信息沟通渠道示意图

(1)了解和掌握信息来源，对信息进行分类编码。

(2)建立信息管理系统。信息管理系统包括信息流导向的设计，信息管理制度、信息管理机构等。

(3)正确掌握应用信息管理手段。手段是指信息搜集、加工整理、存储、传递的工具和方法，在做好基础工作的同时，应推广使用计算机系统。

(4)掌握信息流程的不同环节，其主要环节有以下 5 个环节：

1)信息的搜集。对文字图形信息、语言信息、新技术信息搜集，要及时准确，不漏不滥。对信息的选择、鉴别、分类、编码应做到既科学又规范。

2)信息的加工整理。对搜集到的信息，要进行判断，演绎、汇总、归类。通过加工整理后应借助计算机系统完成这项工作。

3)信息的存储。是指不断积累信息并把它存储。用计算机存储节约空间，调用方便效率高，使用人工存储，要做好档案管理。

4)信息的传递。设计信息的流向要合理，快捷，尽量避免信息的扭曲或损耗。

5)信息的应用。应用是信息管理最终的目的，把信息转化为生产力，应注重把信息变成财富，争取获得更大的经济和社会效益。

第三节 建筑企业信息化管理

一、企业信息化概述

(一)企业信息化的基本概念

1. 企业信息化的定义

企业信息化是指挖掘先进的管理理念,应用先进的计算机网络技术去整合企业现有的生产、经营、设计、制造、管理,及时地为企业的战术、战略决策、经营运作和管理提供准确而有效的数据信息,以便对市场需求作出迅速反应,其本质是提升企业的核心竞争力。

与此同时,《建设工程项目管理规范》中也指出:“项目信息管理应适应项目管理的需要,为预测和正确决策提供依据,提高管理水平和项目经理部应建立项目管理系统,优化信息结构,实现项目管理信息化。”由此可见,信息化在我们的建筑施工企业是非常必要的。

2. 企业信息化的内涵

(1)目标:利用先进的信息技术和手段,把瞬息万变的信息变成企业管理者的知识,将知识变成企业领导者的正确决策,最后由正确的决策带来企业实实在在的利润,从而帮助企业抓住机遇,快速反应市场,增加经济效益。

(2)手段:利用计算机网络技术,提高办公自动化水平。

(3)部门:涉及企业的各个部门,包括企业的生产、经营、设计、制造、管理等所有部门。

(4)支持层:涵盖高级经理层、中间管理层和基础业务层。

(5)功能:进行信息的收集、传输、加工、存储、更新和维护。

(6)组成:企业信息化是一个人机合一的系统,包括人、计算机网络硬件、系统平台、数据库平台、通用软件、应用软件及必要的终端设备。

3. 企业信息化的外延

(1)企业信息化的基础是企业的管理和运行模式,而不是计算机网络技术本身,计算机网络技术仅仅是实现企业信息化的手段。

(2)企业信息化建设的概念是发展的,它随着管理理念、实现手段等因素的发展而发展。

(3)企业信息化是一项集成技术。企业信息化建设的关键点在于信息的集成和共享,实现将关键的、准确的数据及时地传输到相应的决策人,为企业的决策运作提供可靠数据。

(4)企业信息化是一个系统工程。企业的信息化建设是一个人机合一的、有层次的系统工程,包括企业领导和员工理念的信息化;企业决策、组织管理信息化;企业经营手段信息化;生产运作过程信息化。

(5)企业信息化的实现是一个过程。企业信息化包含了人才培养、咨询服务、方案设计、设备采购、网络建设、软件选型、应用培训、二次开发等过程。

(二)企业信息化的意义

1. 企业信息化有利于国民经济建设

(1)有利于适应国际化竞争。我国加入 WTO 以后,企业更直接地面对国际竞争的挑战,在全球知识经济和信息化高速发展的今天,信息化是决定企业成败的关键因素,也是企业实现跨地区、跨行业、跨所有制,特别是跨国经营的重要前提。

(2)有利于实现国有企业改革与解困目标。在综合运用好国家已经出台的各项政策的同时,利用现代信息技术,有效地开发和利用信息资源,有助于改善企业管理,提高竞争力和经济效益。

(3)有利于实现企业生产经营活动的运营自动化、管理网络化、决策智能化。其中,运营自动化是基础,决策智能化是顶峰。

(4)有利于增加企业间的技术交流,提高整个行业的科学技术水平。

2. 企业信息化可以促进企业科学发展

(1)有利于增强企业的核心竞争力,适应市场化竞争的要求。

(2)有利于理顺和提高企业管理,实现管理的有序进行。

(3)有利于提高设计效率,缩短设计周期,保证设计质量。

(4)有利于降低企业的库存,节约占用资金,节约生产材料,降低生产成本。

(5)有利于缩短企业的服务时间和提高企业的客户满意度,并可及时获取客户需求,实现按订单生产。

(6)有利于加速资金在企业内部和企业间的流动速率,实现资金的快速、有效利用。

(7)有利于加速信息在企业内部和企业间的流动速率,实现信息的有效整合和利用。

(8)有利于加速知识在企业中的传播,实现现有知识的及时更新换代和应用。

3. 企业信息化可以改善职工的工作条件和环境

(1)可以降低技术人才的劳动强度,用计算机实现繁杂、重复的简单体力劳动,从而发挥技术人才的智慧,提升脑力劳动的价值。

(2)可以改善职工的工作环境,提高职工的健康水平。

(三)实施信息化对建筑企业的影响

1. 改变经营管理理念

在变幻莫测的信息时代,我国企业面临的外部环境变得极其复杂。从需求方面看,市场将进一步细分并趋向个性化。消费需求的个性化将进一步促进原材料需求的多样化、高品质化。借助于信息网络的作用,消费品生产商和原材料供应商形成共同的网络形组织,迅速、快捷地获取市场需求。建筑企业要想适应信息时代快速灵活这一特点,必须首先改进原有的管理观念和经营思路,以适应新形势的要求。

2. 实行企业组织重组

在工业时代,企业主要是依照物流流程组织的,专业化分工是物流的基础。而在信息时代却有所不同，企业需要在信息流的基础上重新构建组织。这种重新构建的基本特点是：对标准化的信息进行实时处理和共享，对非标准化的信息提供给人，由人脑进行分析、谋划，而作出决策。

3. 实行生产要素重组

企业在信息时代的最主要特征，是以快速的反映来适应外部环境的变化。在这种情况下，企业的人才和技术储备的投入将变得极为重要，资本的重要性进一步缩小。特别是信息技术将满足企业对信息的管理要求，而人才的重要作用在于把信息进行综合、创新进而转变为知识和决策。对技术和人才的投入与储备，将是网络时代企业的两项基本建设。

4. 进行工作流程重组

在信息时代，企业必须利用信息技术才能做到：取得市场信息快，决策快，产品开发快，生产快，结算快，上市快，反馈快。而要做到这些，就是最大限度地减少各个环节之间的时间浪费，把能够合并的环节合并起来，实现工作流程重组。

（四）企业信息化的分类

企业信息化是一个动态发展的过程，企业信息化可以从不同的角度进行分类。

1. 按照企业信息化的集成度划分

(1)单元技术。即限于某一业务流程的局部环节或步骤采用信息技术进行处理。

(2)技术部门集成。是指技术部门内部的全部单元技术集成，或是某一业务流程的各个环节均实现信息化。

(3)企业内部集成。是指各个技术部门之间的信息化衔接，构成企业内部的信息化网络。

(4)动态联盟集成。这种信息化建设是以供应链或产业链为依据，以全社会甚至是全球的资源为对象，进行信息互联。

2. 按照企业信息化的集成对象划分

(1)数据集成。这是针对各种易于显性化的信息进行管理。

(2)知识集成。主要针对各种隐性的信息进行知识管理，使隐性知识显性化，成为便于传递的信息。

(3)人的集成。在信息化的建设中，人既是信息化的主体，又是信息化的客体。作为信息化的客体，人是信息的发布者、接受者和分析者，其行为应符合信息化的标准和要求。所有的信息化建设涉及到的人都应遵循上述要求，这就是对人的集成。

（五）企业信息化的层次

当前，信息技术正由以前的注重单元技术和短期效益向注重整体、全局的信息化建设发展。从宏观角度看，企业信息化可以分为3个层次。

第一层次是企业在生产过程中广泛运用电子信息技术实现生产自动化，如生产设计与制造自动化(CAD/CAM)、自动化控制(AC)、智能仪表等。凡是在生产过程中应用电子信息技术的，均是企业信息化的一部分，同时也是企业信息化的基础部分，很多基础数据来源于该层次。

第二层次是企业数据的自动化、信息化。利用电子信息技术处理生产、销售、财务等方面数据，是最基础的数据信息化过程。

第三层次是更高层次的辅助管理、辅助决策系统，如 Intranet 、Extranet 、ERP 等。

二、建筑企业信息化的内容及应用

（一）企业信息化的一般内容

建立科学的企业信息化系统很有必要，只有让它渗透到企业的各个业务环节和管理职能之中，才能发挥出巨大的效能。一般来说，企业信息化的内容应该包含以下 5 个方面：

1. 产品信息化

利用数字技术，增加传统产品的功能，提高产品的附加值。例如数字化大厦和智能化小区的出现，就是建筑企业产品新功能的体现。进一步讲，技术上的壁垒不会成为最终的障碍，在产品质量相差不大的情况下，最大的差别在于服务，在于产品的附加值，而通过服务提高产品的附加值是重要的方面。所谓建筑产品信息化，是将以服务用户为目的、面向用户的客户管理信息子系统也作为建筑产品的一部分提交给用户。

2. 设计信息化

主要是指建筑产品设计、施工组织设计等方面的信息化，目前普遍应用的是 CAD 和相关的项目管理应用软件。

3. 生产过程信息化

对建筑企业而言，主要是自动化技术和通信技术在生产过程中的应用。采取自动控制，用智能化手段解决施工过程中的复杂问题，提高施工的质量、降低工程成本和缩短建设工期。

4. 企业管理信息化

进行企业管理信息系统集成，实施 CIMS，以提高企业管理水平。

5. 市场经营信息化

通过实施电子商务，使工程项目投标决策、材料设备及劳动力等资源供应信息化，从而可以大大节约经营成本，提高经济效益。

（二）建筑企业信息化的具体应用

结合建筑企业的自身特点，企业信息化系统将在以下 3 个方面得到应用：

1. 辅助基层业务处理

辅助基层业务处理的主要目的是提高效率，降低成本，这也是目前运用较普遍的层次。

（1）辅助工程项目投标。目前投标书的制作已基本由计算机辅助完成，如用 CAD 软件及 project 等项目管理软件绘图；Office 软件进行文字编辑；概预算软件编制商务报价；利用计算机、投影仪唱标演示等。

(2)辅助施工过程控制。如编制施工组织设计、施工计划、施工预算、财务会计处理、工程结算等。

(3)充分利用设计成果,提高效率。设计单位向业主、施工单位提交图纸、资料,以电子文档代替目前的纸面文档,提高了传递速度;同时便于施工单位的二次利用(翻样、施工预算、成本控制等),节省大量的人力、纸张、时间等资源。

(4)辅助材料采购。将整个企业的材料、设备采购需求合并,统一由企业利用互联网对外发标,通过网上供货商的竞标,以最低价格完成采购。这样不仅有利于降低材料、设备的采购价格,同时也有利于降低采购成本。如通用汽车公司实施全球各地的采购集中进行法,现每年仅办公类物品的采购,就可省上千万美元的支出。

(5)辅助企业实现依法经营。工程项目建设过程中会涉及很多相关的法律、条例、规程、规范、定额等法规性文件,涉外工程还将涉及到项目所在国的法律法规文件、国际惯例。企业很难将这些资料收集齐全,有时即使有资料,查询起来也相当费时。随着政府上网工程的推行,将使企业查找法规性文件变得非常容易。

(6)辅助企业进行统计工作。过去企业的综合性统计数据,需要在月底、季末、年底计算后才能得到,计算机系统的应用使得管理人员随时可得到企业前一天、上月、上季度及至一年内任何时间、任何类别的信息。

(7)辅助产品营销。互联网的广泛性,为企业开辟了一个新的销售渠道,使得无店铺销售成为可能。通过互联网,企业可获得大量订购信息,再向供货商获得产品,提供给最终的客户。不需要大量有形资产的投入,便可以完成传统贸易公司的全球业务,而且成本低、利润大。就建筑企业而言,可利用互联网在世界范围内实现企业介绍、投标报价、签订合同、工程结算等。

2. 辅助管理

建筑企业管理的职能是计划、组织、协调、领导和控制。实施企业管理信息化,可以更好地计划、组织、协调、控制,从而能及时实现价值。

(1)计划。当前流行的计划管理软件有P3、Project、梦龙、同洲等。一般建筑企业均拥有此类软件,但目前大多还停留在打字阶段,其强大功能远未充分利用。进一步利用的目标应是:①综合考虑工程成本、质量等因素确定工程最优工期;②根据工期目标、资源配置、劳动定额等条件自动生成详细的优化网络计划,用以指导施工;③根据工期、劳动定额等条件优化资源配置;④为实施施工进度的动态控制提供分析资料。

(2)组织。①促使组织结构扁平化。随着企业的扩张,其管理层次和机构也在发展,结果是组织结构越来越臃肿,管理流程越来越复杂,造成大量的冗员和官僚作风。而当今高速变化的市场,需要企业迅速对市场作出反应,使决策者和执行者快速沟通,企业结构必须趋向扁平。若能充分利用信息技术手段,使管理人员的管理跨度大幅提高,组织结构即可迅速扁平,既精简了机构、人员,又提高了效率、效益,真正做到向管理要效益。②合作组织虚拟化。当前整个世界施工能力过剩,因此对于扩展的企业,更多的是采取专业化的协作方式,有任务时,可合作经营;无任务时,各奔前程。互联网为实现世界级虚拟合作成为现实。众所周知的IBM公司,已经大规模地精简了制造工作,每年的产品主要依靠上千个合作制造商完成,而这就是依靠信息手段将自己和合作制造商联系在一起的。IBM 的采购中心将其信息专线一直接到其合作制造商的生产线上，在第一时间就能掌握生产进度、质量、制造成本等。

(3)协调。建筑企业的可变因素多，协调工作量非常大。通过建立公司的机械信息网、周转性材料信息网、人力资源信息网、资金信息网等，使资源的时空调配变得非常简单、及时、合理，并可使现有的资源得以充分利用，也将促使企业资源不断优化。此外，通过建立网络化的平台，可使声音、文字、图像等交流不受时空、组织的限制，从而使大量且复杂的施工界面及工种间的技术协调得以简化。

(4)控制。建筑企业需要控制的要素主要有进度、质量、成本、安全、环保等几个环节。通过信息系统实现信息公开、程序透明、规范化运营，避免人为因素，可以及时发现和解决出现的问题，提高对过程的动态、量化的控制。

3. 辅助决策

决策的基本内容是制订企业的目标和战略，决定企业的经营方针和组织结构等。

建筑企业的辅助决策信息系统主要有国内外工程项目信息系统、企业人财物资源信息系统、生产信息系统、管理信息系统、行业技术信息系统、政策信息系统、行业发展方向信息系统及多元化经营研究信息系统。

辅助决策信息系统的主要作用是根据及时全面的信息，利用现代管理方法和数学模型，辅助决策者进行科学决策，使科学的决策方法代替主要依靠决策人的经验进行决策的传统方法变为现实，从而科学合理地规划企业目标，充分利用人、财、物等资源所发挥的作用。

第十六章　建筑企业设备及材料管理

第一节 建筑企业设备管理

一、建筑企业设备管理的意义和任务

(一)建筑企业设备管理的意义

市场经济条件下的今天,一些建筑施工企业做大做强了,资本雄厚了;一些企业却被市场经济的浪潮动摇了根基,甚至被卷入潮底消失了。企业的设备管理即企业设备类资源管理与企业的兴衰一脉相承。有完整、严谨的资源经营管理体系;有健全制度、机构和强大的专业技术资源;有切实可行的满足企业发展需求的设备资源的投资规划,保持本企业强劲可持续发展的势头,这是现代企业的基本特征。有些企业却另有一番情景,企业资源管理机构因“精简机构,减员增效”被撤销,人员被解散。设备类资源管理无人问津,设备资源状况惨不忍睹,而为了企业的生存不得不借用种种虚假资产证明来维持所谓的早已名不副实的企业资质。企业设备资源的重要性不言而喻,对设备资源的经营管理应是企业管理不可缺少的组成部分。在市场经济条件下,企业设备管理的生命力在哪里?关键在于能否转变计划经济条件下传统的设备管理思想,接受市场经济条件下经营管理的理念。“以企业经营为中心,以为企业创利为目的”,应是现代企业设备管理的根本宗旨,也是企业设备管理的生命线。

现代化工程建设的基本特点是结构设备管理,是企业对施工生产使用的机械设备从选择、使用、维护、修理、改造更新到报废处理过程所进行的管理。它包括机械设备的技术管理(由机械管理部门承担)和机械设备的经济管理(由企业财务部门承担)。高大深重、施工高速准确,这就需要大量的、种类繁多的机械设备,实现机械化施工。因此,加强机械设备管理,对不断提高机械的完好率和作业效率,防止事故发生,保持机械设备的良好状态,保证施工生产正常进行,提高劳动生产率,加快施工速度,推动技术进步,实现建筑工业化和提高企业经济效益具有重大意义。

(二)建筑企业设备管理的主要任务

(1) 贯彻国务院和建设部门颁布的有关设备管理的条例和规定,建立和完善机械设备管理的激励机制和自我约束机制。

(2) 逐步推行设备综合管理,即以机械设备为研究对象,追求设备综合效率和设备

寿命周期费用的经济性，应用一系列理论、方法（如系统工程、价值工程、设备磨损和补偿理论、设备状态可靠性和维修性理论、设备状态监测和诊断技术等），通过一系列技术、经济、组织措施，对设备的物质运动和价值运动进行全过程（从规划、设计、制造、造型、购置、安装、使用、维护、修理、改造直至报废更新）的科学管理。

(3) 根据先进、经济、合理和生产可行的原则，选择最优的机械设备。

(4) 正确、合理地使用设备。既要使机械保持良好性能，延长使用寿命，防止事故，又要防止机械设备的闲置，提高利用率。

(5) 定期进行机械设备的检查、认真搞好维护保养和修理。

(6) 根据需要和可能，及时改造更新机械设备，促进技术进步。

(7) 制定与企业管理体制相适应的机械设备分级管理机制。按专业化与协作化的原则，大重型施工机械由企业集中管理，建立完善机械设备的内部租赁、调剂市场；中、小型经常使用的机械设备可由分公司或工程队集中管理，便于及时调拨，满足工程施工要求。

二、建筑企业设备管理

（一）设备管理的内容

设备管理从管理性质上可划分为：机械设备的资产管理、经济管理及技术管理。在此仅提出每一阶段机械设备的主要内容。

1. 设备的装备

设备的目的是即要保证施工需要，又要使每台设备发挥最大效率，以达到最佳经济效益。总原则是技术上先进，经济上合理，生产上适用。装备形成有：自行制造、购买和租赁。由于影响企业装备的因素很多，必须进行技术经济分析和企业内外部条件分析，本着机械化与半机械化相结合，减轻劳动强度，配套装备，发挥现有机械设备能力的原则，采用相应的装备决策。

在具体的选择中，首先要进行技术方面的综合分析，其内容包括：机械设备的生产效率和使用寿命，对工程质量的保证程度，原材料及能源消耗情况，施工生产安全性和对环保的影响，使用的配套性要求，装卸和运输的方便程度，维修的难易程度以及机械的灵活性、专用性和通用性等。除定性分析外，选择设备还必须进行经济评价。

2. 设备的使用

设备的使用管理是机械设备管理的基本环节，要做好管、用、养、修 4 个方面的工作，遵守机械运转的自然规律，科学地选配机械，合理地组织机械施工；要建立机械设备使用责任制，实行定机定人，机长负责制，使用、维护、保管的责任落实到人；健全新购、新制、改造或大修后的机械设备均须检验、保养、试运转鉴定，确认合格后，才能投入生产；严格执行检查保养制度，做好机械设备的安全和事故处理工作；加强机械设备操作人员的培训、考试、检查和考核工作；建立完善的机械设备履历表和技术档案。

3. 设备的检查

通过检查，可以全面掌握设备的技术状况和磨损情况，及时查明和消除设备隐患。针对检查发现的问题，采取改进设备维护工作的措施，有目的地做好修理的各项准备工作，以提高修理质量和缩短修理时间。

检查的形式分为：

(1) 每日检查。交接班时由操作人员与例行保养人员进行检查，及时发现设备不正常状况。

(2) 定期检查。按检查计划，在操作人员参与下，定期由专职人员执行，全面准确了解设备实际磨损状况，决定是否修理。

(二)设备的保养与维修

1. 设备的保养

设备的保养，目的是保持设备的良好技术状态，提高其可靠性和安全性；减少故障，避免机械事故；减少磨损，延长使用寿命；降低消耗，提高效率。

机械设备保养分为：

(1)例行保养。要求操作人员每日在开机前、使用间隙、停机后按规定项目和要求进行保养。作业内容有清洁、润滑、紧固、调整、防腐等。它是保证机械正常运转和安全生产的基本保养。

(2)定期保养。根据制度规定，定期进行分级保养。各类设备的保养周期根据其磨损规律、作业条件、操作维修水平和经济性等因素确定，一般分为三级，大型机械分为四级。不同机械设备有不同的保养内容和要求，可阅读有关资料。

2. 设备的修理

设备的修理是对设备由于各种原因造成的部件损坏和精度恶化进行修复，通过排除运行故障和更换损坏的零部件，使设备的性能得到恢复，其按修理程度可分为小修、中修和大修。

(1)设备小修。临时安排的修理，其目的是要消除操作人员无力排除的突然故障、零部件损坏和一般性事故损坏等，以保证设备能正常运转到下次计划修理时间。小修一般在现场进行，由专职维修工人执行。小修后由维修人员和操作人员共同验收。

(2)设备中修。在大修间隔内对少数部件进行大修的平衡性修理，对其他不进行大修的部件只是进行检查保养。其目的就是对不能继续使用的部件进行修理，使整机状况达到平衡，延长机械设备的大修间隔期。中修可由专职维修工在现场或机修车间承担。中修后由主管部门人员、修理操作人员共同验收。

(3)设备大修。对设备进行全面解体检查修理，以恢复设备原有的精度、工作性能和效率，延长设备的使用寿命。大修后由有关部门的人员共同检查验收，并经过试运转。

我国对机械设备实行计划修理制，贯彻预防为主、养修并重的原则。根据设备的磨损规律和工作特点，有计划地进行维护保养、检查和修理，可以保证机械设备经常处于良好的工作状态。

(三)建筑企业设备的管理

1. 企业自有设备的管理

经营管理是企业设备管理的精髓，企业低投入高产出的经营理念应贯穿于设备管理的全过程之中。设备经营管理包含5个方面的内容：

(1)企业的设备投资取决于市场的需求和投资回报的论证。

(2)采购的招标使企业获得适用、价廉的精品。

(3)转固验收确定经营使用的对象。

(4)管、用、养、修滚动经营为企业创利。

(5)回收投资成本为企业持续发展再投入献策。

设备管理必须为企业的经营创利服务,否则这个部门在企业内就没有存在的必要。

2. 设备转固的管理

设备的转固验收是企业自有设备注册登记的一项重要工作。它的基本工作包括:

(1)确立设备编号,设备编号是设备终生不可更改的唯一标记。

(2)建立设备档案,设备档案是该设备全部技术资料和终生活动的记录,伴随该设备一生。

(3)明确设备经营使用对象,建立产权和经营使用权的调拨关系。

(4)建立设备折旧台账,设备折旧台账是企业设备投资回收的基本依据,谁使用谁经营谁上缴,在设备经营寿命期内提完97%设备投资款,3%的残值在二手机变价处理时回收。

(5)资产的跟踪管理,随着企业机构的变更,设备经营使用权的转移,必须及时办理设备经营使用权变更手续和折旧计提手续,防止企业资产的流失。

(6)设备经营期终止的管理,停止折旧,取消编号,残值回收。

3. 经营期间设备的管理

经营期的设备管理是以设备资产经营为中心,以获取资产投资最佳回报为目的设备管理。设备管理的目标是实现设备的最高可利用率。经营期的设备管理工作内容包括:

(1)建立健全注册经营设备的技术档案和维修档案,掌握全部注册设备的健康状况。

(2)实施强制保养、定期检查检测、适时维修的养修原则。节约设备维修费用,保证设备完好使用。

(3)即时并全力维修、保养停机设备,确保暂时停机设备随时可用。

(4)做好在用设备的保全服务工作,及时现场抢修和定期现场保养在用设备,减少在用设备的停机时间,保证在用设备的良好运转。

(5)巡回检查在用设备,保证在用设备的安全、合理、正常使用,纠正违章作业。

(6)定期培训司驾人员,教育司驾人员遵章守纪;牢固掌握设备的安全技术操作规程和维护保养知识;灌输设备管理对司驾人员的各项要求;明确司驾人员的双重职责:热心服务,爱护设备。通过经营期的设备管理,保证设备正常经营。

4. 最终成本回收和再投资管理

设备的最终成本回收和再投入管理包括:经营寿命期终止设备的成本回收工作和企业设备类资产保值增值再投资规划。企业为了加快资金周转,提高企业自身发展速度自定的设备经营寿命期并非是设备自身的技术和经济寿命周期。因此,当企业自定的经营寿命期结束后,设备自身还具有一定的或较好的使用价值,这就出现了“二手机械”的概念,很多国家二手机械市场非常规范和发达,在我国这一市场还处于启蒙阶段,但经常把废旧物资与二手设备概念混淆。

(1)设备最终成本回收的管理。①确保二手设备的完整性和使用性,保持其应有的经济价值;②整理二手设备的随机档案并随产权转移而转移;③组织招标拍卖提高回收资金，为企业多创效益。

(2)再投资的规划管理。企业的再投资是基于企业的可持续发展的需要，因此设备管理部门的主要负责人必须做到：①掌握了解企业发展规划，配置设备需求，制订企业装备规划；②熟悉了解国际、国内本领域的新技术、新工艺、新产品，为企业超前发展提供可靠信息和选择最佳设备类产品；③为企业再投入作好投资决策管理工作。

三、施工现场设备管理

(一)施工现场设备管理工作的意义

施工现场设备管理是在市场经济条件下，现代企业设备管理理念指导下的施工现场管理。它是将“设备”作为一种资产投资放入市场去经营管理，而不是计划经济中的“使用工具”。无论是设备的投资者还是设备的有偿使用者都不应该背离这一理念来谈论或理解所谓的“纯”管理。

安全经营是施工现场设备管理工作的精髓。施工现场设备管理应遵循于该企业的“质量、环境、职业健康”体系运行程序文件的要求，因此它应具有很强的针对性。

建筑企业的基层单位和项目部设备管理人员以及他们的主管领导应按照该企业编制的设备管理制度、设备状态控制程序文件或作业指导书对施工现场设备管理工作进行具体指导，完成施工现场设备管理工作，以实现更好、更快、更省、更安全地完成施工生产任务。

自上世纪以来，建筑施工企业的项目施工机械费用已从占工程造价的不足10%上升至15%～25%，机械化施工程度的不断攀升和机械设备在施工中的重要地位，不得不使企业的高管更加关注施工现场的设备管理，其重要原因在于：

(1)施工现场的设备管理是满足项目施工要求的重要保障；

(2)施工现场的设备管理是安全施工的重要保证；

(3)施工现场的设备管理是降低项目施工成本的重要措施。

(二)施工现场设备管理的职能

1. 服务职能

(1)为项目施工选择最适用的机械设备；

(2)根据施工需求合理调度现场设备，以求现场设备的最高利用率；

(3)把握施工现场设备动态，把好最终结算关。

2. 监控职能

(1)严把设备进场关，排除设备安全隐患于源头；

(2)全过程时时监控现场设备的正常合理使用，制止违章指挥违章操作，确保现场设备全过程安全作业。

(三)施工现场设备管理的基本流程

1. 确定项目施工设备的配置

这是一项需计划、技术、机械3个部门共同完成的工作。根据施工进度计划和施工方案确定项目施工设备的需求品种和需求量，按工程施工阶段的设备需求编制设备需求汇总表，并经项目经理确认。然后报企业的设备主管部门协助项目部共同完成设备的招标工作。

2. 进行设备租赁单价招标

设备主管部门与项目部共同向社会（合格供方）公开进行设备租赁招标。招标会由项目部主办设备主管部门主持，按本企业设备租赁招标管理细则执行。同时邀请工程部门、安全部门参与评标，纪检监察部门负责对招标全过程有无违规行为进行监督检查。

评标的基本原则：①设备质量 40%；②设备报价 60%；③同等报价优先本企业设备。

3. 确立项目部与设备供方的经济关系

招标会结束，评标结果报项目经理确认后，报企业设备主管部门向中标单位发放中标通知书。中标单位持中标通知书与项目部按本企业合同审批程序签署设备租赁合同和设备现场使用安全协议书。

4. 做好设备进场把关工作

对合同单位进场的设备进行强制性进场检验，严格执行非合同标的的设备和检验不合格的设备拒绝进入现场的规定。特种设备无国家质量监督部门签发的合格证、操作人员无上岗证，该设备及操作人员也应拒绝进入现场。

(1)设备进场检验的基本要点：①是否与合同标的物相符；②设备的技术状态；③设备的环保状态；④设备的安全状态；⑤设备应携带的文件和证件；⑥设备司驾人员上岗资格。

(2)设备清退基本原则和影响施工的索赔：①检验不合格的设备坚决清退或更换；②由于设备供方未按时提供合格设备，影响项目施工造成损失，应向设备供方提出经济索赔。

5. 进场设备的监控

(1)注册登记，建立现场设备动态运行台账和进场设备司驾人员上岗证台账。

(2)现场监控，对进入现场的设备进行有针对性的安全施工交底；合理调动现场设备，减少租用机械量，提高租用机械利用率；时时追踪检查在施设备，制止违章指挥、违章操作。

6. 机械设备结算管理

(1)合理确认租用机械工作台时，正确签署结算凭证。

(2)根据结算凭证合理正确结算，并按企业财务结算要求认真填写月度租用机械费结算单，报项目经理确认。

（四）分包单位进场设备的管理

工程分包单位自带设备，应执行企业关于分包单位自带设备现场施工的有关管理规定的相关文件。

1. 进场设备的注册登记

凡分包单位自带设备进入现场，必须造册登记（包括设备、操作人员上岗证）报项目部机械员备案。

2. 与分包单位签署自带设备安全使用协议书

对分包单位机械工实施培训、考核，与分包单位负责人签署自带设备施工现场安全使用协议书，明确分包单位设备主管人员，明确安全责任。

3. 进场设备的全过程监控(与租用机械同等管理)

(1)强制性检验进场设备。

(2)实时监控在施设备。

(五)施工现场设备管理的基本依据

作为每个从事设备管理工作人员，要把企业、行业和各级行政管理部门发布的相关文件、规定、规程、规范、标准当作管理行为的基本依据，并应及时了解和掌握更新内容。

1. 企业级文件

(1)企业三体系(质量、环境、职业健康)程序文件中有关设备状态控制程序。

(2)关于分包单位自带设备在施工现场使用管理的有关规定。

(3)关于起重机械(含大型施工机械)安全检测和安全使用的有关规定。

(4)关于特种设备施工噪声控制的有关规定。

(5)有关企业设备管理的基本制度。

2. 行业级文件

(1)本行业机械设备安全技术操作规程。

(2)本行业关于施工现场设备管理的相关规定。

(3)本行业关于施工现场设备管理岗位职责。

3. 各级政府文件

如《建设工程安全生产管理条例》、《建设工程施工现场管理规定》等。

(六)现场设备管理的一般要求

1. 项目经理或主管经理的职责

(1)负责贯彻执行企业和上级部门有关机械设备的租赁、使用、管理规定，对施工现场设备管理工作负全面责任，配备现场设备管理人员负责设备管理的具体工作。

(2)负责审查施工组织设计中的机械设备需求计划；组织编制项目部设备使用计划，明确所需设备的种类、数量、预计进出场时间、预计台班数量等。

(3)组织编制机械施工成本，审核、控制设备使用费用的收支情况，审查、审批月度机械费用报表。

(4)掌握进场机械设备安全使用状况，与协作单位签订设备租赁合同及安全协议，督促有关人员做好机械设备的安全检查工作；组织机械施工的安全技术交底工作。

(5)负责核查设备租赁方资质情况，协助企业完成设备合格供方的评审工作，填报设备供方评价表。

(6)组织设备统计管理工作，并对统计上报资料正确性负责。

2. 设备主管部门的职责

(1)辅导培训。负责指导项目部贯彻施工现场设备管理的有关政策和规定。负责组织实施项目部机械员的培训取证工作。在日常监督检查过程中对施工现场机械员的工作进行指导。

(2)指导服务。制定现场设备管理工作手册,方便现场机械员的管理工作。评审并发布设备租赁合格供方名册,为项目部设备租赁和使用提供方便。

(3)监督检查及考核。定期至少每半年组织一次企业级的设备大检查,每月对在施项目部的设备和管理进行抽查,每季度对项目部及机械使用单位进行一次设备管理工作的综合考评。

3. 企业领导和相关部门的责任

任何一个施工现场设备管理的具体工作人员要圆满完成其管理工作,没有项目领导的支持和相关部门的协作是难以实现的,因此在现场设备管理工作中也赋予了他们一定的相关职责。

综上所述,可以看出,建筑企业的设备管理是由自有设备管理和施工现场设备管理两部分组成,自有设备管理是以企业自有设备类资产经营为中心的循环管理,而施工现场设备管理则是以安全经营为主线的一次性过程管理。为企业创造利润、降低成本是企业设备管理的根本目标,也是企业设备管理的生存之本,离开了这一根本的设备管理是无意义的。建筑企业的设备管理必须开创经营管理之路,设备管理有所为才能有位。

第二节 建筑企业材料管理

一、建筑企业材料管理的意义及任务

(一)材料管理的意义

建筑企业材料管理是企业对施工生产过程中所需各种材料的计划、订购、供应、运输、储备、发放和使用等各项管理工作的总称。它是企业生产管理的重要组成部分。

加强材料管理是改善企业各项技术经济指标和提高经济效益的重要环节,在以下几个方面均具有十分重要的意义。

一是搞好材料管理是保证施工生产顺利进行的先决条件,同时也是工程按期或提前竣工的基本保证。建安工程所需材料,数量多、品种复杂,若材料供应不及时、不配套,势必影响施工的连续进行,延误工期,因此,必须做好材料管理工作。

二是加强材料管理是企业降低物耗,提高经济效益的重要环节。目前,材料费约占工程总成本的60%～70%,因此,降低材料费用是降低成本的关键因素。

三是搞好材料管理可加速流动资金周转,减少流动资金占用。工程施工需大量流动资金,其中储备材料的资金约占流动资金总额的50%以上。企业应在保证材料供应的前提下,减少材料库存,压缩储备资金,以减少流动资金的占用。

四是加强材料管理可提高产品质量和劳动生产率。材料质量与工程质量密切相关,若材料不符合质量要求,势必降低工程质量,由此引起的改制、代用、返工都造成人力浪费,降低劳动生产率。

五是加强材料管理还有利于带动现场水平的提高。

(二)材料管理的任务

一是保证供应。企业应根据工程施工和生产需要,按品种、规格、数量、质量、期限、适时配套地供应材料,经济合理地保证供需平衡。

二是加快周转。企业应通过对材料的合理采购、供应、运输和储备,在确保供应的前提下,减少材料储备,加速周转,缩短其流通时间。

三是降低消耗。企业应合理制定和认真考核物耗定额,采用限额领料、节约使用、合理使用、改善保管等措施来降低物料消耗。

四是节约费用。企业要不断降低材料管理费用,实行全面经济核算,提高企业经营管理水平。

二、建筑材料分类

(一)一般材料分类

建筑工程所需要材料多、数量大、为便于管理,可按不同要求将材料合理分类。

1. 按材料在施工中的作用分类

(1)主要原材料。建筑生产过程中使用和加工后构成产品实体的原料和材料,如砂、石钢材料等。

(2)半成品。已经过一定程度加工,尚未直接构成产品部分的成品,如各种预制构件等。

(3)辅助材料。施工过程中有助于施工生产的进行和产品的形成,但不构成建筑产品实体的原材料,如模板、脚手架、促凝剂等。

(4)燃料和动力。如煤、油料、电力、蒸汽等。

(5)工具及机械配件。如施工生产中使用的各种用具、量具及施工机械配件。

企业按上述各类物资制定相应消耗定额,计算需要量和储备量。

2. 按材料的自然属性分类

(1)金属材料。包括黑色金属和有色金属。

(2)木材。包括木材、板方材、竹材。

(3)硅酸盐材料。包括水泥、砖瓦、砂石、玻璃等。

(4)五金制品。如铁钉、门窗小五金、预埋件等。

(5)电器材料。如电器开关、电线等。

(6)化工材料。如卷材、沥青、石油等。

这种分类便于根据的物理、化学性能分别储存保管。

(二)A、B、C分类法

A、B、C分类法是一种从种类繁多的多项目、多因素事物中抓住主要矛盾的分析方法。建筑工程所需材料规格、品种十分繁杂、各种材料的耗用量及占用的资金多少各不相同。如果对所有材料同等对待，进行同等程度的管理，不仅经济上十分不合理，而且也无法达到有效的管理。

分析材料的库存价值发现，各种材料的价值相关甚远，工程的材料成本大部分分配在少数品种的材料上。有5%～10%的材料，资金占用额达70%～75%；有20%～25%的材料，资金占用额为20%～%25；还有65%～70%的大多数材料，资金占用额仅为5%～10%。根据这一规律，应用前面所述巴雷特曲线的原理，将库存材料分为A、B、C三类。

根据A、B、C三类材料的特点，可分别采用不同的材料管理方法。A类材料是重点管理的材料，对这类材料的订购、运输、储存、发放、使用、回收等每个环节均必须严格控制，特别是要对其中每种材料确定合理的经济订购批量，尽可能减少保存储备量，并对库存量随时进行严格盘点，坚持限额领料、退料回收制度。管理好这类材料、对降低材耗、减少资金占用具有十分重要的意义。对B类材料也应认真管理。对C类材料则可采用简化的管理方法。三类材料的管理方法比较见表16-1。

表16-1　A、B、C分类管理方法

管理类型	材料分类		
	A	B	C
价值	高	一般	低
定额综合程度	按品种或按规格	按大类品种	按该类的总金额
消耗定额	技术计算法	写真计算法	经验估算法
周转库存定额	按不同条件下库存量的数学模型计算	同A	经验估算法
检查	经常检查	一般检查	季或年检查
统计	详细统计	一般统计	换金额统计
控制	严格控制	一般控制	金额总量控制
安全库存量	控制要低	较大	允许较大

三、建筑材料供应管理

（一）建筑材料采购

（1）采购计划由建筑企业依据建筑施工图和施工进度以及材料消耗定额提出材料需用计划及采购要求。材料需要计划必须说明材料的名称、规格、型号、需用数量、进货时间等。必要时，应提出使用要求及验收标准和质量保证要求。材料采购部门根据材料需用计划的内容及要求，对市场进行调查分析，结合本单位的实际情况，编写采购计划。

（2）材料采购部门负责起草材料采购合同条款，并组织合同谈判签约。材料采购合同应包括以下内容：材料的名称、规格、型号、数量、单价；材料的产地或牌号；质量、技术标准和检验方法；交（提）货及验收方法、包装标准、运输方式、交货期限；结算方式及违约责任。

(二)材料生产厂家评价

1. 对材料生产厂家的评价

首先材料采购部门根据采购计划表的具体要求,提出推荐的生产厂家名单,并对其进行评价。评价内容包括:①评价生产厂家的技术能力是否满足所供材料的技术要求;②评价生产厂家的质保体系是否满足施工方质保要求的能力;③评价生产厂家的供应能力是否按采购合同的要求供应满足工程需要的材料。

合格生产厂家的条件:能提供采购物质量方面的合格文件;具有良好的市场信誉,价格合理;提供合格的物资,并保证物资质量的持续稳定性;满足进度要求。

2. 对生产厂家的调查

实地考察或向生产厂家直接索取资料,也可向生产厂家的老客户了解其业绩。

生产厂家调查步骤:①材料采购部门推荐生产厂家,填写生产厂家调查报告有关内容,并送主管领导批准;②材料采购部门对可信度不高、规模较小的厂家应该调查,对于持有市、省、部、国家颁发的免检证书或获得ISO9000族标准证书的厂家,则可减少一些手续;③对已经建立供应关系一年以上的生产厂家,可以综合分析过去的供货情况进行评价;④对于中间供应商不但要调查中间供应商本身经营情况,而且必须提供合格生产厂家的材料;⑤材料采购部门把集到的资料填写在生产厂家调查报告相应栏目内,作出调查结论,调查人签字,注明日期。

3. 对材料的评价方法

(1) 对生产厂家的技术能力和质保体系进行评价;

(2) 对采购材料的技术资料进行评价;

(3) 对采购材料的试验结果进行评价;

(4) 对生产厂家的供应历史和业绩进行评价。

由材料采购部门负责人填写生产厂家评价表的有关内容,对供应能力进行评价后,签字并注明日期,材料采购部门负责人将生产厂家评价表和生产厂家调查报告送相应级别的技术质量部门进行评价,一般情况下,评价人员和调查人员不能为同一人。技术质量部门对根据生产厂家调查报告的内容,按上述评价方法,评价厂家是否具有施工方质保要求的能力和所要求的规范标准,并将评价意见填写在生产厂家评价表的相应栏内,签字并注明日期。

4. 对生产厂家的审核、批准

(1) 材料采购部门负责人将各部门已签意见的生产厂家评价表及生产厂家调查报告以及相关的资料送主管领导审批。

(2) 批准为合格生产厂家后,材料采购部门将其编成合格生产厂家名单,由部门负责人审批。

(3) 合格生产厂家名单复印件分发给有关材料采购部门、技术质量部门。

5. 对合格生产厂家的复审

(1) 确定合格生产厂家的同时,应结合具体情况规定"复审期",届时对其验证、复评。一般情况下,复评周期不超过一年。

(2) 在复评期内，如发现合格生产厂家提供不合格的材料时，应分析原因，重新进行评定。

(3) 对一年以无供应关系的合格生产厂家启用时，要进行复评。

对于在市场上购买的一般材料，对生产厂家不进行评价，但所购材料必须有产品合格证，需要时加强进货检验。通过中间供应商采购的材料，必须是合格生产厂家的产品。

（三）采购材料的验证

1. 进货检验和试验

(1)采购材料到货后，仓库管理员对到货的材料名称、规格、型号、数量与送料单或验收单上的相应项目内容是否一致进行核对验收，填写到货记录，并送一份给项目部质量组，对于水泥，钢材等物资应同时将材质合格证书交给项目部质量组。

(2)项目部质量组根据到货材料记录确定检验或试验项目，通知现场试验员和建设方指定的监理人员按规定抽取试样，并填写试验委托单签字。

(3)试验室按标准进行试验，并及时填写试验报告，试验报告交委托单位项目技术质量组。

(4)对需要验证的材料，项目部技术质量组根据材质证书等对进货物资进行验证，必要时邀请专业人员参加验证。

(5)若检验或验证的材料，项目部技术质量组填写检验及验证结果通知单，通知材料组收货和使用。

(6)若检验或验证不合格，按以下步骤处理：①不合格品由仓库管理员进行隔离堆放，予以标识，并由项目部质量组填写材料不合格报告，如属材料性能指标不合格，应附上有效的材料检验报告；②不合格品在没有决定处置办法前不得发放使用；③材料组根据不合格品报告提出处置意见并组织实施，将实施结果填入不合格品报告并通知有关使用部门。材料组在发放决定降级使用范围的材料时，应在该批材料上用挂牌等方式予以标识，同时在领料单上说明，便于使用单位按说明及标识控制使用；④项目部技术质量组对处理结果进行验证，将验收结果填入不合格报告；⑤对于供应不合格品的生产厂家，材料组在生产厂家的档案中记入，作为复评生产厂家的资料。

2. 常规的检验和试验项目

(1)水泥要进行安定性和强度试验，发生超过规定期限或受潮等情况时，要进行复检。

(2)钢筋、钢丝做力学性能试验，有特殊要求还要做化学分析试验。

(3)混凝土配合比要进行试配，以立方体强度调整确定配合比，保证设计强度。

(4)混凝土外加剂使用前进行功能试验。

(5)其余材料的检验的试验执行国家有关规定。

（四）材料的现场标识

1. 采购材料的标识

(1)对在包装及标签名册上有材料的名称、规格、出厂日期、生产厂家等内容标识的材料

(如钢材、袋装水泥等),在运输过程中应对材料的标识妥善地保护,防止标识损坏和丢失。

(2)对无附带标识的材料(如散装水泥、砂、石等材料),应通过文件启示对其进行跟踪,记录材料的产地、生产厂家、进货日期等,并在堆放区容易看到的地方用标识牌注明物资的标识内容。

(3)材料验证合格,仓库管理员负责进行标识,不同标识的材料应分开堆放。

(4)标识内容应填写清楚,应包括材料名称、规格、型号,必要时,应注明厂家。

2. 材料使用过程的标识

(1)发放过程的标识:发放材料时,应在领用单上注明用途,如整批领用将标识一同领走;如领用部分材料,必要时,仓库管理员应复制标识由领料人带走,原标识保留在存放点。

(2)转运过程的标识:材料从仓库运到使用地点时,有标识的材料应妥善保护其标识,无附带标识的材料应在转运过程中进行跟踪,检查装、卸货、运输过程,防止出现混淆,转运到新存放点后及加设标识。

(3)使用过程的标识:在材料使用过程中应对材料标识进行保护,施工员或作业班组长负责使用时标识的管理,本批材料用完后将其标识立即销毁。

(4)剩余材料的标识:在使用过程中如非一次性用完领用的材料,应尽量保留材料上的标识在剩余部分上,如标识毁坏,应对标识进行移植,标识的移植方式视材料的特性而定,一般用油漆标识、原标识转贴、设标识牌等。

(5)采购材料试验状态标识:①材料的检验和试验状态一般分为以下 4 种:材料未进行检验(待检);材料已经检验但尚待判定(已检待判);材料通过检验合格(检验合格);材料经检验判定为不合格(检验不合格)。②状态标专识的形式和要求:产品状态标识的形式随产品的类别和所处的环境而定,可采用标记、标签、印章、生产线路卡及划分存放地点挂牌来区分。要特别保护标识,防止涂改、丢失,确保标识内容清晰可见。

产品状态标识是非唯一性的,在生产过程中状态变化,标识也相应改变。

(五)建筑材料的搬运、防护

1. 建筑材料的搬运

(1)负责材料搬运的人员根据不同产品重量、尺寸及受环境条件影响的程度,规定不同产品的搬运方法,采取不同的搬运工具,按指定装卸位置实施控制。

(2)搬运装卸时,对材料标识应采取防护措施,维护标识的完整性。

(3)卸料前应检查堆场的垫木是否牢固,卸料时分层卸取,严禁从中间抽取。

(4)零散的材料,应按品种、规格分开装卸,以免混杂。

(5)水泥应按品种、牌号分开运输,加盖篷布,防止雨淋受潮。

(6)砂、石料应按不同规格分车(船)运输。

(7)大宗物资应尽可能卸在靠近用料地点,避免二次装卸和转运。

(8)易燃、易爆等危险物品,应按有关规定指定专人护送。

2. 建筑材料的防护

(1)对验证合格的材料,仓库管理员按规定办理入库手续,并根据不同品种、规格、型号、特性存放在相应的区域或库房，使贮存布局合理，便于管理，方便运输。

(2)对库内的摆放，也要按品种、规格分别存放，做好贮存环境的控制，确保材料不受损、不变质。

(3)对于有标识的材料，堆放时，使标识外露，以便查找。

(4)露天存放的材料应有防雨、防水、防潮、防破损、防盗措施。

(5)易燃、易爆、易挥发等材料应设专库贮存，且要有防火与灭火的措施的器具，设置危险标记牌。

(6)对有有效期的产品，根据出厂日期和牌号分别存放，并控制在有效期内使用，已超过有效期的材料应复检。

(7)仓库管理员对贮存的材料应经常进行质量检查，发现变质、损坏应填写产品变质、损坏处理报告、将变质、损坏的材料交质量组验证，并签字、注明日期。

(8)贮存的材料由仓库管理员作好标识，防止混料和错发料。

(9)按有关规定建立仓库防火、防水、防盗措施，对仓库管理员加强安全教育。

(10)材料发放时，仓库管理员必须按规定办理材料发放手续。

四、周转料具租赁管理

1. 周转料具的收发

(1)凡进出场(库)的钢管、木材、机具等均应有租方与被租方双专人收发，并做好记录，其内容包括料具的型号、数量、进(出)场(库)日期等。

(2)对进场(库)的料具，应检查破损情况，如发现料具被裁截或损坏，应按当地料具结算赔偿价格进行处罚。

(3)料具一经收发完毕，双方人员应签字办理交(退)款手续。

2. 周转料具的使用

(1)周转料具租赁后，在使用期间，不能随意被切割、开洞、焊接或改制。

(2)对钢管、钢模板等料具，不能从高空抛下或挪作他用(搭桥铺路等)。

3. 周转料具的保管

(1) 将各类料具摆设整齐，场容整洁，并做到账物相符。

(2) 对各次使用的钢管、钢模板等，应派专人定期进行修整、涂漆等保养工作。

(3) 对入库的料具，应分别建档，保存账册、报表等原始记录，同时应防火、防盗、防止霉烂变质等现象发生。

4. 周转料具的结算

(1) 各施工单位应根据当地的材料租赁价格，对周转料具租赁押金及租赁单位作出相应的价格表。

(2) 在周转料具租赁期间，对不同的损坏情况，应作出相应的赔偿规定。

(3) 对严重变形的料具，应作报废处理。

(4) 对租期不超过一个月的，租赁费应按实际天数进行计算。

(5) 以租期不超两个月的以上的，租赁费按月进行结算。最后一个月租方交货完毕与料具主管部门结算清楚，主管部门以押金扣清租金、赔偿费及管理费。押金有余，主管部门及时清退给租方，租方押金不够抵还时，应一次补齐。

(6) 租赁方必须在材料主管部门办理周转料具租赁协议书(合同)，双方签字盖章后发货。

(7) 如每月结算租赁费，租方不按时付款时，应每天按一定比例收取滞纳金。

(8) 对不按时清退周转料具，又不按时交租赁费的，除追究法律责任外，仍按每日一定比例的滞纳金处以罚款。

五、材料管理制度及现场材料管理

(一)建筑材料管理制度

建筑企业的材料管理制度，是在贯彻执行国家物资工作方针、政策、法令和上级颁布的规章制度的基础上形成的。它主要包括：①材料定额管理制度；②材料供应计划编制；③材料采购、验收制度；④材料运输管理制度；⑤限额领料制度；⑥仓库收发管理制度；⑦清仓核资及多余材料处理制度；⑧材料现场管理制度等。另外，还应建立与材料成本管理相对应的材料管理经济责任制。

材料定额管理是指针对不同种类的材料，采用不同方法，制定相应的材料消耗定额和材料储备定额。它应随着生产力的发展不断修订，以及时监督定额在实际工作的应用情况。

材料供应计划的编制，大致可分为 3 个步骤，即计算材料需用量，确定储备量；经过综合平衡编制材料的申请计划。

采购订货必须根据已批准的材料计划，按品种、规格、型号、数量、质量和时间逐项落实，以订货合同确定供需关系。材料验收以购买合同为依据，检验到达货物的名称、规格、数量、日期、质量、价格等。验收后在卖方发货凭据上签字，并按货物的分类登账、立卡、入库。

材料运输应根据材料运量、运距和企业自身运输力量，以及专业化协作的原则，合理确定其具体方式。采用合适的装卸方法，提高装卸质量，可减少材料损耗，保证及时供应；应用线性规划理论，合理安排运输路线，可使总运输费用最小。总之，要综合考虑实际影响因素，确定并执行合理的运输和调运计划。

材料入库后要合理堆放和保管，使有限的库房空间发挥最大的存放效果并保证材料不损坏、变质和丢失。确定发料对象和发料标准以后，材料管理部门要受权专职材料定额人员，根据各班组承担的工程量，签发限额用料单。每次发料均要在用料单上登记数量、日期，同时，由仓库办理出账凭证、出库卡。与用料对应的工程量完成后，要督促使用单位及时退料，做好废料回收和修旧利废工作。

仓库管理人员应协同财务部门定期清理仓库的物质，核定资金占用量，超过最高储备量或规格不符的材料是多余材料，多余材料可以在内部调剂使用、加工改制、向外部出售等方式处理。这样可减少仓库费用，控制库存，加速资金周转。

材料管理经济责任制是企业管理经济责任制的重要组成部分，它包括材料仓库现场管理经济责任制、单位工程材料定额包干经济责任制等。

(二)现场材料管理

1. 现场材料管理的目标

施工现场材料管理的目标是合理组织材料消耗,以较少的材料消耗完成项目建设,实现企业的利润目标。目前,许多企业将施工项目作为的成本中心,目的就是要在承包项目的约束条件下,集中项目经理部的精力,以较少的消耗,优质完成建设任务,达到降低施工成本、提高企业利润的目标。

围绕这一目标,施工现场材料管理的主要任务是:

(1)准确、合理地组织所需管理材料进场,满足施工需求。

(2)确保进场材料的数量和质量,避免丢失损坏。

(3)组织材料的合理使用,厉行节约和降低成本。

2. 现场材料管理的具体内容

(1)施工前准备阶段

1)确定现场材料管理目标,制定现场材料管理措施。

2)与供应部门衔接供应事项。

3)搞好现场平面布置规划,做好料场、仓库、道路等设施及有关业务的准备。

(2)施工实施阶段

1)按施工进度计划,做好现场用料分析,编制物资需用计划,及时组织物资需用计划,及时组织物资进场,保证施工生产的需要。

2)严格按平面布置合理堆放材料,尽量一次就应到位,减少二次搬运。

3)严格执行入库验收和复验制度,做好材料保管、余料回收工作。

4)采取严格的管理措施和控制手段,降低材料消耗。

(3)竣工收尾阶段

1)分析计算未完工程量,调整材料供应计划,控制材料进场。

2)及时拆除临时设施,回收、利用、处理废旧材料。

3)清理剩余材料并组织退库、退场。

4)进行材料结算、材料消耗和管理效果的分析结算。

第十七章 建筑企业薪酬管理

第一节 企业薪酬概述

一、企业薪酬的含义

在企业中，薪酬是指员工因为被雇用而获得的各种形式的收入，包括基本工资、资金、津贴、加班加点工资、各种福利项目、长期与短期激励等。

关于薪酬的内涵，可以从以下几个方面加以理解：①薪酬是企业总成本的重要组成部分；②薪酬是企业支付给员工的劳动所得；③薪酬是员工生活费用的来源保障；④薪酬是指劳动市场上劳动力供求均衡时的劳动力价格。

在实际生活中，在谈论薪酬问题时，人们经常使用工资一词来代替，因为人们对工资这一概念更为熟悉。应该说，薪酬和工资有许多相似之处，而且在很多地方两者还可以通用。但从习惯用法上看，两者在使用场合和对象上又有一定的区别。工资有广义与狭义之分，广义的工资即前面所提到的薪酬；狭义的工资是指员工的基本工资，是广义工资概念的一部分。因此，在一般情况下，所提到的工资如无特殊说明即是指广义的工资。

二、企业薪酬的内容和结构

从总体上看，薪酬也有广义和狭义之分。狭义的薪酬也被称为外在薪酬（*也称直接薪酬*），它是员工付出劳动而得到的各种货币与实物薪酬的总和，是可以用货币来衡量的；而广义的薪酬不仅包括外在薪酬，也包括内在薪酬（*也称间接薪酬*），即员工从企业工作中取得的进步、个人所获得的职业发展机会、岗位的职务晋升、接受的教育与培训，以及参与企业决策自身的成就感、荣誉感等，这些都是无形的难以用货币准确加以衡量的。我们所说的薪酬，如没有明确的说明，指的是狭义的薪酬，即外在薪酬。

薪酬的内容按照给予形式的不同，可分为货币薪酬和非货币薪酬。货币薪酬是企业直接以货币形式支付给员工的报酬，具体包括基本工资、津贴、资金、加班加点工资、各种股权、期权等。非货币薪酬包括各种福利保险项目，比如带薪休假，各种保险、服务等。

（一）外在薪酬

1. 基本工资（*基本薪酬*）

一般来说，员工的基本工资是员工的主要收入来源。基本工资的确定方式多种多样，但其水平一经确定，在一定时间内是非常固定的。以绩效工资为例，当员工的绩效评价水平不高时，他的基本工资不会因此而降低；同样，当他的绩效表现出众时，其基本工资也不会相应得到提高。

2. 津贴

津贴是对员工在特殊工作环境下劳动，以及在特定条件下工作的生活费用额外支出给予合理补偿的一种薪酬形式。

津贴的设立目的是补偿和鼓励员工在恶劣工作环境下劳动而支付的工资，它有利于鼓励员工到工作环境脏、苦、险、累的岗位上工作。津贴的种类有很多，一般包括：

(1)补偿员工特殊或额外劳动消耗的津贴及岗位性津贴。具体包括：高空作业津贴、高温作业临时补贴、夜班津贴等；

(2)保健性津贴。包括：卫生防疫津贴、医疗卫生津贴、科技保健津贴以及其他行业员工的特殊保健津贴等；

(3)技术性津贴。包括：特级教师津贴、科研课题津贴、研究生导师津贴、工人技师津贴、中药老药工技术津贴、特殊教育津贴、高级知识分子特殊津贴(政府特殊津贴)等；

(4)年功性津贴。包括：①工龄工资；②工龄津贴；③其他津贴(如教龄津贴和护士护龄津贴等)；

(5)地区津贴。包括艰苦边远地区附加津贴等。

3. 奖金

奖金是企业对员工超出正常努力的劳动或劳务的报酬，包括红利、利润分享以及通常所说的奖金等内容。实际生活中的奖金概念一般的水平也可以得到奖金，这种奖金实际上是员工基本薪酬中的一部分。

奖金通常是由企业经营效益、员工在其岗位上的绩效而定。在一个部门层面上，奖金一般取决于企业、部门、员工的综合业绩表现。奖金的决定和发放方式很多，通常情况下是使用含有多个变量的公式来计算奖金的水平或数量，这些变量包括个人工资级别、对员工的绩效考核、员工的服务年限、年龄等。

4. 员工福利

福利是为了吸引员工到企业工作或维持企业骨干人员的稳定而支付的一种补偿性薪酬，包括法定的社会保险、带薪休假、优惠住房、免费或折价工作餐、生活用品的发放等。它往往不是采用目前可花费的现金形式支付，多数是实物支付和延期支付，延期支付最典型的例子就是养老金。

在西方国家，福利在薪酬中所占的比重越来越大，特别是社会保险、带薪休假、优先优惠购买本企业的股票等，受到广泛的欢迎。福利作为员工薪酬的一部分有其自己的特点：它的给付与员工的个人能力、业绩好坏等因素的相关性极小，它是每个员工都能够享有的一种薪酬形式。

5. 股票期权

股票期权是一种激励工具，实施对象主要是企业的经营者(管理者)。它是在经营者实行契约化管理和落实资产责任制的基础上，采用多种形式使经营者持股经营，在经营者取得了一定的业绩后让其享有各种权益的一种激励体制。实行股票期权可以使企业与经营者的利益尤其是长期利益紧紧地联系在一起，既有利于经营者自身价值的实现，也有利于增强经营者企业经营的动力,从根本上解决经营者行为的短期化问题。

股票期权作为对管理人员的一种激励手段,在国外已经被长期采用,但在我国却是稀有之物,这是由我国的市场经济体制的完善程度、有价证券市场(主要是股票市场)的完善程度以及企业的所有制结构、企业的经营思想等多种因素决定的。而且,目前股票期权在我国的某些地区也只是试点推行。

(二)内在薪酬

从我国企业的管理实践来看,越来越重视内在薪酬所取得的作用。因为在激励员工方面,相比于外在薪酬而言,内在薪酬有其独特的优越性:它比外在薪酬更为灵活、更为经济,而且对员工绩效有更高的认同程度。企业可以根据自身所在行业的经营特点、人员结构和支付能力等因素,选择适合的内在薪酬的方式来激励员工,比如:鼓励员工参与管理,给员工更多的发展机会,使员工接受更多的教育培养和训练,通过积极的沟通交流,加深企业和员工之间的感情等。员工广义薪酬的内容结构如图 17-1 所示。

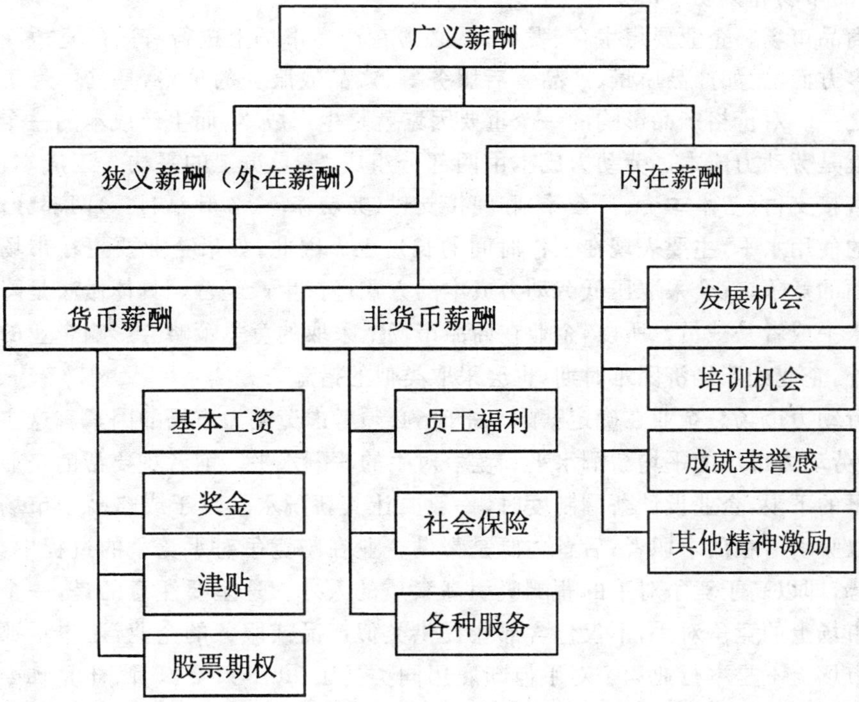

图 17-1 员工广义薪酬的内容结构图

三、影响企业薪酬水平的因素

(一)企业薪酬水平的概念

薪酬水平是指企业一定时期内所有员工的平均工资。它是由企业工资总额与员工总人数决定的,计算公式是:

薪酬水平＝企业平均人数/工资总额

薪酬水平是一个相对的概念，薪酬管理者可以计算出企业之间的薪酬水平，也可以计算出企业各个部门之间的薪酬水平，甚至是企业内某一工作岗位的薪酬水平，从而可以在不同的企业间、不同的层次上比较薪酬水平。

（二）影响企业薪酬水平的因素

薪酬具有二重性的特点：一方面是企业的成本支出，另一方面又是员工的生活收入。所以，在研究影响薪酬水平的因素时，要从员工的角度和企业的角度两方面考虑。影响员工所获得薪酬的因素主要有：员工的年龄、工作岗位性质、技术能力、服务年限等；影响企业薪酬水平的因素有企业外部因素和企业内部因素两大类。

1. 影响企业薪酬水平的企业外部因素

影响企业薪酬水平的企业外部因素主要有：

（1）市场因素。任何一个企业在确定它的薪酬水平时，都必须考虑两个市场因素的影响：商品市场和劳动力市场。

1）商品市场。企业要想生存、发展，就必须在产品市场上进行有效的竞争。市场竞争有很多方面，比如产品质量、产品售后服务等，产品或服务的价格，是其中最重要的竞争领域之一。对价格产品影响的一个重要因素就是生产成本，而生产成本的一个重要组成部分就是劳动力成本。劳动力成本由两部分组成，一是员工的平均人工成本，它包括企业的直接支付（基本工资、奖金等）和间接支付（劳动保障、各种福利等）两部分；二是企业人员的使用水平，主要表现在工作时间的长短上。因此，如果企业要想在市场上进行价格方面的竞争，就会采取压低劳动力成本的方式进行生产经营。具体做法是降低员工的薪酬水平或者是裁员。所以，企业在商品市场上采取的竞争策略会影响企业的薪酬水平。另外，企业处于经济困难时期，也会采取类似的措施。

2）劳动力市场。企业在确定薪酬水平时，必须考虑劳动力市场的因素。这主要有两个方面：劳动力市场的平均薪酬水平和竞争对手的薪酬水平。前者主要帮助企业确定其薪酬水平的下限，企业设计薪酬制度时，一般要让其薪酬水平高于或略高于市场平均薪酬水平以吸引潜在的求职者；后者主要是帮助企业在与竞争对手竞争的过程中，取得人才的优势，即以高于竞争对手的薪酬吸引高素质的人才。这里要注意的是，一个企业在劳动力市场上的竞争对手，不仅包含那些提供类似产品或服务的企业，还包括那些虽然在商品市场上不是本行业竞争对手但却雇用同类员工（比如财会人员、计算机专业人员等）的企业。

（2）生活费用和物价水平。保证员工及其家庭获得维持生活的费用是确定薪酬水平时应考虑的问题。生活费用一般是指衣食住行等家庭基本经济活动所需的费用。生活费用受影响最大的是物价水平，物价上涨时，如不增加工资，原来的生活水平便不能维持。所以，企业在确定薪酬水平时，必须考虑到当时的生活水平，并且在以后年份要根据政府公布的物价指数资料及时调整，以维持员工生活的安定。

（3）地域的影响。企业所在地区对企业薪酬水平有相当大的影响，只有顺应这种大环境的要求才不会引起员工的异议。因此，一般企业在确定薪酬水平时，都应该对本地区的薪酬水平进行调查，以便对相关的薪酬环境有一个大的了解。比如，我国东部地区的平均薪酬水平要高于西部地区，如一家公司在东部地区与西部地区各有一家分公司，在确定两家分公司的薪酬水平时就必须参考各分公司所在地区的平均工资水平。

(4)法律、法规的制约。企业在制定薪酬政策、设计薪酬制度时，必须在政府法律、法规的框架内进行，比如国家、地方政府对最低工资水平的规定、对加班加点付薪的规定等。目前，我国企业和员工的法律意识总体来说还比较淡薄，社会约定或道德的约束有时比法律的作用还要大，随着我国经济体制改革力度的加深以及加入世界贸易组织后，企业在制定、执行薪酬政策时必须加强法律观念。

2. 影响企业薪酬水平的企业内部因素

影响企业薪酬水平的企业内部因素主要有：

(1)企业自身特征对薪酬水平的影响。企业的特征主要包括企业所属的行业、企业的规模，企业所处的发展阶段等。行业是指经营方式以及产品和服务性质相同或类似的企业群体，不同行业之间不仅薪酬水平不同，薪酬内部的各组成部分(基薪、奖金)的水平也不同。比如，在制造业工作的员工，其基本工资可能占很大的比重，奖金的比重较小；但是在销售部门从业的人员，他的基本工资是很低的，奖金却非常高。企业的规模可以通过企业的员工总人数、客户数、销售额以及资产规模等指标来衡量。薪酬水平之所以受企业规模的影响，是因为企业的规模反映了企业内部结构的复杂程度。企业的发展阶段主要分为：起步期、成长期、成熟期、衰退期。研究表明，处于起步期和成长期的企业更愿意以较高的薪酬来吸引高素质的人才，其薪酬水平在同行业中一般要高于处于其他发展阶段的企业。

(2)企业决策层对薪酬的态度。企业薪酬水平的选择在很大程度上是由董事会或是经营领导班子决定的。因此，他们对整个市场形势、企业整体情况的判断和理解以及对薪酬问题的重视程度，都会影响企业的薪酬水平。

第二节 企业薪酬要素

在一般情况下，企业员工的全部收入分为三大部分：①基本薪酬；②辅助薪酬；③员工福利。现代企业薪酬系统强调薪酬的激励功能，可将薪酬分为基本薪酬、补偿性薪酬、浮动或激励薪酬以及员工福利4个部分。无论何种划分方式都表明，企业员工的薪酬是一个有机的整体，是由功能各异的薪酬要素组合而成。

一、基本薪酬

(一)基本薪酬的内涵与特点

基本薪酬，也称基础薪酬，主要由狭义的工资构成。基本薪酬是企业员工劳动收入的主体部分，也是确定员工其他报酬形式的基础。与非基本薪酬，即辅助薪酬、浮动薪酬或激励薪酬等相比，基本薪酬有以下特点：

1. 常规性

基本薪酬是劳动者在法定工作时间内和正常条件下所完成的定额劳动的报酬。在正常情况下,员工应该完成岗位定额劳动,得到基本的劳动收入。

2. 固定性

员工的基本薪酬数额以企业所确定的基本薪酬等级标准为依据,等级标准在一定时期内相对稳定,员工的基本薪酬数额也相对固定。

3. 基准性

所谓基准性带有两层涵义:第一,基本薪酬是辅助薪酬的计算基准,辅助薪酬的数额、比例及其变动均以基本薪酬为基准。在薪酬管理中,称基本薪酬为辅助薪酬的“平台”。第二,为保证员工的基本生活需要,政府对企业基本薪酬的下限做强制性规定,推行最低工资制度。因此,对不能保证获得其他薪酬的员工,其基本薪酬的数额不能低于法定的最低工资标准。从这种意义上讲,基本薪酬也称标准薪酬。

(二)基本薪酬的构成要素

基本薪酬的主要包括以下薪酬要素:

1. 岗位或职位工资

按照岗位对任职人员在知识、技能和体力等方面的要求,以及劳动环境等因素确定的员工报酬;

2. 职务工资

按照职务对任职人员在知识、技能和体力等方面的要求,以及劳动环境等因素确定的劳动报酬;

3. 技能工资

根据员工技术水平和工作能力确定的劳动报酬;

4. 年功或资历工资

根据员工工龄长度和工作资历确定的劳动报酬。

在现实的企业薪酬管理中,视管理目标不同,员工的基本薪酬一般由一个或几个上述薪酬要素组合而成。其中作为主体部分的基本工资,除非岗位和薪酬标准变动,否则是相对稳定的,因此被称为固定工资。

此外,还有两类工资要素:补贴和津贴,这是鉴于岗位和工作环境给劳动者造成体力和脑力的特殊支出而给予的补偿性薪酬,它们与岗位的工作性质和工作环境相关,与员工的工作数量和质量没有直接的关系,且数额相对固定。从某种意义上讲,补偿性薪酬也具有基本薪酬的性质。

二、浮动薪酬和激励薪酬

(一)浮动薪酬

传统的浮动薪酬只包括资金、分红等,在现代企业薪酬中,利润分享、股票期权,以及特殊奖励等,都属于广义的浮动薪酬。其中,奖金是企业对员工超额劳动或突出绩效以货币形式支付的奖励性报酬。企业为了激励员工提高劳动效率和工作质量，承认员工以往所作出的超额贡献而支付给员工的奖金。因此，奖金也称“效率薪金”或“刺激薪金”。分红、酬金及员工持股、股票期权等与一般员工报酬有性质上的区别，它们不属于传统的劳动报酬，因为不直接与员工的劳动数量、质量和绩效相关。其中，分红、酬金等是比较传统的薪酬要素；而员工持股、股票期权等则不仅承担着薪酬要素的职能，还是新的薪酬管理制度和管理方式，对这些要素的管理是现代企业薪酬管理的核心。

与基本薪酬相比，浮动薪酬有两个主要特点：

(1)对基本薪酬起补充作用。基本薪酬具有相对稳定和固定的特点，不能及时反映员工实际工作业绩和企业需要的变化，需要浮动薪酬作为其补充形式。

(2)是薪酬中的变动部分，形式多样，支付时间和数额不固定。在浮动薪酬中，奖金、利益分享等与企业效益和个人贡献结合；红利和利润分享等与员工和企业的关系及企业效益相关。浮动薪酬不仅将员工的贡献与企业回报直接挂钩，而且将员工利益与企业成长更紧密地联结在一起。

(二)激励薪酬

激励薪酬属于现代薪酬范畴。它与浮动薪酬有一些相同的特征，例如，都加入了风险机制，都具有激励作用，都随着员工的能力或对企业的贡献而变动等，但两者还是具有性质上的区别。

(1)激励薪酬比浮动薪酬的含义更为宽泛。浮动薪酬在大多情况下，是指短期报酬形式；激励薪酬包括短期和长期两种形式，而且更强调长期形式。

(2)激励薪酬比浮动薪酬的形式更为多样。例如，它包括个体形式、团队形式，还包括针对某些群体的特殊奖励形式等。

(3)激励薪酬比浮动薪酬更能体现管理者的意志和政策导向。

(4)激励薪酬比浮动薪酬更强调现代薪酬管理理念。浮动薪酬所强调的是薪酬自身的变动特性；而激励薪酬强调的是对员工创造行为的激发。两者的侧重点不一样，前者是从人工成本管理的角度出发，后者是从人力资源管理的角度出发。

因此，激励薪酬最能体现现代薪酬管理的核心职能——激励。换言之，传统薪酬要素，如基本薪酬主要发挥的是满足员工基本需要的功能，对员工绩效的激励作用不很显著；而现代薪酬要素的主要作用是吸引、开发、激励和留住企业所需要的人才。

三、福利薪酬

企业薪酬管理是建立在一个全面的总薪酬概念的基础之上，因此，员工福利管理是员工薪酬管理的一个不可或缺的组成部分。福利薪酬主要是指企业为员工提供的各种物质补偿和服务形式，包括员工法定福利、集体福利和个人福利等。从支付形式看，传统的员工福利以非货币形式支付为主；但随着企业部分管理职能的社会化，一些企业福利也以货币的形式支付，即货币的福利。

在企业薪酬管理中，福利薪酬有多种作用：其一，是货币工资的替代形式，它具有劳动报酬的性质和功能，又以多种灵活的形式支付，所以有“柔性薪酬”之称；其二，可以降低企业人工成本，享受国家税收方面的优惠等；其三，可以满足员工多种工作和生活需求，具有货币薪酬所不能比拟的提供服务、增强企业凝聚力等功能。比较常见的福利薪酬包括：

1. 社会保险与保险待遇

社会保险是企业员工主要的社会保障待遇。员工因为面临的劳动风险不同，所以享受到的保险待遇也有所不同。一般来讲，企业员工享受的社会保险待遇包括以下三大类：

第一类：永久无工作能力的保险，如残疾保险、养老保险等；

第二类：暂时无工作能力的保险，如疾病保险或健康保险、伤害保险、生育保险、失业保险等；

第三类：死亡后的保险，如丧葬保险、遗属保险等。

鉴于各国的发展水平和社会保险制度的完善程度不同，所提供的承保项目不完全一致，但养老、医疗、失业、伤残以及生育保险等都是员工基本的保项。企业一般是以保险计划的形式，为员工全部交纳或部分交纳保险基金。

2. 集体福利

集体福利是企业自己或者通过社会服务机构举办的，供员工集体享用的福利性设施和服务。集体福利的两个重要特征是全员性和平等性。集体福利包括：

(1)住房计划。员工住房计划是与福利分房制度所不同的一种企业福利形式。比较普遍的做法是建立住房公积金制度、对购房员工提供一次性补贴等形式。

(2)集体生活设施和服务。企业为员工提供就餐、托幼、卫生及医疗保健、文娱体育设施、集体交通工具等集体服务设施，企业员工或员工家属可以免费、低费使用。

(3)带薪休假、旅游等。传统的企业福利主要是满足员工一些基本的生活需求，现代集体福利已经包括一些高层次的福利项目，例如文化娱乐、旅游观光、带薪休假等。

(4)在职培训。员工培训具有双重功能。一方面，员工培训作为企业人力资源开发的主要形式，可以开发员工的技能，提高员工的工作绩效。另一方面，在职培训也是员工提升职业技能，实现职业生涯目标的主要途径。因此，在职培训计划的实施从后一个角度讲，也属于企业员工的基本权益和福利待遇。

3. 个人福利

员工个人福利主要是指由员工福利基金开支的，以货币形式直接支付给员工个人的福利补贴，是员工福利的非主要形式，其内容包括：①两地分居的员工享受探亲假期、工资补贴和旅费补贴待遇；②上下班交通费补贴、冬季取暖补贴、生活费用品价格补贴、婚丧假和年休假工资等；③对经济困难员工的生活性补助等。

员工个人福利从法律意义上讲，只具有任意性规范的性质，意为这些规定如果在集体合同、管理规则和劳动合同中被规定，就具有了约束力，否则没有法律效力。在具体实施中由各企业自行规定，不尽统一。

第三节 企业薪酬结构

一、企业薪酬的构成

企业薪酬主要由四大部分构成：基本薪酬、补偿薪酬、浮动或激励薪酬和福利薪酬。其中，固定薪酬部分主要包括基本薪酬、补助性薪酬、传统的奖金和福利等；带有奖励性质和与绩效相关的薪酬构成浮动或激励薪酬的主体。图 17-2 是一个企业薪酬的结构图。

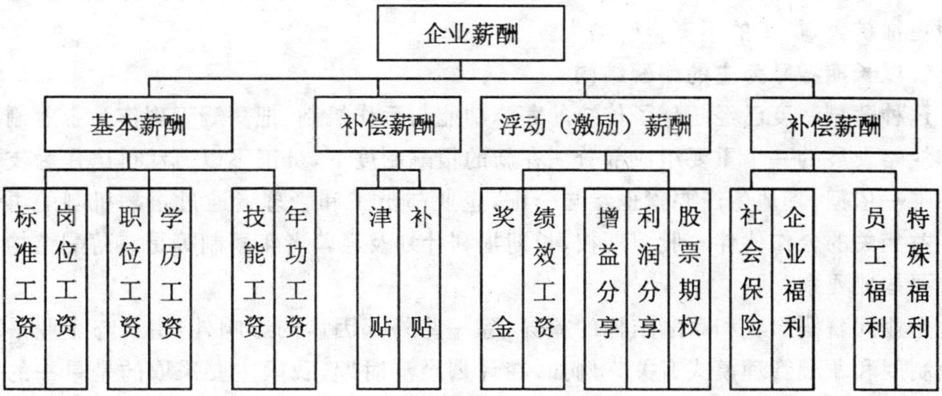

图 17-2 企业薪酬的构成示意图

二、薪酬结构及其管理的性质

从内部结构来看，总薪酬的基本性质有以下几方面：

(1)不是一个部分的概念，而是一个总体的概念。各薪酬要素之间是相互独立的，又是相互组合的，多种要素组合在一起，构成一个有机的薪酬管理模式。

(2)不是一个成本的概念，而是一个收益的概念。每一项薪酬制度、计划、政策的出台都是有其经营目的的，换言之，都是为了使员工绩效最大化。

(3)不是一个报酬的概念，而是一个管理的概念。支付给员工的薪资或者福利项目，都是出于开发管理的需要。薪酬管理不是单纯阐述概念，而是通过对这些概念的深刻理解，转换为具体的、实际的管理行为。

(4)体现了一种战略管理的内涵，反映的不是一种单纯的劳动力买卖关系，而是如何将薪酬管理整合到企业总体战略目标的实现之中。

三、企业薪酬结构类型

薪酬结构与企业薪酬制度密切相关，在不同的薪酬制度下，有不同的企业薪酬结构。一般来讲，主要有以下四种结构类型：

1. 以保障为主的薪酬结构

在这种薪酬结构中，基本薪酬的比例相对较大，浮动薪酬比例较小，企业福利水平高。该种薪酬结构的优点是，员工之间的薪酬差异较小，收入相对稳定，可以保证员工的基本生活需求。其缺点是缺乏激励，不利于发挥差别薪酬的作用。

2. 以短期奖励为主的薪酬结构

在这种薪酬结构中，奖金和短期激励薪酬的比例比较大，基本薪酬和因工作环境因素导致的补贴比例相对小，同时采取有差别的企业福利政策。这种薪酬结构的优点是，一般可以保证员工的基本收入，但缺点是收入稳定性差，容易使员工产生一种不安全感。

3. 以效益为主的薪酬结构

这种薪酬制度与第二种类型基本相同，不同之处是将部分基本薪酬和福利薪酬也变成浮动部分，薪酬随员工的工作绩效而变动。这种薪酬结构对员工更具激励性，但收入差距更加扩大，员工的不安全感增大。

4. 以长期激励为主的薪酬结构

这种薪酬制度已经超越了传统的薪酬功能与运作机制，把薪酬管理作为企业制度改革和战略发展的一个重要组成部分。在新的报酬制度下，员工不以劳动付出作为支取报酬的唯一依据，其他生产要素也参与分配，企业与员工和管理者通过报酬机制的再造结成利益相关的合作伙伴。股票期权、长期福利计划及经营者年薪制等是该薪酬结构类型的主要构成要素。

企业间薪酬形式和薪酬结构的差异，除一些外部因素的影响外，主要与企业采取的薪酬制度和薪酬管理模式有关。例如，在计划经济时期，我国主要采取的是单一的等级薪资和计时薪资的形式，这一模式决定了基本工资的比例大，奖励和激励薪酬部分比例小，员工之间收入差异小，薪酬制度改革以后，薪酬形式的多样化，使得基本薪酬比例与员工的实际劳动技能、劳动强度和劳动责任等因素紧密结合，突出了薪酬形式的灵活性和多样性，基本薪酬和各种浮动薪酬之间能够有机地组合在一起，使薪酬形式和运行机制更为科学和有效。

国外对薪酬结构的选择也有不同意见，有的企业倾向以收入均等化为主的结构，有的企业则倾向于以效率为主的薪酬结构。但无论何种薪酬制度，最终目的有两个：其一，提高员工的绩效；其二，增大企业的竞争力。

第四节　建筑企业薪酬管理

一、建筑企业薪酬管理概况

1. 建筑企业薪酬的现状

我国建筑施工企业实行改革开放以来，国有企业实行企业改制，由原来的国有化实行民营化，施工企业的薪酬也发生了重大变化。一是经营者有的已实行了年薪制，二是管理者也实行多种薪酬制度，三是一线的职工大多数为农民工，其薪酬主要以签订合同支付基本工资及商议“四金”(养老保险金、医疗保险金、失职保险金、住房公积金)。如职工自己缴纳“四金”按比例测算,实际要占到收入的53%左右。

2. 薪酬管理的重要性

薪酬管理作为企业人力资源部门的重要职能和工作过程,不但要服务于企业人力资源管理的总体发展战略,根据企业不同时段的生产经营目标,设计制定一套适用的薪酬制度,还要采用有效的措施,协调薪酬不同要素之间的关系,通过薪酬制度的贯彻和落实,积极地调整企业内部劳动关系,维系和稳定员工队伍,不断地提高员工的专业素质,激发员工的工作主动性、积极性和创造性。

二、企业薪酬管理原则

1. 稳定员工队伍原则

为了确保企业有足够的合格员工,并使他们能够安心工作,企业所确定的薪酬水平必须得到社会的承认,并达到使员工满意的程度。为了使员工对企业薪酬制度有深刻了解,企业有必要将薪酬水平、薪酬各个部分的比例、加薪条件等内容以制度的形式规定下来,告知员工,加大薪酬工作的透明度。

2. 有利于能力开发原则

薪酬制度的设计与管理必须要有利于开发员工的工作能力。企业员工能力的开发是提高企业劳动生产率的重要保证,只有员工的薪酬和能力之间建立密切的关系,才能激励员工参与技术培训和自我学习,不断提高自身素质,从而提高企业的生产力水平。

3. 货币性薪酬与非货币性薪酬相结合原则

货币性薪酬对员工工作热情的激发和企业劳动生产率的提高无疑起到重要的作用,但是,货币性薪酬的作用不是万能的,员工对薪酬的要求也不是仅仅停留在经济意义的层面上,还有人际关系、归属感、成就感方面的需要。这就要求人力资源部门对员工的薪酬需求结构有大致的了解,根据实际情况设计薪酬内部各个部分的比例,尤其是货币性薪酬和非货币性薪酬之间的比例。

4. 稳定劳动关系原则

在进行薪酬管理的过程中,人力资源部门要经常就员工对薪酬问题的看法和要求进行调查分析和要求进行实质性研究,以调整企业的薪酬计划。另外,要保持工资增长的社会性均衡,这对于稳定劳动关系、保持和谐稳定的企业氛围有积极的意义。

三、企业薪酬管理内容

薪酬管理包括下面几个方面的内容:

1. 薪酬制度体系的确立

薪酬制度管理主要包括薪酬支付方式管理、薪酬制度体系管理、薪酬制度结构管理以及对薪酬相关制度的管理4个方面。薪酬的支付方式有计时与计件两种;薪酬制度体系可分为年资薪酬、岗位薪酬、能力薪酬、绩效薪酬等;薪酬结构是指薪酬体系中各个部分在总薪酬中的比重;与薪酬相关制度包括奖金制度、福利制度、津贴制度等。这些内容是企业的薪酬体系中不可缺少的部分,只有将这些部分进行有机地协调,薪酬管理才能发挥重要的激励作用。

2. 薪酬水平的分析与控制

明确界定各类员工的薪酬水平是薪酬管理的重要内容。正确的做法是，员工对企业的贡献越大，他从薪酬中得到的回报就应当越多；员工对企业的贡献越小，他从薪酬中得到的回报就应当越少，以此显示薪酬的公平性原则。

由于薪酬本身的二重性，企业在确定薪酬水平时要受这两个因素的制约。从员工的方面说，薪酬以基本生活费用的支出作为判断标准，它为薪酬水平确定了下限；从企业方面说，薪酬取决于企业的支付能力，它为薪酬水平确定了上限。只有在生活费用的下限和企业支付能力的上限之间找到平衡点，才能确定企业的薪酬水平。从影响薪酬水平的各个因素可以得出，对薪酬水平进行管理，必须结合市场行情。所以，企业薪酬水平是企业将内外部环境相结合而确定的。

3. 工资总额的统计与计量

对于国家来说，工资总额的准确统计是国家从宏观上了解员工的收入，衡量员工的生活水平的重要依据，同时也是计算养老金、其他社会保险金和经济补偿金的重要依据；对于企业来说，工资总额是人工成本的一部分，是企业掌握人工成本的主要信息来源，是企业进行人工成本控制的重要方面。因此，必须充分认识工资总额管理的重要性。

(1)工资总额的含义。国家统计局对于工资总额的组成有明确的界定，工资总额的组成是：

工资总额＝计时工资＋计件工资＋奖金＋津贴和补贴＋加班加点工资＋特殊情况下支付的工资

(2)确定工资总额的方法。工资总额的管理，首先要确定合理的工资总额。在确定工资总额时，需要考虑的因素有企业支付能力、员工生活费用、市场工资水平以及员工现有工资状况等。

确定工资总额的方法主要有两种：①直接根据往年的工资总额与销售总额的比率推算工资总额；②根据企业盈亏平衡点推算。在这里，简单地介绍第一种方法。

根据往年的工资比率确定工资总额，是最基本的分析方法之一。如果企业的经营业绩比较稳定，就可以用本企业过去（比如上一年度）的经营业绩推导出工资比率，并以此预算未来（比如下一年度）合理的工资总额；如果本企业的经营水平不稳定，则应参考本行业一般工资水平确定合理工资比率，然后再推算出合理的工资总额。工资比率的计算公式可以表示如下：

$$工资比率=\frac{工资总额}{销售总额}=\frac{工资总额/员工总人数}{销售总额/员工总人数}$$

由以上公式的第一个等号可以看出，如果要维持一个合理的工资比率，并使工资总额有所上升的话，就必须增加销售额（即提高本企业的经营业绩）。由公式的第二个等号可以看出，工资水平的提高幅度不能超过员工的平均销售额的上升幅度。

4. 薪酬费用的预算与结算

薪酬费用的预算与结算既是企业财务管理的主要内容，又是人力资源管理的重要任务之一。薪酬费用管理与薪酬水平管理有着密切的联系。薪酬水平管理主要是对薪酬管理在宏观上的把握；而薪酬费用管理则是对薪酬管理在微观上的具体控制。薪酬费用管理的具体内容主要是指薪酬费用预算与结算。

工资项目预算，首先应当进行以下3个方面的分析检查：

(1)分析当地政府有关部门本年度发布最低工资标准对工资预算的影响，如有新的变化将影响到企业工资标准水平，需要进行必要的调整，以此为依据，测算出上一年度与本年度的最低工资标准的增长幅度。

(2)分析当年同比的消费者物价指数，是否大于或等于最低工资标准增长幅度。一般情况下，消费者物价指数只会大于或等于最低工资标准的调整幅度，因为最低工资标准调整的幅度是根据消费者物价指数进行调整的，如发生特殊情况，消费者物价指数小于最低工资标准增长幅度，那么，应在确认最低工资标准增长幅度后，以此增长幅度作为调整工资的标准。总之，两者取其增长幅度最高的指数，作为调整工资的标准，以此保证公司合法经营，又不降低员工生活水平。

(3)分析当地政府有关部门发布的工资指导线，作为编制费用预算参考指标之一。更重要的是，要掌握并理解企业高层领导对下一年度工资调整的意向，这种调整的意向只要大于或等于最低工资标准调整幅度与消费者物价指数两者增长幅度中最高的比例即可，这是因为政府虽然对计划期内的工资指导线提出了建议，但采取何种工资调整策略，完全取决于企业高层领导者的决策。作为职能部门的人力资源管理部门虽然不是决策者，但可以根据自己的分析判断，针对上述3类指标，通过对比分析，写出研究报告，提出工资调整的正确建议。

工资预算是企业总体财务计划的一个重要组成部分。工资预算至少应该覆盖两个会计年度：本会计年度和下一会计年度。企业最好是每一会计年度分两次进行工资预算。假设企业的会计年度从1月份开始，最好在5、6月份进行下一年度的初步工资预算，10、11月份进行下一年度的最终工资预算。其中，下一年度的初步工资预算报告应包括本年度的实际工资预算。如果在5、6月份进行了下一年度的初步工资预算后，本年度下半年的工资预算的所有变化，都应该反映在该初步工资预算中。

关于确定工资预算的方式，许多企业采取了这样一系列复杂的步骤：每一级负责人制定本单位的预算计划，然后向上级汇报，最后交给最高管理层。通过比较这些计划，并结合企业的生产经营目标和财政支付能力，最高管理层可以总结出最后的预算报告。最后的工资预算反映了管理者对下一年度企业生产经营条件的最终预测。

在进行下一年度的工资预算的过程中，由财务部门负责企业的每一财政年度的总成本预算，但是需要人力资源部门的配合。人力资源管理者需要对相应的人力资源工作进行检查，这些工作是进行工资预算决策的基础。企业工资预算的一般程序是：

(1)财务部门将工资预算的计算工作交给人力资源部门；

(2)人力资源部门设计出一套表格，包括各部门现有员工的姓名、职位、工资水平、工资级别以及工资计划增长额，然后将表格分发到各部门；

(3)各部门经理根据本部门员工的工资级别和预计工资增长额度，推算出本部门工资预算总额，填写表格并将其交还给人力资源部门；

(4)人力资源部门对表格进行核查，并与企业工资增长规定相比较，找出不合理的地方并对表格进行适当修改，然后将表格交还给财务部门；

(5)财务部门将这些表格与企业的工资增长规定和其他成本预算相比较，指出不合理的地方并将表格交还给人力资源部门，表明需要改进的地方；

(6)人力资源部门将表格交给企业各部门进行必要的修改调整。提出薪酬费用决算之后，应当认真总结经验，找出问题和不足，在今后的工作中加以改进。

5. 日常薪酬管理工作

日常薪酬管理工作具体包括：开展薪酬调查，统计分析调查结果，制定薪酬计划，适时计算、统计员工的薪酬，薪酬调整等。

四、计算机技术在薪酬管理中的应用

随着计算机技术的不断进步，计算机在企业薪酬管理方面也得到了广泛的应用。在计算机技术发展的初期，由于其性能、价格等方面的原因，企业工资管理部门只能通过计算机做一些员工工资档案记录、工资计算等简单的操作。到了20世纪90年代，随着个人计算机的普及，计算机价格的降低以及性能的提高，计算机技术在企业薪酬管理中应用更加广泛，许多原来需要人工处理的薪酬管理工作（比如市场薪酬调查的数据分析等）都能够应用计算机来进行。

现在，许多企业已经形成一套完整的计算机管理系统。它们将岗位分析、岗位评定、绩效管理、能力评估和薪酬联系起来，利用计算机进行分析。首先，企业进行工作分析，对各种工作所需要的能力进行确定并给出一个标准，各部门按这一标准对员工在工作中表现出来的能力和潜力进行评估。现在市场上已经有许多软件可以处理这些评估的结果，并能够得出相应的等级。企业还对其岗位进行评定和分类，并通过相应的软件处理市场调查结果，得出各个等级的薪酬额度。然后将员工的现行工资与其工资等级和能力等级进行比较，得出最终的薪酬增长额。

互联网的飞速发展逐步改变了人们的工作方式，同时也影响着薪酬管理方式的转变。有的企业将自己的薪酬计划、福利计划搬上了互联网，这大大方便了薪酬计划的制订、修改、完善、管理等工作，而且，员工可以通过企业信息系统查询薪酬方面的有关信息。

第十八章 建筑企业人力资源管理

第一节 企业人力资源管理概述

一、人力资源管理的概念

人力资源管理这一术语有两种基本含义。一是指组织中的人力资源管理工作，即人们在改造客观与主观世界的过程中所发生的人力资源管理实践活动；二是有关人力资源管理的理论，即现代人力资源管理学。人力资源管理的活动是人力资源管理理论的基本前提和基础，而人力资源管理理论又是对人力资源的各种管理工作和实践活动，在理论上的高度概括和系统总结。

人力资源是与自然资源、物质资源或信息资源相对应的概念，有广义与狭义之分。广义的人力资源是指以人的生命为载体的社会资源，凡是智力正常人都是人力资源。狭义的人力资源是指智力和体力劳动能力的总称，也可以理解为是为社会创造物质文化财富的人。

人力资源管理是围绕着充分开发人力资源效能的目标，对人力资源的取得、开发、保持和利用等方面所进行的管理活动的总称。通过人力资源管理，可以实现最大限度的发挥员工的主观能动性和有效技能，达到人尽其才，才尽其能，最终实现组织利润最大化的目标。

人力资源管理与传统的人事管理相比职能发生很大的转变。传统的人事管理，是行政事务性管理，强调各项事务的具体操作。如人员招聘、录用、档案管理、人员调动等。而人力资源管理在人事管理的职能基础上增加了人力资源规划、人力资源开发、岗位与组织设计、行为管理和终身教育等内容。在对人的价值的认识、对人的重视程度，以及管理主体、管理方法上都有所不同。随着科学技术的发展，经济竞争的加剧，企业内外部环境不断地发生变化，人力资源管理面临着严峻的挑战。

二、我国人力资源管理的演变过程

进入20世纪60年代以后，企业的经营管理者开始摒弃“劳动人事管理”的用语，取而代之的是以“人力资源管理”这一新的术语。这是因为现代企业人力资源管理出现了一系列新的变化，使它与传统的劳动人事管理之间存在着许多不同点。

首先，在市场经济条件下，社会资源的合理配置是通过市场机制来实现的，企业作为资源配置的主体，需要采取一系列有效措施和手段，在市场竞争中实现诸生产要素的组合和再组合，以不断实现效益最大化。资源配置即人力、物力和财力的配置是对相对稀缺的资源在各种可能的生产用途之间作出的选择，或者说是各种资源在不同使用方向上的分配，以获得最佳效益的过程。企业内部各种生产要素的补充、调节是通过外部市场的作用来保证的，而企业内部人力、物力、财力三大资源的合理配置则必须通过有效的科学管理来实现。

现代企业人力资源管理理论是以企业人力资源为中心，研究如何实现企业资源合理配置的学问。它冲破了传统的人事管理约束，不再把人看成是一种“技术要素”，而是把人看成是“具有内在的建设性潜力”的因素，把人当做一种使组织在激烈的竞争中生存、发展，始终充满生机和活力的特殊资源来刻意地发掘；它不再是把人置于“严格监督与控制之下”，而是要为他们提供、创造各种条件，使其主观能动性和自身劳动的潜力得以充分地发挥；它不再容忍人才的浪费和滥用权力造成员工士气的低落，而是要象保护自然资源为子孙后代造福一样，珍惜和爱护人力资源。人力资源是各种资源中最宝贵的资源，是创造社会物质财富的源泉，因此，必须杜绝人力资源的浪费。

其次，现代企业人力资源管理充分运用了当代社会学、心理学、管理学、经济学、技术学等学科的最新研究成果，为了有效地对劳动者进行管理，以社会为背景，从不同视角对人做了深入探讨和研究，提出了一系列新的管理原则和方法。衡量职业生活质量的指标是多方面的，既有物质方面的，又有精神方面的，如劳动报酬、福利、保险、工作安全性和民主性、工作紧张程度、工作时间的长短与灵活性、参与有关决定的程度等。参与管理是改善职业生活质量的重要措施。参与形式有多种多样，而最有效的形式是：①通过实施奖励，提高生产率；②通过工作改革，增加员工的责任心和自觉性；③通过教育、培养和训练，鼓励更多的员工参与。

总之，人力资源管理是一门综合性学科，20 世纪中期以来，国内外有大量的心理学、教育学、管理学和社会学专家围绕人力资源管理问题进行了非常有意义的研究，提出一系列新观点、新学说和新理论，极大地丰富、充实了现代人力资源管理理论，使其不断完善，臻于成熟，成为现代管理科学的一个重要分支。

第三，现代企业人力资源其管理更加强调管理的系统化、规范化、标准化以及管理手段的现代化。为了实现企业人力、物力、财力资源有效合理配置，应该做到如下几点：①加强计划性，使劳动人事工作的各个方面在一个经过精心设计的系统中，得到合理、妥善的安排；②从员工的招收、录用，到培训、考核、晋升、奖惩、报酬等各个环节实现标准化、规范化，做到有章可循，不因人员变动而受到影响；③实现管理手段现代化，运用系统论的原理来处理每项工作，充分考虑它的前因后果、纵向和横向的联系，运用电子计算机来储存和处理人力资源管理信息。总之，只有全面推行管理的系统化、规范化、标准化以及管理手段的现代化，才能适应社会化大生产的要求，这是现代人力资源管理的实践及其理论的一个重要特征。

三、人力资源特点及内容

（一）人力资源的一般特点

人力资源是指在一定时间空间条件下，劳动力数量和质量的总和。按照不同的空间范围，人力资源可区分为：某国家或区域的、某一产业（或行业）或某一企业的人力资源。劳动力即人力资源作为一种特殊的资源，与自然界其他的资源相比，具有以下几个特点：

1. 时间性

从劳动力的生产和再生产的周期来看，一个成熟的劳动者的培养教育需要相当长的时间。即使是一个成熟的劳动者，随着科学技术的进步，生产条件的变更，也还需要进行再培养、再教育，才能适应生产发展的需求。从劳动力的具体形式上看，劳动者的体力形成后，如果在一定时间限度内不被使用，它就会自然消耗掉，体力不能像物品一样储存起来，以备再用。劳动者的智力与体力不同，它的形成和发展需要经过一个长时期的积累过程。劳动者的智力形成后，如果长时期得不到发挥，也就会浪费掉。也就是说，劳动者的体力、智力不能及时、合理地被使用，就会随着时间的推移而逐渐淘汰或流失。

2. 消费性

人力资源作为一种“活”的资源，无论是存在还是被开发利用都离不开消费。劳动者个人既是生产者，又是消费者。只要有消费，才会有生产，企业在研究开发和利用人力资源时，必须注意物质原则的贯彻，因为劳动者具有生存、享受与发展的物质需要。

3. 创造性

人力资源区别于其他资源的最本质的特征，就在于它是“有意识的”，具有无限的创造力。在从事脑力和体力活动的过程中，它不仅增强了自身抵御自然或社会困难自我完善、自我发展的能力，而且也极大地丰富了人类物质资料的生产和生活，推动了人类社会的发展。从社会的角度看，人力资源的创造性特征表现为通过社会制度的完善与创新，调动社会全员的积极性，实现各种社会资源的有效配置，以推动生产力的发展；从企业的角度看，员工的创造性特征是通过有效的员工激励，推动企业生产率的不断提高和发展；从个体来看，它是通过人力资本的再投资，提升智力资本的竞争力，从而来实现人力资本投资收益的最大化。

4. 主观能动性

人力资源区别于其他物质资源的一个最重要的特点，就在于它是一种具有主观能动性的资源。从资源开发的角度看，人力既是被开发、被管理的对象，又是自我开发、自我管理的主体。作为被开发的对象，人力资源开发的广度和深度取决于社会的、经济的、宏观的、微观的外部条件，劳动者的劳动力是被开发的对象，而开发的主体是社会、企业或单位；作为自我开发的主体，劳动者个人的主体能动性，对于人力资源开发的效果具有很重要的影响。在一定条件下，劳动者对自身劳动能力的开展程度和效果，取决于劳动者个人的主体条件。这些因素越是接近最佳状态，人力资源开发的效果就越好。企业在运用各种方法进行人力资源管理，开发人们劳动能力的过程中，必须掌握人力资源这一特点，劳动者的自我开发与被开发是相互联系、不可分割的整体。

（二）人力资源管理的内容

1. 人力资源规划

通过制定这一规划，一方面保证人力资源管理活动与企业的战略方向和目标相一致，另一方面保证人力资源管理活动的各个环节相互协调，避免相互冲突。同时，在实施此规划时，还必须在法律和道德观念方面创造一种公平的就业机会。

2. 岗位设计与分析

这是人力资源管理中的一项重要的工作。通过对工作任务的分解，根据不同的工作内容，设计为不同的岗位，规定每个岗位应承担的职责和工作条件、工作要求等，这样可使企业吸引和保持合格的员工。

3. 招聘计划

企业就所需招聘的人员的数量和质量作出计划，如果企业现有员工数大于所需数，则企业可制定出裁员计划；如果企业现有人数不足，则可制定招聘计划。

4. 人员招聘

企业因扩大生产规模，员工退职退休等原因，需要补充所缺员工，这是一种为企业补充所缺员工所采取的一种寻找和发现合乎工作要求的申请者的办法。

5. 职位选择

企业根据工作岗位的需要，挑选最合适的求职者，并录用安排在一定职位上。

6. 发展计划

这是根据员工个人性格、气质、能力、兴趣、价值观等特点，同时结合组织的需要，为员工制定一个事业发展的计划，并为之不断开发员工的潜能。

7. 绩效评价

通过考核员工工作绩效，及时作出信息反馈，奖优罚劣，进一步提高和改善员工的工作绩效。

8. 培训与开发

通过培训提高员工个人、群体和整个企业的知识、能力、工作态度和工作绩效，进一步开发员工的智力潜能。

9. 工资福利

根据员工工作绩效的大小和优劣，企业给予不同的报酬和奖励。

10. 劳动关系

劳动关系是企业管理者与员工之间的相互关系。企业管理者与企业内有组织的员工群体之间应依据《劳动法》的规定就工资、福利及工作条件等问题进行谈判，协调劳动关系。

11. 安全与保健

为保障员工身体的健康，减少污染，减少伤亡事故的发生所必须采取的措施。

四、人力资源管理的地位和作用

（一）人力资源管理在现代企业中的地位

企业管理是随着社会经济的发展、企业的不断进步而不断发展的，经历了几个不同的历史发展阶段。人们在研究企业管理发生演变历史的过程中，越来越清楚地认识到：对人的管理是现代企业管理的核心。现代企业管理的重心已经由过去对物的管理转移到对人的管理，这是现代企业管理发展的一个重要趋势。

如何看待人在管理中的地位和作用,这是传统管理理论与现代管理理论的一个重要的区分标志。传统管理理论重视对生产过程和组织控制的分析研究,强调对"物"的要素的管理,把劳动者当做机器的附属物。而现代管理理论认为,人是社会中的人,管理的基本目的之一就是采用特定方法,充分发挥人的积极性、主动性和创造性。有效的管理者,总是既把人看做是管理的对象和客体,又把人看做是管理的主体和动力。一个处境艰难的企业通过企业家和全体职工的努力,有可能在很短的时间超过比自己先进的企业,这是因为动机激励程度不同的结果。总之,企业在市场经济条件下要生存发展,就要重视人的因素,特别要重视加强企业的人力资源开发与管理。

(二)人力资源管理在现代企业中的作用

人力资源管理是现代企业管理的核心。人力资源管理在现代企业中有如下重要作用:

1. 有利于促进生产经营的顺利进行

劳动力是企业生产力的重要组成部分,只有通过合理组织劳动力,不断协调劳动力之间、劳动力与劳动资料和劳动对象之间的关系,才能充分利用现有的生产资料和劳动力资源,使它们在生产经营过程中最大限度地发挥其作用,并在空间上和时间上使劳动力、劳动资料和劳动对象形成最优的配置,从而保证生产经营活动有条不紊地进行。

2. 有利于调动企业员工的积极性,提高劳动生产率

人是有生命、有情感、有思想、有尊严的,这就决定了企业人力资源管理必须设法为劳动者创造一个适合他们所需要的劳动环境,使他们安于工作、乐于奉献,并能积极主动地把个人劳动潜力和全部智慧发挥出来,为企业创造出更有效的生产经营成果。因此,企业必须善于处理好物质奖励、行为激励以及思想教育工作三方面的关系,使企业员工始终保持旺盛的工作热情,充分发挥自己的专长,努力学习技术和钻研业务,不断改进工作,从而达到提高劳动生产率的目的。

3. 有利于现代企业制度的建立

科学的管理制度是现代企业制度的重要内容,而人力资源的管理又是企业管理中最为重要的组成部分。随着现代企业制度的逐步建立,企业人力资源管理将越来越显得突出和重要。一个企业只有拥有第一流的人才,才会有第一流的组织、第一流的领导、第一流的管理才能,创造出第一流的产品。否则,如果一个企业不具备优秀的管理者和劳动者,企业的先进设备和技术无法发挥应有效益。提高企业现代化管理水平,最重要的是提高企业员工的素质。由此可见,注重和加强对企业人力资源的开发和利用,搞好员工培训教育工作,是实现企业管理由传统管理向科学管理和现代管理转变过程中一个不可缺少的环节。

4. 有利于减少劳动耗费,提高经济效益并使企业的资产保值增值

经济效益是指进行经济活动中所得到和所耗费的比值。减少劳动耗费的过程,就是提高经济效益的过程。所以,合理组织劳动力,科学配置人力资源,可以促使企业以最小的劳动消耗取得最大的经济成果。在我国市场经济条件下,企业的资产保值增值,争取企业利润最大化,价值最大化,就需要加强人力资源管理。

5. 有利于现代企业占领人才战略的制高点

在激烈的市场竞争中,企业为了赢得经营战略上的先机,应当占领制高点,有 5 个制高点:①人才的制高点;②资本的制高点;③技术的制高点;④产品的制高点;⑤市场的制高点。而人才的制高点或者说智力资本的制高点则是关键。在现代市场经济的发展中,跨国公司激烈竞争的事实说明,企业之间的竞争实质上是人才的竞争、智力资本的竞争,哪个企业拥有大批高素质的人才,占据了智力资本上的优势,哪个企业就能开发、引进、采用最高最新的技术,开发研制出具有高技术含量的产品,高品质、高附加值的产品,并运用最新的经营战略和战术去占领市场,最终在激烈的市场竞争中克敌制胜。

人力资源管理之所以成为现代企业管理的核心和重心,正是因为企业需要充足丰富的动力,需要在日益激烈的市场竞争中占领总体发展战略的制高点。

第二节　建筑企业人力资源管理

建筑业是劳动密集型行业,人力资源是建筑业的第一资源。现代企业人力资源管理作为现代管理学的一个重要分支,它是一门综合性和实用性很强的学科,并有十分明确的研究对象。现代企业人力资源管理是以企业中的员工——人,以及人与人、人与组织、人与物之间的管理,主要有以下几个方面的工作:

一、人员招聘

人员招聘是“获取”人力资源的一个重要手段,也是人力资源管理的一项基本工作。现代企业人力资源管理中的人员招聘是指组织通过采用一切科学的方法去寻找、吸引那些有能力又有兴趣到组织来任职的人员,并从中选出适宜人员予以聘用的过程。特别是建筑施工企业,由于施工地点流动性很大,加之工作性质不稳定,故也造成人员流动性较大的问题。一个企业要想永远留住自己所需要的人才是不现实的,也不是人力资源管理手段所能控制的,再加上企业内部正常的人员退休、人员辞退及人员调动,因此,人员招聘工作是企业人力资源管理的经常性工作。

(一)招聘的原则

1. 公开原则

将招聘的单位、招聘的种类、数量、要求的资格条件以及考试方法均向社会公开。这样做不仅可以大范围地广招贤才,而且有助于形成公平竞争的氛围,使招聘单位确实招到德才兼备的优秀人才。

2. 平等原则

对待所有的应聘者应该一视同仁,不得人为地制造不平等条件。在我国的一些招聘启事中经常可以看到关于年龄、性别的明确限制,在国外法律规定中,用工不得有种族、性别、年龄歧视。企业应努力为人才提供公平竞争的机会,不拘一格地吸纳各方面的优秀人才。

3. 竞争原则

人员招聘需要各种测试方法来考核和鉴别人才。靠领导的目测或凭印象，往往带有很大主观片面性和不确定性。因此，必须制定科学的考核程序、录用标准，才能真正选择到真正有用的人才。

4. 全面原则

录用前的考核应兼顾德、才、能等诸方面因素。因为一个人的素质不仅取决于他的智力水平、专业技能，还与他的人格、思想等因素密切相关。应涉及职业倾向、个性倾向、认知能力等多方面的考察项目。

5. 量才原则

招聘录用时，必须做到“人尽其才”、“用其所长”、“职得其人”。认真考虑人才的专长，量才录用，量职录用。用人单位不能盲目地要求高学历、高职称，不顾拟招聘岗位的实际需求，浪费人力物力，否则，就达不到组织整体效益最优。

(二)招聘的程序

1. 制定招聘计划

首先必须根据本组织目前的人力资源分布情况及未来某一时期内组织目标的变化，分析从何时起本组织将会出现人力资源的缺口，是数量上的缺口，还是层次上需要提升。这些缺口分布在哪些部门，数量分布如何，层次分布是怎样的。根据对未来情况的预测和对目前情况的调查来制定一个完整的招聘计划。拟定招聘的时间、地点、欲招聘人员的类型、数量、条件、具体职位的具体要求、任务，以及应聘后的职务标准及薪酬等。

2. 组建招聘小组

招聘工作是周期性或临时性的工作，因此，应该有专人来负责此项工作，在招聘时成立一个专门的临时招聘小组，该小组一般应由招聘单位的人事主管以及用人部门的相关人员组成。专业技术人员的招聘还必须由有关专家参加，如果是招聘高级管理人才，一般还应有经济管理等相关方面的专家参加，以保证全面而科学地考察应聘人员的综合素质及专项素质。招聘工作开始前应对有关人员进行培训，使其掌握政策、标准，并明确职责分工，协同工作。

3. 确立招聘渠道及发布信息

根据需要招聘人员的类别、层次以及数量，确定相应的招聘渠道。一般可以通过有关媒介(如专业报刊、杂志、电台、电视、大众报刊)发布招聘信息，或去人才交流机构招聘，或者直接到大中专院校招聘应届毕业生。

4. 甄别录用

一般的筛选录用过程是：根据招聘要求，审核应聘者的有关材料，根据从应聘材料中获得的初步信息安排各种测试，包括笔试、面试、心理测试等，最后经高级主管面试合格，办理录用手续。在一些高级人员的招聘过程中，往往还要对应聘者进行个性特征、心理健康水平，以及管理能力、计算机水平模拟测试等。

5. 工作评估

人员招聘进来以后，应对整个招聘工作进行检查、评估，以便及时总结经验，纠正不足。此外，在新录用人员试用一段时间后，要调查其工作绩效，将实际工作表现与招聘时对其能力所做的测试结果作比较，确定相关程度，为测试方法的选择和评价提供科学的依据。

二、人员录用

当应聘者经过了各种筛选关后，最后一个步骤就是录用与就职。新员工在录用后未经岗位培训就直接走上了工作岗位，这不仅会给他们今后的工作造成一定的困难，而且会使员工产生一种人生地不熟的感觉，这对企业是不利的。为此，企业应认真做好这项工作。

（一）建筑企业用工制度

用工制度是企业为了解决生产对劳动力的需要而采取的招收、录用和使用劳动者的制度，它是企业劳动管理制度的主要组成部分。随着国家和建筑业用工制度的改革，建筑企业可以采取多种形式用工制度，特别是建筑施工企业，一线工人大多数都是农民工。

1. 固定工

固定工即与建筑企业签长期用工合同的自有员工，主要由工人技师、特殊复杂技术工种工人组成。

2. 合同工

企业根据临时用工需求，本着“公开招工、自愿报名、全面考核、择优录取”的原则，从城镇、农村招收合同制工人。

3. 计划外用工

企业根据任务情况，使用成建制的地方建筑企业或乡镇企业，以弥补劳务人员的不足。

4. 建立劳务基地

企业出资和地方政府一起在当地建立劳务培训基地，采用“定点定向、双向选择、专业配套、长期合作”的方式，为企业提供长期稳定的劳务人员。

5. 建立协作关系

一些大型建筑企业利用自身优势，有选择地联合一批施工能力强、有资质等级的施工队伍，同他们建立一种长期稳定的伙伴协作关系。

建筑企业的用工制度，具有一定的特殊性。在施工任务量增大时，可以多用合同工或农民工，反之，任务量减少时，可以少用，以避免“窝工”。由于建立了劳务基地，劳动力招工难和不稳定的问题基本得到了缓解。同时，建筑企业的用工制度也决定了建筑企业人员招聘和录用工作的灵活性。

（二）人员录用工作

录用有签订试用合同、员工的初始安排、试用和正式录用等过程。

新员工进入企业以前，一般要签订试用合同，对新员工和经济组织双方进行必要的约束和保证。合同内容包括：试用的职位；试用的期限；试用期间的报酬与福利；试用期应接受的培训；试用期责任义务；员工辞职条件和被延长试用期的条件等。

一般来说新员工进入企业以后其职位均是按照招聘的要求和应聘者的意愿安排的。有时组织可以根据需要，在征询应聘者意见以后，也可以充实到别的职位。对于一些特殊工种的岗位，应聘者可能要经过必要的培训以后才能进入试用工作。

试用期满后，如果新员工表现良好，能够胜任工作，就应办理正式录用手续。正式录用企业一般要与员工签订正式的录用合同。合同内容和条款应当符合劳动法的有关规定。

三、员工培训

（一）培训的含义

员工培训是指在将组织发展目标和员工个人发展目标结合的基础上，有计划、有系统地组织员工从事学习和训练，增长员工的知识水平，提高员工的工作技能，改善员工的工作态度，激发员工的创新意识，最大限度地使员工的个人素质与工作需求相匹配，使员工能胜任目前所承担的工作与任务的人力资源管理活动。

通过培训可以改善员工的绩效，进而改善部门和整个组织的绩效。这里需要指出的是，并不是当公司出现问题的时候才安排培训，也不是只对那些公司认为有问题的员工实施培训。或者像有些公司那样只对优秀的员工才培训。其实，公司的培训应该是依据企业需求长期的、持续的、有计划的进行。

（二）培训的原则

1. 理论联系实际和学用一致

培训不同于基础教育，应当有明确的针对性，从实际工作需要出发，与职位特点紧密结合，与培训对象所需的知识与技能相结合，才能收到培训的实效。

2. 知识技能培训与文化培训兼顾

培训的内容还应与管理人员和工人标准相衔接。除了安排文化知识、专业知识、专业技能的培训内容外，还应安排理想、信念、价值观、道德观等方面的培训内容，而后者又常常与企业目标、企业哲学、企业精神、企业道德、企业制度等结合起来进行。

3. 全员培训和重点提高

全员培训就是有计划、有步骤地对在职的各级各类人员进行培训，仍然要有重点，即重点培训技术、管理骨干，特别是培训中上层管理人员。

4. 严格考核和择优奖励

严格考核是保证培训质量的必要措施，也是检验培训效果的重要手段。实际中，很多培训只为了提高素质，并不涉及录用、提拔或安排工作问题，因此，对受训人员择优奖励就成为调动其积极性的有力杠杆。要根据考核成绩，设不同的奖励等级，考核成绩备案，与今后的奖励、晋级等挂钩。

（三）培训的形式

按照不同的分类方法有以下几种形式：

1. 按培训与工作的关系分类

从培训与工作的关系来划分，有在职培训和非在职培训。

在职培训即人员在实际的工作中得到培训，这种培训很经济，不需要另外添置场所、设备，有时也不需要专职的教员，而是利用现有的人力、物力来实施培训。同时，培训人员不脱离岗位，可以在不影响工作和生产的情况下进行。

非在职培训即在专门的培训场所接受训练。其形式很多，诸如与学校挂钩方式、委托代培方式，有条件的单位亦可自办各种培训学校及短训班。

为了克服两者缺点，集中两者优点，出现了另一种培训形式——半脱产培训。实践中也取得较好的效果。

2. 按培训的组织形式分类

从培训的组织形式来划分，有正规学校、短训班、自学等形式。

正规学校包括高等院校、党校、管理干部学院等，承担企业人员正规化培训任务，这种形式一般费用较高，通常用于较高层次管理人员的培养。

与正规学校相比，短训班形式专业性强、灵活、内容有鲜明的针对性，可以使一批人同时受到培养，又费时不长，花费不大，易于组织，已被广泛采用。这种形式的培训特别适用于专业培训，在某一问题上集中深化，使受训者了解有关动态和最新发展，跟上技术进步、管理变革和政策环境、市场竞争态势的变化，回到工作岗位立即应用，见效较快。

自学是一种自我完善、提高的培训方式。企业对有志于自学培训的人员应采取措施支持和鼓励。

3. 按培训目标分类

从培训的目的来划分，有文化补课、学历培训、岗位职务培训等形式。

文化补习和学历培训目的在于增加普通的科学文化则应侧重知识，为以后的进一步提高奠定文化基础。

岗位职务培训是以工作的实际需要为出发，围绕着职位的特点而进行的针对性培训。这种培训旨在传授个人以行使职位职责、推动工作方面的特别技能，侧重于专门技术知识的灌输。同时，这种培训还用来使人员在担任更高职务之前，能够充分分解和掌握未来职位的职责、权力、知识和技能等。

4. 按培训层次分类

从培训的层次上划分，有高级、中级和初级培训。

培训工作应因人而异，分层次进行。一般而言，初级培训可侧重于一般性的知识和技术方法；中级培训可适当增加有关理论课程；高级培训则应则重于学习新理论、新观念、新方法。培训的级别越高，所采用的组织形式就越趋小型化、短期化。如初期培训通常要借助正规学校、社会办学的方式实现，而高级培训则可采用短训班、研讨班，甚至出国考察培训等方式实现。

(四)建筑企业职业培训的内容

1. 管理人员培训

(1)岗位培训。对一切从业人员，根据岗位或职务对其具备的全面素质的不同需要，按照不同的劳动规范，本着“干什么学什么，缺什么补什么”的原则进行的培训活动。它旨在提高职工的本职工作能力。使其成为合格的劳动者，并根据生产发展和技术进步的需要，不断提高其适应能力。包括对企业经理的培训，对项目经理的培训，对基层管理人员和土建、装饰、水暖、电气工程的培训及对其他岗位的业务、技术干部的培训。

(2)继续教育。包括建立以“三总师”为主的技术、业务人员继续教育体系、采取按系统、分层次、多形式的方法，对具有中专以上学历的管理人员进行继续教育。

(3)学历教育。主要是有计划选派部分管理人员到高等院校深造。培养企业高层次专门管理人才和技术人才，毕业后回本企业继续工作。

2. 工人培训

(1)班组长培训。即按照国家建设行政主管部门制定的班组长岗位规范，对班组长进行培训，通过培训最终达到班组长100%持证上岗。

(2)技术工人等级培训。按照建设部颁发的《工人技术等级标准》和劳动部颁发的有关工人技师评聘条例，开展中、高级工人应知应会考评和工人技师的评聘。

(3)特种作业人员的培训。根据国家有关特种作业人员必须单独培训、持证上岗的规定，对企业从事电工、塔式起重机驾驶员等工种的特种作业人员进行培训，保证100%持证上岗。

(4)对外埠施工队伍的培训。按照省、市有关外地务工人员必须进行岗前培训的规定，企业对所使用的外地务工人员进行培训，颁发省、市统一制发的外地务工经商人员就业专业训练证书。

(五)教育培训的管理

企业领导及主管教育培训的职能部门要按照“加强领导、统一管理、分工负责、通力协作”的原则，长期坚持、认真做好培训工作，做到思想、计划、组织、措施四落实，使企业的职工培训制度化、正规化。

四、员工的绩效考核

(一)绩效考核的作用

员工的绩效考核就是通过科学的方法和客观的标准，对职工的思想、品德、工作能力、工作成绩、工作态度、业务水平以及身体状况等进行评价。如果员工没有明确的工作目标，那么通常会比较迷惑、彷徨，没有方向感，当然工作效率会受影响，同时，由于员工没有得到明确的目标指引，员工的努力方向同公司所希望达到的结果难免有所不同。

清晰的绩效标准可以让高绩效的员工有成就感，知道自己已经达到或者超出了公司的要求，这种成就激励的效果对层次较高的管理人员或者专业人士非常明显。清晰的绩效标准可以使没达到标准的员工有一个努力的目标，知道自己同其他员工之间的差距。

1. 给用人提供依据

通过考核全面了解职工的情况，为职工的奖励、晋升、分配报酬等提供了科学依据，考核是企业劳动人事管理部门掌握职工情况的重要手段。

2. 激励员工上进

在企业实行严格的考核制度，并以考核结果作为用人及分配报酬的依据，必然促使员工认真钻研业务技术，努力勤奋工作，全面提高自己的政治、业务、身体素质，以便在考核中获得好成绩。

3. 便于选拔、培养人才

通过考核，可以发现员工中的优秀人才，有目的地培养，适时地选拔到更重要的职位上；另一方面，通过考核掌握员工全面情况后，才能对员工进行各有侧重的培训，尽快地提高他们的素质。否则，就会埋没人才，使优秀人才缺乏显露才华的机会。

（二）绩效考核的内容

1. 工作成绩

重点考核工作的实际成果，不管其经过如何。工作成绩的考核，要以员工工作岗位的责任范围和工作要求为标准，相同职位的职工应以同一个标准考核。

2. 工作态度

重点考核员工在工作中的表现，如职业道德，工作责任心，工作的主动性和积极性等。

3. 工作能力

考核员工具备的能力。员工的工作能力由于受到岗位、环境或个人主观因素的影响，在过去的工作中不一定显示出来，要求通过考核去发现他们。

工作成绩、工作态度和工作能力是员工从事一定工作所表现出来的三个相互联系的要素。一个员工在一定岗位上工作，必须具备一定能力才可能干好，没有能力即使工作态度再好也不可能获得好的成绩。但是，一个具备一定能力的员工，不一定就肯定获得优良的成绩，因为这里有一个工作态度问题，能力虽然高但不愿付出（即工作态度不好）也不可能取得成绩。所以，对于员工的考核必须从以上三个方面全面考核，缺一不可。

（三）绩效考核的方法

1. 主观评价法

主观评价法是依据一定的标准对被考核者进行主观评价。在评价过程中，可以通过相对比较法，将被考核者的工作绩效与其他被考核者的比较，评出最终的顺序或等级；也可以通过绝对标准法，直接根据考核标准和被考核者的行为表现进行比较。

2. 客观评价法

客观评价法依靠工作指标的完成情况对被考核者进行客观评价。为了增加考核的可信度，一般来说，要求这些指标是客观的和定量的。主要包括：①生产指标，如产量、销售量、废次品率、原材料消耗率等；②个人工作指标，如出勤率、事故率、违规违纪次数等指标。客观评价法注重工作结果，忽略被考核者的工作行为，一般只适用于生产一线从事体力劳动的员工。

3. 工作成果评价法

工作成果评价法是为员工设定一个最低的工作成绩标准，然后将员工的工作结果与这一最低的工作成绩标准进行比较。它重点考核被考核者的产出和贡献，着眼于“干出了什么”而不是“干什么”。在实际团队工作的组织中，把员工工作成果作为业绩考核的依据会加剧员工个人之间竞争，影响彼此之间的协作和相互帮助，不利于整个组织的工作绩效，所以，在采用时应当加以注意。

五、职工思想政治教育

企业员工思想状况，关系到企业的精神风貌，影响着企业的生产经营业绩，决定着企业的兴衰。在实施企业思想教育的工作中，必须注重从实际出发，理论与实践相结合，与建筑企业员工所具有的思想特征相适应。

1. 坚持抓好形势任务教育

由于建筑队伍流动分散，接触社会面广，易受社会思潮和各类社会现象的某些影响，需要及时通过理论联系实际的形势教育来统一思想认识、化解思想矛盾。尤其是建筑市场竞争的日趋激烈，建筑施工任务饱满与短缺相互交替的现象经常发生，特别需要对员工经常进行形势任务教育，包括以动员员工与企业共存共荣为宗旨的企业形势任务教育；以国家或地区经济建设目标同所承担工程项目相结合的施工形势任务教育等。

2. 坚持抓好艰苦奋斗教育

艰苦奋斗是建筑企业的“传家宝”，是建筑业人的优良传统。新中国成立以来，建筑企业奋发图强、艰苦创业、争创一流业绩、努力实现所承担建设任务的要求，取得了社会公认的成就。在新形势下，进一步引导员工正确看待苦和累，树立正确的苦乐观和崇高的职业理想，引导职工勤俭办企业，对提高企业的经济效益和社会效益意义重大。

3. 坚持“百年大计，质量第一”的思想教育

“百年大计，质量第一”是国家对建筑企业提出的基本指导方针，也是建筑业职业道德的重要内容。主要包括：教育员工增强质量意识，树立对用户负责的思想；教育员工严格遵守施工程序和操作规程，按国家规定的质量标准和施工方法精心施工；教育员工及时消除质量隐患，解决建筑产品的质量“通病”；教育管理人员提高工作质量，以管理工作质量保证工程质量。

4. 坚持抓好以提高经济效益为中心的思想教育

为提高企业经济效益而努力，是企业思想教育工作服从、服务于施工生产的一项重要教育内容。其重点是教育员工增强市场经济意识，从思想上适应建筑市场竞争的需要，适应建筑产品商品化的需要：教育员工重视成本核算，保质量、保工期，全面履行经济合同；教育员工精打细算，积极推广新技术、新材料、新工艺、新设备，节省人力、物力、财力，提高经济效益。

5. 坚持团结协作与职业道德、职业纪律教育

加强对员工队伍的团结协作与职业道德、职业纪律教育是由建筑业的施工生产方式决定的。在建设队伍频繁调动中，要教育员工服从国家建设需要，明确个人必须服从组织，服从大局，服从生产需要；在施工现场多工种、多单位联合施工中，要教育员工树立“一盘棋”的思想，注意识大体、顾大局；在处理建设工程同当地居民的关系中，要注重企业内部管理，加强职业道德，同当地居民搞好关系，积极主动地与有关方面开展精神文明共建活动。

6. 坚持抓好深化企业改革教育

建筑企业的生产方式、经营机制、劳动人事和分配制度等方面的改革，无不牵动员工切身利益，只有依靠广大员工的支持、理解和积极的参与才能获得成功，而经济体制改革的首要因素是观念的更新、思想的解放。因此，建筑企业思想教育工作的一个重要方面，就是要广泛宣传改革的政策和措施，增强广大员工对改革的心理承受能力，克服求稳怕乱的思想和旧习惯的影响，不断改革创新，以与时俱进的思想来促进企业的改革和发展。

第三节　建筑企业人力资源配置与开发

一、人力资源的优化配置

(一)人力资源优化配置的含义

企业人力资源优化配置的含义有两层意思：一是结构的优化，即配置的各种资源必须根据施工生产的需要有一个合理的结构，不能彼多此少，或彼少此多。如果结构不合理，生产的能力就只能按配置最少的资源来发挥，不可避免地发生资源浪费；二是总量投入的优化，即在结构合理的情况下，总量按需投入。因此，优化配置应从结构和总量两个方面进行。

(二)人力资源优化配置的原则

现场劳动力的需要量计算出来后，就要根据现有可供安排工作的人员，从数量、工种、技术水平等方面进行综合平衡，落实应进入现场的人员。在解决劳动力资源时要考虑以下 3 个原则：

1. 全面性原则

要把施工现场作为一个系统，从整体功能出发，考察人员结构，不单纯安排某一工种或某一工人的具体工作，而是从整个现场需要出发，做到没有多余的人。

2. 互补性原则

对企业来说，在确定现场人员时，要按照每个人的不同优势与劣势，合理搭配，达到充分发挥整体效能的目的。

3. 动态性原则

根据现场施工进展情况和需要的变化而随时进行人员结构或数量的调整。不断达到新的优化，当需要人员时立即组织进场，当出现多余人员时转向其他现场或进行定向培训，使每个岗位负荷饱满。

(三)人力资源优化组合的方法

1. 自愿组合

自愿组合可以改善人际关系，消除因感情不和而影响生产的现象，调动班组长和生产工人的积极性。

2. 招标组合

对某些又脏又累的工种，可以实行高于其他工种（或部门）的工资福利待遇而进行公开招标组合，使劳动力的配备得以优化，员工的心情比较愉快。

3. 切块组合

对某些专业性强、人员要求相对稳定的作业班组或职能组，采取切块组合。由作业班组或职能组集体向工程处或工程项目部提出组阁方案，经相关部门审核批准后实施。企业中有些作业班组、成员之间，各有专长，配合密切，关系融洽，在这种情况下，应保持相对稳定，不要轻易打乱重组，应采取切块组合，即由该班组集体讨论，或调整现有人员之间的分工，或改选班组长，在保持原有建制的情况下，加以优化。

（四）建筑企业人力资源的优化配置

1. 项目部人员的优化配置

项目经理部人员在项目施工现场的人力资源中处于核心地位，可以分为项目经理和其他管理人员。

项目经理是完成项目施工任务的最高责任者、组织者和管理者，是项目施工过程中责、权、利的主体，在整个工程项目施工活动中占有举足轻重的地位。因此，项目经理部必须由公司总经理来聘任，以使其成为公司法人代表在工程项目上的全权委托代理人。

项目经理部其他管理人员配置的种类和总量规模，根据工程项目的规模、建筑特点、技术难度等因素来决定。

在整个工程项目的施工过程中，除特殊情况下，项目经理是固定不变的。由于实行项目经理负责制，项目经理必须自始至终负责项目施工的全过程活动，直至工程项目竣工，项目经理部解散。

项目经理部的其他人员可以实行动态配置，当某一项目某一阶段的施工任务结束以后，相应的人员可以动态到其他项目上去，这项工作一般可由公司的人事部和工程部综合考虑全公司的在建项目进行统筹安排，对项目管理人员实行集权化管理，从而在全公司范围内进行动态优化配置。

2. 劳务人员的优化配置

劳动力的配置应根据承包项目的施工进度计划和工种需要数量进行。项目经理部根据计划与劳务合同，接收到劳务承包队派遣的作业人员后，应根据工程的需要，或保持原建制不变，或重新进行组合，组合的形式有 3 种，即专业班组、混合班组或包工队。

二、员工能力的开发和行为激励

人力资源管理的主要目的是运用各种手段调动员工积极性，提高劳动生产率，而员工能力的开发是实现人力资源管理目的的重要手段。

（一）能力开发的含义和内容

1. 员工能力的含义

所谓员工能力，是指员工在工作中表现出的履行职务的能力。员工能力的高低主要通过实际工作业绩来体现，一个人的能力高低，就能否较出色地完成工作任务的关键。

员工能力是一个综合性的概念，它不仅指某个人是否具备完成某项工作的能力，还包括这种能力是否能充分发挥。因为只有发挥出来的能力，才能创造成绩、履行职务。通过业绩反映一个人的能力。

影响员工能力的因素很多，主要有体力、智力、知识、性格、经验、适应能力、工作热情等，员工能力是多种因素有机结合而形成的一种综合能力。

2. 能力开发的内容

员工的能力由多种因素构成，主要应从以下因素入手进行开发：

(1)体力开发。指员工身体素质、耐久力的开发。

(2)智力开发。指员工的记忆、观察、想象、思考、判断、理解、分析、创造等能力的开发。

(3)知识开发。包括员工文化知识、专业技术知识、经营管理知识的培养。

(4)性格开发。这里的性格不是指人的个性，而是指员工在工作中表现出来的责任感、积极性、创新性、诚实性、协调性等。

(5)经验开发。总结和发挥员工在工作中积累起来的经验。

(6)适应能力的开发。培养员工对环境的适应性和应变能力。

(7)工作热情的开发。人的能力必须通过积极的工作，才能发挥出来，工作热情是员工能力的组成部分，激发工作热情是能力开发的一项重要内容。

3. 能力开发的途径

所谓能力开发，就是将员工身上的潜在能力开发出来，让其充分发挥作用。此外，能力开发还有培养员工能力的意识，因为人的能力不是天生就有的，需要经过后天的不断培养才能形成。

开发员工能力大致包括以下几个方面：

(1)充分利用现有员工的人力资源。让每个人都能充分发挥自己的聪明才智，在各自的工作岗位上积极努力地工作。这里面有一个合理安排人才，做到人尽其才的问题，因为人的能力必须在合适的环境和条件下，才可能得到充分发挥。能力开发的任务之一就是要为员工发挥能力创造条件。

(2)不断培养员工的能力。对于员工的能力，不能只顾使用，必须进行“再培养”，通过“再培养”，使各类人员不断地获得新的能力。

(3)引进人才，形成新的能力。随着企业生产经营的发展，只依靠现有人员能力是不够的，需要引进掌握了新技术的人才，保证企业的活力。

(二)员工行为的激励

激励的目的是为了充分调动职工的积极性和创造性，通过恰当的激励，可以使员工产生良好的行为，从而充分发挥自己的智慧和潜能。员工行为的激励，就是利用各种手段，去调动广大员工的积极性。

1. 激励的方式

(1)工资与奖金。工资与资金是一种吸引、保持并激励员工尽力工作的有效方法。工资与资金对于不同的人,有不同的作用。对有的人来说,工资和奖金是生活的需要;而对另外的少数人来说,取得社会地位更加重要。要充分发挥工资和资金的激励作用,需要具备以下条件:

1)员工个人很需要工资和奖金,而且把工资和奖金的价值看得很重。

2)企业可以做到给表现好的员工以较高的报酬。

3)员工能够通过改进工作,获得更多的报酬。

4)在企业中,工作表现好、获酬较多的员工能得到认可。

(2)表扬与批评。表扬与批评不仅是建立正常工作秩序所必需的手段,而且也能够加深领导与员工的相互了解,对员工的行为起激励作用。

表扬与批评的目的是为了及时鼓励员工的工作热情,肯定成绩,及时制止员工的不良行为,纠正缺点。

(3)实行目标管理。在企业实行目标管理,可以将企业的总目标和员工个人的奋斗目标结合在一起,使员工的前途与企业的命运息息相关,促使员工关心、爱护企业,从而提高企业的凝聚力,激发员工的工作热情和信心。

(4)扩大工作范围及丰富生活内容。从扩大工作内容和丰富业余生活两方面入手,消除员工的厌烦情绪,激励员工的劳动行为。

扩大工作范围,是指在专业化的前提下,让员工兼做一、两种与本岗位工作有联系的其他工作,以改善单调的工作环境和内容,让员工有一种新鲜感,从而调整情绪,产生积极行为。这种方法特别适用于求知欲望较高的员工,可以使他们的工作和生活更加充实。

丰富业余生活内容,是指通过业余生活改变工作的单调感,调整情绪,从而产生积极行为。扩大工作内容的范围是有限的,因此,可以通过开展各种类型的学习、娱乐、互动活动来解决厌烦情绪。

(5)进行理想信念教育。经常对员工进行人生观、价值观教育,让员工树立社会主义道德观念,树立正确的世界观,用理想去激发员工的热情。

2. 激励的工作方法

管理人员在激励下属行为时常采用两种方法:一种是工作行为,即以完成组织的目标为第一需要,鼓励完成任务好的员工,批评差的员工;另一种是关系行为,即为完成任务,通过协调关系达到目的。

综上所述,在激励员工积极行为的时候,应注意培养员工思想和道德,使其尽快熟悉业务,让员工全面地把各自的潜能发挥出来。

第十九章　建筑企业的企业文化管理

第一节　企业文化概述

一、企业文化的形成及含义

(一)企业文化的形成

企业文化无论是在国内还是国外,实际上早就存在。但作为一种概念和理论,最早是由美国管理学界在研究了日本企业成功经验的基础上提出来的。第二次世界大战后,日本经济在战争的废墟上奇迹般崛起,并迅速向欧美市场扩张,这引起了美国学者的极大关注。

20世纪70年代,美国学者通过对日、美两国经济、技术和管理的比较研究,发现日本企业成功的关键在于其出色地将现代技术和管理方法与本国的文化传统结合起来,并由此形成员工的价值,有效地激发了人员的积极性。他们在比较日美企业管理艺术的差异以及总结日本企业经营经验取得巨大成功的秘密时发现,企业文化建设对于企业经营业绩具有重大作用。他们著书立说,出版了许多专著,并且掀起了一股企业文化热潮。80年代以后,随着我国改革开放的不断深人,一大批企业作为一种管理文化也开始传人我国,产生了有关企业文化的专门机构,办起了企业文化报纸和杂志,也出版了一些企业文化书籍等,更重要的是大批企业开始尝试应用企业文化理论进行企业管理。

我国理论界和企业界对企业文化的研究和实践,是在改革开放之后才开始引进国外的管理理论和管理思想的。但是,在改革开放以前,虽然那时没有企业文化这一概念,但企业文化理念所强调的以人为中心的思想和实践却早已有之,这可以追溯到20世纪50年代初期。新中国成立之初,中国工人阶级以国家主人翁的姿态,投入新中国建设大潮,形成了大公无私、争作贡献的企业价值观、信念和行为准则。20世纪60年代工业战线涌现出大庆油田这一先进典型,他们的“三老四严”、“四个一样”的企业作风,以及铁人王进喜“宁可少活20年,也要拿下大庆油田”为代表的企业精神,在全国各条战线产生了深刻影响。虽然那时受了极“左”思潮的影响,存在过分夸大人的主观能动性作用、忽视物质激励作用的片面性,但对人的精神作用的探讨和实践,以及由此对我国经济建设所起的积极作用是应当予以肯定。当前,我们正处在知识经济时代,企业文化越来越受到我国企业界和学术界的广泛关注和重视。人们逐渐意识到企业文化是企业生存与发展的最重要的“资源”,是构成企业核心竞争力的关键所在。

当今世界，文化与经济、政治相互交融，与科技的结合日益紧密，在综合国力竞争中的地位和作用日益突出，越来越成为衡量一个国家综合实力强弱的重要尺度之一。我们的企业也一样，在复杂的市场竞争环境中，要想赢得市场，不仅需要强大的经济实力，同样也需要强大的文化实力。所以，企业的文化建设显得更为重要。

（二）企业文化的含义

对于企业文化的含义，国内外学者见仁见智，提出了许多见解。各种观点的主要区别在于企业文化含义的范围上。最狭义的观点认为，企业文化就是企业成员有关企业的价值观的总和，包括企业价值观、经营观、员工的工作态度和责任心等内容。最广义的观点则认为企业文化包括人生观、价值观、行为方式、思维方式、等级观念、审美观念、经验及技术、厂房、机器、工具、产品等意识形态和物质形态的所有领域。

广义的文化指人类在社会历史发展过程中所创造的物质文明和精神文明的总和，即物质文化和精神文化。这种物质文化和精神文化不是一般水平的文化，是体现了该群体（一个国家、一个组织或一个企业）在某个历史阶段内生产力发展水平及其与之相适应的科学技术水平和意识形态。狭义的文化可以称之为次文化、亚文化或软文化，是一种群体意识形态的文化，即精神文化，一般指群体的意识、思维活动和心理状态。在一定的历史条件下，企业及其员工在生产经营和变革的实践中逐渐形成的共同思想、作风、价值观念和行为准则，是一种具有企业个性的信念和行为方式。它包括价值观、行为规范、道德伦理、习俗习惯、规章制度、精神风貌等。可以这么说，企业文化是亚文化，而价值观在企业文化中处于核心地位。

企业文化从外延来看，包括诸如经营文化（信息文化、广告文化）、管理文化、教育文化、科技文化、精神文化、娱乐文化，以及企业与文化单位、文艺团体联合开展的“互利”文化活动等；从内涵来看，包括企业精神、企业文化行为、企业文化素质和企业文化外壳 4 个方面的内容。企业文化由以企业精神文化为核心内容，主要由 3 个层次构成：第一层是物质文化层，包括企业生产经营的物质基础，诸如由企业构成的“企业硬文化”，它是企业精神文化的物质体现和外在表现。人们首先从这些物质形态上判别某一企业的精神状态。第二层是制度文化层，包括企业领导体制、组织形式、人际关系及其为开展正常生产经营活动所修订的各项规章制度。它是企业物质和精神文化的中介，企业精神通过中介层转化为物质文化层。第三层是精神文化层，包括生产经营哲学、以人为本的价值观念、管理思维方式、企业的群体意识和职工素质等构成的所谓“企业软文化”，是企业文化的内核。企业的物质文化、制度文化、精神文化密不可分，它们相互影响、相互作用，共同构成企业文化整体。

企业文化实质上是企业内部的物质、制度和精神诸要素间的动态平稳和最佳结合，其精髓是提高人的文化素质，重视人的社会价值，尊重人的独立人格。企业文化是以物质文化为载体的精神文化，以精神文化为核心的大众文化，以理论文化为指导的应用文化。

（三）企业文化的体系

企业文化体系一般可分为外在文化和内在文化两部分，两者构成企业文化的有机整体。

1.企业的外在文化

企业的外在文化是通过职工行为方式、表达方式和创造性劳动成果表现出来的，可观察、可触摸，感知的企业文化。它是企业全体职工协调、适应外界环境、社会变化与其他企业群体关系中逐步形成的。社会公众首先通过外在文化来认识和了解企业，形成对企业的印象。企业外在文化主要体现在企业的物质文化、文化教育、技术培训和娱乐等活动而显示出来。企业外在文化所具有的主要特点是：

(1)物质性。外在文化由建筑产品、机械设备、施工现场和文化设施等构成，具有明显的物质性。

(2)服务性。外在文化通常体现在建筑产品销售和售后服务等方面，在用户中、社会上所产生的良好服务形象。

(3)约束性。外在文化由企业组织、规章制度、施工规范、道德准则、行为规范等所组成，具有明显的控制作用。

(4)可传播性。外在文化是通过宣传、交流学习、模仿到达相互影响。因此，具有可传播性。

(5)可变性。外在文化处于企业文化的表层结构，易察觉、感受，易受外来文化及其他各种文化的影响和干扰，具有动态特征。

2.企业的内在文化

企业的内在文化是通过职工的思想、情感和行为表现出来的只可意会不可直接观察的企业文化。它是由企业全体职工在协调、适应外部环境和社会关系的同时，调节自身关系的产物。企业文化用以指导企业施工生产、经营活动的价值观、群众意识和职工素质。比如，企业内在文化的精神方面有：开拓精神、创新精神等；在意识方面有：竞争意识、改革意识、利润意识、危机意识等。企业文化的特点在于人的内在精神活动，是人的内在行为模式。企业人员的构成不同，其内在文化的素质也不同，有它的独特性。企业的内在文化特征培养了企业的品格、精神、理想和气质，使整个企业文化具有独特性、传统性和继承性。

二、企业文化的特征与作用

(一)企业文化的特征

企业文化是现代管理理论与文化理论的综合，一般具有以下特征：

1. 整体性

企业文化是综合、立体、全方位地研究企业，它将企业作为一个整体，阐明企业内部各个子系统之间的内在联系，以整体的力量支配每个职工的行为方式和追求的目标，形成整体的信念和企业形象。

2. 内聚性

企业文化在企业管理过程中起着“黏合剂”的作用，企业通过各种形式的文化活动，把团结友爱、合作互助、奋发进取的价值观念逐步渗透到广大职工的工作和交往之中，把企业内部分散的力量凝聚到完成经营目标上来，形成一致的巨大合力。

3. **稳定性**

企业文化的形成总是与企业的发展相联系，是一个长期渐进的过程。企业一旦形成具有自身特点的文化之后，就必须相对稳定地存在，不会轻易消失，不会因企业领导人的更换、组织制度、经营策略和产品方向的改变而发生大的变化。

4. **人本性**

企业文化非常重视员工的主体性，要求员工意识到自己是企业的主人。它强调人的理想、道德、价值观、行为规范等在企业管理中起核心作用。在生产经营管理过程中，尊重人、关心人、信任人，使全体员工互相尊重，团结奋进，积极参与企业管理，推动企业发展。当企业领导者不尊重、不信任员工，把他们视为无关紧要的人员时，他们也会按无关紧要人员的要求给予回报；若把他们看作核心人员时，他们会更自尊、更自强，以核心人员的要求，尽最大的努力实现领导者的愿望，为企业作出优异的成绩。

5. **时代性**

企业文化受时代政治、经济、文化、社会形势的影响，在生产经营过程中形成的企业文化必然带有时代特色，体现时代的精神。因而必须以新的思想观念来丰富企业文化的内容，并紧跟时代步伐，使企业文化具有明显的时代特征。

6. **民族性**

不同的民族有着不同的历史文化背景，每个民族都有着自己独特的进化方式与文化特征。企业文化作为生存于民族文化体系中的亚文化，必然受到民族文化的影响，表现出企业文化的民族特性。世界各国的企业文化都有所不同，我国的企业文化受创造精神、务实精神、自强不息精神和爱国精神的影响，便形成各具特色的企业文化。

（二）企业文化的作用

企业文化对树立企业良好形象、发挥职工的潜力、同心协力、提高企业经济效益和推动社会进步起着主动、积极的作用。其作用主要有：

1. **凝聚作用**

企业文化通过重视人的价值、尊重人、关心人、信任人，把企业的每一名职工紧紧联系在一起，形成一个统一体。因而，可以促进企业形成凝聚力，使企业职工把自己的切身利益与企业的生存发展紧密联系起来，把个人目标与企业目标统一起来，把感情和行为同企业整体联系起来，凝聚成企业活力的源泉。

2. **激励作用**

企业文化能产生一种激励机制。由于企业文化的作用，企业的宗旨和目标被确立并加以具体化。有了共同的目标，在正确的人生观价值观引导下，全体职工的使命感和责任心必然进一步增强。

3. **约束作用**

企业文化一个很重要的作用，就是要把职工引导到企业确定的目标方面上来，并通过各种规章制度对每个职工的思想和行为形成有效的约束。企业文化建设中的这种功能，特别表现出一种由内心心理约束而起作用，它的行为更具有自觉性和主动性。

4. 协调作用

企业的职工来自各个地方，尤其在建筑企业中的临时雇工更是如此。这些职工从事许多不同种类的工作，有着不同的动机和需求。企业文化能在职工中间起到沟通协调的作用。在融洽的企业文化氛围中，全体职工加强了联系，沟通了感情，传递了信息，从而使人们协调地整合于集体之中。人与人之间的最终和谐，决定了一个企业的成功之路，这也是企业文化所起的作用之一。

5. 育人作用

企业文化的建设有利于培养职工干一行爱一行的爱岗敬业、积极工作、热情服务的工作态度和良好的职业道德。

6. 辐射作用

企业文化不但在本企业中发挥作用，而且还会通过各种渠道对社会产生作用。一个企业良好的精神面貌会起到示范作用，它将带动其他企业竞相效仿。

三、企业文化的内容和功能

(一)企业文化的内容

企业文化是整个社会文化的一个子系统，它包含的内容十分丰富，就狭义的企业文化来说，一般包括外显文化与内隐文化两部分。具体包括企业哲学、企业精神、企业道德、企业目标、企业风尚、企业行为、企业形象、企业素质、企业人员、企业价值观和企业规范等。

1. 企业的外显文化

企业外显文化是企业文化的外在表现形式，是企业员工协调、适应外界环境、社会变化，与其他企业交往过程中逐步形成的企业风尚。人们通过企业中的文化设施等“硬件”来认识了解企业，透过企业的外显文化而获得印象。

企业的外显文化通常体现在产品价格、质量、售后服务、经营作风等方面，人们通过观察和感觉显示出来。另外，企业领导制度、组织形式、人际关系、规章制度、道德准则、行为规范等对企业员工有着明显的控制作用。由于外显文化处于企业文化的表层，易察、感受，易于交流学习、模仿，易受其他各种文化的影响和干扰，因而具有可传播性和动态变化的特点。

2. 企业的内隐文化

企业内隐文化是企业文化的内在形式，是用于指导企业开展生产经营活动的各种价值观念、群体意识及其体现的员工素质，是企业文化的内层结构，是企业全体员工在适应外界环境变化与社会变革的协调中，以人的精神为依托的各种文化现象。

(1)企业哲学。企业哲学是企业在各自的生产经营实践活动中，从管理的内在规律出发，通过对世界观和方法论的概括研究和总结，所揭示的企业本质和企业辩证发展的观念体系。

(2)企业精神。企业精神是企业文化的灵魂和核心，是在企业生产、经营管理的实践中形成的，建立在共同信仰和共同价值观基础上的，并为企业全体成员所认可和接受的一种群体意识。

(3)企业道德。企业道德是企业行为的规范，是企业价值功能发挥的必然结果。它作为一种特殊的行为规范，它的功能、机制、作用是从企业伦理关系的角度发挥出来的。

(4)企业目标。企业目标是企业要达到的目的和标准，是企业职工努力争取的期望值，体现了企业的执著追求，同时又是企业职工理想和信念的具体化。

(5)企业风尚。企业风尚是建立在信念、行为规范和道德标准上的，反映企业的精神实质。具体体现在每个职工的意愿、精神风貌、情趣、传统和习惯等方面。

(6)企业行为。企业行为是建立在广大职工各自个体行为基础上的群体行为，反映出企业职工倾向性的思想观念、目标、理想、传统习惯及风尚。

(7)企业形象。企业形象是指社会大众和企业职工对企业的印象与评价。企业形象体现着企业的声誉，反映着社会对企业的承认程度，是企业文化的重要表现形式。良好的企业形象，对内可以产生强烈的凝聚力、向心力和感召力；对外可以使公众充分信赖企业，创造消费信心。

(8)企业素质。企业素质有广义和狭义之分，广义的企业素质包括了企业形象、行为、文化、人员等一切可以表现一个企业在创造价值能力上的素质因素。狭义的企业素质则是指企业在与其他企业进行比较时的素质优势。

(9)企业人员。企业人员是企业的主体，是物质财富和精神财富的创造者。

(10)企业的价值观。企业的价值观是指人们对于社会事物和现象在思想感情、信念、观念上的取向准则，是人们评价事物重要性和优先次序的一套标准。

(11)企业规范。企业规范是企业文化的“硬件”部分，主要包括企业的规章制度、组织机构，以及工作、管理程序与标准等用文字表述的东西。

总之，企业文化的主要内容是随着时代的发展、社会的变更，以及企业环境的变化而不断地丰富、发展与完善的。

(二)企业文化的功能

1. 导向功能

企业文化的导向功能是指企业以自己的价值观和崇高目标指引职工向企业生产和经营的既定目标努力奋进，它体现了企业生产经营活动的规律和经验。企业文化所包含的企业价值观和经营目标记录了企业在过去岁月里成功与失败的经验，以及企业决策者为企业制订的未来努力的方向和企业的发展前景。因此，企业的经营管理离不开企业文化的导向。

企业文化的导向功能，首先体现在它的超前引导方面。这种超前引导是通过企业的价值观和崇高目标的培训教育起作用的。一般来说，企业对职工的培养有两方面的内容：一是基本技能技术的训练，即科学技术的灌输；二是对职工进行价值观念和崇高目标的灌输。也就是说，人才的培养内容不仅包括科学技术知识，而且包括企业文化精神的思想内容。企业文化的管理模式对思想内容方面的教育和培训更为重视，认为企业文化所宣传的以企业价值观和崇高目标为主要内容的企业精神，对职工起着人格培养的作用。通过这种企业精神的培训，使企业精神在职工心中形成共识，引导职工齐心协力，为实现企业的大目标作出贡献。这种对职工的培训教育要持续不断,内容要充实、具体,集中反映企业的价值观和崇高目标,其形式可以灵活多样。

企业文化管理模式主张把代表企业精神的企业价值观和崇高目标化为具体的依据和准绳,使职工能够随时参照,并据此对自己进行自我控制,使自己在企业的生产经营活动中不致脱离企业的大目标。

2. 凝聚功能

企业中每一个群体组织和每一个员工都有自己的价值评判标准和行为准则,都有自己物质和精神方面的需求,因此,不同组织和个人表现出不同的个性特征。这些个性特征要想凝聚为一个整体,只有依靠企业的整体价值观。企业的各个群体组织和各位员工,把个人的理想信念融入到企业整体的理想信念中来,形成价值观共识,才会为企业发展提供强大的精神动力。当个人价值观与企业价值观融为一体时,企业成员才会感到自己不仅是在为企业工作,也是在为自己工作。这种员工与企业的和谐一致,能够激发起员工强烈的归属感和自豪感,使员工的信心保持久盛不衰。

企业的凝聚力指的是企业和职工的相互吸引力,具体地说,是指企业对职工的吸引力,职工对企业的向心力。凝聚力是一种情感。首先,凝聚力可以通过企业对职工的关爱表现出来;其次,凝聚力又可以通过职工对企业的依恋体现出来。这种凝聚力还必然会转化为企业发展的推动力,表现为职工与企业结成命运共同体的合力。

企业文化管理模式在强化企业凝聚力方面,把亲密情感、价值共识与目标认同作为强化企业凝聚力的关键因素。具有强烈文化的企业,特别重视企业内部的情感投资,不断地满足企业职工的情感需求,加强企业对职工的吸引力及企业内部人际关系的吸引力。同时,企业文化又为企业内部职工提供统一的行为规范与准则,建立起在企业价值观基础上的行为模式,从而把职工的行为吸引到实现企业目标的轨道上来。企业文化引导职工追求的崇高目标中,除了要充分体现企业的经营理念与经营宗旨外,还要适当满足职工的利益要求,使企业职工能够感觉到企业目标的实现也意味着个人利益需求的实现,这样就能最大限度地激发职工为实现企业的崇高目标而勤奋工作、积极进取。

3. 激励功能

现代企业文化管理模式把以人为本视为企业的主要价值观念,视人力资源为企业中最为宝贵的资源,对激励问题极为重视。但企业文化管理模式有别于传统的企业管理模式,它由重视激励个体转变为重视激励群体,为提高企业职工的生产积极性、主动性与创造性提供了新型的手段与方法,为企业职工的激励问题开辟了新的途径。

企业文化管理模式一方面采用个人激励的手段与方法,如提供晋升机会,赋予个人更多的责任与权力,在企业内部创造一种相互尊重、平等、民主的气氛等,激发职工追求出色工作的愿望和在出色的企业中工作的要求;另一方面又采取群体激励的方法,如为企业职工提供统一的价值观念,树立企业崇高的目标,形成具有战斗力的团队精神等,满足职工在出色的企业中工作的愿望。而在企业文化中的价值追求和崇高目标影响下形成的一套完整的行为规范与准则,通过企业英雄人物、典礼仪式及文化网络等因素的强化,为企业员工实现价值追求提供了机会,对个体行为的积极性产生了更持久、更广泛的影响。企业文化对群体精神的激励,强化了个体对群体的归属感、使命感,激发起个体为集体作出贡献的决心与信心，促使个体的行为产生一定的积极性。

4. **协调功能**

企业价值观是企业制定各种行为规范和职业道德规范的依据，也是贯彻执行这些规范的精神武器。在具有强烈文化气氛的企业中，企业价值观引导和约束人们的行为，使之符合企业整体的价值标准。在企业文化的引导与约束下，员工能自觉意识到什么事该做、什么事不该做、什么是提倡的、什么是反对的，从而对产品和服务的质量精益求精，对客户和消费者高度负责，为企业创造美誉和知名度。这种在企业价值观基础上形成的企业文化“软性”约束机制，对企业及其员工行为的规范与约束是非常有效的。

企业作为社会有机体中的细胞，它的生存与发展一方面依赖社会向它提供的必要的生存空间，另一方面企业也要承担起它对社会应负的责任。企业文化中崇高社会目标的规定、企业文化网络的建立等为企业如何协调与社会的关系提供选择的条件。

5. **效益功能**

现代企业文化强调以人为本和崇高的社会目标，并非刻意追求企业利润的最大化。但是，它的引导功能、凝聚功能、激励功能和规范协调功能的充分发挥，却可以使企业取得最好的效益。例如，人们在一种先进的强烈企业文化氛围中工作，会充满自豪感和主人翁精神，会忘我地、创造性地工作，井然有序，高效精确，人际关系融洽，减少内耗与效率损失，还能取得政府、社区和消费者的广泛支持，并减少工作中大量不必要的冲突与摩擦。显然，企业的效益会因此大大提高，这种功能就是企业文化的效益功能。

第二节　建筑企业文化建设

企业文化建设是指构造企业文化的过程，它是企业经营管理战略中的一项长期、艰巨、细致的系统工程。要把建设企业文化置于生产经营活动的先导地位。在企业文化的构建过程中，既需要领导者的积极倡导、身体力行，也需要广大劳动者的参与，还需要适时协调人际关系及各方面的利益关系。

现代企业的活力不仅依靠物质的代谢，也与精神文化活动紧密相连。因此，企业文化建设是企业经营战略的组成部分，并且置于企业经营活动的先导地位。

一、建筑企业文化建设的目标、原则和内容

（一）建筑企业文化建设的目标

建筑企业文化建设的总体目标是建设优秀的建筑企业。具体目标包括以下几个方面：

（1）为企业获得利润的最大化，并为社会和国家做出贡献。

（2）培养每一名员工的敬业精神，使企业有一个好的形象。

（3）创造一个使人心情舒畅的环境，和谐、团结的人际关系。

（4）使职工的物质文化生活要求能得到满足或逐步得到满足。

(5)全面提高全体职工的素质(包括政治素质、文化素质、技术水平、道德水准、创业精神和职业道德),挖掘和开发全体员工的潜能,充分发挥人的积极性和主动性。

(二)建筑企业文化建设的基本原则

(1)目标原则。每个企业都有一个明确而崇高的目标,让每个职工都明确自己的工作是与企业目标联系在一起的,是为实现企业目标而努力的。

(2)价值原则。每个企业都应有一个共同信守的价值标准。

(3)卓越原则。企业要具备追求卓越的精神,即永不自满,不断攀登高峰的精神。

(4)参与原则。要求职工参与管理、参与决策。

(5)成效原则。把职工的利益与其工作成果成效联系起来,使职工的每项成就都能得到肯定和鼓励。

(6)亲密原则。在企业中,组织与个人之间,管理者与职工之间,上级与下级之间都应建立起亲密感,满足每个职工的情谊、友爱需要。

(7)正直原则。每个管理人员和领导者要诚实正直,言行一致。

(8)环境原则。把企业作为一个发展整体,让管理者与职工共同参与各种活动,使每个职工感受到自己就是企业的一员,形成一个整体的发展环境。

(三)建筑企业文化建设的内容

建筑企业文化建设主要从以下 3 个方面开展工作:

1. 加强表层文化建设

要做好两项工作:①注重智力投资、加强职工教育,使职工教育制度化、规范化、科学化;②将各种文化艺术手段应用于产品的宣传方面,保证建筑产品的质量,塑造企业的美好形象,加强产品和企业的竞争能力。

2. 注重内隐文化建设

在企业组织管理改革中,与内层文化建设同时实行,其内容包括企业组织机构设置的合理性、各种制度的科学性、经营管理的有效性、职工作风和精神风貌的严谨性与活跃性、人际关系的融洽性、企业系统运行的协调性等。既要吸收外国文化的精髓,更要重视民族文化,尤其要结合本企业的实际,形成和塑造具有本企业的生产经营特色和管理特色的文化。

3. 探讨深层文化建设

首先是深入研究和挖掘民族文化优秀成果,处理好传统文化与现实文化、民族文化与外来文化的关系,有效地予以鉴别、批判、吸收、消化和融合,建立适用于企业的价值观念体系,创立具有本国特色的企业文化。要进一步探讨深层文化建设的形式,方法、手段等,从而有效地保证民族文化的成果能在企业中发扬光大,成为企业精神支柱。

二、建筑企业文化建设的步骤和途径

(一)建筑企业文化建设的步骤

建筑企业文化与一般企业文化相比,是有相同的内涵,但又具有特殊性。建筑企业属于劳动密集型企业，施工地点分散，其产品的生产过程是各工序、各工种协同工作的过程，大量的隐蔽工程除靠有限的检查把关外，主要靠工人的负责精神和自觉性。这就决定了建筑企业文化建设工作要方法灵活，更有声有色，更富感染力，要把企业文化建设工作做到施工现场。建筑企业文化的形成与建设是一个长期而艰巨的过程，不可能一蹴而就，更不可能照搬照抄，而要根据企业特点有步骤、分阶段地进行。一般而言，建筑企业文化建设的步骤如下：

1. 对企业现存文化进行系统分析

首先要大量、全面收集有关企业过去和现在的一切资料。每一个企业素质不同，所处环境不同，现存文化均有各自的特殊性。对现存企业文化进行自我诊断、系统分析，看看企业创建以来，已经形成了什么样的传统作风、行为模式和特点；现有文化中哪些是积极向上的，哪些是保守落后的，哪些是符合时代要求、应该发扬的，哪些是落后于时代发展、应该淘汰的等等。

2. 明确企业文化建设的目标

在对企业情况进行综合分析的基础上，提出明确的企业文化建设目标，这一目标既要有针对性，又要现实可行。

3. 将企业文化的目标条理化、具体化

将企业文化建设的目标用富于哲理的语言表达出来，形成制度、规范、口号、守则。如上海一建的"一流质量、一流进度、一流服务、一流职工队伍"，中建一局四公司的"用我们的智慧和承诺，雕塑时代的艺术品"，南京二建集团公司的"用大地人的精神，营造大地上的精品"等口号，都体现了健康向上、个性鲜明的企业精神。

4. 根据企业特点，设计企业文化体系

企业的物质文化、制度文化、精神文化是密不可分的，它们相互影响、相互作用，共同构成企业文化整体。由此可见，企业文化内涵丰富，是一个立体、全方位、内外结合的综合体系。在企业文化体系设计上，要发动全体员工提方案、拟措施，从公司总部到施工现场，从干部到职工，处处体现企业文化，形成一个整体的信念和形象。同时，企业文化体系要与企业经营目标一致，与企业管理工作协调。

5. 开展各种活动，宣传倡导企业文化

通过各种形式的文化活动（如标语、板报、内部刊物、现场会等），大力宣传和提倡企业文化，把企业精神渗透到生产经营的全过程，形成认同—强化—提高—再认同—再提高的循环方式，把感性的东西上升为自觉行为，不断提高企业文化的层次。

6. 不断充实、发展企业文化

在企业的不同发展阶段，企业文化应有不同的风格和内容，要根据企业发展战略，使企业文化在不断更新的过程中重塑、优化和创新，发展企业文化。

（二）建筑企业文化建设的途径

在市场经济条件下，建筑企业面临着优胜劣汰的激烈竞争，这就要求建筑企业加强管理，充分调动职工的生产积极性，以增强企业的凝聚力和活力。而企业文化恰恰是内在吸引力和外在向心力高度集中的产物，它能增强职工的集体荣誉感、工作责任心、开拓进取精神，以及对企业的信任和依赖性，树立良好的企业形象，提高企业的竞争力。同时，企业文化建设是建筑企业在一定环境下生存和发展的需要。一般来说，建设建筑企业文化主要有以下几条途径：

1．领导重视，作出表率

培育企业文化，首先提高企业领导者的认识，制定企业文化的建设规划，采取有效的措施才能收到成效。建筑企业文化是人们意识的能动产物，而不是对客观环境的消极反映。当组织产生某种文化需要时，由于人们的意识不同，一开始只有少数人觉悟，他们提出反映客观需求的企业文化，倡导改变旧的观念和行为方式，而他们的素质和精神状态对职工有着一种示范力和导向力。因此，企业领导只有以身作则，不断地让自己的行为符合他们所树立的价值标准，才能通过自己的言行和影响力向广大职工灌输这种价值观念，最终形成建筑企业文化。

2．以人为本、凝聚人心

建筑企业是劳动密集型企业，生产力构成中人的因素比重大，劳动者的个人素质、协作意识、责任意识直接影响工程进度、成本与产品质量，因此，要坚持以人为本的原则，“关心人、尊重人、培育人、塑造人”，让人成为建设的主体。对建筑企业来说，要有意识地培养职工的责任感和对企业的归属感，从而使职工自觉从我做起，对用户负责，对企业信誉负责，同时也是对自己负责。可以进一步通过职工参与，出计献策，改进管理，优化企业形象，在攻克生产技术和管理难关中获得自豪感。

3．加强监管，保证质量

质量是推动企业发展的主要驱动力，对于建筑企业来说，由于建筑产品质量直接影响人民生命财产的安全和社会稳定，更应树立“百年大计，质量第一”的价值观，以质量求信誉，以信誉求市场，以市场求发展。要强化全员质量意识，树立一切让用户满意的质量观，建立有效的质量保证体系和运行机制。

4．开展宣传，推介文化

企业根据自身情况，可以运用多种形式和手段，宣传、推行和创建企业文化。具体有以下几种形式。

(1)通过标语、板报、内部刊物为广大职工提供传播和扩散企业文化的阵地。

(2)奖励先进，批评落后。通过奖惩可以强化职工行为，先进职工的行为是企业价值标准和企业精神最直接的体现，表彰先进的本身就是宣传企业文化。

(3)把 QC 小组活动、合理化建议活动与企业文化建设活动联系起来。通过这一形式，沟通职工与管理部门之间的联系，缓冲企业内部矛盾，培养职工的主动精神，提高职工的自信心、责任感。

(4)开展各种文化活动，传播企业文化，深化企业文化。这些企业文化活动就是企业文化的创造、培养、建设、传播和产生影响的企业管理活动。如政治学习、文化教育、技术培训、观念宣传等活动。又如技术攻关、技术合作、操作比赛、QC 小组、节能活动等。还有运动会、球赛、棋赛、联欢晚会等。

(5)帮助新职工熟悉和了解企业。通过介绍和参观等形式，让新职工了解企业发展、企业现状、企业的优良传统和作风，目的是为了使新职工尽快适应企业环境，消除陌生感，真正把企业当成“职工之家”。

5. 树立企业形象，实施 CIS 策略

建筑企业应重视企业形象的树立，通过开展树立优秀企业形象活动来推动企业文化建设。

企业形象是社会公众对企业、企业行为及企业产品所给予的整体评价，是企业文化的外在表现。良好的企业形象是一种无形资产，对外部来说，可增强用户的依赖，提高工程投标时的中标率，增强企业的竞争力；对内部来说，可使全体职工产生与企业同呼吸、共命运的价值观念，最大限度地调动职工的积极性。随着市场经济的发展，建筑企业也逐渐认识到“品牌”作用，纷纷争创省优工程、部优工程和国优工程。因为良好的“品牌”不仅代表优秀的企业形象，而且能大大提高企业的知名度和美誉度。青岛天泰集团股份有限公司 1997 年率先在国家工商局注册“天泰”建筑商标，成为第一个“吃螃蟹”的建筑企业。

6. 搞好文明施工，严格现场管理

建筑企业施工现场的分散性，带来企业文化建设的离散性，因此，要把企业文化建设工作做到施工现场去，狠抓文明施工。制定严格的现场管理制度，实现人与物、物与物、人与场所、物与场所的最佳结合，使施工现场标准化、秩序化、规范化，其结果是高度的文明带来高度的效率和效益。

建筑企业的文明施工是企业文化的直接表现，通过文明施工，安全生产，改善生产环境和生产秩序，培养团结协作的大生产意识，从而促进企业文化的建设。

建筑企业生产条件艰苦，体力劳动繁重，要坚持艰苦创业、吃苦耐劳、勤俭节约的优良品质，树立认真务实、精益求精的工作作风，并把它们当作企业文化建设的重要任务之一，贯穿始终。

总之，建筑企业文化建设是一项综合性很强的系统工程，是企业发展壮大的基础。只要企业上下团结一心、脚踏实地、长期不懈地共同努力，就一定能建设出优良的建筑企业文化。

第三节　建筑企业精神和形象的创建

一、建筑企业精神的创建

(一)企业精神的含义

企业精神是指企业在长期生产经营活动的实践中，为谋求企业的生存和发展而逐步形成的，并为企业职工所认同和信守的共同理想、价值观和基本信念。企业精神代表着企业职工的精神风貌，渗透在企业的宗旨、战略目标、经营方针、职业道德、人事关系等方面，反映企业的方方面面。它是企业文化的核心和灵魂，是企业生机和活力的源泉。一般的来说，企业精神包括 3 个主要方面：一是对社会、国家、民族作出贡献的理想追求；二是企业的价值观;三是企业群体的信念。

企业精神是在企业长期生产经营活动中自觉培养形成的。企业是以人为主体的,人是企业中最活跃的因素,企业的生产经营活动表现为人的追求。这种追求开始以潜在的观念和外在的、不稳定的思想风貌形式存在。随着企业的长期发展,这种观念和思想风貌不断积累沉淀,逐步稳固下来,经过有意识地总结、概括、提炼、升华,最终形成一种共同的理想和信念,也是被职工认同并自觉地强化了内涵的意识和信念。它是企业职工的精神"核心",是企业文化建设的"类端"部分。

企业精神是企业在实践中建立起来的共同的价值取向和心理趋向,它体现在企业道德规范、企业传统、企业作风、价值准则、生活信念等企业文化要素之中,反映着企业的共同理想。企业精神的内涵丰富,包容性强,是企业文化的精髓。

在企业文化诸内容中,企业精神对其他内容有着一定的制约性和异向性,它对企业哲学、企业道德、企业规章制度的形成和建立有很大的影响力,这种制约性和异向性使企业精神成为企业文化的核心内容。

企业文化现象在企业诞生的同时就开始存在了,而企业精神作为企业有意识地培养的一种职工群体意识,是对企业的全部观念意识、风俗习惯、行为方式等积极因素进行总结和倡导的结果,它是企业文化发展到一定阶段上的产物。企业精神的成熟度,是企业文化发展状况的标尺。

(二)企业精神的形成

企业精神有其自身形成、发展的规律,它是在企业生产经营活动的基础上,经过内部孕育、外部影响、长期实践、反复锤炼而成的。

企业精神的形成,首先要在企业内部经历一个由不自觉到自觉的孕育过程。在生产实践的初始阶段,企业精神还处在比较零碎的、不系统的感性状态。随着实践的发展,人们的认识不断提高,经过集中、概括、升华,用语言表达出来,就成为理性观念。当这种观念形态的东西被广大群众认同并用以自觉指导和规范自己行为的时候,就成为一种自觉的群体意识。

企业精神的形成离不开外部环境的影响,任何事物的发展,都有其内部原因和外部条件。在企业精神的发展形成过程中,外部环境起到相当大的作用。实践证明,企业精神往往是在企业环境发生明显变化的情况下产生的,甚至是企业最困难的时刻确立的。企业最困难的时刻也是最好体现企业精神的时刻,也正是在这一时刻,可以充分体现企业精神作为企业的"灵魂"而发挥出巨大的作用。

(三)企业精神的培育

一个健康向上的企业精神,要通过长期培育和发展才能形成。在培育企业精神过程中要突出以下几项重要内容:

1. 体现职工的主人翁精神

主人翁精神在新的时代就是让自己的言行对企业负责,对用户负责,爱厂如家,荣辱与共。

2. 体现爱国主义精神

爱国主义精神表现为高度的民族自尊心和民族自豪感。它是维系和支撑一个民族生存与发展的精神力量，是一个民族对其自身存在价值和尊严的自我意识。培养爱国主义精神，是一个社会主义企业不容推卸的历史责任。

3. 体现集体主义精神

集体主义精神又是社会主义价值观念中的基本内容，它贯穿于人们一切活动和社会生活方式的一切方面，是衡量人们道德行为的一条重要标准。培养集体主义精神，必须大力倡导团结、互助、协作、友爱和爱厂如家的品质和作风，使企业成为协调、融洽、和谐的集体。

4. 体现对社会和对人民的奉献精神

表现为自觉努力地为社会提供优质产品和服务，尽自己所能为国家多做贡献。而作贡献的同时，企业自身的价值才能得到体现，自身的生存与发展才更有意义。

5. 体现尊重科学、认真求实的精神

体现为实实在在地做有意义的事，不搞空架子，不弄虚作假，不欺骗用户。体现着按客观规律办事、实事求是的科学态度，它是社会主义企业精神的一项重要内容。

6. 体现竞争进取精神

在社会主义市场经济条件下，竞争力是企业管理与技术实力的综合体现，企业要想在复杂多变的市场风云中站稳脚跟，发展壮大，就要有竞争的意识，就要有不断创新的思想观念和过硬的管理工作。没有竞争的观念，就建不成一流的企业，甚至在竞争中被淘汰。

(四)培育企业精神与完善思想政治工作

培育企业精神的提出，给企业思想政治工作展示了新的视野。一方面，思想政治工作集中体现在做人的工作，它的内容为培育企业精神提供了理论上的指导和思想上的保证；另一方面，培育企业精神又可为企业思想政治工作创造有利的条件和环境，保证其作用得到更充分的发挥和体现。培育企业精神不但是企业思想政治工作的一项重要内容，也是加强改进思想政治工作的一种有效形式，是企业内部更深层的思想工作，是对思想政治工作功能的完善。这种完善体现在以下 3 个方面：

1. 着眼点由世界观的转变到价值观的培育

企业精神的核心是企业的价值观念，人们有什么样的价值观，取决于他们的世界观，从这个意义上来说，两者是一致的。但是价值观较之世界观有着强烈的心理沉淀特征。人们特定的价值观的形成，表现着世界观的成熟，并化为自觉的理想、信念和心理思维特征。价值观是更为稳固、持久并成为心理和思维定势的世界观。

企业精神的培育提供了一个把思想政治工作同生产经营结合起来，把对职工世界观的转变深化为对职工价值观培育的契机，价值观是企业价值和职工个人价值的高度统一体。只有企业价值实现了，才能实现个人的价值。这种价值取向的一致性，把职工的心与企业紧密地联系在一起，这也正是企业思想政治工作所追求的目标之一。

2. 工作方式由宣传教育到自觉规范

企业精神重视对职工的意识影响和熏陶,能唤起职工的自我约束力。它一方面通过文化和教育的方式影响职工的心理和意识,形成职工的是非善恶观念;另一方面,又通过舆论和习惯等形式在企业中确立起来,成为约束企业和职工的行为准则和规范。与单纯的宣传教育相比,企业精神具有较强的自觉成分、理性成分、目标导向成分。可以变"要我干"为"我要干",形成自我约束的思想政治工作的有效形式。

3. 宣传教育由部门负责到群众参与

对职工进行宣传教育,是企业开展思想政治工作的主要手段。企业思想政治工作是社会主义企业特有的工作系统,是属于企业党委的工作体系,由党、团部门统一组织协调。工作也主要由专职政工干部承担,形成了政治工作部门负责思想工作,行政部门负责生产经营的格局。以企业文化为代表的现代管理制度,是职工参与管理的制度,是着眼于发挥职工自觉性的制度。企业精神是企业主体职工的自觉意识、企业精神的培育过程,是自上而下、由分散到集中、从现象到本质的不断升华过程,是群体参与的结果。

总之,建立良好、健康向上的企业精神,可以使思想政治工作具有更丰富的内容,促使其进一步科学化和被群众所接受。企业精神的培育,是思想政治工作的创新,为企业思想政治工作开辟了新的广阔天地。

二、建筑企业形象的创建

(一)企业形象的含义

企业形象是指消费者、社会公众及企业内部员工和企业相关部门与单位对企业、企业行为、企业的各种活动成果所给予的整体评价。它是企业文化对外界公众的直接表现,是直观可感的。如公众对企业产品质量的认可,对企业行为的评价,都反映出公众对企业的具体感受,从而在心中留下优或劣的印象。优秀的企业形象是企业长期努力的结果,恶劣的企业形象则易得而不易改。

企业形象一般由3个方面来确定,即产品形象、组织形象和企业领导的形象。它又可以通过美誉度和知名度两个指标表现。

美誉度是指公众对产品、组织和企业领导的信赖和赞美欣赏的程度,以及社会影响的美、丑、好、坏。这些都可以构成评价企业好坏程度的指标。知名度是指公众对产品、组织和企业领导的了解和熟悉程度,以及社会影响的广度和深度。这些可以构成评价企业名声大小的客观尺度。两个指标的高低决定了企业形象的好与差。

(二)企业形象的作用

企业形象是企业文化建设的重要内容,它不仅对团结职工努力工作有重要的心理作用,而且在企业外部也能产生很大的社会心理效应。因此,许多企业都十分重视企业形象的梳理,通过开展树优秀企业形象活动来推动企业文化的建设。

良好的企业形象是一种无形的财富,企业形象好,用户就信赖,投标中标的可能性就大,这正是企业形象的魅力所在。从企业外部看,良好的形象使公众充分信赖企业,为改善企业经营提供更多的机会;从企业内部看,良好的企业形象可以使全体职工在工作中产生与企业同呼吸、同命运的价值观念，从而最大限度地调动职工的积极性，保证企业旺盛的生命力。

（三）企业形象策划的内容

企业形象策划是指策划者为了达到企业的目标，尤其是为了达到树立良好企业整体形象的目的，在充分进行企业实态调查的基础上，对企业总体形象战略和具体塑造企业形象活动进行谋略、计划和设计的动作。企业形象策划可分为两个层次，即总体企业形象战略策划和具体塑造企业形象活动的策划。企业形象广告策划、CI 操作技术等属于具体塑造企业形象活动的策划；而 CI 总体策划、企业名牌战略等属于总体形象战略策划。

企业识别系统 CIS(Corporate Identity System)是一种经营管理策略，其基本构成要素有 3 个：①企业理念识别 MI(Mind Identity)，是 CI 的动态识别形式，包括对外回馈、参与活动，对内组织、管理和教育等，BI 可称为 CI 的“想法”；②企业行为识别 BI(Behavior Identity)，是 CI 的动态识别形式，包括对外回馈参与活动，对内组织、管理和教育等，BI 可称为 CI 的“做法”；③企业视觉识别 VI(Vision Identity)，是 CI 的静态识别符号，是具体的、视觉化的传达形式，其项目最多、层面最广、效果最直接，VI 可称为 CI 的“看法”。三者相互作用，带动企业经营管理，塑造企业独特形象。

CI 总体策划主要通过 CI 的设计，把标准统一的企业经营理念、行为规范和视觉形象，通过企业自身的或外界的媒体扩散出去，使社会大众或消费者对企业产生信赖、认同感和偏爱心理，达到提高企业知名度，最终占领和扩大市场的目的。通过独具特色的企业标志、色彩、音乐和口号，如企业的徽章、服装、旗帜、符号、图案、文字、报纸、广告和工程项目的名称、简介、纪念牌，以及企业的歌曲、文体比赛、广播电视等，向社会展示企业自身与众不同的风格和形象。

（四）企业形象策划的程序

1. 企业形象调查

通过调查，了解公众对企业的意见、态度和反映，对企业形象及其信誉作出自我反思与评价，寻找企业形象自我评价与公众评价的差距。根据这种形象差距通过再度形象策划后加以调整。调查的方法可以采用询问法、观察法、实验法等完成。

2. 策划方案制订

详细确定人员分工、传播媒介、经费开支、工作途径、行动手段、效果检测及运行结果等。为保证策划方案科学合理，可以采用诸如“德尔菲”法、“头脑风暴”法，每一个方案都可以做几个前提假设作为依据。为使问题讨论更加深入，还可以考虑把问题本身分为若干小问题，或者是通过提类似的问题，使参加讨论的专家畅所欲言，避免思想受问题局限。

3. 策划后的实施

策划后的实施重点要注意选择形象策划活动的媒介和活动方式的有效性，要根据策划工作的目标要求、公众对象、传播内容、经济条件选择媒介，根据活动方式的侧重性、功能性，选择宣传性策划、交际性策划、服务性策划、社会公益文化策划、征询性策划等方式，边实施边反馈。

4. 反馈与评估

通过反馈与评估，客观评价策划工作的成败。通过定性定量评价、公众与市场的反映，对形象策划的媒介、活动方式进行必要的调整。

企业形象策划的过程是一个循环反复的不断调整的过程。市场在变，企业状况也在变，因此，企业形象策划的过程是不断优化的动态过程。

（五）企业形象策划的调整

完善企业形象必须从企业形象的现状出发，根据其美誉度和知名度所处的不同状态，以高美誉度、高知名度为目标，进行策略的调整。

（1）对于美誉度和知名度都低的企业，其基本策略是：先提高美誉度，后提高知名度。从企业内部管理着手，狠抓产品质量，夺取几个优质工程金牌，再依靠新闻宣传及用户的舆论，打开工作局面。

（2）对于高知名度、低美誉度的企业，其基本策略是：首先弄清造成这一状况的历史，一种可能是本来默默无闻的企业引发出大的事故而导致企业出名；另一种是企业本来有较高的美誉度和知名度，由于某些重大问题处理不当而使美誉度大大降低，这两种情况应区别对待。

在第一种情况下，企业的中心工作应是先降低其已享有的知名度，通过企业联合或借用别的企业形象的办法，改名换姓，然后再采取措施，重新争取美誉度。

在第二种情况下，企业的中心策略应该是坦诚地向公众交代事故原因，以及改善这方面工作的措施，以取得公众的谅解，恢复企业的美誉度。

（3）对于美誉度低、知名度高的企业，其工作重点是提高企业知名度，扩大宣传范围，增强宣传力度。如在在建工程上悬挂标语，在有影响的工程招标中标，在报纸杂志上进行企业宣传等。

（4）对于美誉度和知名度都高的企业，其工作重点是保持企业具有的美誉度和知名度。要给公众留下持久的良好印象，必须具有鲜明的企业个性，重视企业文化建设，注重企业形象的塑造。

社会主义企业文化的一个共同点就在于：重视社会效益，提倡集体主义为核心的价值观，提倡民主参与管理，遵守文明竞争、合法经营的道德观念，发扬节俭、文明、协作、创新的理念和工作作风。

第二十章　建筑企业的可持续发展问题

第一节　可持续发展的科学内涵

一、可持续发展定义的提出

自从工业革命以来，全球取得了令人瞩目的技术成就，人口和相应的资源消耗大幅度增长。当步入21世纪时，人们的认识产生了“边际效应”——水、气污染、固体垃圾排放、全球变暖、资源短缺、臭氧层破坏和森林过度砍伐等。这些效应给地球的“承受能力”——为维持生命提供资源的同时保持再生的能力带来了很大负担。由于世界人口不断增长，在全人类进行保护环境、节约资源的活动势在必行，可持续发展地成为世界上许多国家的发展战略。

可持续发展这个概念，从提出到现在已有20余年，从报刊杂志到学术著作、从企业运营到政府决策、从国家宏观战略到国际会议文件，很多地方都涉及到这个名词，而且它被应用的机会和领域在继续扩大。

可持续发展概念有一个演进过程，它最早萌发于生态学。在对可再生资源例如渔业的开发利用过程中，人们为避免竭泽而渔所可能带来的后果，逐渐认识到在同一时期的同一水域中，鱼类的捕捞量等最好适当低于鱼类的自然繁殖量。由此，在20世纪初便提出了可持续产量这一概念。同样的原因，在林业和农业中也应用了这一理论。

可持续发展(Sustainable Development，或译为持续发展)作为一个明确的概念，是1980年在国际自然和自然资源保护联盟(IUCN)发布的文件《世界自然保护战略》(The World Conservation Strategy)中第一次出现的。

后来，对可持续发展作出明确界定并取得世界性共识，是由挪威前首相G·H布伦特兰夫人主持，由世界环境与发展委员会(WCED)和联合国环境划署(UNEP)合作研制，于1987年向42届联大“环境与发展会议”提交的研究报告《我们共同的未来》中所提出的定义(以下简称《未来》报告定义)。这个定义及其阐释如下：持续发展是既满足当代人的需要，又不对后代人满足其需要的能力构成危害的发展。它包括两个重要的概念：“需要”的概念，尤其是世界上贫困人民的基本需要，应将比例放在特别优先的地位来考虑；“限制”的概念，技术状况和社会组织对环境满足眼前和将来需要的能力施加的限制。

20世纪70年代初，面对经济增长与环境保护的两难选择，罗马俱乐部提出了“零增长”的建设，引发了经济继续增长还是实行零增长的争论。在这场争论中，人们重新审视“经济增长”的概念，使这个概念开始具有了“净化的增长”、“质量增长”或“适度增长”的新含义，从而为可持续发展观的提出做了理论准备。

1972年，联合国在斯德哥尔摩召开的“人类环境会议”，标志着人类环境时代的开始。会议发表的斯德哥尔摩《人类环境宣言》提出：“为了这一代和世世代代，保护和改善人类环境已经成为人类一个紧迫的目标，这个目标将同争取和平和全世界的经济与社会发展这两个既定的基本目标共同和协调地实现。”

1980年，世界自然保护联盟(IUCN)在《世界保护策略》中首次使用了“可持续发展”的概念，并呼吁全世界“必须研究自然的、社会的、生态的、经济的以及利用自然资源过程中的基本关系”，确保全球的“可持续发展”。

1987年，以挪威首相布伦特兰夫人(Gro Harlem Brundtland)为主席的环境与发展委员会(WCED)公布了里程碑式的报告——《我们共同的未来》(Our Common Fu－ture)，向全世界正式提出了可持续发展战略，得到了国际社会的广泛接受和认可。

1992年6月，在巴西里约热内卢召开了联合国环境与发展会议，因有102位国家元首和政府首脑参加，所以又称之为地球峰会。这次会议发表了《里约环境与发展宣言》(也称地球宪章)，同时160个国家政府一致同意，在可持续发展方面通过以下纲领性文件：

(1)《21世纪议程》：采取广泛的行动计划，在21世纪达到更可持续的发展方式；

(2)《关于森林问题的原则宣言》：对地球上的所有森林进行管理、保存和可持续开发；

(3)《生物多样性协定》：国家之间关于如何保护世界上物种和生活环境多样性的协议；

(4)《气候变化框架协定》：国家之间订立的协定，它制定了一个行动框架，通过限制“温室气体”的排放，来减小全球气候变暖的危险。

这次大会的召开及其所通过纲领性文件，标志着可持续发展已经从少数学者的理论探讨开始转变为人类的共同行动纲领。

1992年6月联合国里约环发会议以后不久，我国政府立即提出了促进中国环境与发展的“十大政策”。同年8月，又组成了由52个部门、300余名专家参加的工作小组，着手制订我国走向可持续发展的21世纪议程，并由国家计划委员会和国家科学技术委员会联合成立了“中国21世纪议程管理中心”，具体承办日常管理工作。经过将近两年的努力，1994年3月25日，国务院第16次常务会议讨论通过了《中国21世纪议程——中国21世纪人口、环境与发展白皮书》。1999年初，国务院常务会议又讨论通过了《全国生态环境建设规划》这个重大的战略性文件。

二、可持续发展的定义

自国际上正式提出可持续发展观以来，其概念和内涵都有了明显的发展。据统计，目前关于可持续发展的定义，已经多达98种。这些定义概括起来可从以下几个角度进行描述：

1. 从自然环境定义可持续发展

1991年国际生态学联合会(INTECOL)和国际生物科学联合会(IUBS)联合召开可持续发展问题专题研讨会,这次会议将可持续发展定义为“保护和加强环境系统的生产和更新能力”,即可持续发展是不超越环境系统再生能力的发展。

2. 从社会环境定义可持续发展

1991年世界自然保护同盟(IUCN),联合国环境规划署(UNEP)和世界野生生物基金会(WWF)共同发表的《保护地球:可持续生存战略》将可持续发展定义为:“在不超出生态系统承载能力的前提下,改善人类的生活品质。”

3. 从经济学角度定义可持续发展

经济学家皮尔斯(D. Pearce)在1990年把可持续发展理解为:“当发展能够保证当代人的福利增加时,也不会使后代的福利减少。”

4. 从技术角度定义可持续发展

有学者认为:“可持续发展就是转向更清洁、更有效的技术,尽可能接近‘零排放’或‘密闭式’工艺方法,以此减少能源和其他自然资源的消耗。”这对于研究建筑可持续发展,有较大的参考价值。

在众多的定义中,布伦特兰夫人主持的《我们共同的未来》报告所下的定义被国际社会一致认可。这个定义是:可持续发展是既满足当代人的需求,又不对后代人满足其需求的能力构成危害的发展(它包括两个重要的概念:“需求”和“限制”的概念)。

(1)需求的概念包含维持一种对所有人来说可接受的生活标准的基本条件。

(2)限制的概念包含由技术状况和社会机构决定的环境能满足现在和将来的需要的能力。

当代人类和未来人类的基本需求的满足,是可持续发展的主要目标。离开这个目标的“持续性”是没有意义的;但是社会经济发展必须限制在“生态可能的范围内”,即地球资源与环境的承载能力之内。超越生态环境“限制”就不可能持续发展。可持续发展是一个追求经济、社会和环境协调共进的过程。因此,从广义上说,可持续发展战略旨在促进人类之间以及人类与自然之间的和谐。

因为可持续发展概念有一个演进过程,我们对可持续发展初步定义如下:可持续发展是为使全人类能够在地球上永久生存和发展下去,而自觉形成的以人为主体,以生态、环境、资源为基础,以经济发展为核心,以全体参与和科技进步为保证,以人的全面发展和社会全面进步为目标,实现代际之间和同代人之间相公平、人与自然相协调的一种发展道路。

为了给可持续发展作出一个确切的定义,我们还应进一步探讨可持续发展的基本内涵和要求。

(1)可持续发展的主体是人,既要依靠人,又是为了人。由于人不断生产与创造,才使发展得以持续;也由于人不断进行生产消费和生活消费,导致消费与资源发生矛盾,才使发展能否持续成为问题;还必须依靠人不断克服和排除障碍,才能实现持续发展。

(2)可持续发展在时间上,不仅着眼于眼前,更着眼于永久的未来;在空间上,不是着眼于一部分人,而是着眼于全体人类。也就是说,对资源的享用,可持续发展不仅要求当代人与后代人之间的公平,还要求当代人相互之间的公平,尤其是要保障穷人的基本需要。

(3)可持续发展不是限制发展,而是为了更好地发展,所以发展是前提。正如《中国21世纪议程》指出的:“可持续发展对于发达国家和发展中国家同样是必要的战略选择,但是对于像中国这样的发展中国家,可持续发展的前提是发展。”

(4)可持续发展以生态、环境和资源为基础。人是生态系统中的一部分,人和生态相依存;人以环境为活动空间;人以自然资源为劳动对象,没有资源就无法发展经济。所以生态、环境和资源是可持续发展的基础,人必须善待自然,实现“天人合一”。

(5)可持续发展追求人口、生态、环境、资源、经济、社会的相互协调和良性循环,而以人的全面发展和社会全面进步为永恒目标,力争实现物质文明、精神文明和生态环境文明的统一。

三、我国可持续发展的问题及前景

根据我国的实际情况,党中央作出了从20世纪80年代起到21世纪中期为“三步走”基本实现现代化的战略部署。我们认为,现代化的内涵不仅包括经济技术方面的内容,还包括思想道德方面的内容;特别是不仅包括物质与精神方面的内容,还应包括体制方面和生态环境方面的内容。也就是说,中国社会主义现代化的目标是要实现物质文明、精神文明、体制文明和生态文明的统一,也就是说要实现能够持续发展的现代化。

在物质建设方面,我国的现代化发展前景是:到21世纪中叶(即2050年),人均国民生产总值达到中等发达国家水平,人民生活比较富裕,基本实现现代化。然后,在这个基础上继续前进。必须明确,我国在可持续发展方面包括生态环境和资源保护与利用等,到那时也应努力达到发达国家所具有的水平。尽管在这方面可能比在经济上达到发达国家水平的难度更大,但应克服一切困难,力争跻身于现代国家之林。

到21世纪的中期,我国已基本形成自然、经济与社会的相互依存、和谐交融、良性循环系统,并与周边国家建立起生态环境协调的关系,环境、经济与社会进入可持续发展的轨道。这样的发展前景自然还不可能是最佳状态,但大体可以做到不以牺牲后代人的利益为代价来满足当代人的需要。然后在这个基础上继续前进,争取到21世纪末能再上一个大台阶,使发展的可持续性能够进入世界前列。但是,也应该看到,我国完全走上可持续发展的道路是十分艰难的,其主要困难有以下几方面。

1. 经济实力薄弱

实现可持续发展,做到人口、资源、经济、社会、生态、环境的良性循环,要有大量的人力、物力和财力的投入。例如,荒漠化的治理、水土流失的治理以及环境污染的治理等,无论采取什么方法,都需要大量的投入。而我国目前以及今后相当长的时间内,还难以摆脱经济水平低下和财政困难的格局。这是走上可持续发展道路的一大障碍。

2. 科技水平较低

我国的科技事业，只有极少数项目已进入世界先进行列，而整体水平则大大落后于发达国家，要追赶上世界最先进的水平，没有半个世纪的奋斗是不可能的。然而，实现可持续发展却需要科学技术特别是高新科学技术的支持。要改变我国科技水平落后的状况，拥有支持可持续发展足够的科技手段，是要长期努力才能做到的。

3. **地区发展不平衡**

我国经济社会发展的不可持续性在各地区的表现程度是不一样的，造成不可持续性的主导因素在各地区是一样的。总的来说，东部地区的不可持续性主要表现为人口稠密，耕地短缺，矿物资源稀少，城市污染严重。西部地区的不可持续性表现得更为严重，在大西南主要表现为山多土少，由于陡坡开荒非常普遍，致使大量水土流失了，土地石化严重；在大西北，由于水少且利用效率低，严重挤占生态用水，造成了土地严重沙化，生态环境脆弱。因此，从全国来说，实现可持续发展必然是一个长期的艰巨任务，有些地区更加艰难。

综上所述，在我国实现可持续发展的道路是艰难的，但战胜困难的条件是同时存在的。只要各级政府坚持发挥主导作用，充分运用科技力量，最广泛地动员公众参与，随着经济实力的日益壮大，我国可持续发展的前景是光明的、乐观的，我们一定能够把一个美好的家园留给子孙后代。

四、可持续发展的主要原则与基本思想

(一)主要原则

可持续发展的原则主要有3个：公平性原则、持续性原则和共同性原则。其中，公平性原则有3个不同层次的含义：

(1)代内公平，即本代人之间的公平。从广义上讲，富人是占世界1/4人口的少数人，大部分居住在工业化国家，他们消耗了世界商业能源的80%，其余3/4则是穷人，他们大部分居住在发展中国家，仅占世界商业能源消耗量的20%。因此，如果要给世界以公平的分配和公平的发展权，那么就必须将消除贫困作为可持续发展的优先问题。

(2)代际公平，即几代人之间的公平。要认识到人类赖以生存的自然资源是有限的，要给世世代代以公平利用自然资源的权利。

(3)公平分配有限的资源。《里约宣言》将这一原则上升为国家间的主权原则：各国拥有按照其本土的环境与发展政策开发本国自然资源的主权，并负有确保在其管辖范围内或在其控制下的活动不致损害其他国家或在各国管理范围以外地区的环境的责任。

可持续发展的持续性原则的核心是指无论世界各国存在各种历史、文化和发展水平差异，存在各种可持续发展的具体目标、政策和实施步骤，但是可持续发展作为全球发展的总目标，所体现的公平性和持续性原则是共同的。1992年联合国环境与发展会议(UNCED)提出为了保护人类共同生存的地球，实施可持续发展战略，必须建立真正的全球伙伴关系。

（二）基本思想

可持续发展观追求的是人与自然的和谐，其核心思想是关注各种经济活动的生态合理性。与注重生态的建筑设计理论发展相关的可持续发展的基本思想是：

(1)可持续发展需要审计使用能源和原料方式，力求减少损失、杜绝浪费并尽量不让废物进入环境，从而减少单位经济活动造成的环境压力。

(2)可持续发展以提高生活质量为目标，同社会进步相适应。而社会进步是以自然资源为基础，同环境承载力相协调；减少自然资源的耗竭速率，使之低于资源再生速率。

(3)可持续发展承认自然环境的价值。这种价值体现在环境对经济系统的支撑和服务方面，也体现在环境对生命支持系统的不可缺少的存在方面。

(4)可持续发展的实施强调“综合决策”和“公共参与”。

综上所述，可持续发展是一种特别生态系统环境和自然资源角度提出的关于人类长期发展的战略和模式。它特别指出环境和自然资源的长期承载能力对发展进程的重要性以及发展对改善生活质量的重要性。可持续发展的概念从理论上结束了长期以来把发展经济同保护环境与资源相互对立起来的错误观点，并明确指出了它们应当是相互联系和互为因果的，也是可以统一、协调的。

第二节　建筑业可持续发展的背景

从 20 世纪 90 年代开始，可持续发展成为世界上许多国家的发展战略。随着全球变暖和能源、资源紧张问题的日趋严重，建筑业已深刻意识到可持续发展的重要性。的确，随着技术和经济的发展，人们对建筑的需求标准也越来越高。能否利用自然赐予人类的天然能源、可再生资源并用尽可能少的消耗来满足这些需求？能否让我们重归自然而不是“战胜”和“征服”自然，这些都是当今国际建筑界实施建筑可持续发展迫切需要解决的问题。因此，可持续建筑技术的发展，正是国际上与建筑相关领域的从不同角度，为实现建筑事业的发展采取了一些重大举措。

建筑业是国民经济的重要行业，也是在可持续发展运动中起步较早的行业之一。分析发达国家的情况，发现这样一个特点：20 世纪 90 年代，由于建筑市场不景气和国际竞争加剧而迫切要求采取措施改善整个行业的态势，因而欧洲建筑企业比较注意将推进社会可持续发展的全局和自身竞争力的提高紧密结合。

1994 年，英国建筑业理事会和特设的建筑业特别小组，受政府之命着手分析英国建筑业的缺陷，并责成提出有效的行业改进措施。这个小组所做的工作是设立建设论坛以及召开圆桌会议。1998 年该小组发表“重新思考建筑业”的报告，针对英国建筑业故步自封的保守现象，建议开展行业性的革新运动，提出了系统的 CBPP 计划。该计划包括一些示范方案，其中一项就是引进目标和业绩衡量机制，推动企业主动改善品质和效率。

所谓目标和业绩衡量机制是在英国建筑业中建立一个通用的业绩衡量体系并通过提取先进企业样本建立基准。企业可以量化自身的业绩，并从公司和商业两个方面和基准比较，从而了解本企业在竞争环境中的态势和地位。20 世纪 90 年代末，全球可持续发展运动已进入高潮，可持续发展的思想已成为社会的共识，特别小组在 CBPP 计划公布时，已考虑将绩效衡量从经济扩展至环境和社会领域。2003 年至今，英国已制定包括整个建筑业、建材业、建筑咨询和机电承包商的经济、环境和社会绩效的 KPI 系统。经济绩效系统由施工、质量、业主满意度、变更指令、商业业绩各方面指标构成；环境绩效系统包括能耗及所产生的二氧化碳量、用水量和建筑垃圾的再利用及最终处理量；社会绩效系统则从用户和员工满意度、劳动安全、病休、培训、岗位资格、公平和多元化各方面进行衡量。每个系统除 KPI 指标组外还附有用于比较的基准挂图、使用手册等资料。使用该系统既为提高企业竞争力，又为公开披露企业的可持续发展信息服务。

可持续发展是全人类共同的理想，生活在地球上的每一个人、每一个国家、每一个行业和领域都有责任为维护人类的生存环境而奋斗。建筑的可持续发展也是国际上与建筑相关领域以不同角色，为了实现人类可持续发展战略所采取的重大举措和对国际潮流的积极回应。如图 20-1 所示。

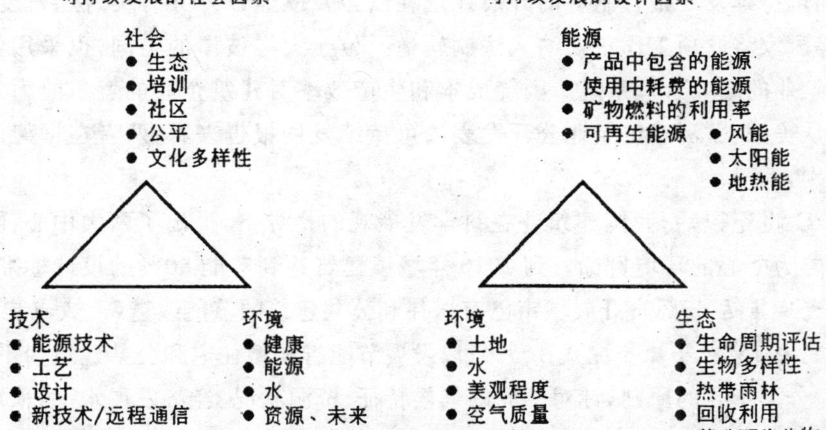

图 20-1 可持续建筑的社会因素和技术因素

1. 可持续建筑的社会因素

建筑的任务就是要改造自然环境，为人类建造能满足物质生活和精神生活需要的人工环境。但传统的建筑活动在为人们提供生产和生活用房时，也和其他行业一样过度消耗自然资源，同时建筑垃圾、灰尘、废渣等也造成了严重的环境污染。据统计，建筑消耗约占全球 1/2 的资源（包括材料、能源、水、耕地的占用）；同时，由建筑所产生的废弃物正严重污染着地球，并损害着人类的健康。令人堪忧的是，不仅处于建筑内的人群的健康受到威胁，就连整座城市，甚至于人类社会自身都面临着由于建筑影响环境带来的严峻挑战。

2. **可持续建筑的技术因素**

很多事实表明,一个地区的建设其对地理、历史及资源的态度。在建筑相关的能源技术方面,要达到减少二氧化碳放量的目标,我们需要视化石能源为一种严重不足并且正在减少的资源,我们需要开发新的能源(太阳能、风能、生物能)。我们需要寻求新技术和新方法解决建筑面临的土地、材料和水资源消耗过大,对环境影响过大的问题。我们必须考虑地方差异性(资源、气候、场地等),更加注重因地制宜:选择更加适宜的技术、尽量选用当地能源和材料、应用最适宜的而不是最廉价的建造工艺、使用寿命周期评估方法对建筑方案进行评估。

在可持续思潮的影响之下,建筑师和工程师已经认可他们的行为所应当承担的全球性责任。建立于良性环境影响基础之上的建筑领域的新道德规范正在形成。寿命周期评估、对设计进行历史性思考、为环境措施建立一套方法论,在建筑领域已经开始影响很多人的思维。在建筑实践中,设计水平和技术水平在不断发展和提高,我们的建造技术已经变得更加合适、有效,如果设计人员能从可持续发展的角度更好地节约土地资源,提高能源利用效率,减少对自然环境的破坏,那么,社会发展就不会危及到我们的后代。

1999 年 12 月,欧盟委员会委托欧洲建筑工业联合会与英国建筑研究院建筑基准中心合作开展建筑业基准化的研究,也同样着眼于提高建筑企业竞争力和可持续发展的结合,并推动可持续发展报告制度的开展。现在欧盟及欧盟以外共有英、法、丹麦、澳大利亚、南非等国家将此项工作正式纳入法制轨道。位于大洋彼岸的美国,也采用标杆基准法建立建筑业的绩效管理系统。围绕成本和生产效率对建筑企业的竞争能力进行全面的衡量。从美国、欧洲建筑企业公开发表的可持续发展报告来看,两者在框架内容上没有显著差别。

进入 21 世纪以后,我国建筑业在科学发展观的指导下,提出了两大中心任务,一是以行业节能为中心的环境目标。到 2010 年城镇建筑达到节能 50%的设计标准(特大城市和部分大城市达 65%);开展城市已有居住和公共建筑的节能改造(大城市完成 25%、中等城市完成 15%、小城市完成 10%);以发展节能省地型住宅和公共建筑为平台,本着统筹规划、分类指导的原则,针对不同的气候特征、资源状况、经济发展水平,采取不同的工作措施。二是以农民工为代表的弱势群体权益保障。主要工作有:清理拖欠工程款和农民工工资,健全和完善防止拖欠行为发生的长效机制;解决农民工的就业、社保、生活等问题,维护社会的公平和正义;多种方式开展农民工培训和职业技能的提高;规范劳务分包并推行建筑业农民工实名制。应该说我国建筑业进行了大量行业可持续发展的实务,但是将这些工作综合起来,构件一个规范的、有长期指导作用的框架,推动企业自觉实施还有一段距离,现在是迈开这一步的良好时机。

第三节　建筑企业可持续发展的内容

企业可持续发展框架内容主要涵盖在战略风险、市场地位分析、管治构架等几个方面，它的表现形式无论用于内部战略管理还是用于对外披露，在实质上没有重大差别，只是细节略有差异，框图如图 20-2 所示。

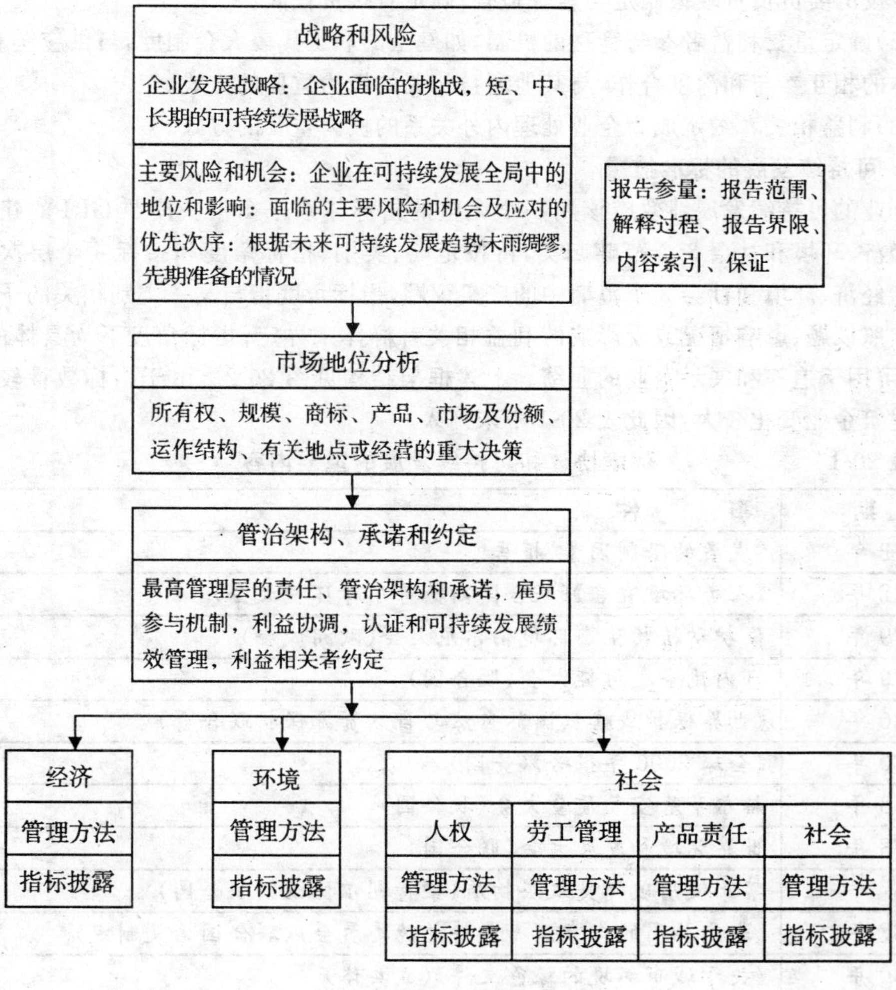

图 20-2　企业可持续发展框架

1. 战略和风险

这部分内容主要由企业最高决策层确定。主要分析宏观经济或政策对企业可持续发展的影响，根据企业的愿景和面临的挑战提出企业的长、中、近期的可持续发展战略以及重要问题的优先次序。可靠的企业战略必须建立在风险分析的基础上，要清楚地了解未来的主要风险、机会及其优先次序，部署应对之策。

2. 市场地位分析

这部分内容主要是分析企业的竞争实力。产权清晰是竞争力的前提；企业的规模、无形资产的价值（包括社会责任的声誉）、核心产品的水平和环保程序都对市场占有率有重要影响。运作结构和重大经营决策要适应并反映不断创新的要求。企业自身应分析在行业、地区、全国以至全球的可持续发展全局中的地位和影响力。

3. 外部环境影响

外部环境变化引发企业管理思想和方法的重大变革，其表现在 3 个方面：

(1)可持续发展战略的形成和实施融入决策层的中心任务，而非仅仅列入议事日程。授权专设的委员负责政策制定与监督检查；确定直接责任人。

(2)确定重要利益者参与管理的机制，如健全的职工代表大会制度，与供应链和消费者团体的相互参与和深度合作，与其他利益相关的极为重要的方式。

(3)利益相关者约定成为企业处理内外关系的极为重要的方式。

4. 可持续发展的标准披露

企业的可持续发展绩效应该用一个完整的指标体系来衡量。按照 GRI 的建议，指标按经济、环境和社会 3 个范畴归类，再按范畴、类别、指标角度和指标 4 个层次编排。类别指经济、环境和社会 3 个范畴中的广义议题，指标角度指与某一类别相关的子目录，可以按照议题、影响情况或受影响的利益相关者群体来界定；指标角度下为具体的衡量指标，可用于追踪和展示企业的业绩。上述框架结构见图 20-2。由于指标数量较大，且对于建筑企业变化较大，因此表 20-1 中未列入。

表 20-1　　**环境协议和可持续发展的重要内容**

日　期	事　　件
1972 年	“发展的限制因素”报告
1972 年	《人类环境宣言》(联合国斯德哥尔摩环境大会)
1979 年	保护动植物生态环境伯尔尼大会(欧洲议会)
1979 年	日内瓦空气污染大会(联合国)
1980 年	《世界保护战略》(国际自然与自然资源保护联合会)
1980 年	《全球 2000 年报告》(美国)
1983 年	赫尔辛基空气质量大会(联合国)
1983 年	世界环境和发展大会(联合国)
1987 年	禁止使用破坏臭氧层物质《蒙特利尔协议》(联合国)
1987 年	《我们共同的未来》(布朗特兰德委员会以联合国名义制定)
1990 年	《关于城市环境的绿色文件》(欧共体)
1992 年	《里约热内卢地球峰会》(联合国)
1994 年	欧洲环境事务局建立(欧盟)
1997 年	京都全球气候大会

第四节　建筑企业管理的发展方向

企业管理作为一门学科，它是随着经济和社会的发展而不断地发展和完善的。从自然经济时代到工业经济时代再到今天的知识经济时代，企业管理的理念和方式已发生了巨大的变化。从集权管理到分权管理，从市场的生产者导向到消费者导向，从经验管理到科学管理、从机器管理到人本管理，企业管理逐步走向人性化、柔性化、知识化、信息网络化和全球化。随着知识经济和信息经济时代的来临，企业管理本身也进行着一场无声的革命，它将彻底改变人们的传统思维方式和处理问题方式，使企业管理进入一个全新时代。由此产生了一些新的管理观念和管理方法。

一、创新管理和创新战略的实施

创新管理是指创新型管理，创新型管理的前提和必须结果是管理的创新。它是同企业创新战略的实施分不开的。是在观念创新、技术创新、文化创新、机制创新和体制创新的基础上进行的管理创新。创新管理完全不同于传统的守旧型管理，它把创新的观念和意识贯穿于整个管理过程的始终。创新是一个民族进步的灵魂，是一个国家兴旺发达的不竭动力，也是一个企业保持竞争优势的可靠保证。创新管理把创新看作是一切行为与活动的主旋律。使管理随着观念、思想、技术、方法、市场、环境的创新而创新，反过来又指导和规范着其他的一切创新活动。创新管理是企业管理的一个不可逆转的发展方向，是企业、团体等一切组织生存和发展的保证。

二、网络时代和信息化管理

自20世纪80年代以来，信息和通信产业迅速兴起，随之产生了企业的信息化管理。这是企业管理技术本身的一次突破性的变革，是管理学本身与时代和科技的发展最完美的结合。随着信息技术的推广的普及，管理信息化正向深度和广度发展，呈现出信息化、数字化甚至虚拟化的特征，管理活动和业务活动进入了综合信息化的新阶段。网络时代的到来，经济活动的数字化、网络化趋势加剧，一方面使空间变小，世界成为地球村；另一方面，虚拟企业的出现和经济实体的虚拟化，又使空间无限变大。使管理工作更加复杂，难度更大，必须采用信息化实时管理模式，致使信息管理在整个管理中的地位和作用又有了进一步的提升，在当今社会，可以说没有信息化管理就谈不上什么管理。

三、风险管理和信息管理

知识经济、信息经济时代的企业宠儿是高科技企业。但高科技产业都是风险巨大的产业，其发展和壮大必然要伴随着产品、市场、金融、经济以及服务的全球性扩张，导致企业经营中的不确定因素，加剧了企业经营中的风险。高科技企业如此，其他企业也如此，因而任何一个企业在经营管理活动中都不能不考虑风险因素，都必须增强风险意识，加强风险管理，在抓住机遇的同时还要努力防范风险。企业防范的是市场风险、经营风险以及高技术风险，国家也要防范金融风险、社会动荡等风险。在风险管理中，不能仅仅满足于“亡羊补牢”，而应加强对风险的监测、预测和监控，以预防风险为主，把风险损失减少到最低程度。要分析风险形成的原因，确定风险因素，预测风险到来的时机，积极采取防范风险的对策，从而回避风险，转移风险，分散风险，减轻风险和做好承受风险的准备。要对风险因素进行评估和分类，对权责重大的风险因素进行重点的防范，尽量减少不必要的风险所带来的经济损失。

发展市场经济，信用和信誉是企业生存和发展的重要前提，企业不能失信于用户，更不能失信于社会，否则就会在市场中败下阵来。因此，企业在经营中也应重视信用管理，要了解和掌握用户、供应商以及合作伙伴的信用,对不同等级的信用采取不同的措施,尽量减少由不可靠信用所带来的风险。

四、人本管理和管理的人性化

人本管理就是以人为中心的管理和人性化的管理,包含3个最基本的方面:"企业即人","企业为人","企业靠人",称为3P理论。人本管理要求企业不仅重视物资、资产的管理,而且更强调人在企业中的主导地位,强调对人力资源的管理,尊重知识、尊重人才,尤其要对企业或组织内部和外部的相关专家学者的作用予以高度重视。重视员工的培养和培训,"仕而优则学","学而优则仕",注意发挥知识或团体的整合效应,突出竞争化的"人才激励管理"。把开发人力资源放到企业管理至关重要的位置,运用行为科学,重塑人际关系,充分利用劳动力资源,提高劳动生产率,注重企业文化,培育企业精神。

五、企业文化与实施CIS战略

CIS意为企业形象识别系统,它是将企业经营观念与企业文化,整体传达给周围公众与团体,以产生一致的认同感与价值观。它由企业理念识别(MI)、行为识别(BI)和视觉识别(VI)3个有机子系统构成,通过确定符合企业实际且富有个性化的经营理念,策划设计出体现企业理念的行为规范、活动体系以及具有冲击力的视觉识别体系,逐步建立、形成和优化企业的综合形象。

实施CIS战略,有利于沟通企业与顾客的关系,提升企业形象,打造名牌,有利于规范企业行为,提高员工的工作热情和积极性,有利于提高企业的知名度,使其无形资产迅速增值,提高企业的软实力。

随着市场经济的发展,企业竞争已经从单一的价格战、品牌战、质量战、转化为目前的企业综合形象战。CIS作为一种现代企业战略,已被许多企业成功应用,并在日趋复杂的市场竞争中显示出巨大的威力。

六、"绿色管理"和可持续发展战略

在知识经济时代的企业管理中,未来应实行"绿色管理",遵守可持续发展原则,制定和实施可持续发展战略。企业在追求企业自身经济目标的同时,要重视企业整体目标的长远性和企业整体发展目标与社会整体发展目标的一致性,注重企业和社会的可持续发展。

可持续发展强调资源稀缺、环境有限,反对为求发展而对资源、环境进行过度消耗,强调必须保证资源的代内公平和代际公平,以避免全球不可持续的发展。因此,现代企业十分重视环境保护、生态平衡和资源再生。而传统企业管理比较强调企业经济目标的压倒一切,强调通过对现有自然资源的充分利用来实现经济利润的快速增长,导致的消极后果对现有资源的掠夺性开采,造成生态失衡、污染严重、环境破坏,进而导致社会、经济难以持续协调发展。

企业要从超利性管理转向"绿色管理",要主动承担对社会和环境所负的责任,要注重经济效益、社会效益和生态效益的统一,近期效益与远期效益的统一,克服短期行为,重视企业发展的可持续性。

七、经营规模和合理架构

在工业经济时代，企业追求规模经济和规模效益，通过合并、兼并、联合等方式形成庞大规模的企业集团、跨国公司进行跨国、跨行业的经营。诚然，规模大的企业，经济实力大，竞争能力大，抗风险能力强，但也出现一些管理层次多、机构臃肿、协调困难、缺乏创新等弊端。而技术的进步和生产的专业化、社会化，为小公司的生存和发展创造了条件，小公司贴近市场，有更大的自主权和灵活性，因而企业规模也出现了小型化的趋势。因此，在企业组织规模上，出现了巨型化和小型化两个发展方向。

随着信息化管理的不断发展，企业的中间管理层次将会逐渐减少，企业组织结构由原来“金字塔型”向“扁平型”发展，也出现了以团队为核心的组织结构。所谓团队，就是让职工打破原来的中间管理层次，直接面向顾客，对公司下达的总目标负责，以群体和协作优势赢得竞争主体地位。

八、民主管理和职能转变

传统企业向新型企业转变的同时，由于企业管理层和员工的文化程度和素质迅速提高，领导方式、决策方式也随之改变。强调民主决策和集体领导，重视专家组和智囊团的决策意见和建议，以协调各种关系，提高决策和工作效率。

随着现代企业制度的不断建立，企业管理的职能也在不断地增加、转换和更新，由传统的注重资产管理和计划、组织、指挥、协调与控制向注重无形资产的管理（包括知识、智力、人才、信息、信誉等）的转换，企业管理的职能主要是为企业内外的无形资产、知识资本创造良好的环境，并大力加以培育。

总之，未来企业管理在效益模式上，将根据市场的变化，寻找新的突破口；在文化模式上，向满足人的社会需求和自我需求的方向发展；在制度模式上，探索平等和效率高度结合的新的权力结构；在组织模式上，向更为灵活的、体现新价值观念的组织形式过渡；在管理客体上，将由“硬”管理向“软”管理方向转化，形成“软”、“硬”结合的新型管理模式。

与此同时，我们还应清醒地认识到，我国目前的企业管理水平与发达国家相比有很大差距，必须认真学习各国在管理方面的成功经验，大胆学习、借鉴、消化、吸收先进的管理理论、方法和技术。结合中国国情，不断地开拓进取，创造出适应中国特色的管理模式，跟上时代的发展步伐。

主要参考文献

〔1〕《建筑管理概论》. 刘仲康、郑明身．武汉:武汉大学出版社,2005

〔2〕《管理学》. 王凤彬、李东．北京:中国人民大学出版社,2000

〔3〕《企业管理基础》. 刘兴倍．北京:清华大学出版社,2006

〔4〕《建筑企业经营管理》. 张涞贤、姜早龙．北京:人民交通出版社,2007

〔5〕《建筑企业管理》. 孙兴民．北京:科学出版社,2002

〔6〕《建筑企业管理学》. 田金信．北京:中国建筑工业出版,2004

〔7〕《工程项目管理》. 丛培．北京:中国建筑工业出版社,2006

〔8〕《建筑管理》. 关柯、李小冬、关为泓编译．北京:中国建筑工业出版社,2004

〔9〕《建筑经济与企业管理》. 周银河、严如薇．武汉:武汉大学出版社,2001

〔10〕《建筑安全管理》. 张仕廉、董勇、潘承仕．北京:中国建筑工业出版社,2005

〔11〕《工程质量管理》. 施骞、胡文发．上海:同济大学出版社,2006

〔12〕《工程造价管理》. 程鸿群、姬晓辉、陆菊春．武汉:武汉大学出版社,2004

〔13〕《工程招投标与合同管理》. 项目管理培训教材编写委员会．北京:中国建筑出版社,2005

〔14〕《工程招投标与合同管理》. 武育秦．重庆:重庆大学出版社,2006

〔15〕《建筑工程招投标与合同管理实务》. 陈正、涂群岚．北京:电子工业出版社,2008

〔16〕《建筑工程合同管理》. 董文杰．北京:知识产权出版社,2003

〔17〕《现代企业管理》. 胡建宏．北京:清华大学出版社,2008

〔18〕《建筑施工企业会计》. 单旭、黄雅平．北京:机械工业出版,2008

〔19〕《现代企业人力资源管理》. 安鸿章．北京:中国劳动社会保障出版社,2003

〔20〕《建筑概论》. 王新泉．北京:机械工程出版社,2008

〔21〕《企业战略管理》. 宋云、陈超．北京:首都经济贸易大学出版社,2006

〔22〕《工程建设与建筑业知识讲读本》. 本书编写组．北京:知识产权出版社,2002

〔23〕《建筑企业经营管理》. 吴兴国．北京:中国环境科学出版社,2004

〔24〕《企业薪酬管理》. 李新建．天津:南开大学出版社,2003

〔25〕《薪酬管理理论与实务》. 刘爱军．北京:机械工业出版社,2008

〔26〕《建筑业行业及企业战略发展战略概论》. 姚兵．广州:华南理工大学出版社,2001

〔27〕《战略管理》. 陈忠卫．大连:东北财经大学出版社,2007

〔28〕《企业战略管理》. 梁东．北京:机械工业出版社,2007

〔29〕《建筑管理学》. 甘钧．南昌:江西科学技术出版社,2009

〔30〕《建筑企业管理》. 刘伊生．北京:北京交通大学出版社,2007

〔31〕《建筑企业管理》. 胡建宏．北京:清华大学出版社,2008

〔32〕《建筑企业管理》. 由建勋．北京:高等教育出版社,2008

〔33〕《建筑工程合同纠纷法律问题研究》. 杨秋林、郑效军．南昌:江西人民出版社,2007

〔34〕《可持续建筑技术》. 张国强、徐峰、周晋．北京:中国建筑工业制版社,2009

〔35〕《企业文化概念》. 张仁德、霍洪喜．天津:南开大学出版社,2001

〔36〕《中国建筑业改革与发展研究报告》. 北京:中国建筑工业出版社,2009

〔37〕《中小型建筑企业经营管理者培训教材》. 本书编委会．北京:中国建筑工业出版社,2009

读者调查问卷

亲爱的读者：

感谢您对江西科学技术出版社的厚爱和支持，并再次对您填写并寄出（或传真或Email）下面的读者调查问卷表示由衷的感谢！

请邮寄到：南昌市蓼州街2号附1号　江西科学技术出版社　收　　邮编：330009

电话：0791－6624275　　传真：0791－6620209

读者调查问卷

姓　名		性　别	□男　□女		年　龄	
有效联系方式	地　址				邮政编码	
	电话 手机/小灵通		网络	Email		
	电话 住　宅			qq/MSN		
	电话 办公室			其他即时方式		
现从事专业		从事现专业时间		所学专业		
现有职称	□建筑师　□监理工程师　□土木工程师　□结构工程师　□建造师 □公用设备工程师　□咨询工程师　□房地产估价师　□城市规划师 □设备监理师　□造价工程师　□电气工程师　□安全工程师 □房地产经纪人　□市政工程师　□其他					
教育程度	□初中以下　□技校/中专/职高/高中　□大专　□本科　□硕士及以上					
个人平均月收入(元)	□1000以下　□1000～2000　□2000～3000　□3000～5000 □5000～8000　□8000～12000　□12000以上					
购书名称						
本书购买决定	□书店　□网上书店　□邮购　□上门推销　□其他					
促使您决定购买的直接原因	□内容　□书名　□封面　□现场人员推荐　□报纸/期刊广告 □电视/网络广告　□同学/同事/同行/朋友推荐　□其他					
您是否愿意收到与您职业/专业相关图书的信息				□愿意　□不愿意		
您有何意见及建议？						

注：1. 可选项目用笔在□划"√"即可。

2. 对信息填写完整的读者，我们将努力为您的职业发展提供更多量身定做的贴心服务（如提供相关图书信息等）。

图书在版编目(CIP)数据

建筑企业管理学/甘钧主编.——南昌:江西科学技术出版社,2011.1
ISBN 978－7－5390－3852－0

Ⅰ.建…　Ⅱ.①甘…　Ⅲ.①建筑企业—工业企业管理　Ⅳ.①F407.96

中国版本图书馆 CIP 数据核字(2011)第 005953 号

国际互联网(Internet)地址:
HTTP://www.jxkjcbs.com
选题序号:ZK2010562
图书代码:X10053－101

建筑企业管理学　　甘　钧　主编

出版
发行　江西科学技术出版社
社址　南昌市蓼州街 2 号附 1 号
　　　邮编:330009　电话:(0791)6624275　6620209(传真)
印刷　江西省人大印刷厂
经销　各地新华书店
开本　787mm×1092mm　1/16
字数　513 千字
印张　23
版次　2011 年 2 月第 1 版　2011 年 2 月第 1 次印刷
书号　ISBN 978－7－5390－3852－0
定价　32.80 元

赣版权登字－03－2011－2